U0358439

王承略　劉心明　主編

二十五史藝文經籍志考補萃編續刊

第十一卷

《宋史·藝文志》史部著録暨未收宋代著述考

（第一册）

劉兆祐　著

清華大學出版社
北京

圖書在版編目(CIP)數據

二十五史藝文經籍志考補萃編續刊. 第十一卷/王承略，劉心明主編. —北京：清華大學出版社，2021. 1

ISBN 978-7-302-56376-1

Ⅰ. ①二… Ⅱ. ①王… ②劉… Ⅲ. ①中國歷史－古代史－紀傳體 ②二十五史－研究 Ⅳ. ①K204. 1

中國版本圖書館 CIP 數據核字(2020)第 167001 號

責任編輯：馬慶洲
封面設計：曲曉華
責任校對：劉玉霞
責任印製：楊　艷

出版發行：清華大學出版社
網　　址：http://www.tup.com.cn，http://www.wqbook.com
地　　址：北京清華大學學研大厦 A 座　　**郵　　編**：100084
社 總 機：010-62770175　　**郵　　購**：010-62786544
投稿與讀者服務：010-62776969，c-service@tup.tsinghua.edu.cn
質量反饋：010-62772015，zhiliang@tup.tsinghua.edu.cn
印 裝 者：三河市金元印裝有限公司
經　　銷：全國新華書店
開　　本：148mm×210mm　**印　　張**：54.625　**字　　數**：1213 千字
版　　次：2021 年 1 月第 1 版　**印　　次**：2021 年 1 月第1 次印刷
定　　價：298.00 元(全四册)

產品編號：087592-01

《二十五史藝文經籍志考補萃編續刊》編纂委員會

目　　録

序　例

一、我國史籍，浩繁難數，即以歷代史志史部所著録者言之：《隋志》著録八百一十七部，一萬三千二百六十四卷；《新唐志》著録一千三百四部，二萬九千二百一卷；《宋志》載二千一百四十七部，四萬三千一百九卷；《明志》載一千三百一十六部，二萬八千二十一卷。其所著録，或不免重複，然爲數亦不可謂不多。而《漢志》《清史稿・藝文志》及諸史補志猶未計焉。惜歷經兵燹及禁毁，乙部書之亡佚，視他部爲甚，宜乎今日研究前代史者，輒歎資料之不足也。

有清一代，稽考典籍存佚者有多家，其通考歷代之書者，如朱彝尊博考歷代經籍，撰《經義考》三百卷，歷代經學著作，於是燦然可徵。謝啓昆又爲《小學考》五十卷，補朱氏之不及，而歷代小學之書，亦灼然可知。他如沈廷芳《續經義考》、翁方綱《經義考補正》等，並皆是類之作。然通考史籍者蓋寡。清乾隆間，章學誠嘗撰《史籍考》，洪亮吉、凌廷堪、武億等助之。據其總目，多至三百二十五卷，分類詳密，規模亦閎，惜其書未竟，稿亦不存。道光間，許瀚及潘錫恩修《史籍考》，光緒初余苹皋撰《史書綱領》，蓋並踵章氏之書，以通考古今史籍者，惜今亦皆未見傳本。聊可慰者，考録斷代史書之作，尚可得一二家，而以章宗源《隋書經籍志史部考證》最稱詳密。逮乎近世，謝國楨之《晚明史籍考》《清開國史料考》《晚明流寇史籍考》《清初三藩史籍考》，朱希祖之《蕭梁舊史考》《西夏史籍考》及張國淦之《古代方志考》等，相繼行世，斯學遂極一時之盛。

雖然，探究宋代史籍之作，則殊罕見。趙宋一代，國勢雖非鼎盛,而著述之多,則邁乎前代。蓋以版刻盛行,書籍流傳較易之故。即以《宋史·藝文志》所著録者言之,經史子集四部,總計九千八百一十九部,十一萬九千九百七十二卷。《宋志》雖非專録一代之書,然其中十九爲宋人之作,然則,趙宋一代著作之盛,可概見矣。

宋人著作中,史書最可注意。此不惟以其部帙繁多,且其體例最備也。以方志之書爲例:隋唐以前作品,不過地圖、山川、風土、人物、物産等類而已;且每類多分别單行,各自爲書。及宋人修方志,則兼載職官、賦税、鄉里、風俗、人物、方技、金石、藝文、災異等事,彙於一編。又由於宋代多黨爭、外患,私家著述遠較前代爲夥。其野史雜説,多得之傳聞,及好事者之緣飾,雖不可盡信,而李燾《長編》曾多所採擷,其不可廢亦明矣。惜宋代黨爭外患不息,黨爭,則多禁私史,甚或毁板;外患,則群書每多毁於兵燹。以《宋史·藝文志》史部所著録者而言,今泰半已佚,宋代去今僅七百年,而史籍佚亡之多如此,可嘅也已!

一九七三年,筆者嘗撰《〈宋史·藝文志〉史部佚籍考》乙編。當時所考證者,以《宋史·藝文志》史部所著録而今已亡佚之書爲範圍,於今日尚存者,則未之及。且《宋志》所載宋人之著述,未爲全備,而於咸淳以來之書,闕漏尤多。清倪燦嘗爲之補苴,四部之書,又得六百七十八家,一萬二千七百四十二卷,其中史部八十五家,二千七百四十九卷。實則《宋志》所漏載者尚不止此。筆者嘗詳檢《文獻通考》《宋會要輯稿》、宋代所編類書、方志、公私藏目及諸家筆記、文集等,尚多倪氏所未收者。今以《宋志》史部所著録之宋人史籍爲基礎,補録其所未收者,不論存佚,詳爲通考,則宋代史學著述,明白可徵,雖不敢有裨學林,或有助於學者之取資也。

二、兹將本編凡例,説明如下：

(一)本書之分類,一依《宋史·藝文志》史部之十三類：一曰正史類,二曰編年類,三曰别史類,四曰史鈔類,五曰故事類,六曰職官類,七曰傳記類,八曰儀注類,九曰刑法類,十曰目録類,十一曰譜牒類,十二曰地理類,十三曰霸史類。其中傳記類與地理類,收書較多,爲方便讀者檢索,本編於傳記類下分四子目：一曰"聖賢、總録、題名之屬",二曰"名人之屬",三曰"雜録之屬",四曰"年譜之屬"。地理類下分八子目：一曰"總志之屬",二曰"都會郡縣之屬",三曰"邊防之屬",四曰"專志之屬",五曰"山水之屬",六曰"游記之屬",七曰"雜記之屬",八曰"外紀之屬"。

(二)一書於類别之歸屬,諸目偶有歧異。蓋於一書之性質,學者所見各異,勢難雷同也。即以正史類之書爲例,如劉敞、劉攽、劉奉世等所撰《三劉漢書標注》六卷,《直齋書録解題》《宋史·藝文志》並入正史類,《郡齋讀書志》則入史評類；陶岳《五代史補》五卷,《宋史·藝文志》入别史類,近世書目則多歸紀傳類；洪邁《史記法語》八卷,《宋史·藝文志》在子部類事類,《四庫全書總目》入史鈔類,近世書目則多歸紀傳類。本編於一書之歸屬,《宋史·藝文志》史部所著録者,悉依《宋志》。《宋史·藝文志》史部所未收,本編所增補者,除詳考一書之性質外,復參考歷代公私藏目之部居,俾免失當。

(三)本書以一書爲一目,每一目分别著録左列各項：

1. 先著書名卷數,卷數不詳者,則云"不著卷數"。

2. 次著撰人姓名。未題撰人者,則云"不著撰人"；誤題撰人者,則於著者姓名上冠以"題"字。

3. 次分記存、殘、輯、佚、未見等情形。存者,今猶有傳本者也；殘者,今雖存然已殘闕不完者也；輯者,其書雖佚,然後人有輯佚者也；佚者，今已不傳者也；若未敢確定爲存或佚者，則云未見。

4. 本書仿《四庫全書總目》提要之例，於撰人生平事迹及著作内容等，加以敘述。撰人之考索，其資料或得自史傳，或採自方志，或引自碑銘，或擷自年譜，其詳略去取，視需要而定。於著作内容之考訂，則視其書之存佚情形而定。大抵已佚之書，則有關序跋及足資論證之重要資料，多採録之，務求詳盡；如佚文尚可鉤稽者，亦略予採輯，以資考核。其爲尚有傳本之書，則擇要録其序跋或前人之提要，以知一書之内容、價值與得失。其已佚而有輯本者，則著其輯本之名稱及内容概略。又其書今尚多傳本者，則著今所見善本及彙刻於叢書之本；若爲罕見之善本，則詳著版式及内容；若諸本有所不同，則略論各本之優劣，俾知擇善本讀之。

二〇一八年九月　劉兆祐書於臺北

一、正史類

訂正史記真本凡例一卷　題宋洪遵撰　存

遵，字景嚴，鄱陽人，與兄适同中高宗紹興十二年（1142）博學宏詞科，賜進士出身，爲秘書省正字，歷官徽猷閣直學士。卒謚文安。著有《小隱集》《翰苑群書》《泉志》等。事迹具《宋史》卷三七三、《宋史新編》卷一三五、《南宋書》卷三七、《宋大臣年表》《宋中興學士院題名録》及《南宋館閣録》等書。

此書《宋史・藝文志》未載，《四庫全書總目》正史類存目著録。

按，此書所載"凡例"共十七條，詳論删定之例。前有自序云："司馬子長所著《史記》一百三十篇，殆絶筆於太初、天漢之間，其書未就，即遭李少卿之禍，俾身蠶室，篇中闕文誤句多不及正。而十篇有録無書，迨子長殁，而楊惲、褚少孫之徒，以私見臆説足成之，往往篡入太始以後事，而子長之真面目，遂多僞託矣。夫子長之才學，宏博富麗，包涵萬象，蓋有楊惲所不聞於外家；若少孫之淺陋，又烏足以語此？今以惲與少孫之文，與子長真本，比長絜短，相懸固不啻徑庭矣。他如顓頊生鯀，召始皇弟授之璽句，此正子長一時之誤，固可存而不論，論而不更者也。余於《史記》，同杜當陽之嗜《左》，特手録一帙，盡汰其補亡妄益等語，而以已所校定者録於下方，子長有知，千載而下其許我乎！"

《四庫全書總目提要》曰："是編載曹溶《學海類編》中，前有自序，稱'手録司馬遷《史記》一帙，盡汰去楊惲、褚少孫等所補十篇,並去其各篇中增益之語,而以已所校者録於下方。'此其書前凡例也。考諸家目録,皆不載遵有此書,諸家言史學者,如《漢書刊誤》《新唐書糾謬》《五代史纂誤》,俱表表於世,自宋以來,亦從無引及此本者,今觀其所刊正,不盡無理,而云得司馬遷名山所藏真本,與今本核其異同,知其孰爲楊惲所增,孰爲褚少孫所補,則三洪皆讀書人,斷不謬妄至此!豈有由漢至宋,尚有司馬遷真本,藏於山中,遵忽然得之者耶?其爲明季妄人,託名僞撰,殆無疑義。且既爲之凡例矣,而某篇同,某篇異,某篇自某處至某處删若干句,某篇某句下删若干字,直以全書悉載例中,可使人按例而塗乙之,即得真本,無庸更有全書矣。此尤作僞之一證也。"

又按,此書傳本不多。清道光十一年(1381)曹溶輯《學海類編》,據六安晁氏木活字排印本收録,即《四庫存目》所見之本。清道光咸豐間,黄秩模輯《遜敏堂叢書》,則據宜黄黄氏刊本收録。

史記法語八卷　宋洪邁撰　存

邁,字景盧,鄱陽人,遵弟。高宗紹興十五年(1145),中博學宏詞科。官至端明殿學士,卒謚文敏。邁,博極載籍,與兄适、遵先後試鴻詞科,拜中書舍人,時論榮之。著有《宋四朝國史》(與李燾同著)、《紹興以來所見記》《漢苑群書》《會稽和買事宜録》《容齋五筆》《夷堅志》《經子法語》《南史精語》《野處類稿》《容齋題跋》《夷堅支志》等。事迹具《宋史》卷三七三、《宋史新編》卷一三五等書。

此書見《宋志》子部類事類,《四庫全書總目》載諸史鈔存目,《"國立中央圖書館"善本書目》(增訂本)入紀傳類。

《直齋書録解題》著録此書作十八卷,陳氏曰:"自《博聞》《海蒙》《漢雋》《摘奇》《提要》及此《法語》諸書,皆所以備遺忘。

而洪氏多取句法,《漢雋類例》有倫,餘皆隨筆信意抄録者也。"《宋志》所載及今本並作八卷者,《四庫全書總目提要》謂似非完書,然卷末有題識一行云:"淳熙十二年(1185)二月刊於婺州。"是當時刊本實止八卷,《書録解題》所載衍一十字明矣。所言甚是。

此書自淳熙十二年刻於婺州後,元明以降,迄未翻刻,是以傳本不多。臺北"國家圖書館"藏有善本兩部:一係舊鈔本,一係影鈔宋淳熙十一年(1184)婺州刊本,並作八卷。卷一紀、表、書,卷二世家,卷三以後列傳。《説郛》所收止一卷,則節録之本也(參見昌瑞卿先生《説郛考》)。

宋太宗敕校刊前漢書一〇〇卷　宋陳充等撰　佚

充,字若虚,益州成都人。雍熙間進士,除孟州觀察推官。寇準薦其文學,得召試,授殿中丞。大中祥符六年(1013),出權西京留守卒,年七十。充詞學典贍,性曠達,澹於榮利,自號中庸子,又號沖齋。有集二十卷。事迹具《宋史》(卷四四一)、《宋史新編》及《全蜀藝文志》載《酒亭群公畫像記》。

此書《宋史·藝文志》不著録。

按,此爲《漢書》鏤版之始,即所謂淳化本者也。高似孫《史略》自注引《國朝會要》曰:"淳化五年(994)七月,詔選官分校《史記》《前》《後漢》,命陳充、阮思道、尹少連、趙況、趙安仁、孫何校《前》《後漢》。畢,遣内侍裴愈齎本就杭州鏤版。"思道,字元恭,建陽人,中南唐進士,後歸宋爲史館檢討。少連,事迹待考。況,天水人,登進士第;真宗時歷祠部郎中、直史館通判宿州,楊億有送況詩。安仁,字樂道,河南洛陽人,雍熙二年(985)進士;嗜讀書,所得禄賜,多以購書,官至御史中丞。何,字漢公,蔡州人,淳化三年(882)進士第一,累官右司諫。

宋真宗敕校定兩漢書三四九卷正字六卷　宋刁衎等撰　佚

衎,字元賓,昇州人。仕南唐爲秘書郎,從李煜歸宋朝,授太常寺太祝。太平興國中,詔群臣言事,衎上諫刑書,遷大理寺丞,獻文四十篇。真宗即位,獻所著本説,與修《册府元龜》,書成,授兵部郎中。衎以純澹夷雅知名於時,善談笑,喜棋奕,交道敦篤,士夫多推重之。大中祥符六年(1013)卒,年六十九。事迹具《宋史》卷四四一、《宋史新編》卷一七〇等書。

此書《宋史·藝文志》不著録。

按,此即景德監本是也。宋《國朝會要》云:"咸平中,真宗命刁衎、晁迥、丁遜覆復兩漢書板本。迥知制誥,以陳彭年同其事。景德二年(1005)七月,衎等上言《漢書》歷代名賢注釋,至有章句不同,名氏交錯,除無考據外,博訪群書,遍觀諸本,校定凡三百四十九卷,籤正二千餘字,録爲六卷以進。"

彭年,字永年,撫州南城人,幼嗜學,著《皇綱論》萬餘言,爲江左名輩所賞。南唐主李煜聞之,召入宫,令幼子仲宣與之游。金陵平,師事徐鉉爲父。雍熙二年(985)進士及第,後附王欽若、丁謂,仕至兵部侍郎。性博聞强記,於朝廷典禮,無不參預,深爲真宗所重。天禧元年(1017)卒,年五十七,謚文僖。著有《唐紀》《大中祥符編敕》(編)、《轉運司編敕》(編)、《廣勻》(重修)、《江南别録》《志異》《宸章集》等。事迹具《宋史》卷二八七、《宋史新編》卷八三、《東都事略》卷四四、《隆平集》卷六及《學士年表》等書。

迥,字明遠,澶州清豐人,太平興國進士,真宗時累官工部尚書,集賢院學士。仁宗即位,遷禮部尚書,累請老,以太子少保致仕,卒年八十四,謚文元。著有《别書金坡遺事》《禮部考試進士敕》《昭德新編》《法藏碎金録》《耄智餘書》《晁文元公道院集要》等。事迹具《宋史》卷三〇五、《宋史新編》卷八四、

《東都事略》卷四六、《皇宋書録》卷中、《宋學士年表》等書。

遜,事迹待考。

宋仁宗敕校刊漢書一二〇卷　宋余靖等撰　存

靖,本名希古,存安道,韶州曲江人。少不羈檢,以文學稱鄉里。天聖初登第,起家爲贑縣尉,試遷秘書丞。建言班固《漢書》舛謬,命與王洙並校司馬遷、范曄二史,書奏,擢集賢校理。以論范仲淹謫官事,與尹洙、歐陽修相繼貶逐,繇是益知名。慶曆中擢右正言,議論得失,與修、王素、蔡襄,稱爲四諫,時論重之。三使契丹,習外國語,嘗爲番語詩。儂智高叛,經制南事,爲帥十年,不載南海一物。廣州有八賢堂,靖其一也。官至工部尚書,卒謚襄。著有《漢書刊誤》《國信語録》《武溪集》《武溪詩鈔》《余靖諫草》等。事迹具《宋史》卷三三〇、《宋史新編》卷一〇二、《東都事略》卷七十五、《隆平集》卷十四、《名臣碑傳琬琰集》上集卷二十三、《五朝名臣言行録》卷九、《宋詩鈔》《北宋經撫年表》《修唐書史臣表》《宋人軼事彙編》等書。

此書《宋史·藝文志》不著録。

按,此即景祐刊誤本是也。檢《玉海》卷四十九。云:“景祐初,靖言《漢書》差舛,詔與王洙盡取秘閣古本對校。”

又按,景祐乃仁宗年號,今檢《仁宗本紀》不載此事。又靖所建言始末,當時諸書多不詳。明凌稚隆《漢書評林》曰:“景祐二年(1035),秘書丞余靖上言:‘案顔師古《叙例》云:班固《漢書》舊無注解,唯服虔、應劭等各注音義,自名其家。至西晋晋灼,集爲一部,凡十四卷,頗以意增益,時辯二學當否,號曰《漢書集注》。永嘉之亂,此書不至江左,有臣瓚者,莫知氏族,考其時代,亦在晋初,又總集諸家音義,稍以己見續厠其末,掎摭前説,多引《汲冢竹書》,凡二十四卷,分爲兩帙,凡稱

《集解音義》,即其書也。蔡謨全取此書散入衆篇,自是以來,始有注本。至唐太宗時,皇太子承乾命顔師古更加刊整,删繁補略,裁以己説,儒者服其詳博,遂成一家。總先儒注解名姓,可見者三十五人,而爵里年代,史闕載者殆半,考其附著及舊説所承,注釋源流,名爵年次,謹條件以聞,望行刊於本書之末,庶令學者啓卷具知。'"

又《史略》卷二"漢書諸家本"條,載景祐刊誤本,云:"景祐元年(1034)秘書丞余靖上言:國子監所印兩《漢書》,文字舛僞,恐誤後學,臣参括衆本,旁據他書,列而辨之,望行刊正。詔送翰林學士張觀等詳定聞奏。又命國子監直講王洙與靖皆赴崇文院讎對。二年(1035)九月校書畢,凡增七百四十一字,損二百一十二字,改正一千三百三十九字。"知此本於舊本之誤,是正不少,而《玉海》引《國史志》云"議者譏其疏謬"。校刊書籍之不易,於此可見!

按,當時余靖校刊史書,不僅《漢書》一書;參與者,亦不止王洙一人。馬端臨《文獻通考》卷二〇〇經籍二十七載新校《史記》一三〇卷、新校《前漢書》一〇〇卷、新校《後漢書》九〇卷,引《崇文總目》曰:"皇朝張觀等校定。初,秘書丞余靖上言:國子監所收《史記》《漢書》誤,請行校正。詔翰林學士張觀,知制誥李淑、宋祁與靖及直講王洙於崇文院讎對,靖等悉取三館諸本及先儒注解訓傳六經、小説、《字林》《説文》之類數百家之書,以相參校。凡所是正增損數千言,尤爲精備,逾年而上之。靖等又自録其讎校之説,别爲《刊誤》四十五卷。"據此,靖與王洙二人之功最大,與其事者尚有李淑與宋祁,張觀則總其事。

張觀,字仲賓,昆陵人,南唐時舉進士,歸宋爲彭原主簿,累官廣南西路轉運使卒。著有《二十二國詳異記》。事迹具《宋史》卷二七六、《宋史新編》卷七九等書。

王洙，字原叔，宋城人。少聰悟博學，記問過人，舉進士，累官侍講學士。著有《周易言象外傳》《三朝太平寶訓》《皇祐方域圖記》並《要覽》《地理新書》《三朝經武聖略》《青囊括》《昌元集》《杜詩注》《談録》等。事迹具《宋史》卷二九四、《宋史新編》《隆平集》《名臣碑傳琬琰集》等書。

李淑，字獻臣，若谷子，年十二，真宗幸亳，獻文行在所，真宗奇之，命賦詩，賜童子試秘書省校書郎，寇準薦之，授校書郎館閣校勘。乾興初遷大理評事，修《真宗實録》爲檢討官，書成，改光禄寺丞集賢校理爲國史院編修官。博習諸書，詳練朝廷典故，凡有沿革，帝多諮訪，制作誥命，爲時所稱。著有《三朝訓覽圖》《國朝會要》(編)、《閤門儀制》(編)、《耕藉類事》《六賢傳》《王后儀範》《邯鄲書目》《書殿集》《筆語》《語苑類格》等書。事迹具《宋史》卷二九一、《宋史新編》卷九〇、《東都事略》卷五七、《隆平集》卷七、《宋學士年表》及《北宋經撫年表》等書。

宋祁，字子京，開封雍丘人。與兄庠同時舉進士，禮部奏祁第一，庠第三，章獻太后不欲以弟先兄，乃擢庠第一，而寘祁第十，人呼曰二宋，以大小别之。授直史館，再遷太常博士，同知禮儀院。景祐中詔求直言，祁所奏皆切中時病，後出知許州，甫數月復召爲侍讀學士，史官修撰，祀明堂，遷給事中，兼龍圖閣學士。與歐陽修同修《唐書》，旋出知亳州，自是十餘年間，出入内外，嘗以稿自隨，爲列傳百五十卷。著有《明堂通議》《益部方物略記》《宋景文公筆記》《景文集》《景文詩集》《西州猥稿》《宋景文長短句》等。事迹附見《宋史·宋庠傳》卷二八四。

又按，《玉海》引《國史志》謂此景祐刊誤本“疏謬”，《崇文總目》則謂其“精備”,然其爲當時所重及爲後世之校刊《漢書》者所據,殆無可疑。明凌稚隆《漢書評林》凡例云:“《漢書》本亡慮數十家,景祐間嘗用諸本參訂之,已宋景文(祁)公仍以景祐本參諸本而校之,而慶元所刻,又復以宋景文公本合景祐而重校焉,前輩用心亦密矣。乃今歷三百餘年,所傳寫既久,訛以踵訛,以故魯魚滋甚,非前輩之疏也,予不敢掩其美,併爲附載其目云。”

此景祐本今仍有傳本。《蕘圃藏書題識》卷二載此書題記三則,其一云:“右宋景文公以諸本參校,手所是正,並附古注之末。至正癸丑三月十二日,雲林倪瓚在凝香閣謹閱。”

其二云:“顏注班《書》行世諸刻,大約源於南宋槧本,文句或用三劉、宋子京之説,或校刊者用意添改,往往致譌,而剩字尤多,此以後人文理讀前人書之病也。惟是刻乃景祐二年(1035)監本,獨存北宋時面目,惜補版及剜損處,無從取正。然據是可以求添改之迹,誠今日希世寶笈也。後之讀者幸知而珍重之。嘉慶戊午(三年,1798)用校時本一過於讀未見書齋。其所取正文,多別記,兹不論。澗藚顧廣圻。”

其三云:“此北宋精刊景祐本《漢書》,爲余百宋一廛中史部之冠,藏篋中三十來年矣,非至好不輕示人。郡中厚齋都轉偶過小齋,曾一出示,繼於朋好中時一及之,奈余惜書癖深,未忍輕棄,並不敢以議價,致蔑視寶物。因思都轉崇儒重道,昔年出資數萬,敬修吾郡文廟,其誠摯爲何如!知天必昌大其後,以振家聲,故近日收藏古籍,嗜好之篤,訪求之勤,一至於此,則余又何敢自秘所藏,獨寶其寶耶?君家當必有能讀是書者,敢以鎮庫之物輟贈爲預兆云。乙亥季冬士禮居主人。”

商務印書館所出版之百衲本二十四史《漢書》,即據景祐本影印。

漢書刊誤三〇卷　宋余靖撰　佚

靖有《宋仁宗敕校刊漢書》已著録。

此書《宋史·藝文志》正史類著録。

按，靖既云："國子監所印兩《漢書》，文字舛僞，恐誤後學，臣參括衆本，旁據他書，列而辨之，望行刊正。"則是靖先有此書進呈，又奉詔刊誤也。而《崇文總目》又云："靖等又自録其讎校之説，别爲《刊誤》四十五卷。"則此書之刊行，在景祐本之後。（以上參閲"宋仁宗敕校刊漢書"條。）云四十五卷者，殆其中三十卷爲《漢書刊誤》，餘十五卷爲《史記刊誤》及《後漢書刊誤》。

前漢法語二〇卷　宋洪邁撰　佚

後漢精語一六卷　宋洪邁撰　佚

三國精語六卷　宋洪邁撰　佚

晋書精語五卷　宋洪邁撰　佚

南史精語一〇卷　宋洪邁撰　未見

邁有《史記法語》已著録。

右諸書《宋史·藝文志》並不載，見《文獻通考·經籍考》。

《四庫全書總目》史鈔類存目著録《南史精語》十卷。

按，邁於諸書多有節本，其所纂輯，自《經》《子》至《前漢》，皆曰《法語》；自《後漢》至《唐書》，皆曰《精語》。此所摘宋齊梁陳四朝史中之語也。

此書傳本罕見，《四庫存目》據浙江汪啓淑家藏本著録。

新校前漢書一〇〇卷　宋趙抃撰　佚

抃，字閲道，衢州西安人，進士及第，翰林學士曾公亮薦爲殿中侍御史，彈劾不避權倖，聲稱凛然，京師目爲鐵面御史。歷知睦州、梓州、益州路轉運使，加龍圖閣直學士。知成都，以寬爲治。神宗立，召知諫院，未幾擢參知政事，與王安石不合,復知成都,蜀郡晏然。以太子少保致仕。元豐七年(1084)卒,年七十七。贈太子少師,謚曰清獻。著有《成都古今記》《南臺諫垣集》《清獻盡言集》等。事迹具《宋史》卷三一六、《宋史新編》卷一〇〇、《東都事略》卷七十三、《名臣碑傳琬琰集》上集卷八、《三朝名臣言行録》卷五、《宋詩鈔》《宋大臣年表》等書。

此書《宋史·藝文志》著録。

《玉海》卷四十九"嘉祐重校漢書"條云:"嘉祐六年(1061)十二月,命秘書丞陳繹重校《前漢書》,又詔參政歐陽修看詳。熙寧二年(1069)八月六日,參政趙抃進《新校漢書》印本五十册及陳繹所著《是正文字》七卷,賜繹銀絹。先是,景祐二年(1035),秘丞余靖言《前漢書》謬誤,請刊正,詔靖及國子監直講王洙校對,逾年乃上《漢書刊誤》三十卷,九月壬辰詔學士張觀等刊定頒行。"

抃之校《前漢書》,《宋史》本傳不載。《神宗本紀》亦不載。檢《宋史·陳繹傳》云:"繹中進士第,爲館閣校勘,集賢校理,刊定《前漢書》,居母喪,詔即家讎校。"

明凌稚隆《漢書評林》載慶元校定漢書參校諸本,中有熙寧本,云:"熙寧二年(1096),參政知事趙抃進《新校漢書》五十册及陳繹所著《是正文字》十卷。"

則是書實陳繹所校,歐陽修看詳,抃所進呈者也。

按,據《玉海》所云,抃進《新校漢書》之前,景祐間已有《刊誤》本,則抃所進熙寧本,當有所承。宋高似孫《史略》卷二"漢書諸家本"條載宋景文公(祁)參校漢書所用之本甚多,其目爲:

古本。顔師古未注以前本。

唐本。張唐公家所得唐本。

江南本。《金坡遺事》云:"太祖平江南,賜本院書二千卷,皆紙札精妙。"東原《榮氏私記》云："江南本宣和間出在御府，故流傳入人間。初外氏先君丁常韓通籍睿思殿，因見江南本，愛賞之，無緣借出參校，遂以薄紙分手抄録，及歸，各寫於家，幾年而後畢。"

舍人院本。江南本在舍人院，亦曰舍人院本。

淳化本。《國朝會要》曰："淳化五年(994)。七月，詔選官分校《史記》《前》《後漢》，命陳充、阮思道、尹少連、趙況、趙安仁、孫何校《前》《後漢》，校畢，遣内侍裴愈賫本就杭州鏤板。"

景德監本。《國朝會要》曰："咸平中真宗命刁衎、晁迥、丁遜覆校兩《漢書》板本，迥知制誥，以陳彭年同其事。景德二年(1005)七月，衎等上言：'《漢書》歷代明賢注釋，至有章句不聞，名氏交錯，除無考據外，博訪群書，徧觀諸本，校定凡三百四十九卷，簽正二千餘字，録爲六卷以進。'"

景祐刊誤本。景祐元年(1034)，秘書丞余靖上言："國子監所印兩《漢書》，文字舛僞，恐誤後學，臣參括衆本，旁據他書，列而辨之，望行刊正。"詔送翰林學士張觀等詳定聞奏。又命國子監直講王洙與靖皆赴崇文院讎對。二年(1035)九月校書畢，凡增七百四十一字，損二百一十二字，改正一千三百三十九字。

我公本。今不詳何人。

燕國本。

曹大家本。

陽夏公本。

晏本。

郭本。

姚本。

浙本。

閩本。

抃所進熙寧本，除據景祐刊誤本外，或復多據諸本，而有所校定歟。

(漢書)是正文字七卷　宋陳繹撰　佚

繹，字和叔，開封人，中進士第，爲館閣校勘，集賢校理，刊定《前漢書》。英宗臨政淵嘿，繹爲王箴以獻。判刑部獄，多所平反。帝稱其文學,以爲實録檢討官。神宗朝歷秘書監,集賢學士,知廣州,坐事貶建昌軍,後爲大中大夫卒,年六十八。著有《宰相拜罷圖》《樞府拜罷録》《三省樞密院除目》《東西府記》《南郊附式條貫》《熙寧編三司式》《隨酒式》等。事迹具《宋史》卷三二九、《宋史新編》卷一〇八及《北宋經撫年表》等書。

此書《宋史・藝文志》不著録。

按,《玉海》卷四十九"嘉祐重校漢書"條云:"嘉祐六年(1061)十二月,命秘書丞陳繹重校《前漢書》,又詔參政歐陽修看詳。熙寧二年(1069)八月六日,參政趙抃進《新校漢書》印本五十册及陳繹所著《是正文字》七卷,賜繹銀絹。"又《宋史・陳繹傳》卷三二九云:"繹中進士第,爲館閣校勘,集賢校理,刊定《前漢書》,居母喪,詔即家讎校。"參見"趙抃新校前漢書一百卷"條。

史記正誤不著卷數　宋劉夙撰　佚

夙,字賓之,莆田人,同邑林光朝倡聖學踐履之學,夙與弟朔師事之,得其傳。擢紹興二十一年(1151)進士第,除著作佐郎,疏言嚴法守裁僥倖等事,後出知温州。乾道四年(1168)引疾歸,七年(1171)卒,年四十八。著有《春秋解義》《注漢書》《續博古編》、奏議、遺文等。事迹具《宋史翼》卷二十四及《南宋館閣録》卷七等書。

此書《宋史・藝文志》不著録。《福建通志》卷六十八著述著録。

注漢書不著卷數　宋劉夙撰　佚

夙有《史記正誤》已著録。

此書《宋史・藝文志》不載。《福建通志》卷六十八著述著録。

漢書刊誤一卷　宋張佖撰　佚

佖,字子澄,常州人。仕南唐爲内史舍人,歸宋,官虞部郎中。

其親舊官都下，嘗過佖館，止菜羹而已，人稱“菜羹張家”。事迹具《徐公文集送張佖郭賁二先輩序》及《宋人軼事彙編》《宋詩紀事》等書。

此書《宋史·藝文志》正史類著録。

《玉海》卷四九“景祐漢書刊誤”條引《中興書目》云：“《漢書刊誤》一卷，淳化中史館修撰張佖撰，疏録義涉諸家、字該兩體者，凡六篇，今附見諸卷後。”

是兹篇與余靖《漢書刊誤》三〇卷同爲刊謬之屬。

按，此書作者，《宋史·藝文志》作張泌，誤。泌，宋有兩人：一字順之，浦城人，登大中祥符八年(1015)進士，歷知寶應縣，仁宗時除右正言，知諫院，官至刑部尚書。一是吴人，淳熙間人，器宇粹和，文辭工致，與其弟濤俱有令名。二人之時代，俱與淳化(990—994)不相及，《玉海》作張佖者是，今正。

漢書刊誤四卷　宋劉攽等撰　存

攽，字貢父，敞弟，與敞同登科仕，熙寧中判尚書考功同知太常禮院。嘗貽安石書，論新法不便，安石怒，斥通判泰州，知曹州。曹爲盜區，重法不能止，至則治尚寬平，盜亦衰息。哲宗初，加直龍圖閣，知蔡州，數月，召拜中書舍人。卒，年六十七。所著有《彭城集》《文選類林》《中山詩話》《公非先生集》等，並與兄敞及兄子奉世等撰《漢書標注》。事迹附見《宋史·劉敞傳》。

此書《宋史·藝文志》正史類著録。

《玉海》卷四九云：“《東漢刊誤》四卷，劉攽嘉祐八年(1063)奉詔與錢藻等六人刊正《後漢書》，攽增損其書，凡字點畫偏旁不應古及文句缺衍，或引采經傳有謬誤者，率以意刊改。”

錢藻，字醇老(一作純老)，錢塘人。幼孤，刻厲於學，皇祐五年(1053)進士，又中制科，爲秘書校理。歷遷侍讀學士，知審官東院，元豐五年(1082)正月卒，年六十一。《宋史》有傳。

按，此書傳本不多。清宣統三年(1911)羅振玉輯刊《宸翰樓叢書》，據宋本景印收録。

前漢書綱目一卷　宋富弼撰　佚

弼，字彦國，河南人，少篤學有大度，范仲淹以爲王佐才。仁宗復制科，舉茂材異等，授將作監丞。慶曆中知制誥，再使契丹，力拒割地，辨和戰之利害，使北之民，不見兵革者數十年。還拜樞密副使，至和中拜中書門下平章事，與文彦博並相，天下稱富文。以母憂去位。英宗立，召爲樞密使，封鄭國公。熙寧中再入相，會王安石用事，弼度不能爭，稱疾求退。加拜司空，進封韓國公致仕。元豐六年(1083)八月卒，年八十。著有《契丹議盟別録》《救濟流民經畫事件》《奉使語録》《奉使別録》《富鄭公詩集》等。事迹具《宋史》卷三一三、《宋史新編》卷九六、《東都事略》卷六八、《名臣碑傳琬琰集》上集卷五等書。

此書《宋史・藝文志》正史類著録。

按，《宋史》本傳不云弼有此書，諸家書目亦罕見著録，以書名覘之，殆舉《漢書》事目，以備檢閲者也。

兩漢刊誤一卷　宋劉攽撰　佚

攽有《漢書刊誤》四卷已著録。

此書《宋史・藝文志》正史類著録。

按，此書《宋志》不題撰人。考宋趙希弁《讀書附志》載《西漢刊誤》一卷《東漢刊誤》一卷，云："右宣德郎守太常博士充國子監直講劉攽所撰也。仁宗讀《後漢書》，見'墾田'字皆作'懇'字，使侍中傳詔中書使刊正之，攽爲學官，遂刊其誤爲一書云。"

《玉海》卷四十九引《中興書目》著録劉攽《東漢刊誤》四卷，注云："《西漢刊誤》一卷，相傳以爲攽之書。"

是趙希弁以爲此亦攽之書，而王應麟則疑不敢定，今據《讀書附志》補正。攽之《東漢刊誤》四卷猶有傳本，而此書則已不傳。

三劉漢書標注六卷　宋劉敞、劉攽、劉奉世等撰　佚

敞，字原父，臨江新喻人，舉慶曆進士，廷試第一。編排官王堯臣，其内兄也，以親嫌自列，乃以爲第二。歷右正言，知制誥，奉使契丹，素知山川道徑及異獸形狀，遼人歎服。改集賢院學士，判御史臺。敞學問淵博，自佛老卜筮天文方藥山經地志，皆究知大略。長於春秋，有《春秋權衡》《春秋傳》《春秋意林》《公是集》等書。世稱公是先生。事迹具《宋史》卷三一九本傳。

攽有《漢書刊誤》四卷已著録。

奉世，字仲馮，敞子，天資簡重有法度，中進士第。元祐初度支左司郎中，起居郎，天章閣待制，樞密都承旨，户部、吏部侍郎，權户部尚書，七年(1092)，拜樞密直學士僉書院事。既而章惇當國，奉世乞免去，終端明殿學士，年七十三。奉世優於吏治，尚安静，文詞雅贍，最精漢書學。事迹附見《宋史·劉敞傳》。

此書《宋史·藝文志》正史類著録。

《郡齋讀書志》卷七史評類著録《三劉漢書》一卷，晁氏曰："右皇朝劉敞(原父)、弟攽(貢父)、子奉世(仲馮)撰。劉跂嘗跋其書尾云：'余爲學官亳州，故中書劉舍人貢父實爲守，從容出所讀《漢書》示余曰："欲作補注，未能也，然卷中題識已多。"公之子方山亞夫録。'"

《直齋書録解題》卷四正史類著録《三劉漢書標注》六卷，陳氏曰："侍讀學士清江劉敞(原父)中書舍人劉攽(貢父)、端明殿學士劉奉世(仲馮)撰。奉世,敞之子也。又本題《公非先生刊誤》,其實一書。公非,貢父自號也。《漢書》自顔監之後,舉世宗之,未有異其説者,至劉氏兄弟始爲此書,多所辨正發明。”

按,是書晁《志》一卷,陳《録》六卷,《玉海》《宋志》《通考》亦作六卷,疑晁氏所見爲不全之本。

又按,陳《録》以此書與公非之《東漢刊誤》爲一書,實誤。攽既與敞父子合著《漢書標注》,又奉詔撰《東漢刊誤》,世人每誤以爲一書,其實一正《漢書》之失,一正《後漢書》之誤,其非一書甚顯。清《四庫全書總目》著録宋吴仁傑《兩漢刊誤補遺》一〇卷,《提要》雖已辨明爲二書,而謂二書合行,所題或從彼,或從此,所説亦未爲碻。今攽書猶在,可得而證也。

宋徐度《卻掃編》卷下曰:“《漢書·陳勝傳》:‘勝攻陳,陳守令皆不在,獨與守丞戰譙門中。’晋灼曰:‘譙門,義闕。’顔師古曰:‘譙門,謂門上爲高樓以望耳,樓一名譙,故謂美麗之樓爲麗譙。譙亦呼爲巢,所謂巢者,亦於兵車之上爲巢以望敵也。’今流俗本譙字下有城字,非也。譙城已下矣。劉貢甫以謂譙陳之旁邑,此適譙之門耳,猶今京師有宋門、鄭門之類也。又《田横傳》高祖曰:‘横來大者王,小者侯。’師古曰:‘大者謂横身,小者其徒衆也。’劉貢甫以謂者,則也。古人之語多如此。謂横來大則王,小則侯耳。方是時從起蜀漢功臣未盡封,安得地封田横之徒衆乎?蓋劉原甫與原甫之子仲馮皆精於《漢書》,每讀隨所得釋之,後成一編,號《三劉漢書》,其正前人之失,皆此類也。”

《玉海》卷四十九云:“《漢書標注》六卷,劉敞、攽、奉世,標注誤失。”

斯編雖佚,由諸書所述,尚可略知其梗概。

兩漢刊誤補遺一〇卷　宋吴仁傑撰　存

仁傑,字斗南,一字南英,自號蠡隱。其先洛陽人,居昆山。博洽經史,有俊才,講學朱子之門,登淳熙進士。所著有《古易集》《禘祫綿叢書》《周易圖説》《樂舞新書》《廟制罪言》《郊祀贅説》《鹽石丙丁》《離騒草木疏》等。事迹具《吴中舊事》《昆山縣志》及《宋史翼》等書。

此書《宋史·藝文志》正史類著録。

卷首載曾絳淳熙己酉十六年(1189)閏月五日序,云:"《兩漢刊誤補遺》者,蠔隱居士河南吴南英之所作也。居士博學嗜古,識見精詣,天資絶人,其于書也不苟讀,必參覈是正,窮極根柢,不極不止也。自進士時,已刻意,既決科,志益苦,雖日治文案,若不暇給,暮夜輒親膏火,與書爲市,或通昔脅不至席,所至,未嘗飾竿牘以干薦進,一意于書。嘗曰:先秦古書,世禩綿邈,又多得于散佚,故雖知而難讀,西漢特近古,儒先耳目,相接未遠,二史何多疑也!班書繇服、應而下,音解注釋,無慮數十家,世獨以師古去取爲正,而公是、公非先生,與其子西樞公所著刊誤,盡擿其失,漢事至三劉,若無遺恨矣。今熟復之,亦容有可議,或者用意之過,與夫偶忘之也。乃據古引誼,旁搜曲取,凡邑里之差殊,姓族之同異,字畫之乖訛,音訓之舛逆,句讀之分析,指意之穿鑿,及他書援據之謬陋,畢釐而正之,的當精確,如親見孟堅、蔚宗執筆,身歷其山川城郭,目擊東西都事者。一時宗工文師,翕然稱之,以爲多前聞人所未到,周益公遺親黨書曰:'吴斗南博物洽聞,今之五總龜也。'其宰羅田之明年,以書抵余曰:'我力貧,刊是書且成,子其爲我序之。'余笑曰:'居士月卻兼奉七萬錢,廪入有幾,而暇及此?'然平生辛苦所得,不私諸已,又遺之人,則是書必行遠也,必益于學者也。果焉用余言?余既敬慕其博,且重辱其索,故爲道其略如此。居士又嘗爲漢通鑑,輯編年紀傳之長而去其短,非遷、固本語,一辭弗贅,與是書實相表裡,後當録續見于世。斗南,其舊字云。”

《四庫全書》正史類著録,《提要》云:“是書前有淳熙己酉(十六年,1189)曾絳序,稱仁傑知羅田縣時自刊版。又卷末有慶元己未(五年,1199)林瀛跋,稱陳虔英爲刊於全州郡齋。殆初欲刊而未果,抑虔英又重刊歟? 舊刻久佚,此本乃朱彝尊之子昆田,鈔自山東李開先家,因傳於世。據其標題,當爲劉攽兩漢書刊誤而作,而書中乃兼補正劉敞、劉奉世之説。考趙希弁《讀書附志》載《西漢刊誤》一卷《東漢刊誤》一卷,稱劉攽撰。《文獻通考》載《東漢刊誤》一卷,引《讀書志》之文,亦稱劉攽撰。又載《三劉漢書標注》六卷,引《讀書志》之文,稱劉敞、劉攽、劉奉世同撰。又引陳振孫《書録解題》,稱别本題《公非先生刊誤》,其實一書。徐度《卻埽編》引攽所校《陳勝》《田横傳》二條,稱其兄敞及兄子奉世,皆精於《漢書》,每讀,隨所得釋之,後成一編,號《三劉漢書》。以是數説推之,蓋攽於前後漢書初各爲《刊誤》一卷,趙希弁所説是也;後以攽所校《漢書》與敞父子所校合爲一編,徐度所記是也。然當時乃以攽書合於敞父子書,非以敞父子書合於攽書,故不改敞父子漢書標注之名,而東漢一卷,無所附麗,仍爲别行,則馬端臨所列是也。至别本乃以攽書爲主,而敞、奉世説附入之,故仍題刊誤之名,則陳振孫所記是也。厥後遂以《東漢刊誤》併附以行,而兩漢刊誤名焉。仁傑之兼補三劉,蓋據後來之本,而其名則未及改也。《文獻通考》載是書十七卷,《宋史・藝文志》則作十卷。今考其書,每卷多者不過十四頁,少者僅十二頁,勢不可於十卷之中析出七卷;而十卷之中,補前漢者八卷,補後漢者僅二卷,多寡亦太相懸,殆修《宋史》時已佚其七卷,以不完之本著録歟?劉氏之書,於舊文多所改正,而隨筆標記,率不暇剖析其所以然。仁傑是書獨引據賅洽,考證詳晰,元元本本,務使明白無疑而後已,其淹通實勝於原書。雖中間以麟止爲麟趾之類,間有一二之附會,要其大致固瑕一而瑜百者。曾絳序述周必大之言,以博物洽聞稱之,固不虚矣。"

按,此書刊本久佚,今所見者並爲鈔本。臺灣所藏善本有:臺北"故宫博物院"藏文淵閣《四庫全書》本;臺北"國家圖書館"有舊鈔本四部,其中一部有清鮑廷博手校並跋,兼過録朱彝尊、盧文弨題記,此本即《知不足齋叢書》本所據之底本。又前國立北平圖書館有舊鈔本一部,今寄存臺北"國家圖書館"。清同治中,李光廷輯刊《反約篇》,光緒中馮兆年輯刊《翠瑯玕館叢書》,民國二十四年(1935)南海黄肇沂輯刊《芋園叢書》,並收録此書。以上諸善本及叢書本,並爲十卷本。清乾隆道光間長塘鮑廷博輯刊《知不足齋叢書》及清同治中真州張丙炎輯刊《榕園叢書》,所收此書有附録一卷。附録載《吴中舊事》《昆山縣志》所載《吴氏小傳》。

又按,此書陳振孫《直齋書録解題》作十七卷,《文獻通考》據陳氏著録亦作十七卷;《宋史·藝文志》及昆山縣志本傳作十卷;今所見諸善本及叢書本亦並作十卷。《四庫全書總目》據兩淮馬裕家藏朱彝尊之子昆田鈔本著録,亦爲十卷本,而以爲已遺七卷,此提要已詳之矣。鮑廷博則以爲當時原有二刻,今特録其説以備考。鮑氏跋云:"按宋時刊班范二史之誤者,吴氏之前凡有四家。余靖、張泌祐按,泌,當作佖。及無名氏三書。祐按,即指西漢刊誤一卷,《宋志》不著撰人。不可得見已,劉氏原本久無專刻。國朝乾隆四年(1739)武英殿校刊經史,始據慶元舊本《漢書注》中增入一家之言,幸垂不朽。吴氏此書,發明辨正,精確不磨,其於劉説,銖量黍較,亦無少假借,雖名補遺,實多匡誤,尤不可令其無傳也。友人郁君佩先,嘗以葉石君舊鈔相貽,今年,學士盧抱經先生復自金陵以校本寄示,且有不靳傳鈔之約。博因取葉本參合是正,壽之棗梨,俾讀者無筆札之勞,庶幾其傳益廣矣。是書直齋陳氏《書録解題》作十七卷,今本十卷,與《宋史・藝文志》合,初疑解題之誤,及考延令宋板書目,亦云十七卷,似當日原有二刻也。至劉書晁公武《讀書志》以爲劉攽著,引攽自序,稱英宗讀《後漢書》,見墾田字皆作懇,令國子監刊正之,攽爲直講,校正其誤。治平三年(1066)奏御。晁、陳二氏又别載《三劉漢書標注》一書,則攽與兄敞及敞子奉世所作也。陳氏獨云標注與《刊誤》實爲一書,别本題作《公非先生刊誤》耳。今考吴書曾絳序亦指三劉爲言,陳説似爲有據。然晁氏於劉攽書題曰《東漢刊誤》,三劉書晁、陳俱題曰《漢書標注》,蓋攽奉命校刊,實止范書,其自序甚明。三劉所著,不曰兩漢者,只及班史耳。觀慶元本前書則三劉並録,後書僅存攽語,亦甚可證也。若吴氏此書似合標注刊誤而通補之,其只稱刊誤者,亦以二書名異而體裁實同耳。惟是直齋既作《解題》,於二書必皆寓目,顧何以漫爲此言耶?又按竹垞先生跋以命攽劉《刊誤》爲仁宗事,而攽序實在英宗治平間。考仁宗在位雖有校刊《後漢書》之命,然事在景祐初元,維時攽尚未登第,距爲學官時幾三十年。此朱跋偶然筆誤,不足異也。

兩漢史贊評不著卷數　宋方汝一撰　佚

汝一,生平待考,著有《易論》二十篇、《小園僻稿》一卷、《中興將相論》《范史新評》等。

此書《宋史・藝文志》不載,《福建通志》卷六十八"著述"著録。

班馬異同三十五卷　宋倪思撰　宋劉辰翁評　存

思,字正父,歸安人,孝宗乾道二年(1166)進士,淳熙五年(1178)中宏詞科,爲著作郎,官至禮部尚書,以忤史彌遠罷,卒謚文簡。著有《易訓》《中庸集義》《論語義證》《合宫嚴父書》《北征録》《歷官表奏》《翰林奏草》《翰林前稿》《翰林後稿》等。事迹具《宋史》卷三九八、《宋史新編》卷一四九、《南宋書》卷四十二、《慶元黨禁》《宋中興學士院題名録》及《南宋館閣續録》等書。

此書《宋史·藝文志》不載,《四庫全書總目》正史類著録。

韓敬序此書云:"鄉先正宋倪文節公有班馬異同一書,當時館閣極貴重之,又得須溪先生評定,遂使龍門、蘭臺精神面目,從故紙生動,真識史者一快助者。文節以直諫著光寧時,重華之對,姜氏之講,明大倫於天下,皆言人所不能言。當侂胄柄國,士大夫捐棄廉恥,匍匐私門,恩主恩父之稱,遍於縉紳,誰敢以騎虎不下面斥之者?暨彌遠拜相,制詞僭錯,公抗疏引董賢事折之,遂得罷歸。其生平如此。歸而逍遥兼山霅水之間,讀書談道,自謂有十五樂而無一憂,有三十幸而無一敗,意此其胸次洒洒,真足上下千古,宜乎爲須溪先生所服膺也。余又嘗見元人張浩贈須溪詩曰:'首陽餓夫甘一死,叩馬何曾罪卒已。淵明頭上灑酒巾,義熙以後無全人。'蓋宋祀既移,終身不出,與《史記》之避紂,《漢書》之不事莽者,同一風致,豈獨以賞鑑擅長耶?先生視文節爲前輩,偶得其書,親爲品隲,條分縷析,比他帙更精,繇其薑桂性合,蘭茝臭同,故於操觚之中,寓執鞭之意,不然,當蓬山鳳池之間,著述殊夥,豈無有作《南園記》,譔《元龜策》者,何足辱先生一唾哉。余既爲文節鄉人,而發先生遺書頗多,故尚論其世,以告世之善讀班馬者。"

《四庫全書總目提要》曰："舊本或題宋倪思撰，或題劉辰翁撰。楊士奇跋曰：'《班馬異同》三十五卷，相傳作於須溪，觀其評論批點，臻極精妙，信非須溪不能，而《文獻通考》載爲倪思所撰，豈作於倪，而評論出於須溪耶？'其語亦兩持不決。案：《通考》之載是書，實據《直齋書録解題》，使果出於辰翁，則陳振孫時何得先爲著録？是固可不辨而明矣。是編大旨以班固《漢書》多因《史記》之舊而增損其文，乃考其字句異同以參觀得失。其例以《史記》本文大書，凡《史記》無而《漢書》所加者，則以細字書之；《史記》有而《漢書》所删者，則以墨筆勒字旁，或《漢書》移其先後者，則注曰《漢書》上連某文，下連某文；或《漢書》移入别篇者，則注曰《漢書》見某傳。二書互勘，長短較然，於史學頗爲有功。昔歐陽修編集故録跋尾，以真迹與集本竝存，使讀者尋删改之意，以見前人之用心，思撰是書蓋即此意。特修所列者一人之異同；思所列者兩人之異同，遂爲創例耳。其中戮力作勠力，沈船作湛船，由是作繇是，無狀作亡狀，鈇質代斧質，數却作數卻之類，特今古異文；半菽作芋菽，蛟龍作交龍之類，特傳寫譌舛，至於秦軍作秦卒，人言作人謂，三兩人作兩三人之類，尤無關文義，皆非有意竄改，思一一贅列，似未免稍傷繁瑣。然既以異同名書，則隻字單詞，皆不容略，失之過密，終勝於失之過疏也。至英布、陳涉諸傳，軼而未録，明許相卿作《史漢方駕》始補入之，則誠千慮一失矣。"

按，《四庫》本據浙江汪汝瑮家藏本著録，未審爲何時刻本。至若明嘉靖十六年(1537)李元陽福建刊本，則題"宋倪思撰，元劉會孟評，明李元陽校"。則此書之爲倪思所撰，劉辰翁所評甚明。

劉辰翁，字會孟，廬陵人，景定三年(1262)廷試，時賈似道專國,欲殺直臣,以塞言路,辰翁因對策極論之,雖忤賈意,而理宗嘉之,寘内弟。以親老,清濂溪書院山長,江萬里、陳宜中薦居史館,除太學博士,皆固辭。宋亡,託方外之歸,著有《須溪集》《評放翁詩選》等。

事迹具《南宋書》卷六十三、《宋史翼》卷三十五、《宋季忠義録》卷十六等書。

又按,此書之傳本甚多,臺北"國家圖書館"有明嘉靖十六年(1537)李元陽福建刊本一部,另有一部則爲前國立北平圖書館寄存者。又有明天啓甲子(四年,1624)聞啓祥刊本一部,晚明刊本一部。"中央研究院"歷史語言研究所有李元陽刊本一部。臺北"故宫博物院"則有文淵閣《四庫全書》本一部,李元陽刊本一部,另晚明刊本一部,則存卷一至卷十六。又此書明凌稚隆及孫鑛並曾先後增訂,今臺北"國家圖書館"藏有凌氏訂補者,題《史漢異同補評》,明萬曆間吴與凌氏刊本;孫氏所增訂者則題《補訂班馬異同》十二卷,臺北"國家圖書館"有清百尺樓鈔本一部。

漢書彙識不著卷數　宋林囿撰　佚

囿,事迹待考。

此書《宋史·藝文志》不載,見《福建通志》卷六十八著述。

西漢發微不著卷數　宋林　慮撰　佚

慮,字德祖,福州福清人,寓吴縣,旦長子。紹聖四年(1097)進士,歷開封府左司録,上章請老歸。著有《詩解補闕》《禮經總括》《釋奠解》《西漢詔令》《元豐聖訓》等。事迹具《宋史翼》卷二十六。

此書《宋史·藝文志》不載,見《福建通志》卷六十八著述。

西漢比事録不著卷數　宋陳　珙撰　佚

珙,字子重,福建仙游人。以太學内舍登嘉定元年(1208)進士,歷復州教授,永春丞,郡守真德秀愛之,俾入郡幕。後試教官科擢首選,知永春縣,遷兩浙路運管卒。事迹略具《莆陽文獻傳》卷二十。

按,此書《宋史·藝文志》不載。見《福建通志》卷六十八。

西漢決疑五卷　宋王述撰　佚

述,字致君,宛邱人。事迹待考。考宋代王述者有三人:一善畫羅漢,學盧楞伽,《嘉定赤城志》有小傳;一莘縣人,旦之後,父倫謚節愍,倫死難,述負骨自河間返葬蘇州之陽山,遂家吴中;一官太常博士,宋庠《元憲集》卷二十四有《太常博士通判滑州王述可尚書屯田員外郎殿中丞前知濰州徐起殿中丞通判安肅軍祁可久並可國子博士制》。

按,此書《宋史·藝文志》不載,《直齋書録解題》著録,陳氏曰:"國子司業宛邱王述(致君)撰。一曰失實,二曰引古,三曰異言,四曰雜證,五曰注釋。"其内容大致可想見。

西漢發揮一〇卷　宋劉涇撰　佚

涇,字巨濟,簡州陽安人,熙寧進士,爲經義所檢討,歷太學博士。元符末,官至職方郎中。事迹具《宋史》卷四四三、《宋史新編》卷一七〇及《東都事略》卷一一六等書。

按,此書《宋史·藝文志》不著録,見《郡齋讀書志》。晁氏曰:"皇朝劉涇(巨濟)撰。涇,蜀人。"

吕氏前漢論三〇卷　宋吕大忠撰　佚

大忠,字晋伯,汲郡人,徙藍田,皇祐進士,爲簽書定國軍判官。熙寧中,王安石議遣使諸道,立緣邊封溝,大忠陳五不可,遂罷不遣。紹聖三年(1096)知渭州,與章淳等議不合,徙知同州,遷寶文閣待制,致仕卒。著有《藍田吕氏鄉約》《鄉儀》《輞川集》、奏議等。事迹具《宋史》卷三四〇、《宋史新編》卷一一四等書。

按，此書《宋史·藝文志》不載，《郡齋讀書志》著録。晁氏曰："予得其本於銅梁令吕肇修撰，汲陵諸孫也。"

兩漢博議不著卷數 宋王遇撰 佚

遇，字子合，一字子正，號東湖，龍溪人，乾道五年(1169)進士，受學朱熹、張栻、吕祖謙之門。歷長樂令，通判贛州，薦章交上。時韓侂冑當國，遇不少貶。侂冑敗，召爲太學博士，累官右司郎中。嘉定四年(1211)卒，年七十。著有《論孟講義》及文集。事迹具黄榦《勉齋集·朝奉郎尚書吏部右曹郎中王公行狀》卷三十三。

按，此書《宋史·藝文志》不著録，見《福建通志》卷六十八。

西漢補注一〇卷 宋吴莘撰 佚

莘，字商卿，吴興人，淳熙八年(1181)進士，教授，與錢之望合著《楚州圖經》。事迹略具《吴興掌故集》卷四。

按，此書《宋史·藝文志》不載，《郡齋讀書志》著録，晁氏云："右國子博士吴莘(商卿)所著也，倪思爲之序。"

兩漢筆記一二卷 宋錢時撰 存

時，字子是，號融堂，淳安人，不爲世儒之習，以易冠漕司，既而絶意科舉，究明理學。主象山書院，議論宏偉，聞者皆有得焉。丞相喬行簡薦授秘閣校勘，太史李心傳奏召史館檢閲。著有《融堂四書管見》《蜀阜集》等。事迹具《宋史》卷四〇七、《宋史新編》卷一五五等書。

按，此書《宋史·藝文志》不著録，《宋史》本傳載之，又《欽定續文獻通考》《四庫全書總目》史評類、《宋史·藝文志·補》並著録。

此書無序跋。其例以兩《漢書》舊文爲綱，而附論説於其下。葉盛《水東日記》卷十二載《宋薦錢時省剳繳狀》，稱斯編"類皆痛漢氏襲秦之弊，而尤反覆致意於後世，所以不敢望三代之治,又見其學之爲有用”。《四庫全書總目提要》則謂其“前一二卷頗染胡寅《讀史管見》之習,如蕭何收秦圖籍,則責其不收六經;又何勸高帝勿攻項羽歸漢中,則責其出於詐術;以曹參文帝爲陷溺於邪説,而歸其過於張良,於陸賈《新語》則責其不知仁義,皆故爲苛論以自矜高識。三卷以後乃漸近情理,持論多得是非之平。其中如於張良諫封六國後,論封建必不可復,郡縣不能不置;於董仲舒請限民名田,論井田不可行;於文帝除肉刑,亦不甚以爲過,尤能滌講學家胸無一物高談三代之窠臼。至其論董仲舒對策,以道之大原不在天而在心,則金谿學派之宗旨。論元帝以客禮待呼韓邪,論光武帝閉關謝西域,皆極稱其能忍善讓,則南渡和議之飾詞。所謂有爲言之者置而不論可矣。”

按,兹篇之卷數,歷來所著録並作十二卷。《四庫全書總目提要》曰:“嘉熙二年(1238)嘗經奏進,前有尚書省劄稱十二卷,與此本合,葉盛《水東日記》以爲不完之本,非也。”按,今檢《水東日記》卷十二云:“胡參政拱辰藏其鄉先生宋融堂錢時(子是)《周易釋傳》一册十二卷,《兩漢筆記》一册六卷,蓋皆不完之書。”然則葉皆所稱不完者,乃指六卷之本,並不誤,提要偶疏也。

又按,是書傳本罕見,《四庫簡明目録標注》謂路氏有鈔本。《四庫總目》據浙江范懋柱家天一閣藏本著録。

漢書雜論一卷　宋劉子翬撰　存

子翬,字彦冲,號屏山,又號病翁,崇安人。以父任判興化軍,年三十,以父死難,哀毁致疾。不堪吏事,辭歸武夷山,講學不倦。卒年四十七。著有《十論》《屏山集》等。事迹具《宋史》卷四三四、《宋史新編》卷一六五、《南宋書》卷十四等書。

按,此書《宋史・藝文志》不載,《郡齋讀書志》著録。今有《淡生堂餘苑》本。

漢書司馬相如傳注不著卷數　宋高似孫撰　佚

似孫,字續古,號疏寮,鄞县人。夙有俊聲,詞章敏贍。淳熙十一年(1184)進士,歷官校書郎,守處州,卒贈通議大夫。著有《緯略》《史略》《子略》《硯箋》《騷略》《剡録》《疏寮集》《煙雨集》等。事迹具《宋史翼》卷二十六、《南宋館閣續録》卷八等書。

按,此書《宋史・藝文志》不著録。《史略》卷二“張揖漢書注”條下似孫曰:“司馬相如傳最難注。予嘗注此傳,大費氣力。”是高氏嘗著此書,是否行世,則莫可考矣。

漢書辨正不著卷數　宋朱子文撰　佚

子文,事迹待考。

按,此書《宋史・藝文志》不著録。宋末劉之問刊《漢書》,曾將此書散入《漢書》各條下,今本猶有存者。

後漢書年表一〇卷　宋熊方撰　存

方,字廣居,豐城人,由上舍生官至迪功郎,權澧州司户參軍。此書《宋史・藝文志》不載,《四庫全書總目》正史類著録。

按,此書卷前有熊氏《補後漢書年表序》《補後漢書年表進表》及《補後漢書年表進狀》,然俱不著年月。惟表中有“皇帝陛下奮神武以撥亂致太平而中興,仰稽聖功,同符光武”之語,又有“灑宸翰於九經,永光庠序;焕雲章於八法,冠絕鐘王”之語,《四庫提要》據以爲南渡初人。熊氏自序云:“臣聞昔司馬遷、班固之爲史,皆謹於表年,從春秋之法大一統,以明所授蓋天子之事也。至范燁作東漢史,僅畢紀傳,而表志未立。蕭梁時劉昭補注舊志,又不及表,殆非聖人所以辯正朔、存褒貶之意,史家大法,于此隳廢。且東漢之治,凡一百九十五年,前繼西京之盛,而一代信史,有不足於遷、固,稽之聖人,垂戒大訓,尚有遺闕,甚非所以昭中興之偉績也。臣今輒集《補後漢年表》十卷,以足范、劉之未備,庶史册之文稍全,而繼體統元之旨自明,聖人之制不泯也。凡表之義例,一據爗、昭舊文,不敢復取他説,以汩其傳。至綱目條章,稍倣前書;其有闕疑,則俟後之君子。"

全書十卷者:《同姓王侯表》二,《異姓諸侯表》六,《百官表》分上下各二。此書一本范氏舊文,義例則仿之前書,而稍爲通變。如王子、外戚、恩澤諸侯表,皆不復分析,惟各書其狀於始封之下,而以功以親,自可瞭如指掌。又百官雖因西漢而廢置不一,方取劉昭之志,自太傅至河南尹凡二十有三等,以繫於年,而除拜薨免之實悉見,故《四庫提要》稱其貫穿鉤考,極爲精詳,綱目條章,亦燦然有法。然中間端緒繁密,踳駁之處亦間有之,《四庫提要》舉其失有三端:一曰爲例不純:如海昏侯會邑、安衆侯松,其肇封固自西漢,而前書皆云今見爲侯,則明、章以後尚嗣封不絶,自應在東京列侯之數,雖史文闕略,不能得其傳世之詳,亦當標其國號名屬,而注云後闕,始合史法,方乃因其世系無徵,遂黜其名,僅以見前書《王子侯表》一語,附識篇末,審如是,則城陽恭王祉,亦見前書《王子侯表》,何以此書又得載入乎?二曰考核偶疏:如伏完乃伏湛七世孫,襲封不其侯,見於《湛傳》及《皇后紀》者甚明,惟袁宏《漢紀》有建安元年封董承伏完十三人爲列侯之文,范史誤採入本紀中,方不加考辨,於伏湛下既書侯完嗣爵,而孝獻時諸侯表内又别出一列侯伏完,殊爲複舛;又如《皇后紀》稱完爲屯騎校尉,建安十四年卒,子典嗣,是曹操弑伏后時,完已先卒,故史但稱操殺后兄弟宗族而不及完,方乃誤以爲曹操所誅,國除,而於侯典一代竟不列入;又如漢壽亭侯,世但稱壽亭侯，沿習舊譌，未能糾正。三曰采摭未備：如漢制以太傅至將軍爲五府，自大將軍、車騎將軍、度遼將軍以外，其餘雜將軍號，隨時建置，見於紀傳者尚多，乃於《百官表》内槩不之及，頗傷闕漏。

又按，此書傳本不多見。《四庫全書》據編修汪如藻家藏本著録者，係開萬樓鈔本。說見《四庫簡明目録標注》。清鮑廷博嘗得宋刊本，請錢大昕勘審，復經盧文弨考訂，然後付諸梓，即知不足齋刻本是也。惟此刻本，舛漏尚多，嘉慶十七年(1812)，錢唐諸以敦乃復取全史參互而釐正之，撰爲《熊氏後漢書年表校補》一書，洵爲此書之功臣。民國二十五年二十六年(1936—1937)二十五史刊行委員會輯《二十五史補編》，即收有方書及諸書，由開明書店排印出版。此外，嘉慶中金德輿輯刊《桐華館史翼》，所收此書，即據鮑本著録。今臺灣所見此書之善本，僅臺北"故宫博物院"所藏文淵閣《四庫全書》本。

范史新評不著卷數　宋方汝一撰　佚

汝一，有《兩漢史贊評》已著録。

按，此書《宋史·藝文志》不載，見《福建通志》卷六十八。

東漢通史五〇卷　宋翟汝文撰　佚

汝文，字公巽，丹陽人。登進士第，徽宗時拜中書舍人，外制典雅，一時稱之。紹興元年(1131)，召爲翰林學士，兼侍講，同提舉修政局，忤秦檜。除參知政事，檜劾其專擅，罷去以卒，門人私謚忠惠。著有《忠惠集》。事迹具《宋史》卷三七二、《宋史新編》卷一二八、《南宋書》卷二十一、《京口耆舊傳》卷四及《宋人軼事彙編》等書。

按，此書《宋史·藝文志》不著録。檢《忠惠集》附録載《孫繁重刊翟氏公巽埋銘》，云："公言范曄《後漢書》語近詞冗，事多注見,其自叙云筆勢縱横,比方班氏,非但不愧,今叢陋乃爾,豈筆削未定,緣事被誅,遂傳之耶?乃删取精要,總合傳注,作《東漢通史》五十卷。"

後漢書精要不著卷數　宋劉　攽撰　佚

攽有《漢書刊誤》四卷已著録。此書《宋史·藝文志》不著録。今檢《彭城集》卷三十四《後漢書精要序》云:"臣聞學古建事,王人貴乎多聞;論事誦書,前哲謂之尚友。然惟述作異體,簡編具文,華實參並,源派殊别。是以繙十二經之説,有太縵之嫌;拿三百篇之詩,或一言可蔽。宜其薈蕞樞要,搴擷菁英,張衆目于在綱,察專車于觀節。指掌可見,括囊無遺,而後博覽,鮮寡要之虞,好古有知言之選矣。昔我仁祖皇帝,聖由天縱,道隆日躋,惟睿以職教化之源,惟深以通億兆之志,參天兩地,既成獨化之功,聚精會神,而以衆善爲道,聽覽餘暇,無事棄日,翱翔詩書之林,考合天人之際。歷代善敗之效,日陳于前;百子是非之論,壹概諸聖。乃詔臣等以常所進讀漢書,剟其精義,與夫善謀,别爲短書,槩見大略。若夫政化之要,禮刑之殊,材良節義之風,智勇名實之效,間見層出,悉使粲明,介善毛惡,咸可記省。臣等無右尹之智,不足知祈招之詩;非班伯之才,曷能出金華之業。綿歷歲序,僅終筆削,流示方來,永觀大訓,有以見元聖之稽古,上德之知言。隆禮群儒,折衷妙論,豈特當瞍矇之賦,充衡石之程而已哉。伏惟皇帝陛下,體道合于自然,好善常若不及,自百王之垂憲,與多之士周爰,惟始有遺,常以虚受,矧復念繩武之至重,思詒謀之又開,固將續盛節于丕承,加睿心于善述,則新書之傳,其邁越于前世矣。臣等猥以末學,親遘盛際,藏書柱下,竊自比于史儋,注籍南宫,曾莫階于楊賜。仰誦休烈,紬詞序端,聲其荒蕪,愧于崖略云爾。"

按,《宋史》本傳云:"邃于史學,作《東漢刊誤》。"此書則奉詔所修,可補史傳之不足。

季漢正義不著卷數 宋胡從聖撰 佚

從聖,事迹待考。

此書《宋史·藝文志》不著録。檢林景熙《霽山文集·季漢正義序》卷五云:"《通鑑》,《魯史》也;《綱目》,《春秋》也。《魯史》載二百四十二年行事,至《春秋》筆削嚴矣。或問紫陽夫子曰:'《通鑑》《綱目》主意安在?'答曰'主正統。'每閲其書,莽大夫如編,魏荀攸,晋處士,唐特進,筆削一字,間况老瞞漢盜,玄德漢胄,史不當黜胄而與盜,故以蜀漢系統,上承建安,下接泰始,而正統於是大明,用《春秋》法也。同時文昭朱子,作三國紀年,亦以蜀漢爲正,然而不廢前史者,猶《魯史》之於《春秋》也。正統在宇宙間,五帝三王之禪傳,八卦九章之共主,土廣狹、勢強弱不與焉。泰山河百二視江左一隅之晋,廣狹強弱,居然不侔,然五胡不得與晋齒,秦雖繫年,卒閏也,世無魯連子,豈惟紫陽悲之?胡君從聖,學古篤,任道毅,既重志三國,又爲《季漢正義》,於以翼前修而扶正統,意何切也!抑持寸管以誅奸慝,天地鬼神,實與聞之,顧所以自持其身者,必無毫髮或慭於正,不然彼冥冥者亦將有辭。千古在前,萬世在後,從聖其尚謹之哉。"

按,林景熙字德陽,温州平陽人,咸淳七年太學釋褐,歷泉州教授,宋亡不仕。從聖亦當宋人之際,此書或有所感而作歟!

晋書指掌不著卷數 宋劉夔撰 佚

夔,字道元,建州崇安人,大中祥符間進士,歷陝州、廣州,以户部侍郎致仕。年八十三。著有《武夷山記》《應制集》《奏議集》《文章筆粹》等。事迹具《宋史》卷二九八本傳。

按,此書《宋史·藝文志》不著録。見《郡齋讀書志》《秘書省續四庫書目》《文獻通考》《福建通志》。晁公武曰:“皇朝劉夔編。以晋書事實,以類分爲六十五門。”

又按,《秘書省續編到四庫闕書目》著録此書,然則於南宋時已不存矣。

六朝史通六〇卷　宋陳嘉言撰　佚

嘉言,字帝俞,號書隱,福州人。咸淳進士,以對策忤賈似道,斥爲乙榜,授建州司户。嘗畜黄鶴白鵰,出入與俱,銜書往來。景炎元年(1276)元師入建州,遂歸隱。事迹略具《宋詩紀事》卷七十二及《宋詩紀事補遺》卷七十七。

按,此書《宋史・藝文志》不著録,見《福建通志》卷六十八。

重修南北史一一〇卷　宋方岳撰　佚

岳,字巨山,號秋崖,祁門人。七歲能詩,紹定五年(1232)進士,淳祐中爲趙葵參議官,移知南康軍。以杖舟卒忤荊帥賈似道,後知袁州,又忤丁大全,罷歸。著有《秋崖集》《秋崖詞》等。

按,此書《宋史・藝文志》不著録,見《宋史・藝文志補》。

新唐書二五五卷目録一卷　宋歐陽修、宋祁等撰　存

修,字永叔,廬陵人,自號醉翁。舉進士甲科,慶曆初召知諫院,改右正言,知制誥。時杜衍、韓琦、范仲淹、富弼相繼罷去,修上書極諫,出知滁州,徙揚州、潁州,還爲翰林學士。嘉祐間拜參知政事,熙寧初與王安石不合,以太子少師致仕,晚號六一居士。著有《新五代史》《太常禮院祀儀》《毛詩本義》《集古録》《歸田録》《洛陽牡丹記》《文忠集》《六一詩話》《六一詞》等。事迹具《宋史》卷三一九、《宋史新編》卷一〇二、《東都事略》卷七二、《名臣碑傳琬琰集》上集卷二四、《三朝名臣言行録》卷二、《皇宋書録》卷中、《宋大臣年表》及《學士年表》等書。

祁,仁宗時與余靖等校刊《漢書》,前已著録。

此書《宋史·藝文志》正史類著録。

按,此書之撰者爲修與祁,監修者則爲曾公亮,故卷首進新唐書表以曾氏爲首。又與修者,據進書表尚有范鎮、王疇、宋敏求、吕夏卿、及劉羲叟等。此書之列傳,爲宋祁所撰,宰相世系表爲吕夏卿所撰,餘多爲歐陽修所撰。

曾公亮,字明仲,晋江人。天聖二年(1024)進士第五人,嘉祐六年(1061)拜同中書門下事,熙寧中以太保致仕,卒年八十,《宋史》有傳。

范鎮,字景仁,華陽人。寶元元年(1038)會試第一,仁宗時知諫院,後爲翰林學士,論新法,與王安石不合,遂致仕。哲宗時起爲端明殿學士,固辭不拜。卒年八十一,《宋史》有傳。

王疇,字景彝,曹州人。第進士,英宗時累遷翰林學士,拜樞密副使,卒贈兵部尚書,《宋史》有傳。

宋敏求,字次道,趙州平棘人。寶元二年(1039)賜進士及第。熟於朝章典故,爲仁宗實録檢討官,修起居注,知制誥,累遷龍圖閣直學士。卒年六十一,《宋史》有傳。

吕夏卿,生平見本編"唐書直筆新例"條。

劉羲叟,字仲更,澤州晋城人。歐陽修使河東,薦其學術,試大理寺評事。累遷著作佐郎,終崇文院檢討,卒年四十四。《宋史》有傳。

按,曾公亮進書表云:"唐有天下,幾三百年,其君臣行事之始終,所以治亂興衰之迹,與其典章制度之英,宜其粲然著在簡册。而紀次無法,詳略失中,文采不明,事實零落。蓋又百有五十年,然後得以發揮幽沫,補輯闕亡,黜正僞謬,克備一家之史,以爲萬世之傳,成之至難,理若有待。"又云:"商周以來,爲國長久,惟漢與唐,而不幸接乎五代,衰世之士,氣力卑弱,言淺意陋,不足以起其文,而使明君賢臣,雋功偉烈,與夫昏虐賊亂,禍根罪首,皆不得暴其善惡,以動人耳目,誠不可以垂勸戒,示久遠也。”然則,斯編纂修之旨,在於補正五代劉昫《舊唐書》二百卷之疏漏也。

此書之刊修,經十七年始成。此書之善,進書表自謂:“其事則增于前,其文則省于舊,至於名篇著目,有革有因,立傳紀實,或增或損,義類凡例,皆有據依,纖悉綱條,具載別録。”然劉安世元城語録則謂“事增文省”,乃新書之失。《四庫全書總目提要》於此書之病,論之最詳,略云:“史官記録,具載舊書,今必欲廣所未備,勢必蒐及小説,而至於猥雜。唐代詞章,體皆詳贍,今必欲減其文句,勢必變爲澀體,而至於詰屈。安世之言,所謂中其病源者也。若夫史漢本紀多載詔令,古文簡質,至多不過數行耳。唐代王言,率崇縟麗,駢四儷六,累牘連篇,宋敏求所輯《唐大詔令》,多至一百三十卷,使盡登本紀,天下有是史體乎?祁一例刊除,事非得已,過相訾議,未見其然。至於吕夏卿私撰兵志,見晁氏《讀書志》;宋祁别撰紀志,見王得臣《麈史》;則同局且私心不滿,書甫頒行,吴縝糾繆,即踵之而出,其所攻駁,亦未嘗不切中其失。然一代史書,綱羅浩博,門分類别,端緒紛拏,出一手則精力難周,出衆手則體裁互異。爰從三史以逮八書,牴牾參差,均所不免,不獨此書爲然。吕宋之書,未知優劣;吴縝所糾,存備考證,則可因是以病新書,則一隅之見矣。”所稱甚見平允。

又按,此書存世之最早刊本,爲北宋嘉祐杭州刊本,半葉十行,行十九字,藏清内府,《四庫簡明目録標注》著録,今未見。臺北“國家圖書館”藏有南宋建安魏仲立宅刊本,存一百九十三卷,缺志卷三十四至四十三,表卷十上、十四,列傳卷四十至四十三、六十一至六十四、一百二十四至一百二十九、一百三十八至一百四十二、一百四十八、一百四十九凡三十二卷。又列傳卷二十六、二十七、五十五至六十一、一百二十二、一百二十三、一百三十至一百三十二凡十三卷影抄配。板匡高19.7公分,寬13.1公分。前有目録,目録卷上末有“建安魏仲立宅刊,收書賢士伏幸詳鑑”雙行木記一方。書末有嘉祐五年(1060)進呈銜名八行,及“准中書劄子奉聖旨下杭州鏤版頒行”附校對校勘等銜名八行。每半葉十行,行十九字,版心線口,宋諱玄、炫、鉉、朗、敬、竟、境、弘、殷、匡、炅、恒、禎、湞、貞、徵、慎、敦、廓字缺末筆,驯字不諱,當刻於寧宗時。書中鈐有“項子京家珍藏”“季印振宜”“蘇齋”“汪印士鐘”“閬源真賞”“平陽汪氏藏書印”“平江汪憲奎秋浦印記”“憲奎”“秋浦”“劉印承幹”“承幹心印”“翰怡”“劉氏翰怡”“承幹鈐記”“嘉業堂”“翰怡玩賞”“御賜抗心希古”“希古樓”等印記。詳見《臺北“國家圖書館”宋本圖録》。該館又有元大德間建康路儒學刊本六部,其中四部殘缺不完。是本首載嘉祐五年(1060)曾公亮上進書表,卷末附刻釋音廿五卷。板匡高22公分,寬15.9公分。每半葉十行,行二十二字。版心白口,上記字數,下記刻工:存、中、志、吴睡、李等。原版頗多漫漶,不可盡識,有成化十八(1482)及嘉靖間補版。詳見《臺北“國家圖書館”金元本圖録》。該館又有明崇禎二年(1626)虞山毛氏汲古閣刊本一部。前國立北平圖書館亦有此本三部,並殘,今寄存臺北“國家圖書館”。“中央研究院”歷史語言研究所則有元刊明清遞修本一部,末附《釋音》二十五卷。臺北“故宫博物院”有文淵閣《四庫全書》本及《四庫薈要》本。

唐書列傳辨證二〇卷　宋汪應辰撰　佚

應辰,字聖錫,信州玉山人,初名洋。高宗紹興五年(1135)登進士第一,改賜今名。授鎮東軍僉判,官至敷文閣學士,四川制置使。應辰少從張九成、胡安國游,與吕祖謙、張栻相善,學有淵源,其官秘書省正字時,以忤秦檜補外。在高、孝兩朝,剛直敢言。著有《二經雅言》《文定集》。事迹具《宋史》卷三八七、《宋史新編》卷一四三、《南宋書》卷三三等書。

此書《宋史・藝文志》正史類及《直齋書録解題》正史類著録。陳氏曰:"端明殿學士玉山汪應辰(聖錫)撰。專攻列傳,不及紀志。以元祐名賢謂列傳記事毁於鐫削,暗於藻繪,故隨事辨證之。"

按,《新唐書》百五十傳多宋祁所作,即在當時同修史者,亦多私心不滿,此吴縝糾繆所以作也。

補注唐書二二五卷　宋李繪撰　佚

繪,宣和中進士,爵里行實待考。

此書《宋史・藝文志》正史類著録。

按,宋高似孫《史略》卷二"唐書注"條著録:"李繪《唐書補注》二百二十五卷。繪,宣和中進士,以舊書參新書爲之注。"是繪以《舊唐書》爲主。《舊唐書》二百卷,《新唐書》二五五卷,繪書則二二五卷,知其必有所析併。

此書公私藏目罕見著録,知當時流傳未廣。

唐書注不著卷數　宋劉朔撰　佚

朔,字復之,莆田人,夙弟。紹興三十年(1160)舉南省第一,遂成進士。孝定初立,召對,曰:陛下何不延納憤激敢言之士,而聽訐直難堪之言,因以自考察成敗得失,且及曾覿、龍大淵罪狀,出知福清縣。乾道六年(1170)出爲福建帥參,道卒,年四十四。著有《春秋紀年圖》。事迹具《宋史翼》卷二十四、《莆陽文獻傳》卷二十七等書。

按,此書《宋史・藝文志》不著録,見《福建通志》卷六十八。

唐書音訓四卷　宋竇苹撰　佚

苹,事迹待考。

按,此書見《宋史·藝文志》小學類及《郡齋讀書志》著録。晁志作者題竇鞏,未知孰是。晁公武曰:"新書多奇字,觀者必資訓釋。鞏問學精博,發揮良多,而其書時有改革者,不知何人附益之也。"

唐書音義三〇卷　宋不著撰人　佚

按,此書《宋史·藝文志》不著録,見《郡齋讀書志》。晁公武曰:"未詳撰人。此竇氏書大略同而稍簡,乃析爲三十卷。"

唐史音義不著卷數　宋吕科撰　佚

科,福建泉州人,事迹待考。

此書《宋史·藝文志》不著録,見《福建通志》卷六十八。

唐書釋音二〇卷　宋董衝撰　存

衝,事迹待考。此書卷首題"宋將仕郎前權書學博士董衝進"。

此書《宋史·藝文志》入小學類,《"國立中央圖書館"善本書目(增訂本)》入史部記傳類。

按,此書係就《新唐書》逐卷注其音,中惟《方鎮表》第八無音。今之傳世者,除臺北"國家圖書館"藏明萬曆二十三年北監刊本爲單行者外,多附《新唐書》而行。

新唐史辨惑六〇卷　宋韓子中撰　佚

子中,事迹待考。

此書《宋史·藝文志》正史類著録。

按,歐陽修等《新唐書》二五五卷闕誤不免,是以當時頗有爲之考訂者。其較著者,如:吕夏卿摘其繁冗闕誤,爲《唐書直筆新例》四卷;吴縝摘舉新書舛謬,爲《新唐書糾繆》二十卷。兹編蓋亦類此之作。書作六十卷,殆視吕、吴二氏之書爲詳,惜佚不之見。

徐氏唐書二〇〇卷　宋徐次鐸撰　佚

唐書釋糾辨謬一〇卷　宋徐次鐸撰　佚

次鐸,字文伯,一字仲友,金華人。負才尚氣,紹興辛亥元年(1131)進士,通判衢州。著有《中興兵防事類》。事迹具《宋史翼》卷二十九、《金華先民傳》卷七等書。

右二書《宋史·藝文志》不著録,並見《金華先民傳》及《金華經籍志》正史類。

胡宗楙曰:"文伯作《唐書傳注補注音訓》總二百卷,自號徐氏唐書;又以《唐書糾繆》訛舛,作《釋糾辨謬》十卷,見《金華先民傳》。"

唐書修問不著卷數　宋王　曙撰　佚

曙,字晦叔,河南人。第進士,咸平中舉賢良方正科策入等,遷秘書省佐著作郎,知定海縣,還爲郡牧判官,考集古今馬政,爲《郡牧故事》六卷上之。累官樞密使,同中書門下平章事,卒謚文康。所著除《郡牧故事》外,又有《戴斗奉使録》《周書音訓》等。事迹具《宋史》卷二八六、《宋史新編》卷八七、《東都事略》卷五三、《隆平集》卷一〇、《五朝名臣言行録》卷四、《宋大臣年表》及《北宋經撫年表》等書。

此書《宋史·藝文志》不載,《河南通志·藝文》卷四十二著録。

唐史評一卷　宋翁彦深撰　佚

彦深,字養源,崇安人。紹聖元年(1094)進士。宣和初授右司員外郎,除國子祭酒,徙秘書監。時宦者梁師成提舉秘書省,彦深不肯造謁,時論高之。著有文集、《皇朝昭信録》《忠義列傳》。事迹具胡寅《斐然集·翁公神道碑》卷二十六。

此書《宋史·藝文志》不著録,見《福建通志》卷六十八。

唐史評三卷　宋適適先生撰　佚

適適先生，姓名事迹待考。

此書《宋史·藝文志》不著録，見《郡齋讀書志》。晁公武曰："題曰適適先生，不詳何人。門人譙孝寧爲編次。"

唐史贅疣不著卷數　宋陳宓撰　佚

宓，字師復，號復齋，莆田人。少登朱熹之門，長從黄榦游。嘉定七年(1214)以父任監進奏院，慷慨盡言，遷軍器監簿。出知南康軍，改南劍州，俱有惠政。後以直秘閣主管崇禧觀，紹定三年(1230)卒，年六十。著有文集、《春秋三傳抄讀》《論語注義問答》等。事迹具《宋史》卷四〇八、《宋史新編》卷一四一及《南宋書》卷三十二等書。

按，此書《宋史·藝文志》不著録，見《福建通志》卷六十八。

唐書直筆新例一卷　宋吕夏卿撰　存

夏卿，字縉叔，晋江人。慶曆二年(1042)進士，爲江寧尉，歷官宣德郎、守秘書丞，編修唐書成，擢直秘閣同知禮院。後出知潁州，卒於官。有文集。事迹具《宋史》卷三三一、《宋史新編》卷一九九、《東都事略》及《宋詩紀事》等。此書《宋史·藝文志》正史類著録，《四庫全書總目》入史評類。

按，此書《宋志》一卷；晁《志》作《唐書直筆》四卷《新例須知》一卷；臺北"國家圖書館"所藏影鈔宋刊本作《唐書直筆新例》三卷《須知》一卷；瞿氏《鐵琴銅劍樓藏書目録》有影鈔宋本《唐書直筆新例》四卷《新例須知》一卷，云書中題帝紀第一，列傳第二，志第三，摘繁文闕誤第四，後附《唐書新例須知》，與晁《志》合；《四庫全書》本則作《唐書直筆》四卷：前二卷論紀傳，卷三傳志及論舊史繁文闕誤，卷四爲新例須知。諸本之異，蓋析併不同故也。

是書之作，晁公武謂其在書局時所建明。今檢《宋史》本傳，稱縉叔學長於史,貫穿唐事,博采傳記雜説,折衷整比,又通譜學,創爲世系諸表,於《新唐書》最有功。晁《志》又云夏卿之書,歐宋間有取焉,《四庫全書總目提要》更申之曰:"所有未符,乃歐宋所未取者,然是丹者非素,論甘者忌辛,著述之家,各行所見。其取者未必皆是,其不取者未必皆非。觀晁氏别載夏卿《兵志》三卷,稱得於宇文虚中,季蒙題其後曰:'夏卿修唐史别著《兵志》三篇,自秘之,戒其子弟勿妄傳,鮑欽止吏部好藏書,苦求得之,其子無爲太守恭孫偶言及,因懇借鈔録於吴興之山齋'云云,然則夏卿之於《唐書》,蓋别有所見,而志不得行者,特其器識較深,不肯如吴縝之顯攻耳。今兵志已不可見,兼存是書,以資互考,亦未始非參訂異同之助矣。"清錢大昕跋《唐書直筆新例》云:"今以新書考之,殊不合。如'書母'條云:'非嫡則不書母,子立然後書。'今考諸帝紀,無不書母者,惟生母追尊稱太后以别之。昭宣之母何氏,係昭宗之后,而紀書皇太后,則又自亂其例矣。它如'書即位''書内禪''書立皇太子''書立皇后''書宰相拜復''書命將征伐'諸條,以本紀考之,無一同者。又謂僕固懷恩不宜立傳,當見於《鐵勒傳》;李適之當附《常山王傳》;李白、杜甫當别立傳,不入《文苑》;李寶臣當爲張寶臣,今皆不爾。杜甫之《三大禮賦》,李白之《明堂賦》,元結之《中興頌》,柳宗元之《方城》《皇武》二雅,史亦不載。然則,夏卿雖有此議,而歐宋兩公,未能盡用之也。《紫陽綱目》褒貶之例與此書多闇合,然其間一予一奪,易啓迂儒論辨之端,歐、宋絀而不取,其識高於夏卿一籌矣。"近人胡玉縉《四庫提要補正》亦云:"歐公本紀頗慕春秋貶褒之法,而其病即在此,夏卿新例,益復煩碎非體。"

又按,此書之傳本,瞿氏有影宋鈔本,前已言之矣。臺北"國家圖書館”有影鈔宋刊本,《唐書直筆新例》三卷《新例須知》一卷;又有清南昌彭氏知聖道齋鈔本,四卷,有彭元瑞手校並題記。臺北“故宫博物院”有文淵閣《四庫全書》本。收録於叢書者:清乾隆中輯刊武英殿聚珍版書,嘉慶中金德輿輯刊《桐華館史翼》,咸豐四年(1854)錢培名輯刊《小萬卷樓叢書》,光緒二十六年(1900)劉氏輯刊《兩湖書院重校史論叢編》(一名《江夏劉氏史部叢書第一編》)及民國二十四年至二十六年間(1935—1937)上海商務印書館輯刊《叢書集成初編》所收,並爲四卷,與《四庫全書》本同。民國十五年(1926)吴興張鈞衡輯刊《擇是居叢書初集》,所收此書則據影鈔宋本影刊,作《唐書直筆新例》四卷《新例須知》一卷,末附校記一卷,則張鈞衡撰。

新唐書糾謬二〇卷　宋吴縝撰　存

縝,字廷珍,成都人,嘗以朝散郎知蜀州,後歷典數郡,皆有惠政,著有《五代史纂誤》。事迹見《宋蜀文輯存作者考》。

此書《宋史·藝文志》正史類著録。

按,歐宋之作新書,意主文章而疏於考證,牴牾踳駁,本自不少,(説見《四庫全書總目提要》。)此吴縝糾謬之所以作也。吴氏《新唐書糾謬》序嘗舉新史修書之初,其失有八,其言曰:“一曰責任不專,二曰課程不立,三曰初無義例,四曰終無審覆,五曰多採小説而不精擇,六曰務因舊文而不推考,七曰刊修者不知刊修之要而各徇私好,八曰校勘者不舉校勘之職而惟務苟容。何謂責任不專?夫古之修史,多出一家,故司馬遷、班固、姚思廉、李延壽之徒,皆父子論譔數十年方成,故通知始末而事實貫穿不牴牾也。惟後漢東觀群儒纂述無統,而前史譏之,況夫唐之爲國,幾三百年,其記事亦已衆矣,其爲功亦已大矣,斯可謂一朝之大典,舉以委人,而不專其責,則宜其功之不立也。今唐史本一書也,而紀志表則歐陽公主之,傳則宋公主之,所主既異,而不務通知其事,故紀有失而傳不知,傳有誤而紀不見,豈非責任不專之故歟?何謂課程不立?夫修一朝之史,其事匪輕,若不限以歲月,責其課程,則未見其可。嘗聞修《唐書》,自建局至印行罷局,幾二十年;修書官初無定員,皆兼涖它務,或出領外官。其書既無期會,得以安衍自肆,苟度歲月,如是者將五十年,而書猶未有緒,暨朝廷訝其淹久,屢加督促,往往遣使就官所取之,於是乃倉促牽客以書來上,然則是書之不能完整,又何足怪?豈非課程不立之故歟?何謂初無義例?夫史之義例,猶網之有綱而匠之繩墨也。故唐修《晉書》,而敬播、令狐德棻之徒,先爲定例,蓋義例既定,則一史之内,凡秉筆者皆遵用之,其取捨詳略、褒貶是非,必使後人皆有考焉。今之新書則不然。取彼例以較此例則不同,取前傳以比後傳則不合,詳略不一,去取未明,一史之内,爲體各殊,豈非初無義例之故歟?何謂終無審覆?方新書來上之初,若朝廷付之有司,委官覆定,使詰難糾駁,審定刊修,然後下朝臣博議可與未可施用,如此,則初修者必不敢滅裂,審覆者亦不敢依違,庶乎得爲完書,可以傳久,今其書頒行已久,而踈謬舛駁,於今始見,豈非終無審覆之故歟?何謂多採小説而不精擇?蓋唐人小説,類多虚誕,而修書之初,但期博取,故其所載,或全篇乖牾,豈非多採小説而不精擇之故歟?何謂務因舊文而不推考?夫唐之史臣,書事任情者多矣,安可悉依徇而書?今之新書,乃殊不參較,但循舊而已,故其失與唐之史臣無異,豈非務因舊文而不推考之故歟?何謂刊修者不知刊修之要,而各徇私好?夫爲史之要有三:一曰事實,二曰褒貶,三曰文采。有是事而如是書,斯謂事實;因事實而寓懲勸,斯謂褒貶;事實褒貶既得矣，必資文采以行之，夫然後成史。至於事得其實矣，而褒貶文采則闕焉。雖未能成書，猶不失爲史之意；若乃事實未明，而徒以褒貶文采爲事，則是既不成書而又失爲史之意矣。新書之病，正在於此。其始也不考其虚實有無，不校其彼此同異，修紀志者則專以褒貶筆削自任，修傳者則獨以文辭華采爲先，不相通知，各從所好；其終也遂合爲一書而上之，故今之新書，其間或舉以相校，則往往不啻白黑方圓之不同，是蓋不考事實、不相通知之所致也。斯豈非刊修者不知其要而各徇私好之故歟？何謂校勘者不舉校勘之職而惟務苟容？方新書之來上也，朝廷付裴煜、陳薦、文同、吴申、錢藻，使之校勘。夫以三百年一朝之史，而又修之幾二十年，將以垂示萬世，則朝廷之意，豈徒然哉？若校勘者止於執卷唱讀，案文讎對，則是二三胥吏，足辦其事，何假文館之士乎？然則朝廷委屬之意重矣，受其書而校勘者安可不思必也討論擊難、刊削繕完，使成一家之書，乃稱校勘之職，而五人者，曾不聞有所建明，但循故襲常，惟務喑嘿，致其間訛文謬事，歷歷具存，自是之後，遂頒之天下矣，豈非校勘者不舉其職而惟務苟容之故歟？職是八失，故新書不能全美以稱朝廷纂修之意。"全書二十門：一曰以無爲有；二曰以實而虚；三曰書事失實；四曰自相違舛；五曰年月時世差互；六曰官爵姓名謬誤；七曰世系鄉里無法；八曰尊敬君親不嚴；九曰紀志表傳不相符合；十曰一事兩見而異同不完；十一曰載述脱誤；十二曰事狀叢複；十三曰宜削而反存；十四曰當書而反闕；十五曰義例不明；十六曰先後失序；十七曰編次未當；十八曰與奪不常；十九曰事有可疑；二十曰字書非是。

又按，王明清《揮塵録》稱歐陽重修《唐書》時，縝嘗因范鎮請預官屬之末，修以其年少輕佻拒之，縝鞅鞅而去，及新書成，乃指摘瑕疵爲此書。晁公武嘗引張九齡爲相事謂其誤有詆訶。《四庫全書總目提要》亦以其第二十門字書非是一條,至歷指偏旁點畫之譌以譏切修,爲吹毛索瘢,不免有意掊擊。錢大昕《新唐書糾繆》跋,舉述尤詳,如謂唐初未有麟州,不知關内之麟游、河南之鉅野,武德初皆嘗建爲麟州也;謂獨孤懷恩爲隋文獻后之弟,不知隋文獻后與唐元貞后皆獨孤信之女,而懷恩則信之孫,於后爲姪,非弟也;謂程昌裔名不同,不知爲史臣避諱;謂覃王字可疑,不知覃即郯字,避武宗諱而易之;謂衡王憺字誤,考《文苑英華》載封諸王制,正作衡字,其作衢者誤也;謂崔彦召逐李可及事不足信,引曹確傳爲證,不知可及之承寵,在懿宗朝,故曹確諫而不納,其失寵在僖宗朝,故彦昭奏而即逐等,並皆縝考證之踈誤。然其所舉八失,如謂中宗紀前與諸帝紀不同,諸帝紀亦自詳略不同,乃詳略不同之故;如謂朱宣傳叙天平節度使止有四人,而紀則有七人之類,乃傳有誤而紀不見之失等,皆新書之失,故四庫提要謂"所舉八失,亦深中其病,不可謂無裨史學也。"持論較平。

此書今所見之善本,臺北"故宫博物院"有文淵閣《四庫全書》本及《四庫薈要》本。臺北"國家圖書館"有明海虞趙開美校刊本兩部,其中一部爲前國立北平圖書館所寄存者;清南昌彭氏知聖道齋鈔本一部,有朱校;又有清半農山人范品金手鈔本一部。臺灣師範大學有趙開美校刊本一部;"中央研究院"歷史語言研究所有鈔本一部。以上諸鈔本,並據趙開美校刊本。乾隆年間,錢大昕以所藏明刻本末卷脱三十行,妄以它卷文羼入,乃從邵晋涵假得宋紹興長樂吴元美刊於湖州本鈔足之,復就吴氏所糾未當者,間亦疏通證明,附注各條之下,又彙輯王氏《揮麈録》、晁氏《讀書志》、陳氏《直齋書録解題》、吴元美《新唐書糾繆》後序、錢氏手跋爲附録一卷,乾隆道光間長塘鮑氏輯刊《知不足齋叢書》，即據錢氏校本收録，爲今所傳諸本中之最佳者。乾隆中所輯刊之《武英殿聚珍版書》，亦收有此書，末附校勘記二卷，則清孫星華所撰。

新唐書略三十五卷　宋吕祖謙撰　存

祖謙，字伯恭，金華人。孝宗隆興元年(1163)進士，復中博學宏詞科，官至直秘閣著作，國史院編修，卒謚曰成，郡人祀之。祖謙以關洛爲主，而無門户之見，浸淫經史，言必有宗。朱子同時諸儒，品學足與相匹者，惟祖謙與張栻耳。著作宏富，有《古周易》《周易音訓》《周易繫辭精義》《書説》《家塾讀詩記》《春秋集解》《左傳類編》《左氏博議》《左氏説》《少儀外傳》《大事記》《吕氏家塾通鑑節要》《東萊先生西漢財論》《歐公本末》《閫範》《紫微語録》《觀史類編》《讀書記》《宋文鑑》《十七史詳節》《東萊集》等。事迹具《宋史》卷四三四、《宋史新編》卷一六五、《南宋書》卷一〇、《皇朝道學名臣言行外録》卷十三、《南宋館閣録》《南宋館閣續録》等書。

此書《宋史·藝文志》未見，《直齋書録解題》著録。陳氏曰："吕祖謙授徒，患新史難閲，摘要抹出，而門人鈔之，蓋節本之有倫理者也。"

按，此書今傳本不多。臺北"國家圖書館"有藍格鈔本一部，每半葉十行，行二十二字，末有端平丙申(三年，1236)吕延年跋，當是從南宋刊本出。吕氏跋云："右《新唐書》三十五卷，蓋先太史成公抹筆而門人抄出成是編也。始先君授學麗澤時，患新唐史文多，且閲者難因抹出體要盡此書，雖然，先君之意不止爲學者摘要計也，其寓意於筆削史法實在焉。今觀元所抹本一挾板之間，或備取而不遺，或盡置而不録，或前後不加點而獨抹出兩三字、四五字，或點出一日一月，若前後斷續不屬及聯比而録出之，則首尾如貫珠。蓋唐三百年間，國家之體統制度,政事之因革,君子小人消長,中國夷狄之盛衰,一一可考而無遺矣。則先君之志豈止爲摘要計哉。當嘉祐年間,一時名公删修舊唐史而爲新史,及進書表云:'其事則增於前,其文則省於舊,可謂盡矣。'是槩之以先君之筆,則知新史之文尚繁,信乎史筆之不易言也。郡太守度支趙公時從容於麗澤書院,且求索先君手澤,既覩是編,反覆之良久,言曰:今成公遺書家有之矣,而此編乃未出,不可,因令鋟木,置之麗澤書院,蓋趙公有見於是編矣,延年何足以知之。"

注唐記一〇卷　宋樊氏撰　佚

樊氏,失其名。

按,此書《宋史·藝文志》不著録,見《郡齋讀書志》。晁氏曰:"題曰樊先生,而不詳其名。近代人所著新書紀也。"

五代史一五〇卷　宋薛居正等撰　輯

居正,字子平,浚儀人,後唐清泰初登第,乾德初官兵部侍郎,太平興國初進位司空,卒謚文惠。有《文惠集》,事迹具《宋史》卷二六一本傳。

此書《宋史·藝文志》正史類著録。

按,《郡齋讀書志》著録此書一百五十卷,云:"右皇朝薛居正撰,開寶中詔修《梁》《唐》《晋》《漢》《周書》,盧多遜、扈蒙、張澹、李昉、劉兼、李穆、李九齡同修,居正監修。"時居正爲宰相,開寶六年(973)也。七年(974)閏十月甲子書成,凡百五十卷,目録二卷,爲紀六十一,志十二,傳七十七,多據累朝實録及范質《五代通録》。(説見《玉海》引《中興書目》。)其後歐陽修别撰《五代史記》七十五卷藏於家,修殁後,官爲刊印,學者始不專習薛史,然二書猶並行於世。至金章宗泰和七年(1207),詔學官止用歐陽修史,於是薛史遂微,傳本漸少,惟明代内府尚有之,《文淵閣書目》著録,《永樂大典》亦多載其文,然割裂淆亂,已非居正等篇第之舊。(説見《四庫全書總目提要》。)清四庫館臣據《永樂大典》各韻中所引及宋人書之徵引薛史者,甄録排纂,依原本卷數,勒成一編,即《四庫全書》所著録之本也。後武英殿重鐫此書,盡删《四庫》本逐條注明《大典》卷數及采補書名卷數之文,遂使存缺章句,不得考其實,薛氏真面目不可識矣。(説見《四庫簡明目録標注》引彭文勤説。)今所傳諸善本,並從《四庫》本出。

新五代史七十四卷　宋歐陽修撰　宋徐無黨注　存

修有《新唐書》已著録。

無黨,永康人,登皇祐癸巳(五年,1053)進士第,官金華府教授,嘗宰河南屬縣。從歐陽修學古文辭,修稱其文日進,如水涌山出。事迹略具《歐陽文忠公集・送徐無黨南歸序》卷四十三,《敬鄉録》卷二,《金華先民傳》卷七等書

此書《宋史・藝文志》正史類著録。

按,此書本名《新五代史記》,世稱《新五代史》者,省其文也。建安陳師錫序此書云:"五代距今百有餘年,故老遺俗,往往垂絶,無能道説者,史官秉筆之士,或文采不足以耀無窮,導學不足以繼述作,使五十有餘年間,廢興存亡之迹,奸臣賊子之罪,忠臣義士之節,不傳於後世,來者無所考焉。惟廬陵歐陽公慨然以自任,蓋潛心累年而後成書,其事迹實録,詳於舊記,而褒貶義例,仰師春秋,由遷、固而來,未之有也。至於論朋黨宦女忠孝兩全義子降服,豈小補哉。"是知修之書,以褒貶義例爲重。至於事實責不甚經意,此吴縝《五代史纂誤》之所以作也。《四庫全書總目提要》謂"薛史如左氏之紀事,本末賅具,而斷制多疏;歐史如公穀之發例,褒貶分明而傳聞多謬,兩家之竝立,當如三傳之俱存,尊此一書,謂可兼賅五季。是以名之輕重爲史之優劣矣。"所論甚允。

無黨之注此書，嘗謂吾文自足附吾師五代史以傳，何以多爲哉，乃取其文悉棄之，今獨有歐陽公送無黨一序，語載《敏齋稿》《敏齋先生行狀》中。然吴師道謂其甚簡，或終卷不出一字，間特發明其書法而已；吴縝作《纂誤》，亦稱公授徐子爲注，而牴牾缺略者不能辨釋。洪興祖記五代史，則謂歐公未及考正而薨，其家遽以進御，後人傳刻舛謬增多，然則，不得過無黨也。

此書今存之最早刊本，爲宋刊十二行本，今藏臺北"國家圖書館"。是本七十四卷十八册，其中卷三十四至四十一、卷四十九、五十、五十五至五十七凡十三卷抄配。首載陳師錫序。板匡高 17 公分，寬 11.7 公分。每半葉十二行，行廿一或廿二字，小注雙行，行約廿五字，版心白口，下記刻工：郎和、華元、屠適、安上、付先、陳忠、陳用、連、奇、胡、恭、貴、周、王、梁、蔣、徐、何、董等，宋諱玄、弦、絃、鉉、朗、敬、驚、警、境、竟、弘、殷、匡、胤、恒、貞、湞、徵、勗、佶字缺筆，欽宗以下廟諱不避。其中間有補版，殆北宋原刊而經南宋補修者。《日本訪書志》《藝風藏書記》著録。又《雙鑑樓善本書目》及《藏園群書題記》所著録之北宋殘卷，亦即此刻。書中鈐有"古家館""東宫文庫""楊印守敬""皇吾海外訪得秘笈""費印念慈""屺懷父""西蠡經昭""貴池劉世珩鑑藏經籍金石書畫記""聚學書藏""聖廎秘笈識者寶之""宜春堂""葱石讀書記""宋本""荃孫""雲輪閣""伯庚"等印記。

宋慶元五年(1199)曾三異校刊本，今亦存臺北"國家圖書館"。是本七十四卷二十册。是本首載陳師錫序，卷十八末有"慶元五年魯郡曾三異校定"一行，又廿三、廿四、卌四、五十七各卷末有"魯郡曾三異校定"一行，板匡高 19.5 公分，寬 13.2 公分，每半葉十行，行十八字。白口，版心上記字數，下記刻工:王榮、國用、善德、文遠、仲、甫、徐、壽、茂、伯、君、吕、受之等。左欄外有書耳記篇目。卷前有近人瑞諧手書題記。此帙遞經修補迄明正德六年。《鐵琴銅劍樓藏書目録》及《書影》《善本書室藏書志》《讀有用齋書目》《雙鑑樓善本書目》《盋山書影》《文禄堂訪書記》等均曾著録。書中鈐有"朱澍私印""子清""桐花别館"、我齋圖書""抱蜀子""季魯氏藏""博爾濟吉特瑞諧收藏""翰鶵博爾濟吉特氏匏石宧主人審定金石書畫印""西拉木棱瑞諧收藏書籍""瑞諧收藏精槧秘笈記""鳳倫秘笈""鳳倫審定謝小韞侍""允之審定"等印記。又一部廿四册,修補同前帙。卷末有黄丕烈題記一則,《蕘圃藏書題識》未載,疑係僞托。卷前有咸豐丁巳(七年,1857)韓應陛手書題記。書中鈐有"顧印廣圻""應陛手校印""甲子丙寅韓德均錢潤文夫婦兩度携書避難記""韓印繩大""价藩"等印記。前上海商務印書館影印張元濟先生所輯百衲本《二十四史》,其中《五代史記》,即據慶元刊本影印。以上北宋本及慶元本,並載《"國立中央圖書館"宋本圖録》。

臺北"國家圖書館"又有元大德間及慶路儒學刊明南監修補本兩部,一部十册,一部二十册。元大德間集慶路儒學刊明嘉靖八年至十年南監修補本一部,缺卷四十二至卷五十、卷五十九至卷六十四、卷七十四,凡十六卷:板匡高 21.6 公分,寬 16.5 公分,每半葉十行,行廿二字,版心白口,上記字數,下記刻工。有嘉靖八、九、十年修補版。按《善本書室藏書志》《藝風藏書續記》《適園藏書志》《雙鑑樓善本書目》《五十萬卷樓藏書目録初編》及《群書跋文《文禄堂訪書記》著録。以上三本,並著録於《"國立中央圖書館"金元本圖録》。明汪文盛校刊本,兩部,一部朱校。明萬曆四至五年南京國子監刊本,兩部,一部清嘉慶間應叔雅手校並跋兼過録諸家批校,一部民國二十五(1936)陶紹萊手跋。明崇禎三年虞山毛氏汲古閣刊本,兩部,一部墨筆批校。此外,前國立北平圖書館有:元大德間集慶路儒學刊本,存五十八卷,缺十七至三十二。明汪文盛校刊本。今此二本並存臺北"國家圖書館"。"中央研究院"歷史語言研究所有毛氏汲古閣刊本一部,有清陳樹華朱筆手跋並朱墨筆過録沈巖藏何焯批校。又有鈔本一部,十二卷,清徐炯補注。臺北"故宫博物院"有明汪文盛刊本及文淵閣《四庫全書》本。

五代史纂誤三卷　宋吴縝撰　輯

縝有《新唐書糾繆》已著録。

此書《宋史·藝文志》正史類著録。

按,此編載歐陽永叔《新五代史》牴牾舛訛者,凡二百餘事。(説見《郡齋讀書志》。)宋南渡後,嘗與《新唐書糾謬》合刻於吴興,今糾謬尚有槧本流傳,而是編久佚,惟《永樂大典》頗載其文。四庫館臣據《永樂大典》采掇裒集,得一百十二事,以晁氏《讀書志》核之,約存原書十之五六,仍釐爲三卷。(説詳《四庫全書總目提要》。)臺灣省圖書館藏清乾隆壬寅(四十七年,1782)張充之手鈔本,臺灣研究院歷史語言研究所藏鈔本,及《知不足齋叢書》《叢書集成初編》等叢刻所收者,並據四庫輯本。

朱梁列傳一五卷　宋張昭遠撰　佚

昭遠,字濳夫,濮州范縣人,以避漢祖諱,止稱昭。歷仕唐、晋、漢、周,宋初,拜吏部尚書,封鄭國公。開寶五年(972)卒,年七十九。著有《梁末帝實録》《唐懿祖紀年録》《唐獻祖紀年録》《唐太祖紀年録》《後唐列傳》《名臣事迹》《嘉善集》等。事迹具《宋史》卷三二六本傳。

此書《宋史·藝文志》正史類著録。

按,宋志不著撰人。檢《宋高似孫史略》卷二“五代史别史”條著録《梁列傳》十五卷及《後唐列傳》三十卷,注云:“並張昭遠撰。”《宋史·藝文志》此書之後即張昭遠《後唐列傳》(三十卷),清顧櫰三《補五代史藝文志》亦著録此書,云張昭撰,宋志不著撰人,殆偶疏也。

又按,史稱昭博通學術,書無不覽,藏書數萬卷,尤好纂述,自唐晋至宋,專筆削典章之任。昭於梁事知之尤詳,顯德四年(957)奉詔撰梁末帝實録,成書十卷。此書殆記朱梁功臣事迹者也。

後唐列傳三〇卷　宋張昭遠撰　佚

昭遠有朱梁列傳已著録。

此書《宋史·藝文志》正史類著録。

按,《宋史·本傳》云:“天成四年(928)上武王以來功臣列傳三十卷,以本官知制誥。”

又按,今檢《五代史·明宗本紀》不載此事。昭於後唐事知之甚詳,嘗撰《唐懿祖紀年録》一卷、《獻祖紀年録》一卷、《太祖紀年録》二〇卷、《莊宗實録》三〇卷。此編則載諸臣事迹者也。

史論三卷　宋任諒撰　佚

諒,字子諒,眉山人,徙汝陽。九歲而孤,力學自奮,舉紹聖四年(1097)進士。調河南户曹,改轉運判官,著河北根本籍,凡户口之升降,官吏之增損,與一歲出納奇贏之數,披籍可見。上之朝,張商英見其書,謂爲天下部使者之最。事迹具《宋史》卷三五六、《宋史新編》卷一二四、《北宋經撫年表》等書。

此書《宋史·藝文志》正史類著録。

按,《宋史·本傳》謂諒于宣和七年(1125)提舉清竇籙宫修國史,知其長於史學,此書或當時所著也。

國史一二〇卷　宋王旦等撰　佚

旦,字子明,大名莘人。幼沈默好學,父器之,太平興國五年(980)進士及第,爲大理評事,知平江縣。真宗時累擢知樞密院,進太保。旦當國最久,事至不膠,有謗不校,軍國重事,皆預參決,薦引朝士,不令其人自知。旦没後,史官修《真宗實録》,得内出奏章,始知朝士多旦所薦。卒年六十一,贈太師尚書令魏國公,謚文正。著有《明賢遺範録》及文集。事迹具《宋史》卷二八二、《宋史新編》卷八二、《東都事略》卷四〇、《隆平集》卷四等書。

此書《宋史·藝文志》正史類著録。

《宋史》本傳云:"(景德三年,1006)拜工部尚書,同中書門下平章事,集賢殿大學士,監修兩朝國史。"

檢《續資治通鑑長編》卷六六云:"景德四年(1007)八月丁巳,詔修太祖太宗正史,令宰臣王旦監修國史,以知樞密院王欽若、陳堯叟,參政趙安仁並修國史,翰林晁迥、楊億同修,直史館路振,崔遵度爲編修官。"

《玉海·藝文志》卷三正史"景德太祖太宗兩朝史"條亦引此,知王旦所修爲太祖太宗兩朝國史。

按,景德三年(1006)即已有修兩朝國史之議。《續資治通鑑長編》卷六十二真宗"景德三年二月辛巳"條云:"令知制誥天長朱巽,直史館開封張復,取太祖太宗兩朝史館日歷、時政記、起居注、行狀,編次以聞,仍令資政殿大學士王欽若總之,詔中書樞密院三司檢兩朝宣教聖旨文字進内,將修國史故也。"

《玉海》卷三云:"先是景德三年二月辛巳,詔知制誥朱巽,直史館張復,同編排兩朝日曆、時政記、起居注、行狀、諸司文字,委欽若總領。"

是最初典此事者爲欽若,今宋志題王旦撰者,以其監修故也。兩朝國史,其撰修期間,經多次改易而成。《玉海》卷三“景德太祖太宗兩朝史”條云:“初成紀一卷,帝取觀,録紀中二十餘條付史館改正,自此每一二卷皆先進草本,多所改易。”《續資治通鑑長編》卷七六真宗“大中祥符四年(1011)七月辛卯”條言之尤詳,曰:“國史院進所修太祖紀,上録紀中義例未當者二十餘條,謂王旦、王欽若等曰:‘如以鐘鼓樓爲漏室,窰務爲甄官,豈若直指其名也。悉宜改正之。’欽若曰:‘此蓋晁迥、楊億所修。’上曰:‘卿嘗參之邪?’旦曰:‘朝廷撰進大典,並當悉心,務令廣備,初無彼此之别也。’因詔每卷自今先奏草本。編修官及同修史官,其初修或再看詳,皆具載其名。如有改正增益事件字數,亦各於名下題出,以考其勤惰焉。”又卷七八真宗“大中祥符五年(1012)六月己未”條曰:“修國史院言:所修禮志,舊日曆止存事端,並禮院取索國初以來禮文損益沿革制作之事,及論議平定文字,尚慮或有遺落,致國家大典有所不備,龍圖閣待制孫奭見判禮院,深於經術,禮學精博,望專委檢討供報。從之。”

是知兩朝國史經多次改修而後成也。

是書自景德四年(1007)始修,至大中祥符九年(1016)始成,計爲時十年。《續資治通鑑長編》(卷八六)“真宗大中祥符九年二月丁亥”條云:“監修國史王旦等上兩朝國史一百二十卷,優詔答之。戊子,加旦守司徒,修史官趙安仁、晁迥、陳彭年、夏竦、崔度並進秩,賜物有差。王欽若、陳堯叟、楊億嘗預修史,亦賜之。”

《宋史・真宗本紀》云:“大中祥符九年二月丁亥,王旦等上兩朝國史,修史官以下,進秩賜物有差。”

又《文苑・崔遵度傳》亦云:“大中祥符九年,國史成,拜吏部員外郎。”

檢《宋朝大詔令集》卷一五〇載王旦等上新修國史付史館詔(大中祥符九年二月丁亥)曰:“唐虞以降,文籍具存,蓋所以垂法作程,顯善彰惡,是爲國典,用示方來。鴻惟祖宗,再造區夏,燀揚威器,則肆暴者畢誅;宣揚湛恩,則懷生者咸遂。修起廢墜,億寧神祇,奉珍之邦,重譯而麇至,膺圖之端,繼日而雲臻。茂功格于皇天,盛業隆於往代,焕然徽烈,宜著信書。朕仰奉慶靈,恭思紀述,載惟良直之筆,故資深懿之才。卿等衡軸元臣,文儒上列,英詞可潤於金石,奥學咸洞於縑緗。聿副眷懷,克成大典。繼宣尼著明之義,有班彪述作之精,表二聖之鴻猷,爲萬世之成憲。披覽之際,感慰良深。至於嘉稱,豈忘寤寢?以其書付史館。”

兩朝國史之内容,《玉海》謂凡百二十卷,目録一卷,帝紀六卷,志五十五卷,列傳五十九卷。日本人周藤吉之《宋朝國史之編纂》(頁五一八)一文嘗詳列其目,今引録如次:

目録一卷

帝紀六卷。《太祖紀》三卷,《太宗紀》三卷。

志十四種五五卷。《天文》三卷,《地理》七卷,《律曆》三卷,《禮》四卷,《五行》二卷,《藝文》七卷,《樂》三卷,《職官》九卷,《河渠》二卷,《選舉》三卷,《輿服》三卷,《食貨》六卷,《兵》三卷,《刑法》二卷。

列傳五九卷。《后妃》一卷,《宗室》一卷,《臣僚》四八卷,《四夷》九卷。

宋洪邁《容齋隨筆·三筆》卷四“九朝國史”條云:“祥符中王旦亦曾修撰兩朝史,今不傳。”然則,兹篇殆佚於南宋兵亂之際。

宋三朝國史一五五卷　宋吕夷簡等撰　佚

夷簡,字坦夫,先世萊州人。祖龜祥知壽州,子孫遂爲壽州人。進士及第,補絳州軍事推官,稍遷大理寺丞,仁宗時官至同平章事。以太尉致仕,卒贈太師中書令,謚文靖。著有《三朝寶訓》《五朝寶訓》《三朝太平寶訓》《一司一務敕》《天聖令文》《天聖編敕》及文集等。事迹具《宋史》卷三一一、《宋史新編》卷九七、《東都事略》卷五二、《隆平集》卷五等書。

此書《宋史·藝文志》正史類著録。

《真宗實録》一五〇卷成于天聖二年(1024),見《續資治通鑑長編》卷一〇二。真宗朝國史則至天聖五年(1027)始行詔修。檢《續資治通鑑長編》卷一〇五"仁宗天聖五年"條云:"二月癸酉,命參知政事吕夷簡,樞密副使夏竦,修真宗國史。翰林學士宋綬,樞密直學士劉筠、陳堯佐同修,宰臣王曾提舉。初,内出劄子,以先朝正史久而未修,慮年祀浸遠,事或淪墜,宜令王曾修纂之,故事宰臣自領監修國史,至是以曾提舉,乃别降敕焉。《會要》云:'修兩朝史時,王旦未領監修,故特授敕曾以監修,而再授敕爲提舉,蓋一時之制也。'"

按,《玉海》卷四六正史"天聖三朝國史"條亦引此文,並云:"初于宣徽院編纂,後移中書令三司檢討食貨事件,三館供借書籍,擇司天官編綴天文律曆志;帝紀贊論,吕夷簡奉詔撰;紀即夷簡夏竦修撰;餘皆同編修分功撰録。"

是知三朝國史者,乃太祖、太宗、真宗三朝國史也。太祖、太宗兩朝史凡一二〇卷,此則增爲一五〇卷。《郡齋讀書志》著録此書,晁氏曰:"右皇朝國史,紀十卷,志六十卷,列傳八十卷,吕夷簡等撰。初景德中,詔王旦、楊億等九人撰太祖太宗兩朝史,至天聖五年詔夷簡、宋綬、劉筠、陳堯佐、王舉正、李淑、黄鑑、謝絳、馮元加入真宗朝史,王曾監修。曾罷,夷簡代。(天聖)八年(1030)書成,計七百餘傳,比之三朝實録,增者大半。事覈文贍,褒貶得宜,百世之所考信云。"

《直齋書録解題》亦著録,陳氏曰:"景德四年(1007)詔王欽若、陳堯佐、趙安仁、晁迥、楊億等修太祖太宗正史,王旦監修,祥符九年(1016)書成。凡爲紀六,志五十五,列傳五十九,目録一,共一百二十卷。天聖四年(1026)吕夷簡、夏竦、陳堯佐,修真宗正史,王曾提舉,八年上之,增紀爲十,志爲六十,傳爲八十。"

《玉海》卷四十六正史天聖三朝國史條亦云:"先是太祖太宗紀六,志五十五,傳五十九,目録一,凡百二十卷,至是修真宗史成,增紀爲十,志爲六十,傳爲八十,總百五十卷,此所謂三朝國史也。凡紀十卷,志增道釋符瑞爲六十卷,列傳八十卷,總一百五十卷。"

天聖八年六月十一日癸巳此書成。故事:"史成由監修而下皆進秩,而夷簡固辭之。甲午,修國史夏竦,同修國史宋綬、馮元、編修官王舉正、謝絳、李淑、黄鑑,管勾内臣韓守英,承受藍元用、羅崇勳,供書皇甫繼明,並遷官職,龍圖閣待制馬季良專督三司應報文字,亦賜勳一轉,又各賜衣物有差。"(見《續資治通鑑長編》卷一〇九。)

神宗正史一二〇卷　宋鄧洵武等撰　佚

洵武,字子常,綰子,第進士,爲汝陽簿。蔡京爲相,進中書舍人給事中兼侍講,修撰哲宗實録。遷吏部侍郎。崇寧三年(1104)拜尚書右丞,轉左丞中書侍郎,未幾知樞密院,遷特進,拜少保;封華國公,恩典如宰相。宣和元年(1119)卒,年六十五,贈太傅,謚文簡。事迹具《宋史》卷三二九、《宋史新編》卷一〇八,《東都事略》卷九八、《宋大臣年表》卷十六等書。

此書《宋史·藝文志》正史類著録。

按,神宗正史之修撰,始自元祐七年(1192)《續資治通鑑長編》卷四七五"哲宗元祐七年七月癸巳"條曰:"以翰林學士范祖禹,樞密直學士趙彦若修神宗皇帝正史。宰臣吕大防提舉,著作佐郎張耒編修,限一年畢。侍御史楊畏言:"竊惟先帝,天縱睿智,文經武略,發於事功,過於近古,非文詞義理足以取信天下,則不能直筆以示來世。臣去歲論趙彦若子仁恕爲令,慘酷贜污,乃敢抵書監司營救,其子恃劉摯姻舊,輕巇朝廷,今乃使誣訟險忿之人,論叙先帝功德,竊恐大臣殊未深慮也。"又疏言:"神宗睿聖,功烈顯赫,宜求敦實之人,以成信史。誣訟不直,乃得進擬,恐爲先帝慮未遠也。"詔趙彦若修國史,指揮不行。王銍元祐八年補録以此事係之八年五月,且稱翰林侍講學士趙彦若。按彦若修史,乃七年七月十二日;還翰林侍講學士乃七年十一月二十四日,銍誤也。今附彦若初除修史時,更詳考之,八月四日彦若又以密直爲國史院修撰。"

又云:詔復置翰林侍講學士。翰林學士范祖禹爲翰林侍講學士兼修國史。祖禹固請避范百禄補外,乃用王洙避兄子堯臣故事,特有是除。

正史之修撰,進行甚緩,次年(八年,1193)三月二十二日,國史院始進《神宗皇帝紀草》。(見《續資治通鑑長編》卷四八二及范祖禹《太史范公文集》卷二四《進紀草劄子》。)

紹聖元年(1194)哲宗親政,多用新黨。先是紹聖元年四月,蔡卞請重修《神宗實録》,以章惇修神宗國史。五月,曾布請以王安石日録載之《神宗實録》,是月編類元祐章疏及更改事條,於是史禍作矣。檢《宋史・哲宗本紀》云:"紹聖元年四月戊辰,同修國史蔡卞請重修神宗實録,閏四月丙申,命左僕射章惇提舉修神宗國史,五月己酉,修國史曾布請以王安石日録載之神宗實録,癸丑,編類元祐章疏及更改事條。"

又《蔡卞傳》云:"絡聖元年復爲中書舍人,上疏言先帝盛德大業,卓然出千古之上,發揚休光,正在史策,而實録所紀,類多疑似不根,乞驗索審訂,重行刊定,使後世考觀,無所迷惑。詔從之。以卞兼國史修撰。初,王安石且死,悔其所作日録,命從子防楚之,防詭以他書代。至是卞即防家取以上,因芟落事實,文飾奸僞,盡改所修實録正史。任伯雨言卞之惡,有過於惇,蹇序辰建看詳訴理之議,章惇遲疑未決,卞即以二心之言迫惇默不敢對,即日置局,士大夫得罪者八百三十家,凡此皆卞謀之而惇行之。”

神宗正史既成,徽宗崇寧三年(1104)八月進,時洵武爲太史,故今宋志題洵武撰。

宋兩朝國史一二〇卷　宋王珪等撰　佚

珪,字禹玉,成都華陽人。弱歲奇警,出語驚人,舉進士甲科。神宗即位,遷學士承旨,典内外制十八年。熙寧三年(1070)拜參知政事,九年(1076)進同中書門下平章事,集賢殿大學士。元豐官制行,由禮部郎超授銀青光禄大夫,五年(1082)正三省官名,拜尚書左僕射,兼門下侍郎。八年(1085)帝有疾,珪白皇太后,請立延安郡王爲太子。太子立,是爲哲宗,進珪金紫光禄大夫,封岐國公,五日卒於位。年六十七。著有《在京諸司庫務條式》《銓曹格敕》《華陽集》《王珪宫詞》等。事迹具《宋史》卷三一二、《宋史新編》卷九八,《東都事略》卷八〇、《隆平集》卷一九、《元祐黨人傳》卷九等書。

此書《宋史·藝文志》正史類著録。

《郡齋讀書志》録此書一百二十卷,晁氏曰:“右皇朝仁宗、英宗兩朝國史也,王珪等撰。元豐五年(1082)六月甲寅奏御,監修王珪、史官蒲宗孟、李清臣、王存、趙彦若、曾肇,賜銀絹有差。蘇頌、黄履、林希、蔡卞、劉奉世,以他職罷去;吴充、宋敏求前死,皆有賜賚。紀五卷,志四十五卷,比之實録,事迹頗多,但非寇準,而是丁謂;托之神宗詔旨。”

《直齋書録解題》亦著録一百二十卷,陳氏曰:“熙寧十年(1077)詔修仁宗、英宗正史,宋敏求、蘇頌,王存,黄履等編修,吴充提舉。元豐五年(1082)王珪、李清臣等上之。”

是修兩朝國史者，先後多人，今宋志題王珪者，以其監修也。

按，仁宗、英宗兩朝史之議修，肇自熙寧十年（1077），今檢《續資治通鑑長編》卷二八二"神宗熙寧十年（1077）五月戊午"條云："詔修仁宗、英宗兩朝正史，命宰臣吴充提舉，以龍圖閣直學士右諫議大夫宋敏求爲修史，秘書監集賢院學士蘇頌同修史，秘書丞集賢校理王存，太子中允集賢校理崇政殿説書王履、著作佐郎集賢校理林希，並爲編修官。……其修史官等禁制並書吏漏泄，並依天聖五年（1027）修史例，銀臺司權徙于起居院。"

是年七月庚午，上御資政殿，監修國史吴充、率修國史宋敏求、編修官王存、黄履、林希，以仁宗、英宗紀草進呈，上服靴袍，内侍進案，敏求進讀，上立聽顧問，終篇始坐（《續資治通鑑長編》卷二八三）。元豐三年（1080）九月丙戌，王珪自同中書門下平章事，加監修國史（《宰輔表》）。考王珪《華陽集》卷九載《辭免門下侍郎監修國史表》，云："伏奉制命，特授臣銀青光禄大夫，兼門下侍郎，同中書門下平章事，監修國史，仍加食邑實封者。伏以進雖圖舊，恩豈可以妄要？賞必及勞，義固難于空授。矧饕典外之澤，實畏人言之羞。伏臣蚤會熙辰，誤攀峻軌，寖被大明之訪，晚躋近輔之班。白首立朝，無先容於左右；丹誠許國，惟自誓於神祇。然動不足以蓋遺，衰不足以勝劇，屬講合宫之事，有嚴正帝之禋，盡先王之聖心，斥群士之邪説。高靈墮而虚席，萬福充而昭庭，顧臣總使于先期，加臣誕孚之首命，蠟文階之新秩，離客相之舊聯，名動四海之隅，位冠百僚之上，將何以應三王之丕治，圖一世之休庸？竊自省循，莫遑起處。伏望皇帝陛下，念不移之愚守，追已下之涣文，欲寵之，無使禄過人；欲全之，無使望咈衆。聽九韶之奏，空驚海鳥之心；度一木之支，安副廟楹之用？願謀群志,别命高賢。”

又卷十二載《謝門下侍郎監修國史表》,曰:“近奉制命,除授銀青光禄大夫,兼門下侍郎,同中書門下平章事,監修國史,加食邑實封,尋再具表辭免,蒙降批答不允,仍斷來章者。伏以孝奏上圜,甫格神媄之祉;恩先百辟,亟頒庭涣之文。方固避之靡俞,第因榮而爲懼。伏念臣識不足以勝物,才不足以濟時,被皇心之獨知,當宰政之大務。然而責深于持國是非之際,怨積於背上好惡之流。匪石一心,曾未裨于涓壒;頓車長道,固已迫于桑榆。會丕舉于宗祈,饕更隆于褒進。覿能受禄,誠可畏於人言;審分辭盈,竊自規于天理。伏蒙皇帝陛下,旁斥浮毁,曲矜晚廑,以立朝事主,有四海志孤;以圖事共政,無萬死之惑。使趣祇于乃服,豈素望于兹時?嚇鵷還止于桐梧,樂鴳重陳于鐘鼓。自惻衰殘之至,何勝禮遇之優?始以謀王,敢道齊桓晋文之事?終之格帝,小希伊陟臣扈之功。”

元豐五年(1082)五月辛巳,吏部尚書李清臣奏言:“久當史職,國史今已成書,寫録進册將畢;止是點對裝標,功亦不多。緣臣等近各有職局,欲乞自五月一日廢罷修國史院官吏,量留楷書等,候進册了,放歸本處外;臣勘會中書舍人趙彦若,職事頗簡,元係編修官,可以不妨本職,催促點檢進卷,如有點對出事節合,令元分修官改正,即乞令計會修立,從之。”(《續資治通鑑長編》卷三二六)

“六月甲寅,修兩朝正史成一百二十卷,上服靴袍御垂拱殿,引監修國史王珪,修史官蒲宗孟、李清臣、王存、趙彦若、曾肇進讀紀傳。賜珪銀絹千,宗孟六百,各賜對衣金帶,改官,並不聽辭免。珪賜一子緋章服。清臣、存、彦若、肇子遷一官,與修史官蘇頌、黄履、林希、蔡卞、劉奉世各賜銀絹有差。故相吴充銀絹六百，故史館修撰宋敏求百五十。兩紀並書王珪上兩朝史。”(《續資治通鑑長編》卷三二七)。

今檢王珪《華陽集》卷七載謝史院賜器幣奏狀，曰：“伏蒙聖慈以臣提據修國史，特降中使，賜臣銀器一百兩，衣著一百匹者。使及私門，寵將御篚，光榮燭外，愧疚盈中。伏念臣本起寒生，寖登宰席，既無能而冒録，況已老而逢衰。方皇帝陛下，摹羲黄上世之書，紀仁英兩朝之迹，垂精大典，追緝先猷，乃命臣愚，爰承之乏。蓋兩功焜耀，自傳信于無窮；而朴學迂疏，終懷慙于有補。未施寸技，更竊殊頒。此蓋伏遇皇帝陛下，隆好古之風，敦述先之志，申念編劘之始，有加賜予之常。義不敢辭，才與無稱。屬書東觀，顧素業之未忘；被賜上臺，誠深恩之所自。誓公良法，仰答睿知。”

此一百二十卷中，紀五卷，志四十五卷(《天文》至《河渠》)，傳七十卷(《玉海》卷四六正史“元豐兩朝史”條)。

按，晁公武謂“比之實録，事迹頗多，但非寇準，而是丁謂；托之神宗詔旨。”王應麟《困學紀聞》卷十五“考史”條曰：“兩朝國史，非寇準而是丁謂，托之神宗聖訓，蓋蒲宗孟之筆也。王允謂不可令佞臣執筆，諒哉。”清何焯注云：“丁寇之相，惡止於南人北人，分明報復，不可獨以寇公爲是也。平心録其實，斯得之矣。”清全祖望注云：“寇公誠有袒北之病，然其與丁謂牴牾，則君子小人之是非較矣。何説謬。”清翁元圻注曰：“《宋史·蒲宗孟傳》：‘帝稱其有史才，命同修兩朝國史。’又稱‘宗孟附吕惠卿而非司馬光。’則其是非之變亂可知矣。”今姑置丁寇之是非不論，而兩朝史之多采神宗意旨，殆無疑問。檢《續資治通鑑長編》卷三二七神宗“元豐五年(1082)六月乙卯”條曰：“是日三省因論奏趙彦若、吕公著告詞事，王珪曰：‘彦若性多執，昨修國史《龐籍傳》，種世衡之子古上書，以其父首用間以殺雅爾旺營,遂致元昊乞和,龐籍爲樞密使,抑其功,朝廷下御史臺至定贈世衡防禦使,彦若爭此一事,久不決,雖然事在境外,固不可知。'上曰:'是不然,當是時元昊作逆既久,困於點集,其勢已蹙,非因世衡居間。昔鄒與魯鬨,三戰而三北之,小固不可以敵大。以中國事勢,元昊區區一小國爾,安能抗也?'珪又曰:'世衡在青澗城久,邊人至今思之,以謂有良將才。'上曰:'世衡不知教養士卒,使之樂戰,欲以口舌取勝。昔吴起爲楚將,損不急之官,廢公族疏遠者,以撫養戰鬬之士,要在強兵破馳説之從横者,遂成霸業,此所謂知本矣。'初彦若草公著知定州告,右丞王安禮父名益,嫌用益字,輒塗改數句,彦若不從。及權起居郎,因對邇英閣奏之。上曰:'安禮侵官當戒之。'日餘,中書取安禮所塗草,彦若即以進入,故及之。"

今《宋史》卷三一一《龐籍傳》不載此事,足見兩朝史頗納神宗之意旨。

哲宗正史二一〇卷　宋王孝廸等撰　佚

孝廸,下蔡人,《宋史》無傳。北宋經撫年表載其宣和七年(1125)知盧。《宋大臣年表》載其欽宗靖康元年(1126)正月命中書侍郎,二月提舉醴泉觀。高宗建炎三年(1129)命中書侍郎,四月改提據嵩山崇福宫。《摛文堂集》載宣德郎小書司封員外郎王孝廸可太常少卿制、宣德郎守尚書司封員外郎王孝廸可殿中少監制,《毗陵集》載賜王孝廸赴闕詔、辭免中書侍郎恩命不允詔等,並可藉考其歷官始末。

此書《宋史·藝文志》正史類著録。

按,《玉海》卷四六正史"淳熙修四朝史"條:"大觀四年(1110)四月二十九日,命鄭久中等修《哲宗正史》,政和二年(1112)四月三日,帝紀成;四年(1114)五月二十二日,進《哲宗正史》

帝紀、表、志、傳、目録,總二百十卷。”

又《宋會要輯稿》職官“國史院史官”條載:“徽宗宣和四年(1122)六月十五日,太宰王黼等以哲宗皇帝正史帝紀、表、志、傳、目録,總二一〇卷奏上,提舉官王黼,修史官吏部尚書王孝廸等遷官。知《哲宗正史》由鄭久中始修,今宋志著録王孝廸者,以其所上也。”

是書雖成於宣和年間,然至南宋初年,已頗少見,《宋會要輯稿》崇儒四“求書”條載:“紹興三年(1133)七月六日,秘書少監曾統等言,伏聞前任本省官洪楫有《神宗皇帝朱墨本實録》《神宗哲宗兩朝國史》《哲宗實録》《國朝典章》,故事文字,望取索名件,官給紙劄,借本繕寫各一部,仍選差官校對,赴本省收藏,從之。”

同條又載:“(紹興九年,1139)五月四日,史館言:‘見闕神宗正史《地理》而下十三志及哲宗一朝紀志列傳全書,竊見中原初復,東京(開封府)及諸州舊史必有存者,望委留司於國史院秘書省等處檢尋,上件正史如無正本,但有副本淨草或部秩不全,並差人津發前來,仍乞下臣僚之家搜訪投進,降付本館,優與推恩。’從之。”

此項原因,蓋由於《哲宗正史》,乃由王黼、王孝廸等新黨所撰,内容不免褒貶失實,遂廢而不用。(説見洪邁《容齋隨筆·三筆》卷四“九朝國史”條。)關於《哲宗正史》所載,於是非褒貶失實事,李心傳《建炎以來繫年要録》一書屢屢言之。其書卷七六“紹興四年(1134)五月癸丑”條曰:“左朝奉大夫范沖守宗正少卿,兼直史館,前一日,執政進呈,上諭朱勝非等曰:‘神宗、哲宗兩朝史録,事多失實,非所以傳信後世,當重別刊定。著唐鑑范祖禹有子名沖者,已有召命,可促來令兼史事。’勝非曰:‘神宗史録,添入王安石目録;哲宗史,經蔡京、蔡卞之手,議論多不公,今蒙聖諭,命官删修,足以昭彰二帝聖美,天下幸甚。'先是,參知政事趙鼎贊上尤力,故以命沖,鼎奏:'沖乃臣姻家,雖沖召命在臣未到行在以前,及今來除授,並出聖意,竊慮士大夫不能詳知,謂臣援引親黨,乞罷沖除命。'上不許,會新除宗正卿蘇携丐免,乃復以携直龍圖閣,主管臨安府洞霄宫。"鼎奏在是月乙卯,携得祠在丁巳。

又卷七十七"紹興四年(1134)六月丙申"條曰:"新除宗正少卿兼直史館范沖辭免恩命。朱勝非奏曰:'沖謂史館專修神宗、哲宗史録,而其父祖禹,當元祐中任諫官,復坐章疏議論,貴死嶺表,而神宗實録,又經祖禹之手,今既重修,則凡出京、卞之意,及其增添者,不無删改,儻使沖預其事,恐其黨未能厭服。'上曰:'以私意增添,不知當否?'勝非曰:'皆非公論。'上曰:'然則删之何害!紛紛浮議,不足恤也。'勝非曰:'沖不得以此爲辭。今聖斷不移,沖亦安敢有議。'上復愀然謂勝非等曰:'此事豈朕敢私,頃歲昭慈聖獻皇后誕辰,因置酒宫中,從容語及前朝事,昭慈謂:"宣仁聖烈皇后誣謗,雖嘗下詔辯明,而史録所載,未經删改。"朕每念及此,惕然於懷,朝夕欲降一詔書,明載昭慈遺旨,庶使中外知朕修史之本意也。'勝非進曰:'聖諭及此,天下幸甚。'昭慈遺旨,詳具建炎四年(1130)十二月己卯。"

又同書卷七十九"紹興四年(1134)八月戊寅"條曰:"宗正少卿兼直史館范沖入見,沖立未定,上云:'以史事召卿,兩朝大典,皆爲奸臣所壞,若此時更不修定,異時何以得本末?'沖因論熙寧創制,元祐復古,紹聖以降,張弛不一,本末先後,各有所因,不可不深究而詳論。讀畢,上顧沖云:'如何?'對曰:'臣聞萬世無弊者道也,隨時損益者事也,仁宗皇帝之時,祖宗之法,誠有弊處,但當補緝,不可變更,當時大臣,如吕夷簡之徒，持之甚堅，范仲淹等初不然之，議論不合，遂攻夷簡，仲淹坐此遷謫，其後夷簡知仲淹之賢，卒擢用之，及仲淹執政，猶欲伸前志，久之自知其不可行，遂已。王安石自任己見，非毁前人，盡變祖宗法度，上誤神宗皇帝，天下之亂，實兆於安石，此皆非神祖之意。'上曰：'極是，朕最愛元祐。'上又論史事。沖對：'先臣修神宗實録，首尾在院，用功頗多，大意止是盡書王安石過失，以明非神宗之意，其後安石壻蔡卞怨先臣書其妻父事，遂言哲宗皇帝紹述神宗，其實乃蔡卞紹述王安石，惟是直書安石之罪，則神宗成功盛德，焕然明白，哲宗皇帝實録，臣未嘗見，但聞盡出奸臣私意。'上曰：'皆是私意。'沖對：'未論其他，當先明宣仁聖烈誣謗。'上曰：'正要辨此事。'上又曰：'本朝母后皆賢，前世莫及，道君皇帝聖性高明，乃爲蔡京等所誤，當時蔡京外引小人，内結閹宦，作奇技淫巧，以惑上心，所謂逢君之惡。'沖對：'道君皇帝止緣京等以紹述二字劫持，不得已而從之。'上曰：'人君之孝，不在如此，當以安社稷爲孝。'沖對：'臣頃在政和間，常聞道君皇帝六鶴詩一聯云："網羅今不密，回首不須驚。"宣示蔡京等云："此兩句專爲元祐人設。"以此知道君皇帝非惡元祐臣寮。'上曰：'題跋小詩，雖可以見意，何如當時便下一詔，用數舊臣，則其事遂正，惜乎不爲此。'沖對：'若如聖諭，天下無事矣。'上又論王安石之奸，曰：'至今猶有説安石是者，近日有人要行安石法度，不知人情何故直至如此。'沖對：'昔程頤嘗問臣："安石爲害於天下者何事。"臣對以新法。頤曰："不然！新法之爲害未爲甚，有一人能改之即已矣，安石心術不正，爲害最大，蓋已壞了天下人心術，將不可變。"臣初未以爲然，其後乃知安石順其利欲之心，使人迷其常性，久而不自知，且如詩人多作明妃曲，以失身爲無窮之恨。至於安石爲明妃曲，則曰：

漢恩自淺胡自深,人生樂在相知心。然則劉豫不足罪過也。今之背君父之恩,投拜而爲盜賊者,皆合於安石之意,此所謂壞天下人心術。'上曰:'安石至今猶封王,豈可尚存王爵?'"《哲宗正史》既議論不公,宜乎紹興年間之改修也。

南宋以來,《哲宗正史》既已不完,今則全佚。然《宋會要輯稿》及宋人文集等,每多援引,猶可據以覘其内容之一斑。

宋四朝國史三五〇卷　宋李燾、洪邁等撰　佚

燾,字仁父,一字子真,號巽巖,丹棱人。高宗紹興八年(1138)進士,官至敷文閣學士,贈光禄大夫,謚文簡。著有《易學》《大傳雜説》《尚書百篇圖》《五經傳授》《説文解字五韻譜》《續資治通鑑長編》《六朝通鑑博議》諸書。事迹具《宋史》卷三八八、《宋史新編》卷一四三、《南宋書》卷三四等書。

邁有《史記法語》已著録。

此書《宋史·藝文志》正史類著録。《直齋書録解題》著録此書三百五十卷。按,《文獻通考》作二百五十卷,誤。陳氏曰:"紹興二十八年(1158)置修國史院修一朝正史,三十一年(1161)提舉陳康伯奏紀成,乞選日進呈,至乾道二年(1166)閏九月,始與太上聖政同上,淳熙五年(1178)同修史李燾言:'修四朝正史,開院已十七年,乞責以近限。'七年(1180)十月,修史王希吕奏志成,十二月進呈。至十三年(1186)修史洪邁奏:'昨得旨限一年内修成列傳,今已成書。'十一月與會要同進,蓋首尾三十年,所歷史官不知其幾矣。"

按,神宗、哲宗正史,以由新黨蔡京、蔡卞等人所撰,故是非不明,議論不公,紹興初遂有重修之意。"先是,紹興十年(1140)十二月十三日,提舉官言,神宗、哲宗兩朝正史,欲候徽宗實録書成之日,通將三朝事實考據,别行修定,即置國史院。二十八年(1158)七月十九日,詔置修國史院。八月十四日,差宰臣湯思退監修國史,吏部尚書賀允中、兵部侍郎周麟之,並差兼同修國史,吏部員外郎葉謙亨、胡沂,秘書省校書郎汪澈,並差兼國史院編修官。保康軍承宣使張見道差充國史院都大提舉諸司,幹辦御藥院林肇差充國史院承受,入内侍省東頭供奉官楊興祖、楊珩差充國史院主管諸司。"(並見《宋會要輯稿》一八"國史院"條。)然以軍書旁午,久未成篇。

《建炎以來繫年要録》卷一八八"紹興三十一年(1161)春正月庚寅條"載:"上問宰執:'三朝國史,何日可進?'陳康伯曰:'帝紀已成,列傳未就。'上曰:'史官才難!劉知幾謂必具才學識,卿宜謹擇之。'上又曰:'頃有乞撰《會要》者,湯思退不曾行。會要乃祖宗故事之總轄,不可闕也。但自元豐後續爲之。蓋舊書分門極有法,似不須改。'康伯曰:'謹遵聖訓。既而乞令館編元豐以後,詔從之。'"

其實,當時帝紀殆未成書,蓋五年後,即乾道二年(1166)閏九月二十九日,國史院日曆所始上三朝帝紀、光堯壽聖太上皇帝聖政。其日,皇帝專御垂拱殿坐,先儀鸞司於殿上東壁稍南,設置三朝帝紀桌子、香案、香爐、香餅、香盒、香匙、褥位等,又於帝紀桌子北設置光堯壽聖太上皇帝聖政桌子褥位……(見《宋會要輯稿》職官十八"國史院"條。)

當時,欽宗正史亦正在修撰中,而神宗、哲宗、徽宗三朝正史未成,遂有合爲四朝國史之議。《宋會要輯稿》職官十八"國史院"條:"(乾道)二年十二月二日,禮部員外郎兼國史院編修官兼實録院檢討官胡元質言:'五朝正史,久已大成,而神宗、哲宗、徽宗之史,開院纂輯,累年于兹,臣竊惟靖康繼宣和之後,以功緒本末則相關,以歲月久近則相繼,伏望將今來所修欽宗實録立之課程,尅以期限,併修帝紀繳進,名爲四朝國史,成書之後,薦之宗祐,與天無極。'從之。"

又云："(乾道)四年(1168)三月二十四日,詔實録院進呈《欽宗實録》並本紀了畢日,併入國史院,一就修纂四朝正史,從同修國史兼實録修撰洪邁請也。"

四朝國史自紹興二十八年(1158)開院以來,至乾道四年(1168),凡十有一年,僅成帝紀,所有諸志並傳,未曾措辭。此蓋當時編修員額不足故也。(説見《宋會要輯稿》職官一八"國史院"條。)"淳熙五年(1178)四月,禮部侍郎同修史李燾言:今修四朝正史開院已十七年,乞降睿旨責以近限,庶幾大典早獲備具,詔限一年。"(《玉海》卷四六正史"淳熙修四朝史"條。)七年(1180)十二月十二日,國史院上神宗皇帝、哲宗皇帝、徽宗皇帝、欽宗皇帝正史志一百八十卷。按,《玉海》云趙雄上。中地理志爲李燾所撰,其餘諸志亦多取材自燾之《續資治通鑑長編》一書中。(説見日本周藤吉之《南宋の李燾と續資治通鑑長編の成立》一文。)

志既成,而列傳則猶未成。淳熙十一年(1184)二月,燾卒,年七十(《李燾父子年譜》),乃自婺州召洪邁領史院。邁言:自到局之後,約略稽考,據院吏所具,除紀志已進呈外,當立傳者千三百人,其間妃嬪親王公主宗室幾當其半,然家世本末履歷始終不可見者,十而七八,必俟究得其實,然後爲書,誠恐日引月長,無由可畢,乞下本院許據只今所有事狀,依仿前代諸史體例,分類裁述,不必人爲一傳,其内外臣僚,或有官雖顯貴,而無事迹可書,正如漢世劉舍、薛澤、許昌之徒,位至丞相,而司馬遷、班固不爲立傳,于事亦無所缺,今來亦乞仿此,悉行删去,其未畢者,乞詔提舉宰臣量立程限,責本院官併力修纂,俟將來玉牒會要奏書之日,同時上進,庶幾累朝信史,早有汗青之期,從之。八月二十七日邁再申前請詔限一年内修纂投進。《宋會要輯稿》職官十八"國史院"條。十三年(1186)十一月二十一日,國史院上四朝國史列傳一百三十卷。(《玉海》云二十七日上《四朝國史》列傳一三五卷《目録》二卷)。

四朝國史之得以完成,李燾、洪邁之力獨多。洪邁《容齋隨筆·三筆》卷一三“四朝史志”條云:“四朝國史本紀皆邁爲編修官日所作,至淳熙乙巳(十二年,1185)、丙午(十三年,1186)又成列傳百三十五卷。惟志二百卷,多出李燾之手,其彙次整理,殊爲有功。”

又《建炎以來朝野雜記甲集》卷四“四朝正史”條曰:“四朝正史,始於李仁父,而終於洪景盧。乾道中,仁父初入史院,上四朝帝紀,再還朝,乃修諸志,未及進書,而仁父去國。時史館多以爲侍從兼職,往往不能淹貫,則私假朝士之有文學者代爲之。今四朝藝文志一書,實先君子筆也。淳熙中,趙衛公温爲相,史志告成,仁父時守建寧,大臣言仁父之力爲多,特進秩一等。久之列傳猶未就緒,上遂召仁父卒成之,書垂成而仁父卒,乃自婺州召景盧入領内祠,專典史事,又逾歲而始成書焉。凡列傳八百七十,總一百三十五卷。”

四朝國史之修撰,南渡後,由於史料殘缺,故措辭之際,頗多困難,且自開院以來以迄成書,歷時二十八年,所經史官多至百餘人,訛舛牴牾目所難免。周必大奏曰:“前朝國史,雖是衆人分撰,然當時案牘可以稽據,是非可以詢問,責成一手,不至訛舛。南渡以來,文籍殘缺,往往搜求散軼,考證異同,若非參合衆智,深慮不相照應,牴牾者多。當與衆議,分手撰述,每遇一志一傳成篇,並令在院官互相修潤,庶幾首尾貫穿,體例歸一,無思慮不同之患。”

是以當時人已有指陳其訛誤者。如《容齋隨筆·三筆》卷一三“四朝史志”條曰:“四朝國史本紀皆邁爲編修官日所作,至淳熙乙巳、丙午又成列傳百三十五卷。惟志二百卷,多出李燾之手。其彙次整理,殊爲有功。然亦時有失點處,蓋文書廣博,于理固然。《職官志》云:'使相以待勳賢故老及宰相久次罷政者,惟趙普得之。明道末吕夷簡罷,始復加使相,其後王欽若罷日亦除,遂以爲例。'按趙普之後,寇準陳堯叟王欽若皆祥符間自樞密使罷而得之,欽若以天聖初再入相,終于位,夷簡乃在其後十餘年,今言欽若用夷簡故事,則非也。因記《新唐書》所載李泌相德宗加崇文館大學士,泌建言學士加大,始中宗時,及張説爲之固辭,乃以學士知院事,至崔圓復爲大學士,亦引泌爲讓而止。按崔圓乃肅宗朝宰相,泌之相也,相去三十年,反以爲圓引泌爲讓,甚類前失也。"

又周必大《二老堂雜記》卷三云:"四朝國史,淳熙間所進也。吉州人蕭服爲御史,坐直章綖私鑄獄,爲蔡京所治,羈管虔州,蓋鄰郡也。其家批書印紙常存,史乃書爲處州,蓋虔處二字相近。紹興間,因齊述亂,改虔爲贛,史官偶不思耳!又仁宗駙馬李瑋傳,兄弟三人,璋字公明,珣字公粹,惟瑋獨無字,予作《梁汝嘉神道碑》,其子季秘以玉石硯爲潤筆,皆刻篆字,乃瑋講道齋所用,字曰公炤。此書洪邁用功爲多,邁號博聞,緣出衆手,無由盡正其誤也。"

按,宋朝國史凡三:太祖、太宗、真宗曰《三朝史》,仁宗、英宗曰《兩朝史》,神宗、哲宗、徽宗、欽宗曰《四朝史》,《宋志》並已著録。南宋時除王旦《國史》一二〇卷不傳外,其餘各史雖有殘缺,猶可得見;今則無一傳世者。

宋名臣録八卷　宋不著撰人　佚

此書《宋史·藝文志》正史類著録。

按,《玉海》卷五八"本朝名臣録"條引《書目》曰:"本朝名臣録八卷,不知作者,編類建隆至乾興三朝諸臣列傳,叛臣蠻夷附焉,以《實録》《國史》校之,間有不同。"

宋勳德傳一卷　宋不著撰人　佚

此書《宋史·藝文志》正史類著録。

按,《玉海》卷五八云:"本朝勳德傳一卷,不知作者,編類太祖至仁宗諸臣有勳德者,起范質,終孫沔,凡五十六人。"

宋兩朝名臣傳三〇卷　宋不著撰人　佚

此書《宋史·藝文志》正史類著録。

按《玉海》卷五八"本朝名臣傳"條引《書目》云:"兩朝名臣傳三十卷,真宗、仁宗實録中后妃諸臣等列傳,不知作者。"

咸平諸臣録一卷　宋不著撰人　佚

此書《宋史·藝文志》正史類著録。

按,《玉海》卷五八"本朝名臣傳"條引《書目》云:"咸平諸臣傳一卷,起雷有終,迄路振,凡三十九人,不知作者。"

熙寧諸臣傳四卷　宋不著撰人　佚

此書《宋史·藝文志》正史類著録。

按《玉海》卷五八"本朝名臣傳"條引《書目》曰:"熙寧諸臣傳四卷,起胡宿,終陸詵。"

兩朝諸臣傳三〇卷　宋不著撰人　佚

此書《宋史·藝文志》正史類著録。

按,前已著録宋《兩朝名臣傳》三十卷,當是一書,《宋志》複出也。

宋名臣傳五卷　宋張唐英撰　佚

唐英,字次功,新津人,自號黄松子。少攻苦讀書,至經歲不知肉味。及進士第,薦試賢良方正,不就;調穀城令。神宗即位,知其人,擢殿中侍御史,未幾卒,著有《仁宗政要》《唐史發潛》《九國志補》《蜀檮杌》等。事迹具《宋史》卷三五一、《宋史新編》卷一二一、《東都事略》卷一〇二、《名臣碑傳琬琰集》(中集卷一四)及《皇宋書録》等書。

此書《宋史・藝文志》正史類著録。

《郡齋讀書志》卷九傳記類著録《嘉祐名臣傳》五卷,晁氏曰:"右皇朝張唐英傳仁宗朝賢臣五十餘人。"

《玉海》卷五八"本朝名臣傳"條曰:"張唐英,五卷。唐英初改著作佐郎,援宋齊間故事,凡領著作者,皆撰《名臣傳》一本,以試史才,因纂録天聖至嘉祐名臣世家譜諜,次第撰爲五十列傳。"

按,唐英嘗編撰天聖初至嘉祐八年之事爲《仁宗君臣政要》四〇卷一書,《宋志》故事類著録,此書特政要中一門耳。(説見王明清《揮麈録》。)疑此書後單行,《宋志》遂别行著録也。

國朝名臣叙傳二〇卷　宋葛炳奎撰　佚

葛氏宋史無傳。《宋元學案補遺・别附》卷二引《台州府志》云:"炳奎,字晦叔,寧海人。理宗時任慶元司户參軍,條陳五事,累萬言。宋亡,斂迹家山,益究心理學。著有《煙村漫稿》。"

此書《宋史・藝文志》正史類著録。

二、編年類

經世紀年二卷　宋張栻撰　佚

栻,字敬夫,廣漢人,丞相浚之子。以廕補官。孝宗時,歷左司員外郎,除秘閣修撰,仕至湖北路安撫使。著有《南軒易説》《南軒先生論語解》《南軒先生孟子説》《通鑑論篤》《諸葛武侯傳》《南軒文集》等。事迹具《宋史》卷四二九。

此書《宋史·藝文志》不著録,見《直齋書録解題》卷四編年類。

陳振孫曰:"侍講廣漢張栻(敬夫)撰。用《皇極經世》譜編,有所發明則著之。其言邵氏以數推知,去外丙仲壬之年,乃合於《尚書》成湯既没太甲元年之説。今案孔氏《正義》,正謂劉歆、班固,不見古文,謬從《史記》;而章衡《通載》乃云以紀年推之,外丙仲壬,合於歲次,《尚書》殘闕,而《正義》之説誤。蓋三代而上,帝王歷年,遠而難考,類如此。劉道原所謂疑年者也。然《孟子》亦有明文,不得云《史記》謬。"①

今檢《南軒集》卷一四載《經世紀年序》,云:"太史遷作十二國世表,始記甲子,起於成周共和庚申之歲,庚申而上,則莫紀焉。歷世寖遠,其事雜見於諸書,靡適折衷,則亦傳疑而已。本朝嘉祐中,康節邵先生雍,出於河南,窮往知來,精極於数,作《皇極經世書》,上稽唐堯受命甲辰之元爲編年譜,如去外丙仲壬之祀,康節以數推知之,乃合於《尚書》成湯既没,太甲元年之説。因康節之譜,編自堯甲辰,至皇上乾道改元之歲,

---

①　《文獻通考》卷一九三經籍二〇編年著録此條,惟無"然《孟子》亦有明文,不得云《史記》謬"句。

凡三千五百二十有二年，命之曰《經世紀年》，以便觀覽；間有鄙見，則因而明之。如《孟子》謂堯舜三年之喪畢，舜禹避堯舜之子，而天下歸之，然後踐天子位，此乃帝王奉天命之大旨，其可闇而弗章，故皆書其服喪践位之實焉。夏后相二十有八載，寒浞弒相，明年，少康始生于有仍氏，凡四十年，而後祀夏，配天下，失舊物，故於此四十載，獨書少康出處，而紀元載於復國之歲，以見少康之君臣，經營宗祀，絶而後續，足以爲萬代之冠冕。於新莽之簒，缺而不書，蓋吕氏不可間漢統，而所假立惠帝子，亦不得而紀元，故獨以稱制書也。以至周文王之稱王，武王之不紀元於國，皆漢儒傳習之繆，先覺君子辨之詳矣，故皆正而書之。漢獻之末，曹丕雖稱帝，而昭烈以正義立于蜀，諸葛亮相之，則漢統烏得爲絶，故獻帝之後，即係昭烈年號，書曰蜀漢；逮後主亡國，而始繫魏，凡此皆節目之大者。嗟呼！世有古今，而古今不間於一息；事有萬變，而萬變卒歸於一原。蓋理義根乎天命，而存乎人心者，不可没也。是故，《易》本太極，《春秋》書元，以著其體用，其示後世至矣。然則，《大易》《春秋》之義，其可以不明乎？乾道三年(1167)正月甲子謹序。”①

按，此書據邵雍《皇極經世書》一二卷之歷譜，多所考訂發明。今邵子之書猶存，《四庫全書總目》術數類著録，而此編則已不存。

又按，《文獻通考》卷一九三馬端臨引其父馬廷鸞之言，云：“先公曰：愚按張氏本《皇極經世書》作《經世紀年圖》，愚之所述，盖亦本此。然嘗疑堯之前標甲子者六，而不載世代與事迹。意者黄帝命大撓作甲子，則甲子紀年自黄帝始，以前無

① 《文獻通考》亦載此序，惟文字頗有不同。

有甲子,則亦不可得而著也。”

知廷鸞亦有類似之作,惟其書名及内容,已不可考。

世運録不著卷数　宋車若水撰　未見

若水,字清臣,自號玉峰山民,黄巖人,似慶孫。講明性理,博學工文。初從陳耆卿學古文;及從杜範游,大悔之,往來王魯齋之門,得聞晦翁緒論。其友胡立方稱玉峰貌癯而野,口吶不能言,即之既熟,回視胸中,狹者寬,塞者通,陋者廣,真益友也。著有《宇宙略記》《道統録》《脚氣集》《玉峰冗稿》等。事迹具《宋史翼》卷二五、《宋元學案》卷六六、《宋詩紀事》卷七二等書。

此書《宋史·藝文志》不著録,見《台州經籍志》卷八。

《台州經籍志》引此書題詞云:“紀年尚矣,《魯史》之外,有《汲冢竹書》,其事不經,而儒者或采之,以爲晋之乘也。太史公以來,雖變編年,然皆有帝紀。厥後萃聚列代者,有《世紀》《通曆》《通要》《通譜》《通載》《通鑑》《帝統》《舉要曆》《稽古録》《年代録》《疑年録》《甲子編年》《紀事總辨》,皆紀年之書也。莫備於通鑑,而最法者,則康節《經世書》、吕成公《大事紀》、朱紫陽《綱目》。寖後寖完,士生今之世者,厚幸哉。是書拾於諸家,私備遺忘,大海一勺,嘗鹹而已,謂之無意,固不可,謂之有例,則不敢。不備,不能爲紀年,曰《世運録》,然而霸王之不同,經制之變,古今之異,興亡治亂之故,則亦略具矣。康節之言曰:歷代之治也,未始不由於臣道盛、子道盛、妻道盛、小人之道盛、叛逆之道盛,嗚呼!三千有餘歲之汚隆,二十代之興亡,何由斯言乎。然古道不齊,一治一亂,而首禍者,未嘗不徒爲後人驅除,蓋非有湯武拯民之心,不過謂之幸亂,雖秦隋之季,摧綱剝紀,敗政蝟興,暴骨如亂麻,存者危於墜露,不得不起而鬥之,而陳勝竇建德之徒,不足自救,天雖自亡秦隋,亦惡幸亂者也。自餘如曹操、劉裕、朱温諸人之興,雖垢賤漫短,至不足道,然皆非先發者。春秋之初,鄭莊公始有霸志,霸卒歸於齊晋,而鄭數百年受霸之禍。夫假仁糾合,未爲無功於生民,而王道之變,實天意所謹也,而况其下乎。三皇、五帝、三王,文質不同,其道一揆。……王霸之不同,經制之變,古今之異,其事皆在於春秋、戰國、秦漢之間,頽波沄沄,有往無反。至於反朝始見先王之意,而政則備,蓋以唐觀漢,漢不可及;以觀本朝,本朝又仁厚也。"

今檢元王逢《梧溪集》卷四,載"奉題車玉峰先生世運録後有序",曰:"車氏世居永嘉,由唐末徙黄巖始盛大,一家師友一作學。淵源,實肇敬齋先生。敬齋曾孫隘軒,有《五經論》《平居録》。隘軒孫是爲玉峰,諱若水,字清臣,賈似道再一作三。聘入史館,辭不受,夙承父某《春秋》學,復師杜清獻公範,清獻學于從父南湖公,諱曄,字良仲。南湖學于朱子,玉峰嶷然諸先輩後,所著述曰《宇宙略紀》,曰《世運録》,清獻嘗序之曰:重證《大學》章句,則魯齊王先生爲沿華論以實之曰:得車君書,言致知格物傳未嘗亡也,自知止而後有定,以下合聽訟一章,儼然爲格物一傳,使朱子聞之,當莞爾一笑云。玉峰孫浚,浚之子程,咸與予交,因示《世運録》,讀之大有裨于《通鑑綱目》,然未板行于時,慨歎不足,姑叙世系大略于左,并頌以詩曰:'有宋車先德,生成道學資。義辭丞相聘,經證大賢遺。泮水涵魚藻,高岡老凰枝。再觀《世運録》,仰企不勝思。'"

按,此書今未見傳本。《台州經籍志》謂明謝介石族孫教諭廣家有鈔本,然已罕見。

漢春秋一〇〇卷　問答一卷　宋胡旦撰　佚

旦,字周父,濱州渤海人,少有雋才,博學能文辭,太宗時舉進士第一,爲將作監丞,通判昇州,累遷右拾遺,直史館,數上書言時政利弊，歷官秘書監，喪明，以秘書省少監致仕，居襄州卒。旦喜讀書，既喪明，猶令人誦經史，隱几聽之，不少輟，著《漢春秋》《五代史略》《將帥要略》《演聖通論》《唐乘》《家傳》三百餘卷，事迹具《宋史》卷四三二、《宋史新編》卷九一、《東都事略》卷三八及《玉壺清話》等書。

此書《宋史·藝文志》編年類著録。

按，《玉海》卷四七雜史"天聖漢春秋"條曰："天聖元年(1023)九月十六日，中書門下言：'胡旦先撰《漢春秋》一百卷，久未進入，詔令本州遞進。'淳化五年(994)，旦言臣參兩漢君臣事迹，得《魯史》之例，注爲《春秋》，凡百篇。帝曰：旦褒貶出胸臆，豈得容《楊源傳》。二年(1024)二月癸亥，州以旦書上進，上稱歎之，以秘書監致任。命一子爲京官。初，旦上所撰《漢春秋》一百卷，上因問旦著書本末，宰臣王欽若曰：'旦，太宗朝進士第一人，詞學精博，嘗謂三代之後，惟漢得正統，因四百年行事立褒貶，著此書以儗《春秋》。'上稱歎，故有是命。一云三年(1025)九月。"

知是編所載乃兩漢君臣事迹也。《問答》一卷，殆就是編之要，設問答之辭，俾便讀者也。

西漢年紀三〇卷　宋王益之撰　輯

益之，字行甫，金華人，官大理司直。著有《職源》《漢官總録》等，蓋熟於漢代掌故者也。事迹具《金華賢達傳》卷八、《敬鄉録》卷一二等書。

此書《宋史·藝文志》不著録，見《四庫全書總目》卷四七編年類。

前有"自序"，於其撰述旨趣，言之甚詳，曰："王仲淹曰：史之失自遷、固始。或問荀悦曰：史乎史乎？余三復斯言，未嘗不廢卷而嘆也。蓋自《黍離》降而爲國風，國異政，家殊俗，天下不復有周矣。《詩》亡然後《春秋》作，天子冠王於政，以示一統,所以立萬世君臣之大法也。遷、固易編年以爲紀傳,事之大較,雖繫於紀,而人臣之議論功勛,自見於傳,殊不知孔子當列國紛紜之際,首王綱以明大義。遷、固於大漢一統之時,顧使人自爲傳,臣自爲功,毋乃非《春秋》之旨歟?下是述作滋多,轉相師用,卒未有能復編年之體者。獨荀氏有見於古文廢墜之餘,此仲淹所以既咎遷、固之失,而且幸荀氏之可考也。余幼喜誦遷、固史,已復感於仲淹之論,取荀《紀》一再讀之,爱其有功于古史,猶憾經始之初,間多舛迕。司馬公《通鑑》,從而正之,先後次第,爛然有别,固已整齊於荀氏矣。獨其刊落盈辭,求爲省約,以便人主之觀覽,而當時論議所及,制度所闕,不無遺者。竊不自揆,取遷、固與史其軼見於他説者,以荀《紀》《通鑑》凡例裁之。其間月日明具,則載於月日之下;有年無月,則總于是歲之末,歲月俱闕,則約其事之先後而志焉。起于高祖,終于王莽之誅,凡二百二十九年,爲《西漢年紀》三十卷。史傳互載,不無牴牾,因爲訂正,爲《考異》十卷。諸儒之議,多所發明,因爲詮次爲《鑑論》若干卷。考諸《年紀》,一代之升降著矣;求諸《考異》,一時之去取見矣;參諸《鑑論》當時之事情得矣。或病余曰:紀傳之作尚矣,子顧欲廢之可乎?答曰:不然。紀傳存一人之始末,論人物者有考焉;編年著一代之升降,觀治亂者有紀焉。以一人之始末,視一代之升降,重輕何如也。荀氏之作,温氏之述,仲淹之論,夫子之志也。"

可知當時《年紀》《考異》《鑑論》各自爲書。今檢楊士奇等於明正統年間所編《文淵閣書目》卷五史部,著録"王益之《西漢年紀》,一部,十八册,闕。"又有"王益之《西漢年紀考異》,一部,二册,闕。"而不見《鑑論》。知明正統間,此書已罕見。清乾隆間編《四庫全書》時,於《永樂大典》輯得《年紀》一書,《考異》則散附《年紀》各條之下,《鑑論》則未之見,知係後人所重編,已非原本。《四庫全書總目提要》於此編之得失論之極詳,曰:"……考益之自序,稱《年紀》三十卷、《考異》十卷、《鑑論》若干卷,各自爲書。今此本不載《鑑論》,而《考異》則散附《年紀》各條之下,與序不合,殆後人離析其文,如胡三省之於《通鑑考異》歟?又序稱自高詛迄王莽之誅,而此本終於平帝居攝,以後闕焉。且其文或首尾不完,中間已有脱佚。蓋編入《永樂大典》之時,已殘闕矣。司馬光《通鑑》所載漢事,皆本班馬二書及荀《紀》爲據,其餘鮮所采掇。益之獨旁取《楚漢春秋》《説苑》諸書,廣徵博引,排比成書,視《通鑑》較爲詳密。至所作《考異》,於一切年月舛誤、記載異同、名地錯出之處,無不參稽互覈,折衷一是,多出二劉《刊誤》、吴仁傑《補遺》之外,尤《通鑑考異》所未及,其考證亦可謂精審矣。今依益之"自序"目次,釐爲三十卷,其《考異》亦即從舊本,仍附各條之下,以便檢核,不復拘"自序"之文,别爲編次焉。"

按,今傳此書各本,並從《四庫》本傳録。《皕宋樓藏書志》卷二一著録文瀾閣抄本一部;《五十萬卷樓藏書目録》卷四著録寫本一部,亦從《四庫》本出,全書朱筆批勘,極爲精細。今所藏善本,僅臺北"故宫博物院"所藏清文淵閣《四庫全書》本一部而已。收入叢刻者,有清同治光緒間永康胡鳳丹所輯刊之《金華叢書》本及《叢書集成初編》本,亦並據《四庫》本。

元和録三卷　宋馬永易撰　佚

永易,字明叟,維揚人。嘗官池州石埭縣尉。著有《異號録》(一名《實賓録》)、《壽春雜志》等書。史書無傳。

此書《宋史·藝文志》編年類著録。

《郡齋讀書志》著録《元和朋黨録》卷一,晁氏曰:"右唐馬永易記牛、李朋黨始末。自牛僧孺試賢良,迄令狐綯去位。"

《直齋書録解題》著録《元和録》三卷,陳氏曰:“池州石埭縣尉維揚馬永錫(明叟)撰。自元和三年(808)牛李對策,以至大中十三年(859)令狐綯罷相,唐朋黨本末具矣。永錫嘗著《唐職林》《實賓録》等書,崇觀政和間人也。又有馬永卿(大年)者,從劉元城游,大觀三年(1109)進士,當是其群從,《館閣書目》以永錫爲唐人,大誤也。”

《玉海》卷五八“唐元和録”條引《書目》云:“三卷,馬永易撰。起元和三年,迄大中十三年政迹,總號《元和録》,蓋因所紀初年云。”

按,晁《志》謂永易唐人,誤;陳《録》作永錫,亦非。永易别有《異號録》(一名《實賓録》)一書,晁《志》謂“皇朝馬永易(明叟)撰”,陳《録》謂“馬永易撰”。是晁氏本知永易爲宋人,陳氏亦知馬氏名永易。而今並誤,不知何故。

又按此書之卷數,諸書並云三卷,獨晁《志》作一卷,自晁氏之言觀之,似爲完書。殆一爲三之誤歟!

周鑑不著卷數　宋宋煇撰　佚

煇,字彦祥,眉山人。

此書《宋史·藝文志》不著録,見《滄洲塵缶編》卷一三。

檢程公許《滄洲塵缶編》卷一三載“周鑑序”,曰:“昔者孟軻氏嘗述夫子之言曰:‘王者之迹熄而詩亡,詩亡然後《春秋》作。晋之《乘》,楚之《檮杌》,魯之《春秋》,一也。’蓋列國皆有史官,周天王爲天下共主,禮樂征伐所自出,焉得獨無紀載歟?《周禮·春官》之屬,有外史,掌書外令,掌四方之志,掌三王五帝之書,此即周史官之職也。墳典達之四方,人人得以誦讀,故能長存於世。周史不知何自散逸,幾與晋《乘》楚《檮杌》偕泯没而無聞,甚可惜也。猶幸魯史經聖人筆削,得與《易》《詩》《書》《二禮》並傳,年月之間,加一王字,所以示賞罰予奪，非周天子不得專名曰魯史，實周史也。書法謹嚴，賴《左氏傳》，旁采列國史，詳記其事，使後世沿事以求經，不爲無補。然周自后稷基王業，至文王受命作周，武王克殷，以有天下。成康以守成繼统，宣王以勵精中興，平王東遷，訖於季末，歷三十四世，享祚八百六十七年。其間理亂得失，散見於《詩》《書》六典，大、小《戴記》，諸子百家之文，可爲萬世鑑者，莫容勝紀，惜未有博採精擇，輯爲一書，以補墜典、翼聖經者，豈一代謨訓闡揚，固有其時耶？吾友宋煇彦祥，幼嗜古，及壯，自知命不偶時，棄去科舉，鋭精典籍，創義例，著成《周鑑》一書，因系序之後先，摭經傳之紀述，研核同異，斷以己見，積二十年，薈萃之功，始克脱稿。蜀罹敵難，彦祥避地峨眉山中，寢食與俱，閒關出峽届，洪都探篋，校所亡失，借屋蕭寺，杜門省記，久之而成全書。余時以少蓬直西掖，移檄江右，俾索本上秘府，有司視爲迂緩，弗之省。會出守宜春，招彦祥館郡齋，爲裒札翰，集小史抄録，移書達之部使者。江公子遠嘉賞，欲轉以上聞，留備乙覽，亡幾罷去。彦祥以余悉其論著之苦，匄爲序引記，以永其傳。竊惟三代有道之長，周爲盛，此無他，仁之涵養也厚，禮之維持也固而已。《行葦》之序，以仁及草木，或以福禄言。王通氏亦云：周禮其敬天命，兹其證也。誠使文武成康之後，子孫繩繩，世守勿堕，則《召旻》之詩，安得隱然以池之竭矣。不云自頻爲刺，而天下蕩蕩，無綱紀文章，衛武公寧遽爲之戚嗟乎。以古爲鑑，可知興替，彦祥此書之作，所以爲萬世有天下者之戒，意甚切也。成周遠矣，即是編求之，一得一失，一理一亂，如鑑對形，萬古猶目前也。彦祥，眉山人，先考君擢慶元丙辰（二年，1196）鄒某榜進士第，以文墨議論，推重搢紳。彦祥與兄光載，熟聞過庭之訓，常以所學質疑於鄉長老雁湖、悦齋二李先生，源委濬深，其得之父師者,蓋有自云。淳祐四年(1244)歲在甲辰良月五日,同郡程某序。"

按,程公許,字季興,一字希潁,號滄洲,眉山人,《宋史》云宣化人,寓烏程。嘉定四年(1211)進士,累官權刑部尚書,卒謚文簡。事迹具《宋史》卷四一五、《宋史新編》卷一五五等書。

又按,二李者,李壁、李埴兄弟也。

春秋紀年圖不著卷數　宋劉朔撰　佚

朔,字復之,莆田人,夙弟。紹興三十年(1160)舉南省第一,遂成進士。調温州司户,賑飢有恩於民,乾道二年(1166)同知樞密院陳俊卿薦於朝,召對,曰:"陛下何不延納憤激敢言之士,而聽訐直難堪之言,因以考察成敗得失。"改宣議郎,知福清縣,尋奉祠。再召入對,時虞允文爲相,方鋭意謀恢復,朔言宜練兵蓄財,以待其變。免試,除秘書省正字。疾作,丐外,乾道六年(1170)除爲福建安撫司參議,道卒,年四十四。事迹具《宋史翼》卷二四、《莆陽文獻傳》卷二七等書。《水心集》卷一六有《著作正字二劉公墓志銘》。

此書《宋史·藝文志》不著録,見《福建通志》卷六八"著述"。

唐武宗實録二〇卷　宋宋敏求撰　佚

唐宣宗實録三〇卷　宋宋敏求撰　佚

唐懿宗實録二五卷　宋宋敏求撰　佚

唐僖宗實録三〇卷　宋宋敏求撰　佚

唐昭宗實録三〇卷　宋宋敏求撰　佚

唐哀宗實録八卷　宋宋敏求撰　佚

敏求,字次道,趙州平棘人,綬子。賜進士及第。嘗預修唐書,治平中爲仁宗實録檢討官,同修起居注,知制誥,累遷龍圖閣直學士,元豐初卒。敏求家藏書三萬卷,皆略誦習,熟於朝廷典故,士大夫疑議,必就正焉。補唐武宗以下六世《實録》百四十三卷。又著《朝貢録》《春明退朝録》《唐大詔令集》《長安志》等。事迹具《宋史》卷二九一、《宋史新編》卷九〇、《東都事略》卷五七、《名臣碑傳琬琰集》中集卷一六等書。

右六書《宋史·藝文志》編年類著録。

按,新唐志僅著録《武宗實録》三十卷,注云:"韋保衡監修。"《郡齋讀書志》卷六實録類著録《唐武宗實録》一卷,晁氏曰:"右唐韋保衡等撰。武宗以後實録皆亡,今存止會昌元年(841)正月二月。國朝宋敏求(次道)嘗補《宣宗實録》三十卷,《懿宗實録》三十卷,《僖宗實録》三十卷,[①]《昭宗實録》三十卷,《哀帝實録》八卷,[②]通百二十八卷,世服其博聞。"

《直齋書録解題》卷四起居注類著録《武宗實録》三十卷、《宣宗實録》三十卷、《懿宗實録》二十五卷、《僖宗實録》三十卷、《昭宗實録》三十卷、《哀帝實録》八卷,陳氏曰:"案唐志惟有《武宗實録》三十卷,其後皆未嘗修纂,更五代,《武録》亦不存,《邯鄲書目》惟存一卷而已。五録者,龍圖閣直學士常山宋敏求(次道)追述爲書。案兩朝史志初爲一百卷,其後增益爲一百四十八卷。今案《懿録》三十五卷,止有二十五卷,而始終皆備,非闕也,實一百四十三卷,《館閣書目》又言闕第九一卷,今本亦不闕云。"

《玉海》卷四八"唐武宗實録"條引《書目》云:"皇朝宋敏求撰,二十卷,起開成五年(840)正月,盡會昌六年(846)三月,凡七年。《宣宗實録》三十卷,敏求撰,起蕃邸,盡大中十四年(860)二月。"

又云:"唐咸通中,宰臣韋保衡與史官蔣偕,皇甫燠撰武、宣兩朝實録,光化初,裴贄撰懿、僖《實録》,至五代皆缺,唯存《武

① 本作二十卷,今據《通考》及《後志》正。

② 哀,袁本作宗。

宗録》一卷。皇朝趙鄰幾補實録,淳化五年(994)詔遣直史館錢熙取其書。四月戊申,錢熙至宋州得趙鄰幾所撰《補會昌已來日曆》三十六卷,文集三十四卷,所著《鯫子》一卷,《六帝年略》一卷,《史氏懋官志》五卷,他書又五十卷來上,詔以錢十萬賜其家。"

是知咸通中嘗修武、宣、懿、僖四朝實録,然除《武宗實録》外,但聞撰述,未見成書。是以長興三年(932)十二月,史館遂有《請下兩浙荆湖購募野史奏》,云:"當館昨爲大中以來迄於天祐四朝實録,尚未纂修,尋其奏聞,謹行購募,敕命雖頒於數月,圖書未貢於一編。蓋以北土州城,久罹兵火,遂成滅絶,難可訪求。竊恐歲月漸深,耳目不接,長爲闕典,過在攸司。伏念江表列藩,湖南奧壤,至於閩越,方屬勳賢。戈鋋自擾於中原,屏翰悉全於外府,固多奇士,富有群書,其兩浙福建湖廣,伏乞詔旨,委各於本道採訪宣宗、懿宗、僖宗、昭宗以上四朝野史,及逐朝日曆,銀臺事宜,内外制詞,百司沿革簿籍,不限卷數,據有者抄録上進,若民間收得,或隱士撰成,即令各列姓名,請議爵賞。"①

又晉高祖天福六年(941)二月詔曰:"有唐遠自高祖,下暨明宗,紀傳未分,書誌咸闕,今耳目相接,尚可詢求,若歲月寖深,何由尋訪?宜令户部侍郎張昭、起居郎賈緯,秘書少監趙熙,吏部郎中鄭受益,左司員外郎李爲先等,修撰唐史,仍令宰臣趙瑩監修。"②

其年四月,監修國史趙瑩奏曰:"自李朝喪亂,迨五十年,四海沸騰,兩都淪覆,今之書府,百無二三。臣等虔奉綸言,俾令撰述,褒貶或從於新意,纂修須按於舊章,既闕簡編,先虞漏

① 載《全唐文》卷九七。

② 見《五代會要》卷一八。

略。今據史館所闕《唐書》實録，請下敕命購求，況咸通中宰臣韋保衡與蔣伸、皇甫燠，撰武宗、宣宗兩朝《實録》，又光化初宰臣裴贄，撰僖宗、懿宗兩朝《實録》，皆遇國朝多事，或值鑾輿播越，雖聞撰述，未見流傳。其韋保衡、裴贄，合有子孫見居職任，或門生故吏，曾托纂修，聞此撰論，諒多欣愜。請下三京諸道及中外臣寮，凡有將此數朝《實録》，詣闕納進，請察其文武才能，不拘資地，除一官，如卷帙不足，據數納進，亦請不次獎酬，以勸來者。自會昌至天祐垂六十年，其初李德祐平上黨，著武宗伐叛之書；其後康承訓定徐方，有武寧本末之傳。如此事類，記述頗多。請下中外臣寮，及名儒宿學，有於此六十年内撰述，得傳記及中書銀臺史館日曆制敕册書等，不限年月多少，並許詣闕進納；如年月稍多，記録詳備，請特行簡拔，不限資序。"①

同月，起居郎賈緯奏曰："伏以唐高祖至代宗已有紀傳，德宗亦存實録，武宗至濟陰廢帝凡六代，唯有《武宗録》一卷，餘皆闕略。臣今搜訪遺文，及耆舊傳説，　編成六十五卷，目爲《唐朝補遺録》，以備將來史官條述。至開運二年(945)六月，史館上所修前朝李氏書紀志列傳共二百二十卷并目録一卷，都計二十帙，賜監修宰臣劉昫、修史官張昭遠，直館王申等繒綵銀器各有差。"②

按，今檢《崇文書目》，著有賈緯《唐年補録》六十五卷，《備史》六卷，《補録》一書，當即《唐朝補遺録》也。

賈氏之書及宋趙鄰幾所著《會昌以來日曆》，今雖不傳，然敏求補武宗以下諸實録時，殆及見之，故得論次此一百餘卷之巨著也。

---

① 見《五代會要》卷一八。

② 見《五代會要》卷一八。

蜀鑑一〇卷　宋郭允蹈撰　存

允蹈,字居仁,資州(即資中)人。事迹待考。

此書《宋史·藝文志》不著録,見《四庫全書總目》紀事本末類按,此書或不題撰人,[①]或題李文子撰[②]《四庫全書總目提要》於此辨之甚詳,云:"……前有方孝孺序,稱宋端平中,紹武李文子嘗仕於蜀,蒐采史傳,起秦取南鄭,至宋平孟昶,上下千二百年事之繫乎蜀者,爲書十卷云云。世遂題爲文子作。《考亭淵源録》亦載李文子字公瑾,光澤人,案光澤即紹武之屬縣,今尚仍古名。李方子之弟,紹興四年(1134)進士,官至知太安軍綿閬州潼川府,著《蜀鑑》十卷。然考端平三年(1236)文字所作序,中稱燕居深念紬繹前聞,因俾资中郭允蹈輯写一编云云,則此書爲资州郭允蹈所撰,文子特總其事耳,世即以爲文子作,猶《大易粹言》,本會穜命方聞一作,而《直齋書録解題》遂誤以爲穜作也。"

按,文子,字公謹,號耘叟,邵武人。從朱熹學。事迹具《考亭淵源録初稿》卷一四、《閩南道學源流》卷一二、《閩中理學淵源考》卷六、《宋元學案》卷六九、《宋元學案補遺》卷六九等書。

此書之内容,李文子序,述之極審,略云:"文子久仕於蜀,身履目擊而動心焉。燕居深念,細繹前聞,因俾資中郭允蹈緝爲一編,起自秦取南鄭,迄于王師平孟昶,凡地形之阨塞,山川之險阻,邇雍而鄰荆者,稽之舊史,按之圖志,悉紀于篇。西南夷爲蜀後户,未形之憂難忽,而已事之鑑可師,則又條其本末而附之,間又論其得失之要者,定爲十卷。凡千三百年蜀事之大凡,亦可以概見於此。覽是書者可以鑑焉,因名曰蜀鑑云。"至於此書所記得失,《四庫全書總目提要》曰:"其書

① 瞿鏞《鐵琴銅劍樓書目》所著録者,即不題撰人。

② 莫伯驥《五十萬卷樓藏書目録》所著録者,即題李文子撰。

每事各標總題,如袁樞《通鑑紀事本末》之例。每條有綱有目有論,如朱子《通鑑綱目》之例。其兼以考證附目末,則較《綱目》爲詳贍焉。宋自南渡後,以荆襄爲前障,以興元漢中爲後户,天下形勢,恒在楚蜀,故允蹈是書所述,皆戰守勝敗之迹,於軍事之得失、地形之險易,恒三致意,而於古人用兵故道,必詳其今在某處,其經營擘畫,用意頗深。他如辨荆門之浮橋,引《水經注》以證《荆州記》之誤;陳倉之馬鳴閣,引《蜀志》以證《寰宇記》之誤;斜谷之遮要,引《興元記》以補裴松之注之闕;諸葛亮之築樂城,引《通鑑》以辨《華陽國志》《寰宇記》之異同,於地理亦頗精核。又所載羅尚之抗李雄、張羅之據犍爲,亦較《晋書・載記》及《十六國春秋》爲詳,皆足裨史乘之考證。唯所論蜀之地勢,可以北取中原,引漢高詛爲證,則與李舜臣《江東十鑑》同意,姑以勵恢復之氣耳。諸葛亮所不能爲,而謂後人能之乎?末二卷叙西南夷始末,其載犍爲郡之置,始於漢代,不知唐之莊琰、播郎等州,即其故地。又所載南詔始末,謂驃信敗於韋皋,而南蠻始衰,不知敗於高駢,而蠻乃不振,所記未免稍略。然其時方慮内訌,無暇外攘,著書之志,主於捍拒秦隴之師,振控巴渝之險,其他邊徼之事,固在所略,亦其時勢爲之矣。"

又按,此書之宋刻本,今已罕見,諸家目録所著録及今存者,率爲明刊本及鈔本。瞿氏《鐵琴銅劍樓書目》卷九著録影宋本一部,猶可略見宋本之善。瞿氏曰:"此影寫宋本,爲吴方山藏書,較明初蜀本爲勝。如光武建武元年,延岑杜陵與赤眉逢安戰,大破之,蜀本'與'誤'興';漢中王嘉亦與赤眉將廖湛戰於谷口,大破之,蜀本脱'口'字;南陽,今鄧州,蜀本'鄧'誤'登';峽州長楊縣有古扞關城尚存,蜀本脱'尚'字;此類不可勝舉。蜀本有淳祐五年(1245)古郢别某跋一篇,此本無之。舊爲吴方山藏書。末有方山跋,云:‘鋪序整飭,記載詳到,雖其文句不能如《華陽志》之秀拔贍美,而每值郡邑地土,必爲標注,使考蜀事者不至混漫,此則有特長焉。’卷首有吴岫及方山二朱記。”

又按,此書在明初曾經刊行,嘉靖中補版,莫伯驥《五十萬卷樓藏書目録》卷五著録此明刊本,莫氏云:“前有端平三年(1236)昭武李文子序,略云:‘文子久仕於蜀,身履目擊而動心焉,燕居深念,細繹前聞,因俾資中郭允蹈緝爲一編。起自秦取南鄭,迄于王師平孟昶。凡地形之阨塞,山川之險阻,邇雍而鄰荆者,稽之舊史,按之圖志,悉紀于篇。西南夷爲蜀後户,未形之憂難忽,而已事之鑑可師,則又條其本末而附之,間又論其得失之要者,定爲十卷。凡千三百年蜀事之大凡,亦可以概見於此,覽是書者可以鑑焉,因名曰《蜀鑑》云。’次有漢中府學教授方孝孺序,略云:‘殿下受封兹土,暇日覽是書而有取焉,俾臣序之,將重鋟而傳於世。恭維殿下之國甫五載,寬大仁厚之政,忠孝慎恭之德,固已起乎千載之表,尚何俟此書以爲鑑,抑書之意亦何俟臣之言而後明。然聖智之慮,不止於善一身,安一時,而必欲垂法子孫黎民,以傳示後世,則示之以往古之鑑,非過也。而臣承命而有言焉,雖自知其過而亦不敢辭云。’所謂殿下者,蓋明之蜀藩也。次有張佳胤識語云:‘《蜀鑑》宋刻甚精,藏於李蒲汀司徒。司徒殁而子孫不能守,遂爲澶汾晁太史所得。余尹滑,乃從晁太史所借而録之,略記此書始末於首云。時嘉靖乙卯(三十四年,1555)夏日﨟山主人佳胤題。’末有嘉熙丁酉(元年,1237)文子跋,略爲余與資中士友郭允蹈(居仁),爲《蜀鑑》一篇,使凡仕蜀者,知古今成敗興衰治亂之迹,以爲龜鑑,復取《大易》習坎設險之義,與孟軻氏天時地利人和之説,吴起在德不在險之對，以附諸編末。次有淳祐五年(1245)古郢□□跋。半葉八行，行十五字，大字精槧，備有宋人風格，蓋蜀刻之善者。”按，此書行款，今所見明刊本，均是半葉八行，行十六字，莫氏云十五字，或一時偶疏。

傅增湘亦藏有明刊本一部，《藏園群書題記》卷二著録傅氏跋，云：“《蜀鑑》十卷，宋郭允蹈撰，明初刊本，半葉八行，行十六字，白口，雙闌。前有端平三年(1236)李文子序，次方孝孺序，序後有嘉靖乙卯(三十四年，1555)爐山主人佳亂跋。末卷後文子又取《周易》《孟子》《通鑑》言山川險要數則於後，而附以跋，時爲嘉熙元年(1237)。又淳祐五年(1245)古郢別□‘跋’。失其名。”又云：“按此書宋刻本，諸家絶少著録，惟此本張肖甫跋，言李蒲汀司徒藏宋刻甚精，後歸澶汾晁太史。肖甫從晁太史假録之。李司徒即濮陽李廷相；晁太史即開州晁瑮，皆明代藏書名家，有書目傳世。今宋本不可踪迹矣。瞿氏藏明影宋本，余曾得假校，别爲跋語以志之。此外，相傳惠氏百歲堂藏元刊本，其書後歸皕宋樓，以蕘翁跋考之，似爲明初本。皕宋又著録嘉靖刻本，以余審之，亦即此本。蓋此書爲明洪武時，蜀王分藩西川所刻，大字疏行仿坡公體。考蜀獻王名椿，太祖第十一子，博綜典籍，容止都雅，帝戲呼爲‘蜀秀才’。二十二年就藩於蜀，聘方孝孺爲世子傅，表其居曰‘正學’，以風蜀人。嘗臨講郡學，著有詩文集各二卷。集中有“送方希直還漢中”詩，詞意古穆，有《緇衣》好賢之風。此書刊版，即在其時，故孝孺奉旨撰序，其署銜尚稱漢中府教授也。其版傳至嘉靖，張肖甫得之，補訂而附跋於後，然則所謂元刻、嘉靖刻，皆此蜀藩本也。緣其字畫古茂，或者疑爲元刻；又見其補版附有張氏跋，遂認爲嘉靖刻耳。第此本流布亦稀，諸家藏目，往往無之。守山閣刻本，其原從《四庫》出。

《四庫》所收，是兩淮所進，亦明刻也。適其本有缺葉，故卷八末"史論"自中興以來虎臣宿將以下奪落一百八字，而妄增'億萬年安枕矣'六字以足之，殊爲可哂。檢余此帙，其文固完然具存也。此書敘述簡要有法，其詳於江山險易、道里遠近及歷代戰爭餉運之徑途，要有深旨。吾蜀險要，雖控於一隅，而形勝實關於天下。梓里人士，宜究心及此，以爲捍禦治理之方。惜明刻既罕秘難逢，即守山閣本遠道亦稀得致。異日當取余校本，重訂刊行，以餉鄉人。倘得嗜學之士，就郭氏之例，采宋元以來之事迹，輯成續編，則裨益於鄉國，其功尤偉矣。蜀天萬里，引領望之。癸酉五月二十六日，藏園記。"

傅氏後得影宋鈔本，以之與守山閣本核校，撰"校蜀鑑跋"，詳論守山閣本之失，云："《蜀鑑》十卷，宋資中郭允蹈輯。余家藏明初刊本，有方孝孺序，又張佳胤"跋"，疑肖甫就明初版刻而補其殘缺，收藏家稱爲明初蜀本是也。據肖甫跋，言李蒲汀家有宋刊甚精，後爲澶汾晁太史所得。肖甫從晁氏録存之。今宋刻已不可得覩，各家亦無著録，惟常熟瞿氏有明人寫本，舊爲吴方山家藏，云從宋本影寫，較之蜀本爲勝。余以此書關係鄉邦文獻，鋭欲從事校讐，而瞿氏書道遠不可致。適北平館中新收鈔本，審爲就方山本摹出者，乃假歸，取守山閣本校之。始自壬申四月，至癸酉三月乃畢。瞿《目》列舉差誤各條審之，一一都合，然大段脱失者尚多，舉其犖犖大者言之：如卷二標題'關羽失荆州'，今本作'孫權襲荆州'；總論'墮吕蒙之詭計'，上有'輕躁寡謀'四字，今本無之；卷十三'建興十二年運米集斜谷'下，有'口治斜谷'四字，又有一行文曰'建興十二年春，丞相亮率衆十萬由斜谷伐魏'，今本無上十六字，而誤以'伐魏'二字接'集斜谷'下，是以次年屯五丈原事，預屬之十一年矣；卷四'李壽縱獠條布在山谷十餘萬’下,有‘落時蜀人東下者十餘萬’十字,今本無之;卷五‘晋安帝元興二年二月桓玄僭位’,今本脱‘興二’兩字,則事屬安帝元年。四庫館臣按語以與史不符疑之,不知其奪此兩字也。卷七‘明皇幸蜀,蜀土豐稔’,下有‘甲兵全盛上大悦’七字,今本無之;又岐蜀交爭,有‘岐王使劉知俊攻蜀圍安遠軍’,今本無此十二字,於是下文‘岐王使劉知俊,李繼崇將兵擊蜀’等三十八字,改目爲綱矣;卷八‘知詳圖蜀,帝以劉訓爲南面招討使’,下有‘夏魯奇爲副招討使’八字,今本無之。其脱漏最甚者,如卷八末‘史論’‘淪肌浹髓’下有‘中興以來,虎臣宿將極力捍禦,如手足之衛頭目,民之戴宋,有死無二,三百年猶一日也。夫以藝祖之宵旰以圖蜀,其艱且勤也如此。蜀在今日,爲上流之重也。如此保蜀,如保元氣,猶懼不支,況輕視而淺謀乎?念祖宗有蜀之勤,而顧今日保蜀之不易,則昔人之得失,可不爲永鑑乎’,凡一百八字,今本概行奪去,而以其詞氣未完,乃杜撰‘億萬年安枕矣’六字以足之,此爲瞿氏所未及列舉者。合之各卷單辭片語,凡删乙增改者,通七百二十餘字,可云夥矣。守山閣刻此書,依《四庫全書》本。《四庫》所録爲兩淮鹽政採進者,意即明初蜀本也。《浙江採進遺書録》注云:刻本。然觀其奪誤之處,視明本尤甚,其或展轉傳鈔而致然歟。”

又按,今所藏善本,臺北“國家圖書館”有明刊本二部;臺北“故宫博物院”有清文淵閣《四庫全書》本一部。清道光年間,錢熙祚輯刊《守山閣叢書》,據《四庫》本收録此書,其訛誤已見傅增湘校記。《叢書集成初編》所收者,復據《守山閣》本著録。

蜀鑑不著卷數 宋吴昌裔撰 佚

昌裔,字季永,一字季允,潼川人,寶章閣學士泳弟。舉嘉定七年(1214)進士,調眉州教授,揭白鹿學規以教,士習丕變。

端平中拜監察御史,有直聲。後以寶章閣待制致仕。嘉熙四年(1240)卒,年五十八,謚忠肅。著有《四書講義》《鄉約口議》《諸老記聞》《容臺議禮文集》《格齋文集》等。事迹具《宋史》卷四〇八、《宋史新編》卷一五四、《史質》卷四五、《南宋書》卷五四等書。

此書《宋史·藝文志》不著録,見《四川通志》卷一八四經籍。

《四川通志》云:"昌裔薈粹周、漢至宋,蜀道得失,興師取材之所,名曰《蜀鑑》。"

五代晋高祖實録三〇卷　宋竇貞固等撰　佚

五代晋少帝實録二〇卷　宋竇貞固等撰　佚

貞固,字體仁,同州白水人。幼能屬文,後唐同光中進士,補萬全主簿。晋祖在藩,以貞固廉介,重之。及即位,累擢門下侍郎。出帝即位,遷刑部尚書。入漢,拜司空,門下侍郎平章事,加司徒。太祖即位,加兼侍中,俄罷相,守司徒,封沂國公。世宗時歸洛陽,開寶二年(969)病困,自爲墓志,卒,年七十八。事迹具《宋史》卷二六二本傳。

右二書《宋史·藝文志》編年類著録。

《直齋書録解題》卷四起居注類著録此二書,陳氏曰:"監修竇貞固,史官賈緯、王伸、竇儼等撰。周廣順元年(951)上。貞固,字體仁,同州人,相漢至周罷歸洛陽,國初卒。"

按,漢乾祐二年(949)。十二月,詔監修國史蘇逢吉,與史館修撰賈緯并竇儼、王伸等,修晋朝實録呈進,此乃宰臣竇貞固所奏請[①]。今檢《全唐文》卷八六五載竇貞固撰請纂集晋朝實

① 《五代會要》卷一八云:"漢乾祐二年二月敕:左諫議大夫史館修撰賈緯,左拾遺直史館王伸,宜令同修《高祖實録》,仍令宰臣蘇逢吉監修。至其年十月,修成《實録》二十卷上之。其年十二月敕:宜令監修國史蘇逢吉,與史館修撰賈緯并竇儼,王伸等,修晋朝實録呈進,從宰臣竇正固奏請也。"

録疏，曰："臣伏覩上自軒昊，下及隋、唐，歷代帝王，享國年月，莫不裁成信史，載在明文。或編修祇自於本朝，或追補亦從於來者，曾無漏略，咸有排聯，蹤迹相尋，源流可別。五運生成之道，於是乎彰明：一時褒貶之書，因兹而昭著。古既若此，今乃宜然。輒敢上言，庶裨有作。伏以晋高祖洎少帝兩朝臨御，一紀光陰，雖金德告衰，蓋歸歷數；而炎靈復盛，固有階緣。先皇昔在初潛，曾經所事，舜有歷試之迹，禹陳俾義之功，載尋發漸之由，實謂開基之本。近見史臣修《高祖實録》，神功聖德，靡不詳明；述漢之興，由晋而起。安可遺落朝代，廢缺編修？更若日月滋深，耳目不接，恐成湮没，莫究端由。伏惟皇帝陛下，德洽守文，功宣下武，化家爲國，備觀王業之源，績聖繼明，益表帝圖之美。舊章畢舉，墜典聿修。伏乞睿慈敕史官纂集《晋朝實録》。"

同書同卷復載竇貞固《進晋朝實録疏》，曰："臣監修國史時，奉詔修晋朝實録。伏以皇帝陛下，武功定業，文德化民，河圖雒書，將薦聖明之瑞；商俗夏諺，無輕典誥之資。厚言貽誡以宏心，彰往考來而在念。臣等任叨南董，才愧版荀，屬辭虧朗暢之功，總論寡精微之識。秩無文於昭代，浪塞闕如；收敗韻於傳聞，冀開來者。奉兹鉛槧，賞以油緗，同傾獻狀之心，上副成書之命。所撰《晋高祖實録》三十卷，《少帝實録》二十卷，謹詣東山閣門呈進。"

五代春秋二卷　宋尹洙撰　存

洙，字師魯，河南人，天聖二年（1024）進士。歷知光澤縣，舉書判拔萃，改官知伊楊縣，用薦召試爲館閣校勘，遷太子中允。會范仲淹貶，洙奏：仲淹，臣之師友，仲淹被罪，臣不可苟免。出監唐州酒税，爲韓琦所深知。官至起居舍人。自元昊不庭，洙常在兵間，於西事尤練習。博學有識度，尤深於《春秋》。自唐末歷五代,文格卑弱,洙倡爲古文,簡而有法。世稱"河南先生"。慶曆七年(1047)卒,年四十七。著有《河南集》。事迹具《宋史》卷二九五、《宋史新編》卷九一、《史質》卷四四、《東都事略》卷六四等書。

此書《宋史・藝文志》不著録,見《郡齋讀書志・附志》史類。

趙希弁曰:"右河南先生尹洙(師魯)所作也。由梁太祖開平元年(907)四月甲子,迄於周顯德七年(960)正月甲辰。"

按,此書趙希弁《附志》作五卷,今本則僅上下兩卷,然内容完整無缺,蓋分卷不同也。其作書之經過,《四庫全書總目提要》云:"考邵伯温《聞見録》載歐陽修作《五代史》,嘗約與洙分撰,此書或即作於是時。然體用編年,與修書例異,豈本約同撰而不果,後乃自著此書歟?"

又按,此書今傳諸本,並爲二卷。《河南集》卷二十六、卷二十七,即載此書。今所藏善本,惟臺北"故宫博物院"所藏清文淵閣《四庫全書》一部而已。收入叢刻者,有《紫藤書屋叢刻》《讀畫齋叢書》《學海類編》《懺花盦叢書》《叢書集成初編》等本。

五代紀元不著卷數　宋楊傑撰　佚

傑,字次公,自號無爲子,無爲人。嘉祐四年(1059)進士。元豐中官太常,一時禮樂之事,皆預討論。曾言大樂七失,與范鎮異議。哲宗即位,議樂,又用范鎮説,傑復攻之,鎮之樂律,卒不用。元祐中出知潤州,除兩浙提點刑獄,卒年七十。著有《無爲集》《樂記》等。事迹具《宋史》卷四四三、《宋史新編》卷一七〇、《史質》卷四〇、《東都事略》卷一一五等書。

此書《宋史・藝文志》不著録,見《無爲集》卷九。

按,此書已佚,惟其内容及撰書旨趣,猶可自《無爲集》卷九《五代紀元序》,知其涯略。楊氏自序云:"有唐之衰,五代起於藩鎮，梁祖始以奸雄窺竊神器，雖天下畏其強盛，而弑逆之禍，在於閨門。君不君，臣不臣，父不父，子不子，於梁氏備之矣。欲永其世，不亦難哉。夫亂臣贼子，人人棄之，乘其所共棄，而動之以言，故末帝得以誅友珪而代之。然而唐德深厚，人心未忘，此後唐之所以興也。武皇征伐屏翰之功，初與梁祖相後先，而梁祖終於取天下，武皇終於藩國，千載而後，梁祖首簒竊之罪，武皇保忠義之名，善恶之致，何其殊如是耶。莊宗克成父志，勇於征討，平定梁氏，中興唐祀，議者稱之。至於溺惑聲伎，吝嗇賞賚，此其所以亡也。所謂暴威武者，或困於聲色之娱。《屯》：'其膏，小貞吉，大貞凶。'莊宗有之矣。莊宗、明宗，閔帝、廢帝，四世三族，姓異號同，同尊唐室，致有唐廟貌，雖石晋之代，亦宗祀之而不敢廢，乃武皇莊宗之力也。晋高祖利建大號，以君父事契丹，及少主嗣位，欲正名分，召徠敵寇，割裂中夏，人主后妃，蒙塵異域，皆高祖之罪也。(後)漢高祖有赴難之迹，惜哉不克成其功。當中原無主之際，徇輿議而即位，不猶愈於僭竊者乎。隱帝不能駕馭英雄，潛行誅戮，倾覆宗社，誠自取之爾。周高祖世宗，可謂英武也已，而其享國不永。恭帝沖幼，謳歌不歸，斯蓋歷數在乎真主，非人謀之所及也。五十三年之間，生靈困於塗炭，王道衰而不振，史氏蕩而無法，秉筆之士，爲之歎息。嗚呼！十三主有君天下之势，而無君天下之道。君無其道，则賞罰有所不明。君有其势，故紀元之法以託之也。或曰：編年繫事，必具四時，在紀元則梁祖不書春，莊宗不書春夏秋冬者，何爲也？曰：唐曆未終，不可以與梁也。梁曆未終，不可以與後唐也。不與之，所以正正統也。正統不正，何以正天下哉？治平三年(1066)春正月序。"

知是編採五代十三君之事，爲之編年繫之也。

五代漢隱帝實録一五卷　五代周太祖實録三〇卷　宋張昭遠、尹拙、劉温叟等撰　佚

昭遠,有《朱梁列傳》一五卷已著録。

拙,潁州汝陰人,梁貞明五年(919)舉三史,調補下邑主簿,晋天福中與張昭遠等同修《唐史》,周顯德初又同詳定《經典釋文》。宋初以秘書監致仕。性純謹,博通經史。周世宗北征,命翰林學士爲文祭白馬祀,學士不知所出,遂訪於拙,拙歷擧郡國祀白馬者以十數,當時服其該博。開寶四年(971)卒,年八十一。事迹具《宋史》卷四三一本傳。

温叟,字永齡,河南洛陽人,性重厚方正,動遵禮法,七歲能屬文,善楷隸。後唐清泰中爲左拾遺,未幾召爲右補闕,開運中充翰林學士,契丹入汴,温叟北遷,漢祖南下,授駕部郎中。周初拜左諫議大夫,入宋官至御史中丞,兼判吏部。開寶四年(971),被疾,太祖知其貧,就賜器幣。數月,卒,年六十三。著有《開寶通禮》。事迹具《宋史》卷二六二本傳。

右二書《宋史·藝文志》編年類著録。

《直齋書録解題》卷四起居注類著録《漢隱帝實録》十五卷,陳氏曰:"張昭遠等撰,事已見前。"

又著録《周太祖實録》三十卷,云:"張昭等撰,顯德五年(958)上。昭即昭遠,字潛夫,濮上人,避漢祖諱,止稱昭,逮事本朝爲吏部尚書,開寶四年(971)卒。"

按,周顯德三年(956)十二月,周世宗詔云:"《太祖實録》,并梁均帝、唐清泰二主《實録》,宜差兵部尚書張昭修,其同修修撰官委張昭定名奏請。"[①]今檢《全唐文》卷一二五載《修太祖實録詔》,云:"伏以太祖聖神恭肅文武孝皇帝,削平多難,開

① 見《五代會要》卷一八。

啓洪圖,用干戈而清域中,修禮樂爲而治天下。克勤克儉,乃武乃文,八紘方混於車書,三載忽遺於弓劍。英謀睿略,既高冠於前王;聖德神功,尚未編於信史。詢於典禮,闕孰甚焉!宜垂不朽之文,以永無疆之美。其太祖聖神恭肅文武孝皇帝實録,宜差兵部尚書張昭修纂,其同修纂官員,委張昭定名奏請。"

至四年(957)正月,兵部尚書張昭奏云:"奉敕編修《太祖實録》,及梁唐二末主實録,今請令國子祭酒尹拙,太子詹事劉温叟同編修。伏緣漢隱帝君臨太祖之前,其暦試之績,並在漢隱帝朝内,請先修隱帝實録。又梁末主之上,有郢王友珪,篡弑居位,未有紀録,請依《宋書》劉劭例,書爲元兇友珪。其末帝請依古義,書曰:《後梁實録》。又唐末主之前,有應順帝,在位四月出奔,亦未編紀,請書爲前廢帝,清泰主爲後廢帝,其書並爲實録。從之。"[①]

五年(958)六月,張昭等修《太祖實録》竟,上之。[②]

易覽圖不著卷數　宋彭龜年撰　佚

龜年,字子壽,清江人。孝宗乾道五年(1169)進士,以薦除太學博士,官終湖北安撫使,以寶謨閣待制致仕。侂胄誅,賜謚忠肅。龜年立朝侃直,其叩額請光宗過宫,至於血漬甃甓。奏劾侂胄,與俱罷,有古直臣風。著有《止堂訓蒙》《止堂集》。事迹具《宋史》卷三九三、《宋史新編》卷一四八、《南宋書》卷四一、《慶元黨禁》等書。

此《書宋·史藝文志》不著録,見《止堂集》卷一〇。

按,此書一名《鏡古歷年圖》。[③] 此書久佚,然《止堂集》卷一〇

---

① 見《五代會要》卷一八。

② 見《五代會要》卷一八。

③ 見《止堂集》卷十。

猶載《易覽圖序》,猶可據以略知其書體製及編撰旨趣。《序》云:"古者史官記事,以事繫日,以日繫月,以時繫年。自司馬氏作《史記》一變其法,然猶以年表存編年之舊。至西漢功臣表,繫以大事,始髣髴簡册遺意。自是以後,古法寖不復見矣。本朝司馬文正公作《通鑑》一書,易《史記》爲編年,裕陵錫名《資治通鑑》,簡帙浩大,未易竟編。公嘗自周威烈王至周世宗爲《歷年圖》,年舉大事;又嘗修國朝公卿年表,仿《司馬法》各舉大事于上。最後合二書爲《稽古録》,可謂精當矣。然猶恨《稽古録》不如《歷年圖》,一覽可盡見也。今世所傳圖,乃自漢而下,亦未嘗年舉大事,恐非其舊,姑因其圓,實以《稽古録》,又參古《資治通鑑》本書及《目録》《舉要》及康節先生《皇極經世書》、新安朱氏《通鑑綱目》、東萊吕氏《大事記》、眉山李氏《通鑑長編》,譜而圖之,名曰《易覽圖》,非以求簡便也,昌黎韓文公謂記事必提其要,蓋提要則綱領舉,而數千年治亂如指諸掌矣。若不韙之罪,則不敢自恕焉。"

又按,此書雖不存,惟其所本之文獻,多有傳本,可據以想見其内容。

五代周世宗實録四四卷　宋王溥等撰　佚

溥,字齊物,并州祁人,漢乾祐中舉進士甲科,爲秘書郎,仕周爲中書侍郎平章事。宋初進司空,太平興國初封祁國公,七年(982)八月卒,年六十一。有《集説》文集《唐會要》(編)、《五代會要》(編)等。事迹具《宋史》卷二四九、《宋史新編》卷六五、《東都事略》卷一八、《隆平集》卷四、《名臣碑傳琬琰集》下集卷三等書。

此書《宋史·藝文志》編年類著録。

按,《宋史》本傳云:"(顯德)六年,夏,命(溥)參知樞密院事,恭帝嗣位,加右僕射,是冬,表請修《世宗實録》。遂奏史館修撰都官郎中知制誥扈蒙、右司員外郎知制誥張淡、左拾遺王格、直史館左拾遺董淳,同加修纂。從之。”

後蜀高祖實録三〇卷　後蜀主實録四〇卷　宋李昊撰　佚

昊,字穹佐,前後仕蜀五十年。前蜀降唐,昊草降表;後主降宋,其表亦昊所爲。蜀人潛署其門曰:“世修降表李家”。見者哂之。有《前蜀書》《蜀書》《蜀祖經緯略》《樞機集》等書。事迹具《宋史》卷四七九、《宋史新編》卷一九〇本傳。

此書《宋史·藝文志》編年類著録。

《郡齋讀書志》卷六實録類著録《蜀高祖實録》三十卷,晁氏曰:“右僞蜀李昊撰。高祖者,孟知祥也。昊相知祥子昶時被命撰,起唐咸通甲午(874),終於僞明德元年(934)甲午,凡六十一年。”

按,《宋史·昊本傳》云:“昶立,領漢州刺史,遷兵部侍郎……俄加尚書左丞,拜門下侍郎,兼户部尚書同平章事,監修國史。”又云:“廣政十四年(951),修成《昶實録》四十卷,昶欲取觀,昊曰:‘帝王不閲史,不敢奉詔。’丁母憂,裁百日起復。俄修《前蜀書》,命昊與趙元拱、王中孚及諫議大夫喬諷、左繪事中馮侃、知制誥賈玄珪、幸寅遜、太府少卿郭微、右司郎中黄彬,同撰成四十卷,上之。”

讀書譜一卷　宋陳傅良撰　佚

傅良,字君舉,號止齋,温州瑞安人。孝宗乾道八年(1172)進士,官至中書舍人,寶謨閣待制,謚文節。傅良師鄭伯熊、薛季宣,而友吕詛謙、張栻,講求經制之學,不事空談,文章能自成一家。著有《周禮説》《春秋後傳》《左氏章指》《建隆編》《西漢史鈔》《皇朝大事記》《漢兵制》《備邊十策》《歷代兵制》《永嘉八面鋒》《止齋奥論》《止齋文集》等。事迹具《宋史》卷四三四、《宋史新編》卷一六五、《南宋書》卷三九等書。

此書《宋史・藝文志》不著録,見《直齋書録解題》(卷四)編年類。

陳振孫曰:"陳傅良撰。自伏羲迄春秋,終以《易》《書》《詩》《春秋》諸經,考世代而附著之。共和而下,始有年數。"

按,此書雖佚,然檢《止齋集》卷三六載《答丁子齋》三書,其中第二書云:"下問《讀書譜》,近方脱稿。自畫《易》至獲麟,聖賢調度,盡在此卷,若從頭商榷,得到分數,則異時出處,定不草草,以此益要團欒如來諭也。《書譜》又辱爲之叙,文意俱盛。前發藝祖以來諸賢,又及邵氏《經世書》,前輩未曾提,掇中間一二處未穩更删定方可。"大致可據以知其内容。

宋太祖實録五〇卷　宋李沆、沈倫等撰　佚

沆,字太初,太平興國五年(980)舉進士,咸平初,累遷平章政事。性直諒,内行修謹,言無枝葉,居位慎密,不求聲譽。公退,終日危坐,未嘗跛倚。治第封邱門内,廳事前僅容旋馬,或言其太隘,沆笑曰:"居第當傳子孫,此爲宰相聽事誠隘,爲太祝奉禮廳事,已寬矣。"景德元年(1004)七月,沆待漏將朝,疾作而歸,詔太醫診視,撫問之使,相望于道,明日駕往臨間,賜白金五千兩,方還宫而沆薨,年五十八。事迹具《宋史》卷二八二、《宋史新編》卷八二、《東都事略》卷四〇、《隆平集》卷四等書。

倫,初名義倫,避太宗名,止名倫。字順儀,開封太康人。少習三禮于嵩洛間,以講學自給。建隆間累官給事中,清介純謹,從王師伐蜀,諸將皆以賄敗,倫東歸,篋中惟圖書而已。擢樞密副使,中書侍郎,同平章事,後以左僕射致仕,卒年七十九,謚恭惠。事迹具《宋史》卷二六四本傳。

此書《宋史・藝文志》編年類著録。

《郡齋讀書志》卷六實録類著録《太祖實録》五十卷,晁氏曰:

“右皇朝沈倫撰。太平興國三年(979),詔李昉、扈蒙、李穆、郭贄、宋白、董淳、趙鄰幾同修,倫總其事。更歷二載,書成。起創業,迄山陵,凡十七年。淳化中王禹偁作《篋中記》,叙云:‘太祖神聖文武,曠世無倫,自受命之後,功德日新,皆禹偁所聞見,今爲史臣,多有諱忌而不書。又上近取《實録》入禁中親筆削之,禹偁恐歲月寖久,遺落不傳,因編次十餘事。’按,禹偁所言雖未可盡信,然咸平祥符間亦以所書漏落,一再命儒臣重修,多所增益,故有二本傳于世。”

又著録重修《太祖實録》五十卷。晁氏曰:“右皇朝李沆等撰。咸平中,真宗以前録漏略,詔錢若水、王禹偁、李宗諤、梁顥、趙安仁重加刊修,吕端監修。端罷,沆代。三年(999)書成奏御。沆表云:‘前録天造之始,國姓之源,發揮無取;削平諸國,僭主僞臣,頗亡事迹。今之所正,率由典章,又益諸臣傳一百四人。’”按,書太宗不豫市及杜太后遺言,與司馬温公所書不同,多類此。

《直齋書録解題》卷四起居注類著録《太祖實録》五十卷,陳氏曰:“監修國史肥鄉李沆(太初),史官集賢院學士河南錢若水(淡成)等重修。初,淳化中命李至、張洎等修太祖史未成,及咸平元年(998)《太祖實録》成書,以太祖事多漏略,故再命若水修撰,二年(999)書成,上之。卷首有沆《進書表》,叙前録之失及新書刊修條目甚詳。同修者:直館饒陽李宗諤(昌武),東平梁顥(大素),直集賢院河南趙安仁(樂道)。李燾云:‘世傳太祖自陳橋推戴,馬上約束諸將,本太祖聖意,前録無太宗叩馬之語,乃後録所增也。’前録既不傳,今不可考矣!李燾《長編》且載,而云舊録所無,今從新録,然則燾亦嘗見舊録也耶?近聞士大夫家亦多有之,求之未獲也。”

按,《太祖實録》之撰修,始于太平興國三年(978)。《宋史·

太祖本紀》云:"太平興國三年春正月己酉,令修《太祖實録》。"《李昉傳》云:"太宗即位,受詔與扈蒙、李穆、郭贄、宋白,同修《太祖實録》。"《杜鎬傳》云:"直秘閣,會修《太祖實録》,命鎬檢討故事,以備訪問。"《扈蒙傳》云:"太宗即位,召拜中書舍人,旋復翰林學士,與李昉同修《太祖實録》。"《文苑·宋白傳》云:"太宗潛藩時,白嘗有襲衣之賜,及即位,修《太祖實録》。"《李穆傳》云:"太平興國四年(979),拜中書舍人,預修《太祖實録》賜衣帶銀器繒綵。"太平興國五年(980),以沈倫監修,《沈倫傳》云:"太平興國五年,史官李昉、扈蒙撰《太祖實録》五十卷,倫爲監修,以獻,賜襲衣金帶。"

此爲第一次修撰之《太祖實録》。晁《志》引王禹偁《篋中記》謂其"多有諱忌而不書",又謂"上近取實録入禁中親筆削之",足見太宗以此五十卷之書頗有漏略。按,《宋會要輯稿》運歷一敘此事甚詳,曰:"淳化五年(994)四月癸未(初二日),命張洎、李至等同修國史。先是,上語宰相曰:'先朝事,耳目相接,今《實録》中多有漏略,可集史官重修。'蘇易簡對曰:'近代委學士扈蒙修史,蒙性懦,逼於權勢,多所諱避,甚非直筆。'"

上因言及太祖受命之際,非謀慮所及,陳橋之事,史册所缺,宜令至等重加綴輯。是年十月丙午,張洎等獻重修《太祖紀》一卷,以朱墨雜書,凡躬承聖問及史官採摭之事,即朱書以别之。

《續資治通鑑長編》卷三五"淳化五年(994)四月癸未"條亦曰:"以吏部侍郎兼秘書監李至,翰林學士中書舍人張洎,右諫議大夫史館修撰張佖,范杲同修國史。先是,上語宰相曰:'太祖朝事,耳目相接,今實録中頗有漏略,可集史官重撰。'蘇易簡對曰:'近代委學士扈蒙修史,蒙性巽怯,逼於權勢,多所迴避，甚非直筆。’上曰：‘史官之職，固在善惡必書，無所隱爾。昔唐玄宗欲焚武后史，左右以爲不可，使後代聞之，足爲鑑戒。’因言太祖受命之際，固非謀慮所及，昔曹操、司馬仲達皆數十年窺伺神器，先邀九錫，至于易世，方有傳禪之使。太祖盡力周室，中外所知，及登大寶，非有意也。當時本末，史官所記殊闕然，宜令至等别加綴輯，故有是命。”

太宗既不滿《太祖實録》之漏略，于淳化五年詔重修。《續資治通鑑長編》卷三六“淳化五年七月乙亥”條載：“先是李至以目疾辭史職，張佖亦以早事僞邦，不能通知本朝故實辭，乃詔禮部侍郎宋白與張洎同修國史，於是洎等請特降敕命，詢問太祖朝薨卒勳臣子孫及門人故吏知舊親戚，並班行舊者，能知先朝故實及周朝軍中事者，並許盡言，令史官參校，不至繆戾者，書于國史。從之。”

十月丙午，翰林學士張洎等上重修《太祖紀》一卷，以朱墨雜書，凡躬承聖問及史官采摭之事，即朱書以别之。[①] 會洎卒，真宗咸平元年（998）九月己巳，詔吕端、錢若水重修《太祖實録》。[②] 按，《宋史·吕端傳》曰：“真宗即位，加右僕射監修國史。”《錢若水傳》曰：“吕端雖爲監修，以不涖局，不得署名，至抉其事以爲專美，若水稱詔旨及唐朝故事以折之，時議不能奪。既又重修《太祖實録》，參以王禹偁、李宗諤、梁灝、趙安仁，未逾歲畢。安仁時爲宗正卿，上言夔王于太宗屬當爲兄，《實録》所記繆誤，若水援國初詔令，廷諍數回乃定。”《王禹偁傳》曰：“咸平初預修《太祖實録》，直書其事，時宰相張齊賢、李沆，不協意禹偁議論，輕重其間，出知黄州。”禹偁以直書而遭貶官，心甚不平，既知黄州，上謝表云：“忝預史臣，同修《實

① 見《玉海》卷四八“咸平重修《太祖實録》”條。

② 見《宋史·真宗本紀》。

録》,晝夜不舍,寢食殆忘,已盡建隆四年,見成一十七卷。雖然未經進御,自謂小有可觀,忽坐流言,不容絶筆。"[①]《李宗諤傳》曰:"真宗即位,拜起居舍人,預重修《太祖實録》。"《梁灝傳》曰:時詔錢若水重修《太祖實録》,表灝參其事。"《趙安仁傳》曰:"拜右正言,預重修《太祖實録》。"知當時參預之史官甚衆。檢《宋朝大詔令集》卷一五〇載咸平元年(998)九月己巳命吕端錢若水再修《太祖實録》,詔云:"昔我太祖,誕膺丕命,肇啓皇基,聖德豐功,焯于千古。恭惟實録,將示無窮,而筆削非工,多所漏略。先朝命史臣張洎,重加刊修,其書未成,會洎淪謝。朕猥以寡昧,獲守宗祧,近因披尋,備見疏簡,是用奉先成志,申命有司,監修國史。史僕射兼門下侍郎平章事吕端,早踐周行,逮事皇祖,朝章國典,尤所諳詳;修國史工部侍郎判集賢院錢若水,博涉藝文,服勤論譔所宜,共訪闉臺之士,精求良直之徒,采摭見聞,補緝遺逸,明其銓配之理,授以刊綴之方,勉共裁成,以揚芳烈。"

二年(999)六月丁巳,書成,凡五十卷,並書目二卷,平章事李沆監修,上之。表云:"前集録天造之始,稽國姓之源,發揮無取,銓次失當,今之所正,率由舊章,文武群臣,舊載者九十二人(或作九十),今增其遺漏一百四人,其於制禮作樂,經文緯武,申明大政,釐改無務,著于甲令,垂爲法式,靡不具載。"帝覽之稱善。癸亥,詔褒諭,賜襲衣金犀帶銀帛,若水而下,加散官食邑。[②]

今《宋史·藝文志》此書題李沆、沈倫撰,實兩次監修之人也。

太宗實録八〇卷　宋錢若水等撰　殘

若水,字澹成,一字長卿,河南新安人。幼聰穎,十歲能屬文,

---

① 載《小畜集》卷二二。

② 見《玉海》卷四八"咸平重修太祖實録"條。

華山陳搏見之,謂曰:"子神清可以學道,不然當富貴,但忌太速爾。"雍熙二年(985)舉進士,釋褐同州觀察推官,擢秘書丞,直史館,遷知制誥,累遷諫議大夫,同知樞密院事。咸平六年(1003)卒,年四十四,贈户部尚書,謚宣靖。著有文集。事迹具《宋史》卷二六六、《宋史新編》卷七四、《史質》卷二二等書。

此書《宋史·藝文志》編年類著録。《郡齋讀書志》編年類著録此書,晁公武曰:"右皇朝錢若水等撰。起即位,止至道三年(997)丁酉三月,凡二十年。至道三年,詔若水、柴成務、宋度、吴涉、楊億同修。咸平元年(998)書成,上之。"①

《直齋書録解題》編年類亦著録此書,陳氏曰:"錢若水等以至道三年(997)十一月受命,咸平元年(998)八月上之。九月而畢,人難其速。同修撰者:給事中濟陰柴成務(寶臣)、秘閣校理丹陽吴淑(正儀)、直集賢院建安楊億(大年)。案億傳:書凡八十篇,而億獨草五十六卷。"

按,此書費時僅九月,且多楊億一人所草,疏失難免,遂於真宗大中祥符九年(1016)重修,卷帙如舊。②

---

① 《文獻通考·經籍考》起居注亦著録此書,惟所引晁氏之説,視今本晁《志》爲詳,今録之於左,以供備考:晁氏曰:"皇朝錢若水等撰。至道三年(997),命若水專修,不隸史局。若水即引柴成務、宋度、吴淑、楊億爲佐。咸平元年(998)書成,上於朝。起即位,止至道三年丁酉三月,凡二十年。初,太宗有馴犬,常在乘輿側,及崩,犬輒不食,李至常作歌紀其事,以遺若水,其斷章曰:'白麟赤馬君勿書,勸君書此懲浮俗。'而若水不爲載。吕端雖爲監修,而未嘗涖局,書成,署端名,至抉其事,以爲專美若水。援唐朝故事。若此者甚衆,時議不能奪。世又傳億子娶張洎女而不終,故洎傳多醜辭。嗚呼!若水及億,天下稱賢,尚不能免於流議如此,信乎執史筆者之難也。"

② 《玉海》卷四八"咸平《太宗實録》"云:"祥符九年二月己丑,監修王旦:'兩朝實録,事有未備者,望付修史官增修。'從之。遂委趙安仁、晁迥等增續,明年書成,其卷帙如舊。"

又按,此書已不見完本。瞿鏞《鐵琴銅劍樓書目》卷九著録鈔本八卷,係從南宋館閣鈔本傳録者,所存八卷爲卷第二十六至三十、卷七十六、卷七十九至八十。今臺北"國家圖書館"有宋理宗時館閣寫本一部,殘存卷三十一至三十五、卷四十一至四十五、卷七十七、卷七十八,計十二卷,爲黄丕烈舊藏。卷末有錢大昕、吴大澂、翁同龢、費念慈、戴傳賢、沈尹默等題記。錢大昕云:"《宋太宗實録》本八十卷,今僅存十二卷。每卷後有書寫人及初對覆對姓名。字畫精妙,紙墨亦古,遇宋諱皆缺筆,即慎、惇、廓、筠諸字亦然,決爲南宋館閣鈔本。以避諱證之,當在理宗朝也。前朝實録,唯唐順宗一代,附《昌黎集》以傳,宋元絶無存者,盖正史修於易姓之後,汗青甫畢,實録遂成廢紙,鮮有過而問焉者矣。頃蕘圃孝廉出此見示,雖寸縑斷壁,猶是五百年前舊物,銘心絶品,正不在多許耳。丙辰臘月十二日,竹汀居士錢大昕書於吴門寓館。"吴大澂《跋》云:"余嘗得宋時玉押銅押,以《癸辛雜識》所載十五帝御押證之,一爲宋太祖玉押,一爲太宗銅押,寶藏之數年矣。今次侯先生出示宋鈔閣本《太宗實録》十二卷,有汪氏士禮居圖章,知係黄氏蕘圃先生舊藏。每卷後有書寫人及初對覆對姓名,卷中缺筆字如'愼''貞''署''筠''朗''構''樹''玄''徵''讓''勤''廓''朐''訴''巡''柏'等十餘字。竹汀居士審爲理宗朝寫本。今世藏古家得宋刻印本書數卷,珍如拱璧,況墨本官書乎!況次侯爲趙王孫,數典而不忘其祖,不尤可寶乎?余所得銅押爲太宗舊物,亦當與是書同歸趙氏。附記於此以爲券。光緒乙未(二十一年,1895)臘月,吴大澂題。"民國二十五年(1936),張元濟先生輯編《四部叢刊三編》,得此十二卷本,復從寫本移録卷二十六至三十、卷七十六、卷七十九、卷八十等八卷,合爲二十卷著録之。張氏跋云:"晁公武

《郡齋讀書志》:《太宗實録》,至道三年詔錢若水、柴成務、宋度、吴淑、楊億同修,咸平元年書成上之,凡八十卷。是爲南宋館閣寫本,宋諱避至筠字。錢竹汀定爲理宗朝重録之書。存有僅二十卷。第三十一至三十五、第四十一至四十五、第七十七、第七十八,皆宋寫原本。卷末有書寫人初對覆對姓名,有塗改補注轉互之字,丹黄遺迹,粲焉具存。第二十六至三十、第七十六、第七十九、第八十,則從寫本移録。此八卷張月霄、李申耆輩,展轉傳鈔,不少概見。獨前十二卷則僅見《藝芸精舍宋元本書目》,其後即不復再見。曾勉士、繆筱珊嘗求之而不得,今歸余插架,不敢自秘,因從吾友瞿良士乞假所藏併印行世。是書與李燾《通鑑長編》互有詳略,與《宋史》亦必有異同,倘取以互校,證訛補闕,於讀者當甚有裨也。海鹽張元濟。"此本爲今傳最佳者。

真宗實録一五〇卷　宋晏殊等撰　佚

殊,字同叔,撫州臨川人,七歲能屬文,景德初以神童薦,真宗詔與千餘進士並試廷中,殊神氣不懾,援筆立成。命直史館,遷左庶子。仁宗時累官同中書門下平章事。殊平居好賢,范仲淹、孔道輔、歐陽修等,皆出其門。及爲相,仲淹與韓琦、富弼皆進用。性剛簡,奉養清儉,文章贍麗,尤工詩,閒雅有情思。晚歲篤學不倦,卒謚元獻。有文集。事迹具《宋史》卷三一一、《宋史新編》卷九七、《東都事略》卷五六、《隆平集》卷五等書。

此書《宋史·藝文志》編年類著録。

《郡齋讀書志》卷六實録類著録一五〇卷,晁氏曰:"右皇朝王欽若等撰。起藩邸,止乾興元年(1022)壬戌二月,凡二十六年。乾興元年(1022)詔李維、晏殊、孫奭、宋綬、陳堯佐、王舉正、李淑同修,馮拯監修。拯卒,欽若代。天聖三年(1025),

書成奏御。”

《直齋書録解題》卷四起居注類亦著録一五〇卷,陳氏曰:“學士承旨肥鄉李維(仲方)、學士臨川晏殊(同叔)撰。乾興元年(1022)受詔,天聖二年(1024),監修新喻王欽若(定國)上之。同修者侍講博平孫奭(宗古)、知制誥趙郡宋綬(公垂)、度支副使閬中陳堯佐(舜元)、校理真定王舉正(伯中)、校勘河南李淑(獻臣)。”

按,乾興元年(1022)十一月癸酉(八日),命翰林承旨李維、學士晏殊,修撰《真宗實録》,諭以一朝大典,謹筆削之意,壬午(十六日)命孫奭、宋綬、陳堯佐爲同修撰官。十二月丁巳,詔宰臣馮拯提舉監修。天聖元年(1023)二月乙巳,王舉正、李淑爲檢討,拯卒,又命宰臣王欽若代之。天聖二年(1024)三月癸卯,書成,凡百五十年,書目五卷。癸卯,欽若等詣承明殿以獻。兩宫覽書涕泣,命坐勞問。甲辰,以欽若爲司徒;丙午,李維等遷官,第賜器幣襲衣金犀帶鞍勒馬。[1]

真宗在位僅二十五年,而實録修成一百五十卷,知當時史官,勤於史料之搜訪。曾鞏《元豐類稿》卷三二英宗實録院申請札中,轉載天聖元年(1023)管勾修《真宗實録》所奏修撰官李維等公文,曰:“其間有事迹不圓處,合係中書樞密院三司檢尋應副,又緣事件不少,竊慮差去分手不得到裡面檢尋,是致逐時不檢到照證事件。乞傳宣中書樞密院,據李維等合要照證修撰事迹名件,令合行分手等盡底檢尋應副,免致有姑修撰奉御。”

雖然,《真宗實録》亦有其缺點。宋洪邁《容齋隨筆》曰:“司馬遷作《史記》,於《封禪書》中述武帝神仙鬼竈方士之事甚備,

① 見《玉海》卷四八“乾興《真宗實録》”條。

故王允謂之謗書。國朝景德祥符之間,王文穆陳文忠陳文僖丁晋公諸人,造作天書符瑞,以爲固寵容悦之計;及真宗上仙,王沂公懼貽譏後世,故請藏天書於梓宫以滅迹。而《實録》之成,乃文穆監修,其載崇奉宫廟,祥雲芝鶴,唯恐不詳,遂爲信史之累,與太史公謗書意異而實同也。"

仁宗實録二〇〇卷　宋韓琦等撰　佚

琦,字稚圭,相州安陽人,自號贛叟,風骨秀異,弱冠舉進士,名在第二。初授將作監丞,趙元昊反,琦適自蜀歸,論西師形勢甚悉,即命爲陝西安撫使,進樞密直學士,歷官陝西經略安撫招討使,與范仲淹在兵間久,名重一時,人心歸之,朝廷倚以爲重,天下稱韓范。英宗祠位,拜右僕射,封魏國公。神宗立,拜司徒,兼侍中,卒謚忠獻。著有文集、《參用古今家祭式》《諫垣存稿》《閲古堂詩》等。事迹具《宋史》卷三一二、《宋史新編》卷九八、《東都事略》卷六九等書。

此書《宋史·藝文志》編年類著録。

《郡齋讀書志》卷六實録類著録二〇〇卷,晁氏曰:"右皇朝韓琦等撰。起藩邸,盡嘉祐八年三月,凡四十二年。嘉祐八年(1063)十二月,詔韓琦提舉,王珪、賈黯、范鎮修撰,宋敏求、吕夏卿、韓維檢討,治平中又命陳薦、陳繹同編修,熙寧二年(1069)奏御。"

《直齋書録解題》卷四起居注類亦著録二〇〇卷,陳氏曰:"學士華陽王珪(禹玉)、范鎮(景仁)、知制誥常山宋敏求(次道)撰。嘉祐八年(1063)奉詔,歷治平,至熙寧二年(1069)七月書成,宰臣韓琦提舉。"

按,嘉祐八年(1063)十二月十二日庚辰,命翰林學士王珪、賈黯、范鎮修《仁宗實録》,以宋敏求、吕夏卿、韓維爲實録院檢討官。治平元年(1064)二月戊辰,命宰臣韓琦提舉,熙寧二年(1069)七月己丑,韓琦等上之,凡二百卷。[①] 檢韓琦《韓魏公集》(卷六)載修仁宗實録畢乞不推恩,云:"臣昨奉敕提舉編修《仁宗皇帝實録》,近已了畢,見鈔録進呈。臣竊以仁宗臨御天下四十二年,其間事迹至多,兼自前有中書樞密院時政記并日歷所,各積壓下十餘年文字,未曾編修。昨來遂旋伺候了當,方行撰次。及散下諸路取索臣僚墓誌行狀,多以年紀之遠,難於尋究,以至經歷年歲。若非修撰官王珪等與檢討官員多方檢證,殫極聞見,究心纂集,則不能成此大典,使焕然詳備。臣雖有提舉之名,緣補外已久,未嘗少施分寸之力。竊見宰臣李沆,吕夷簡,曾提舉編修《太宗實録》及三朝國史,並曾陳請書成更不推恩,皆蒙朝廷俞允。兼臣昨赴陝西日,已曾面奏,將來書成,乞依李沆、吕夷簡之例,亦蒙恩許。欲望聖慈只以修撰官王珪以下,有累年編削之勞,各賜優加賞典。臣守藩在外,但有提舉名目,殊無他效,許從李沆、吕夷簡之例施行。若朝廷將來誤有推恩,臣至時必不避干瀆睿聽,懇以死請,得如奏而後已。"

又《宋朝大詔令集》卷一五四載熙寧二年(1069)七月己丑韓琦表進仁宗實録答詔,云:"義豐以來,載祀遠矣,方册所紀,事功燦然。仁宗皇帝得天聰明,率惟仁誼,澤被萬物,恩加四裔。卿等未獲舊聞,裁成信史,久勤細繹,良厚嘉嘆。"[②]

英宗實録三〇卷　宋曾公亮等撰　佚

公亮,字明仲,泉州晋江人,舉進士甲科,累官端明殿學士。知鄭州,爲政有能聲,至夜户不閉。嘉祐中拜同中書門下事,熙寧中以太保致仕,元豐元年(1078)卒,年八十,謚宣靖。所著有《武經總要》《元日唱和詩》等。事迹具《宋史》卷三一二、

① 見《玉海》卷四八"嘉祐仁宗實録"條。

② 見《玉海》卷四八"嘉祐仁宗實録"條。

《宋史新編》卷九八、《東都事略》卷六九等書。

此書《宋史·藝文志》編年類著録。

《郡齋讀書志》卷六實録類著録三十卷,晁氏曰:"右皇朝曾公亮等撰,起藩邸,盡治平四年(1067)正月,凡四年。熙寧元年(1068)正月,詔公亮提舉,吕公著、韓維修撰,孫覺、曾鞏檢討,三月又以錢藻檢討,四月又以王安石、吴充爲修撰,二年(1069)七月書成,上之。"

《直齋書録解題》卷四起居注類著録三十卷,陳氏曰:"學士壽春吕公著(晦叔)、長社韓維(持國)、知制誥蒲城吴充(沖卿)撰,熙寧元年(1068)正月奉詔,二年(1069)七月宰臣提舉曾公亮上之。"

按,晁《志》及陳《録》均謂與修《英宗實録》者多人,宋王明清《揮麈三録》卷一則謂乃安石一人所撰,其言曰:"《英宗實録》,熙寧元年(1068)曾宣靖提舉,王荆公時已入翰林,請自爲之,兼實録修撰,不署官屬,成書三十卷,出於一手。東坡先生嘗語劉壯輿(羲仲)云:'此書詞簡而事備,文古而意明,爲國朝諸史之冠。'"

檢王安石《臨川先生文集》卷四十二《乞免修實録札子》云:"臣准閤門報敕差臣與吴充同修《英宗皇帝實録》,竊緣臣於吴充爲正親家,慮有共事之嫌。今來實録院止闕吕公著一人。臣於討論綴緝,不如吴充精密,若止差吴充一人以代公著,自足辦事,伏望聖恩詳酌指揮,所有敕牒,臣未敢受取。"則《英宗實録》非由安石一人所撰可知。

熙寧元年(1068)正月詔撰《英宗實録》,曾鞏《元豐類稿》卷二十八載《英宗實録院謝賜御筵表》,云:"伏蒙聖慈,以臣等編修《英宗皇帝實録》,令月十四日開局,賜臣等御筵者。方次舊聞,已叨優禮,省循非稱,漸負失容。(中謝)伏以先帝功德之殊,將傳後世;儒者文章之用,正在此時。猥以空踈,誤當屬任,甫磨鉛而就職,遽置醴以均恩。寵異群司,幸踰素望。此蓋伏遇皇帝陛下,永懷先烈,務廣孝思,故因始於信書,俾特封於燕豆。所懼不能名乾坤之至德,摹日月之大明,上以副陛下顯親之心,下以盡愚臣歸美之志。惟粗明於書法,庶少補於素餐。臣等無任。"

《宋朝大詔令集》卷一五〇載熙寧元年(1068)。五月戊戌修英宗實録令曾公亮等陳所聞先帝德音手詔,云:"朕承文考之遺烈,嬛然在疚,其致孝述美之志,未嘗須臾忘也。惟規模宏遠,焕乎同太宗之風,圖治勤勞,仁覆四海,宜有奇謀偉迹,布于朝廷。其時政記、起居注,不能盡載者,非均體大臣詳記而博緝之,則殆將零落矣。今著其録,必籍事實,卿等綱舉條疏,以備紀述,使冒兼明,曆萬古而不晦,是亦卿等贊襄之效。"

考《元豐類稿》卷三三載英宗實録院申請,於搜訪英宗事迹之方法,陳述綦詳。兹移録于左,以見當時修撰之經過,云:"奉敕修撰英宗皇帝一朝實録,伏以先帝功德之美,覆被天下,宜載方策,傳之無窮,而未有日曆,至於時政記、起居注,亦皆未備。今此論次,實憂踈略,其於搜訪事迹,以備撰述,尤在廣博,使無闕遺。今取到修撰仁宗皇帝實録院行遣案卷看詳,彼處累次陳請乞搜探取借,應于合要照證文字前後條件,本院亦合如此施行參詳,次作一併申請,具下項:

文臣少卿以上,武臣正刺史以上,或雖官品未至,而事業勳績可書,及丘園之士,曾經朝廷獎遇,凡在先朝薨卒者,例合於實録内立傳。欲乞朝廷特降指揮,下鈐轄諸道進奏院遍行指揮,仍劄付御史臺開封府及審官院、三班院、流内、銓入内、内侍省、閤門,出榜曉示,應係英宗朝亡殁臣僚合立傳者,並令供納行狀神道碑墓志等,仰本家親屬限日近修寫,疾速附遞繳納赴實録院。

一應先朝曾歷兩府、兩制、雜學士、侍制、臺諫官、及正在刺史、閣門使已上臣僚,或因賜對,親聞聖誥,或有司奏事,特出宸斷,可書簡册者,並乞付中書遍札送已上臣僚,委令逐人速具實對,供報務要詳,仍乞指揮進奏院,遍行指揮,應曾在先朝任上件官位,已經亡殁臣僚之家,亦許親族編録,經所在官司繳進,不得虚飾事節,候到日並降付本院以憑看詳編修,所貴書成之日,免致疏略。

一乞下中書樞密院,自嘉祐八年四月,至治平四年正月已前,應有臣僚進獻文字,曾送史館或留任中書剗刷名件及下史館,盡底檢尋,降付本院,并宰臣與文武百僚,凡有奏請、稱賀、上表、所降批答,亦乞檢尋降下。

一乞下兩省及司封、兵部、吏部、甲庫、學士、舍人院,據實録院所關宣敕,及詔書、除目、告詞,如移牒暫借使畫時,檢尋報應,不得稽緩。

一乞下禮賓院具自嘉祐八年四月至治平四年正月八日已前,凡外番朝貢所記本國風俗人物道里土産,詳實供報。

一先朝臣僚有得罪譴謫者,乞下御史臺、審刑院、刑部、大理寺,據實録院所要案櫝畫時供借。

一乞下司天監,自嘉祐八年四月至治平四年,逐年其曆日一本供報當院。

一乞下三司,令自嘉祐八年四月至治平四年正月八日已前,應蟲蝗水旱災傷及德音赦書、蠲放税賦及蠲免欠負,並具實數供報當院。

一乞下三司,自嘉祐八年四月至治平四年正月八日已前,應有制置、錢穀、税賦、茶鹽、及摧酒等,凡于臣僚章疏、論議、廢置事件,具録供報當院。

一都水監,河渠水利,凡有論議,改更。貢部,但係郡國所申祥瑞。貢院,但于改更貢舉條制。太常侍禮院,但于禮樂制作事。三司户部,每遇户口升降。已上官司,自嘉祐八年四月至治平四年正月八日已前,令仔細檢尋供報本院,不得□□。

一天聖元年,管勾修真宗皇帝實録所,奏修撰官李維等公文,其間有事迹不圓處,合係中書樞密院三司檢尋應副。又緣事件不少,竊慮差去分手不得到裏面檢尋,是致逐時不檢到照證事件,乞傳宣中書樞密院,據李維等合要照證修撰事迹各件,令合行分手等盡底檢尋應副,免致有妨修撰。奉御寶批:依奏。治平元年修仁宗皇帝實録院亦奏:合依中書樞密院檢尋合要照證事件,乞依天聖初體例施行,并乞差中書應奉國史文字堂後官魏孝先,樞密修時政記主事劉孝先,係見當院書庫官等,將到合要檢尋事件,立便收接檢尋應副,又曾乞差中書樞密院編文字官及乞於三司、審刑院、太理寺屬官内選差人員,各令應副檢文字,今來本院合要中書樞密院檢尋文字照證編修,欲乞依天聖治平初體例施行。

一乞下管勾往來國信所,契勘嘉祐八年四月至治平四年正月末以來,所差入國接伴、館伴官等正官借官簿等册并語録,權借赴當院照證修纂,仍不妨彼所使用。

一乞下玉牒所,取英宗皇帝玉牒一本照會。

一乞下中書編機房,合要嘉祐八年四月至治平四年正月八日以前,改除麻制文字照會。

一本院但于修實録,於諸處檢借文字並須當職官員封記往還,疾速應付。

一乞下尚書司封疾速檢借嘉祐八年四月至治平四年正月八

日以前中書除改百官官位姓名勑黄,照證修纂。”

神宗熙寧二年(1069)七月,曾公亮上《英宗實録》。《宋史·神宗本紀》云:“熙寧二年二月庚子,命翰林學士吕公著修《英宗實録》,七月己丑,韓琦上《仁宗實録》,曾公亮上《英宗實録》。”檢《宋朝大詔令集》卷一五〇載熙寧二年七月乙丑曾公亮《表進英宗實録答詔》,云:“帝王之興,堯舜爲爲盛,不有二典,豈垂億年?英宗皇帝,齊盛在躬,神機周物,大德中蘊,豐功四施。卿等摭實成書,傳信終古,討論至悉,欽加不忘。”

神宗實録朱墨本二〇〇卷　宋蔡卞、林希等撰　佚

卞,字元度,仙游人,京弟。登熙寧三年(1070)進士。紹聖中累官尚書左丞,記紹述之説,多中傷善類,奸惡過於章惇。徽宗時貶少府少監,分司池州。逾歲,起知大名,擢知樞密院。政和七年(1117)卒,年六十。著有《毛詩名物解》二十卷。事迹具《宋史》卷四七二本傳。

希,字子中,福州人,舉進士,調涇縣主簿,爲館閣校勘,集賢校理。神宗朝同知太常禮院。紹聖初知成都府,道闕下,章惇留爲中書舍人,修《神宗實録》,時方推明紹述,盡黜元祐群臣。希皆密預其議,自司馬光、吕公著、吕大防、劉摯、蘇軾、蘇轍等數十人之制,皆希爲之,極其醜詆,書以老奸擅國之語,陰斥宣仁,讀者無不憤歎。徽宗立,徙大名,朝廷以其詞令醜正之罪奪職,知揚州,徙舒州,未幾卒,年六十七,謚文節。有《五朝寶訓》《三朝太平寶訓》《三朝訓鑑圖》等書。事迹具《宋史》卷三四二本傳。

此書《宋史·藝文志》編年類著録。

《宋史·藝文志》注云:“舊録本用墨書,添入者用朱書,删去者用黄抹。”

按,此書晁《志》、陳《録》並作二百卷,宋《志》誤作三百卷,今正。《郡齋讀書志》卷六實録類著録《神宗實録》二〇〇卷,晁氏曰:“右皇朝曾布等撰,起蕃邸,止元豐八年(1085)三月,凡十九年。”

又著録《神宗朱墨史》二〇〇卷,云:“右皇朝元祐元年(1086)詔修《神宗實録》,鄧温伯、陸佃修撰,林希、曾肇檢討,蔡確提舉。確罷,司馬光代;光薨,吕公著代;公著薨;大防代,六年(1091)奏御。趙彦若、范祖禹、黄庭堅後亦與編修,書成賞勞,皆遷官一等。紹聖中諫官翟思言:‘元祐間,吕大防提舉實録,祖禹、庭堅等編修,刊落事迹,變亂美實,[①]外應奸人詆誣之辭,命曾布重行修定。其後奏書,以舊録爲本用墨書,添入者用朱書,其删去者用黄抹,已而將舊録焚毁。宣和中,或得其本於禁中,遂傳於民間,號朱墨史云。’”

《直齋書録解題》卷四起居注類著録《神宗實録》朱墨本二〇〇卷,陳氏曰:“元祐中兵部侍郎青社趙彦若(元考)、著作郎成都范祖禹(淳甫)、豫章黄庭堅(魯直)撰。紹聖中,中書舍人莆田蔡卞(元度)、長樂林希(子中)等重修。其朱書繫新修,黄字繫删去,墨字繫舊文;其增改删易處,則又有籤貼,前史官由是得罰。卞,王安石之婿,大抵以《安石日録》爲主,陳瓘所謂‘尊私史而壓宗廟’者也。”

按,元祐元年(1086)二月六日乙丑,詔修《神宗實録》,命宰臣蔡確提舉,以翰林學士兼侍講鄧温伯、吏部侍郎陸佃,並爲修撰官,左司郎中兼著作郎林希、右司郎中兼著作郎曾肇,並爲檢討官。[②] 閏二月,確爲臺諫論列,以觀文殿大學士出知陳州。乃命司馬光提舉,鄧温伯、陸佃仍並爲修撰。十月,又以

---

① “實”,《通考》及袁本作“惡”。

② 見《續資治通鑑長編》卷三六五。

吕公著提舉，黄庭堅、范祖禹檢討。四年（1089），左僕射吕大防提舉。[①] 按，鄧温伯、陸佃、林希、曾肇諸人，並屬新黨；祖禹、庭堅諸人，則爲舊黨。是以於修撰《神宗實録》事，意見亦多相左。《宋史》卷三四三《陸佃傳》云："哲宗立，遷吏部侍郎，以修撰《神宗實録》徙禮部，數與史官范祖禹、黄庭堅爭辯，大要多是安石，爲之晦隱。庭堅曰：'如公言，蓋佞史也。'佃曰：'盡用君意，豈非謗書乎？'"

佃又嘗撰《神宗皇帝實録敘論》，[②]極言神宗用安石之事，其言曰："熙寧之初，鋭意求治，與王安石議政意合，即倚以爲輔，一切屈己聽之。方立法度，拔用人才，而耆舊多不同，于是人言沸騰，中外皆疑，雖安石不能自保，亦乞罷政事，然上獨用之，確然不移。安石性剛，論事上前，有所爭辯時，辭色皆厲，上輒改容爲之欣納。蓋自三代而後，君相相知，義兼師友，言聽計從，了無形迹，未有若兹之盛也。及安石罷相……"

佃等既事安石，多爲安石諱，與庭堅等不合，遂相繼去實録院，史官之職，遂爲舊黨所持。元祐六年（1091）三月四日癸亥，書成二百卷進呈，上東鄉再拜，然後開編。大防於簾前進讀，詔止讀令進，[③]此爲第一次撰成之《神宗實録》也。

哲宗親政，新黨章惇、蔡卞等任事。紹聖元年（1094）四月戊辰，同修國史蔡卞，請重修《神宗實録》。卞曰："先帝盛德大業，卓然千古之上，發揚休光，正在史策，而《實録》所記，類多疑似不根，乞驗索審訂，重行刊定，使後世考觀，無所迷惑。"詔定之。[④] 以蔡卞、林希同修撰，曾布修撰。希奏云："臣竊觀

---

① 見《玉海》卷四八"元祐神宗實録"條。

② 載《陶山集》卷一一。

③ 《玉海》卷四八"元祐神宗實録"條。

④ 見《宋史》卷四七二《蔡卞傳》。

《實録》所載事迹,於去取之際,誠有所偏。如時政記,皆當時執政所共編修,往往不以爲信。至司馬光記事及雜録,多得於賓客或道路傳聞,悉以爲實,鮮不收載。聞王安石秉政日,凡所奏對論議,日有記録,皆安石手自書寫,一時君臣咨諏反復之語,請降旨下本家取索投進,付本院參合照對編修,庶一代信史,不失事實。”[①]紹聖三年(1096)十一月二十一日,修成二〇〇卷,章惇奏御,此即《神宗實録》朱墨本也。

舊録多用司馬光家藏記事,新録則多用《安石日録》,各有所偏,故元符、紹興間又兩度刊修。“先是,元符三年(1100)五月,左正言陳瓘言:‘伏聞王安石《日録》七十餘卷,具載熙寧中奏對議論之語,此乃人臣私録,非朝廷典册,自紹聖再修,凡日曆、時政記及御集所不載者,往往專據此書,追議刑賞,宗廟之美,皆爲私史所攘,願詔史官别行删修。’”詔三省同參對聞奏。[②]

今檢《宋朝大詔令集》卷一五〇載建中靖國元年(1101)六月戊戌重修《神宗實録》詔,曰:“朕惟序言紀事,莫嚴一代之書;尊制揚功,是爲天子之孝。恭以神宗皇帝厲精爲治,十有九年,圖任忠賢,修起法度。内之立政,以安百姓;外之經武,以威四鄰。更新條綱,剗革弊蠹,盛德大業,三代比隆。而日者史官或懷私見,議論去取,各有所偏,參錯異同,未歸至當。不惟無以傳信於萬世,亦恐屢以招致於人言。朕夙夜以思,不遑啓處,爰命加以論撰,慮尚謬於見聞。夫熙寧元豐事實具備,元祐紹聖編録具存,訂正討論,其在今日。筆則筆,削則削,宜公乃心。是謂是,非謂非,無忝厥職。庶稱朕丕揚先烈,昭示無窮之意。其令修史官取索元祐紹聖實録,應于文

① 見《清波别志》卷下。

② 見《玉海》卷四八“元祐神宗實録”條。

字討論，事迹依公參詳，去取務要，所書不至失實，故兹詔示，想宜知悉。”

惟當時曾布爲右僕射，十月，詔前降參取《元祐實録》及删除《王安石日録》指揮，更不施行。[①]

紹興四年(1134)五月初四日癸丑，詔范沖爲宗正少卿兼直史館，改修神宗哲宗實録。《繫年要録》卷七十六云：“上諭朱勝非等曰：‘神宗哲宗兩朝史録，事多失實，非所以傳信後世，當重別修定。著《唐鑑》范祖禹有子名沖者，已有召命，可令兼史職。’勝非曰：‘《神宗實録》，添入《王安石日録》，哲宗史經蔡京蔡卞之手，議論多不公，今命官删修，足以昭彰二帝聖美。’”

“先是，建炎四年(1130)十二月十一日己卯，上以太后誕日，置酒宫中，從容語及前朝事。后曰：‘吾老矣，幸相聚於此，他時身後，吾復何患？但有一事，當與官家言之：吾逮事宜仁聖烈皇后，求之古今母后之賢，未見其比。因奸臣快其私憤，私加誣謗，有玷盛德。建炎初，雖嘗下詔辨明，而實録所載，未經删定，豈是傳信後世？吾意在天之靈，不無意於官家也。’上聞之惕然。其後更修神宗哲宗兩朝實録蓋張本于此。[②] 紹興五年(1135)九月十五日乙酉，左僕射監修趙鼎、史館修撰范沖、直史館任申先、佐著作郎張九成等，上重修《實録》五十卷，後三日制鼎進二官、沖等一官。至六年(1136)正月癸未成書，通已進凡二百卷，繕寫三部：一爲御覽、一藏天章閣，一付秘省。”[③]

夫修史之事，欲求其公，誠非易事。趙鼎等紹興間所改修者，亦不免有私意在。《繫年要録》卷一一一云：“紹興七年

① 見《玉海》卷四八“元祐神宗實録”條。

② 見《中興兩朝聖政》卷八。

③ 見《玉海》卷四八“紹興重修神宗實録條”。

(1137)五月己丑,張浚奏論史事,因言:'紹聖以舊史不公,故再修,而蔡卞不公又甚。每持一己褒貶之語,以騁其愛憎,今若不極天下之公,則後人將又不信。'上曰:'謂之實録,但當録其實,而褒貶自見;若修以愛憎之語,豈謂之實録?'上又曰:'今日重修兩朝大典,不可不慎。'浚曰:'敢不恭聖訓?'"又同書同卷云:"六月丙申,御筆:'史館重修《神宗皇帝實録》,尚有詳略失中,去取未當,恐不可垂信傳後,宜令本館更加研考,逐項貼説進入……。'先是秘書著作郎何掄面對,乞刊正新録訛謬;前三日,命掄兼史館校勘,至是批出。掄所言,張浚意也。"

又同書卷一一二云:"紹興七年(1137)七月戊寅,秘書省著作郎兼史館校勘張嵲面對。先是,有詔刊修神宗新録訛謬,秘書省正字兼史館校勘李彌正、胡珵,見右僕射張浚,辭館職。浚曰:'正欲平其事,故令史官自簽貼,若辭,非本意。'既而嵲對罷,申後省言所得聖語云:'范沖、任申先,止憑校勘官便以爲是,故實録多舛誤。'彌正,再辭史職,從之。"

又《朱子語類》卷一〇二"楊氏門人胡德輝"條云:"胡珵(德輝)……先友也。……趙忠簡當國,與張嵲(巨山)同爲史官。及趙公去位,張魏公獨相,以爲元祐未必全是,熙豐未必全非;遂擢何仲掄、李似表二人爲史官,胡張所修史皆標出欲改之,胡張遂求去。及忠簡再入相,依舊用胡張爲史官,成書奏上,弄得都成私意。"

《繫年要録》卷一二一又云:"紹興八年(1138),八月壬午,殿中侍郎侍御史張戒言:'張浚入蜀,(何)掄爲之鷹犬。去歲浚獨相,自以黄潛善乃王黼之黨,每持邪説,以司馬光爲非,以王安石爲是。至再修《神宗實録》,掄攘臂其間,略無所忌。浚敗,乃焚毁籤貼。國家大典,豈宜屢易,以徇權臣之私?'右諫議大夫李誼亦言:'……前宰相張浚狃於習尚,遽欲取其書而竄易之,是時掄實贊其事……''……方浚之專政也,欲竄易舊史,掄首附其意旨,凡所籤貼,自云改字舛訛,然頗主異議……'"

同書卷一二二云:"紹興八年(1138),九月庚寅,給事中兼史館勾濤充徽猷閣待制,知池州。殿中侍御史張戒論濤陰附張浚,四川監司守倅,多出其門。及浚敗事,又顯立同異,反覆無恥,如何掄不端……,若不逐去,則濤之植黨,不特一掄而已。……上遣内史諭令入對,濤言:"戒擊臣,趙鼎意也。"因力詆鼎結臺諫與諸將,上頗以爲然。"

按,趙鼎與張浚先後爲相,與《神宗實録》之改修,意見頗多相左,上所稱引,可以顯見。趙、張二人於史事觀點之所以有異,以趙鼎喜引元祐黨籍子孫,浚則頗是紹述之論也。李心傳《道命録》卷三"胡文定公乞封爵祀張二程先生列於從祀"條案語云:"趙公(鼎)每言於上(高宗)前,謂元祐之人與紹聖崇觀之黨,決不可合,而張公(浚)本黄英州所荐,習聞紹述之論,數以孝弟之説,陳于上前,二公所操漸異。趙公修神哲兩朝實録,明著王氏及章蔡諸人之罪,張公又不然之。"趙張所見之不同,或疑其爲學術思想不同之故,此全祖望辨之爲未必然也。檢《宋中興兩朝聖政》卷一八"紹興五年(1135)八月己酉"條云:"趙鼎言:'故右奉直大夫邵伯温,大賢之後,行義顯著。元符末,以上書得罪,書名黨籍,坐廢者四十餘年,伏望優加褒贈。'鼎,伯温門人也。"

伯温,康節之子,與元祐君子相交甚深。徽宗即位,上書累數千言,大要欲復祖宗制度,辨宣仁誣謗,解元祐黨錮。[1] 伯温

① 見《宋史》卷四三三本傳。

嘗就學於程伊川,故鼎爲百源伊川再傳也。浚爲天授(譙定)門人,天授從學於伊川,則浚亦伊川之再傳弟子也。浚嘗用陳公輔,公輔論伊川之學,惑亂天下,乞屏絶,而爲人所詬病,[①]人遂疑浚阻塞伊洛之學。全祖望云:"中興二相,豐國趙公嘗從邵子文游,魏國張公嘗從譙天授游,豐公所得淺,而魏公則惑於禪宗,然伊洛之學,從此得昌。魏公以曾用陳公輔得謗,或遂疑其阻塞伊洛之學,與豐公有異同,未必然也。"[②]雖然,二人之爲政有異,殆無可疑,遂影響與《神宗實録》之改修,不能一掃紹聖史官不實之弊,亦可惜也!

《神宗實録》諸本雖佚,然李燾《長編》頗引之。按,《長編》之引《神宗實録》,名稱頗雜。大抵於元祐史官所修之本,則曰墨史,或曰元祐新本、墨本、初本、元祐本、元祐實録、元祐墨本、舊史、舊録、舊本諸名。於紹聖所修之本,則曰朱史,或曰朱本、紹聖本、朱書、或單舉朱字。於紹聖史官所修本,則曰新本,或曰新録、紹興本、新史諸名。於元祐、紹聖兩本合稱,則曰朱墨史,或曰朱墨本,或單稱朱墨。《長編》所謂之朱墨本,與宋人載籍之所謂朱墨本者有所不同。陸游《老學庵筆記》卷一〇云:"太宗時,史官張洎等撰《太祖史》,凡太宗聖諭及史官採摭之事,分爲朱墨書以别之,此國史有朱墨本之始也。元祐、紹聖皆嘗修《神宗實録》,紹聖所修既成,焚元祐舊本,有敢私藏者,皆立重法。久之,内侍梁師成家乃有朱墨本,以墨書元祐所修,朱書紹聖所修,稍稍傳於士大夫家。紹聖初,趙相鼎提舉再撰,又或以雌黄書之,目爲黄本,然世罕傳。"他如《郡齋讀書志》《直齋書録解題》《齊東野語》《玉照新志》等所説並同,皆以紹聖史官就元祐墨本而加删修者謂之

① 見《中興兩朝聖政》卷二〇。

② 見《宋元學案》卷四四《趙張諸儒學案》。

朱墨本。《長編》既多引宋代實録，故近人之研究宋代史事者，每多摭拾採用，如日本周藤吉之撰《宋朝國史食貨志》及《宋朝食貨志》之關係（宋朝國史の食貨志と《宋史·食貨志》の關係）；張蔭麟撰《宋太宗繼統考實》；劉子健撰《歐陽修的治學與從政》；Kracke Edward A. 撰《宋代早期之文官》（Civil Service in Early Sung China）；James T. C. Liu（劉子健）撰《宋代之改革》（Reform in Sung China）等文，並及《長編》所引當時國史及實録之資料。今據《長編》集原注所引《神宗實録》，鉤稽數則，以覘諸本之異同：

（一）《長編》卷二一〇云："熙寧三年（1070）四月己卯：太子中允權監察御史裏行程顥權發遣京西路提點刑獄。顥先上疏言：臣聞天下之理，本諸簡易而行之以順道，則事無成，故曰：智者如禹之行水，行其所無事也。舍而之於于險阻，則不足以言智矣。蓋自古興治，雖有專任獨決能事功者，未聞輔弼大臣，人各有心，睽戾不一，致國政異出，名分不正，中外人情交謂不同而能有爲者也。況于措置沮廢公議，一二小臣，實與大計，用賤陵貴，以邪防正者乎？凡此皆天下之理，不宜有成，而智者之所不行也。設令由此徼幸，事小有成，而興利之臣日進，尚德之風寖衰，尤非朝廷之福。矧復天時未順，地震連年，四方人心，日益摇動，此皆陛下所當仰測天意，俯察人事者也。臣奉職不肖，議論無補，望允前奏，早賜降責。故罷。"朱本削去顥疏，云："《時政記》不載。顥被責，非緣此疏，前史官妄載。"改書云："以數言常平新法，乞責降，故有是命。"按顥此疏豈非言新法，紹聖史官猥爲王安石諱，遂欲蓋抹正論，輒加删修，今仍從元祐新本。

（二）《長編》卷二一三云："熙寧三年（1070）七月辛卯，詔：新判太原府歐陽修罷宣徽南院使，復爲觀文殿大學士知蔡州。先是，修病辭宣徽使至五六，因論青苗法，又移書責王安石，安石不答，而奏從其請。"修辭太原，移書責王安石，安石不答而奏從其請，此修晚節不污,所以得爲君子也。紹聖史官乃諱其事,簽貼云:"取會並無出處,輒删去。"今復存之。

(三)《長編》卷二三五云:"熙寧五年(1072)七月戊子,詔:雄州歸信容城縣弓級,自今無故不得鄉巡,免致騷擾人户,遇探報有北界巡馬過拒馬河,即委縣官相度人數,部押弓手,以理約攔,從經略使孫永請也。……先是,王安石謂鄉巡弓手實無所濟,但有騷擾,若都罷,邊界自靜。……會孫永奏至,與安石議略同,安石力主之,上令盡罷鄉巡弓手。……朝廷既罷鄉巡,而北界巡馬亦不爲止,盜賊滋多,州縣不能禁。""巡馬亦不爲止,而盜賊滋多,州縣不能禁",此墨本舊語,蓋因秘院《時政記》也。朱本遂削去,今附存之,庶不失事實。《會要》邊防所載,亦與墨本舊語同,朱本輒削去,蓋爲安石諱爾!

(四)《長編》卷二三五云:"熙寧五年(1072)。七月末,前處州縉雲縣尉,編修三司敕并諸司庫務歲計及條例删定官郭逢原……又上疏曰:'夫宰相代天理物,無所不統,未聞特設事局,補除官吏而宰相不預者也,今之樞府是已。臣愚以爲當廢去樞府,併歸中書;初補武臣,悉出宰相,軍旅之事,各責其帥,合文武於一道,歸將相於一職,復兵農於一民,此堯舜之舉也。今王安石居宰輔之重,朝廷有所建置於天下,特牽於樞府而不預,則臣恐陛下任安石者盡不專矣。'疏奏,上甚不悦。他日謂安石曰:'逢原必輕俊。'安石曰:'陛下何以知之?'上曰:'見其上書欲併樞密院、廢募兵。'安石曰:'人才難得,如逢原,亦且曉事,可試用也。'"朱本削去(郭)逢原書,蓋爲王安石諱,今復存之。

(五)《長編》卷二三五云:"熙寧五年(1072),七月戊子,遣御史蔡確劾秦鳳路經略司緣邊安撫司互訴事於秦州。"朱史云:"以前勘官杜純丁父憂,故再遣確。"按王安石欲變純所劾,故再遣確。純雖不丁父憂,固亦當罷去,朱史似爲安石諱也,今不取。

(六)《長編》卷二三七云:"熙寧五年(1072),八月癸卯:貶太子中允同知諫院權同判吏部流内銓唐坰爲潮州别駕。坰初以王安石薦得召見,驟用爲諫官,數論事不聽,遂因百官起居,越班叩陛請對,上論止之。坰堅請,上殿讀疏,論王安石用人變法非是;上怒其詭激,故貶坰,疏留中。其略云:'安石用曾布爲腹心……張商英爲鷹犬……逆意者久不召還,附同者雖不肖爲賢。……又保甲事,曾布蔽塞人情,欺誣人主,以爲情願。又置市易司,都人有致餓死者。'"朱本云"坰數論事非理,不見聽,或給以執政懷怒,欲罷其職者;坰素性急,乃越次請對"。朱本蓋爲王安石諱也。新本削去,今附注此。

(七)《長編》卷二四一云:"熙寧五年(1072),十二月乙丑:御史盛陶言:兵部員外郎判流内銓李復圭,昨守慶州,驕衆輕敵,以敗國事。……上語陶曰:'卿知李信、劉甫所受劍否?即復圭當受?'陶曰:'陛下誅復圭,今日思之不能無悔:復圭在朝,又將謀帥臣,恐陛下後日之悔,有甚於今日。'上曰:'朕向者不知,今已盡知之,自有處置。'乃詔永興軍路提點刑獄周良孺根究以聞。陶又言復圭罪狀明白,乞先罷復圭,判流内銓,然後令良孺與知慶州楚建中同根究,從之。"元祐史官既於五年十二月己丑書盛陶疏,又於六年(1073)四月乙未書之,其疏則同,但文稍詳耳。朱史削己丑所書,並書於乙未日,且删去上語,上語安可删去也?蓋王安石主李復圭,故史官私爲王安石諱耳。今復存之,陶疏則但存其一。

(八)《長編》卷二五二云:"熙寧七年(1074),四月己丑,詔曰:'朕嘉先王之法,澤於當時而傳於後世,可謂盛矣。故夙興夜寐,八年於兹,度時之宜,造爲法令,布之四方,皆稽核合先王,參考群策,而斷自朕志。已行之效,固亦可見,而其間當職之吏,有不能奉承,乃私出己見,妄爲更益,或以苛刻爲名,或以因循爲得,使吾元元之民,未盡蒙澤。雖然,朕終不以吏或違法之故,輒爲之廢法,要當博謀廣聽,案違法者而深治之,間有未安,考察修究,期底至當,士大夫其務奉承之,以稱朕意，無或狃於故常，以戾吾法，敢有弗率，必罰而不赦。'先是，吕惠卿慮中外因安石罷相，言新法不便，以書遍遺諸路監司郡守，使陳利害，至是又白，上將此詔申明之。"朱本削去吕惠卿慮中外以下三十餘字，卻先書"上以朝廷所降法令，官吏推行，多失其意，乃下詔申明之"。簽貼云："係黄庭堅手筆，並無底本照據；并《起居注》《時政記》元不知此，故削去。"《時政記》《起居注》亦何能説事，意朱史私爲惠卿諱耳，今復存之。

(九)《長編》卷二五三云："熙寧七年(1074)，五月己亥，上批：'市易務遣人往諸路販易，可問何年月日指揮許令如此？'執政進呈不行。"此段朱史簽貼云："一時取問，無行遣前去。"今復存之。御集云："進呈訖。"按，進呈訖，即是無行遣也。此因四月十七日曾布言湖南販茶，陝西販鹽，兩浙販米，故有卒無行遣。應是吕惠卿爲吕嘉問蔽匿其事耳。

(十)《長編》卷二五六云："熙寧七年(1074)，九月丙申，賜右班殿值同管勾修内司楊琰度牒三十，永不磨勘。琰本杭州木工，有巧思，宋用臣所領營造，琰必預其事，故得出入禁中。嘗命修感慈塔，既成，自言貸修塔官司錢九千餘貫，以集事乞納出身，宣劄求賜空名，敕告以償之，上令琰以支費歷赴中書及中舊掌修塔庫供備，庫副使黎永德保明所貸數以聞，故賜之。其後琰用營造勞，遷官未嘗止也。"朱史籤貼簽："楊琰何嘗出入禁中，此言誣罔，己未，朝旨下逐官取會，並無照據，合删。"又删"琰後用營造遷官未嘗止"，卻增"上於用人，雖微者必盡其所長，賜予籤悉各當其分，不容僥倖如此"。新史悉作舊本，今從之。

(十一)《長編》卷二六〇云："熙寧八年(1075)，二月乙酉，河北察訪使曾孝寬言：'慶曆八年(1048)，嘗詔河北州軍坊郭第三等，鄉村第二等，每户養被甲馬一匹，以備非時官買，乞檢會施行。'户馬法始於此。"《墨史》記户馬法始於此。朱本簽貼云："先帝倣三代寓兵於農意，立保馬法，未完遭變，前史官以爲户馬法始於此，實爲妄誕，删去。"朱史但務諂諛，不知史法，新史已復存之，今從新史。

(十二)《長編》卷二六一云："熙寧八年(1075)，三月丙申：中書言：沂州鞠李逢等反逆，結構有端，而本路提點刑獄王庭筠等,先奏逢無大逆,謀告人妄希賞,顯不當。詔并劾庭筠……。庭筠自縊而死。”朱史簽貼云:“取會别無自縊死因,依前史官載此,意謂詔獄逼人致死,誣誕可知,删去。”新史復存之,今從新本。

(十三)《長編》卷二八九云:“元豐元年(1078),五月辛丑:知宗正丞趙彦若言:‘伏見本朝宗室,舊有召試出身之令。熙寧初,始命宗子出補外官……此誠天下至公盛德之事。……今宗正寺侍祠之外,專掌玉牒屬籍而不豫薦士……宜具爲條流,俾諸教官,依國子監外官學例,爲課試法……俾其競勸賢戚……’事雖不行,時論是之。”朱本簽貼云:“趙彦若所言無取,亦無人稱之,乃是前史官黨人,故載於此,又稱試論是之,顯出私意,删去。”新本已復存之,今從新本。

(十四)《長編》卷三一三云:“元豐四年(1081)六月壬戌,知慶州天章閣待制俞充卒。充知上有用兵意,屢請討伐西夏。”熙寧中,充以推行新法淤田征利,鋭於進取,自小官不數年擢至侍從,一歲或六七遷。既死,西師遂大舉,實自充發之。此墨本充傳云爾。朱本簽貼云:“充爲先朝擢用,非獨以推行新法,而西兵之舉,亦不盡因充,前史官妄造此語,今削去。”案充擢登侍從,蓋因王中正、王珪之力;西師啓端,种諤居多,充蓋與有力焉。非首謀也。

(十五)《長編》卷三一九云:“元豐四年(1081)十一月甲申,种諤初被詔,當以兵會靈州,而諤枉道不進,既發夏州,即饋餉令絶。……諤欲歸罪漕臣,誅(李)稷以自解……稷請身督漕運,乃免。民夫苦摺運,多散走,稷不能禁,使士卒斬其足筋……數日乃死,至數千人。”此據种諤及李稷傳并諤墓志。朱本簽貼云:“稷所斬九十六人,前史官以爲數千人,多張人數以害先朝政事。”删改:“民苦摺運,多散走,稷不能禁,遣屬吏斬三百餘人,躬自監斬九十餘人。”新本復用墨本,今從之。

(十六)《長編》卷三二六云:“元豐五年(1082)五月辛丑詔:陝西路都總管司涇原進築城寨……尚須措置,諸路團結兵馬,已令制置司未得勾抽,先差發將兵。……初,陝西轉運司以役兵不足用,下諸州私雇運夫,永興軍奏準,詔諭民不復調夫出寨,今漕檄雇夫,非科差不可,從之則違詔,不從恐誤師期,詔如前詔,而使者亦還奏其不可進築,遂議罷兵故也。”朱本簽貼云:“時吕大防爲使院提舉,而大防嘗知永興軍,故前史官妄載此語,並無照據,合删。”新本從之。按大防行狀有此,今復具載。

(十七)《長編》卷三三五云:“元豐六年(1083),五月乙丑:同提舉成都府等路茶場郭茂恂言……乞併茶場,買馬爲一司,庶幾茶司同任買馬之責。”朱本簽貼此云:“取到户部文字,不見茂恂此奏,緣見今茶場、買馬、各爲一司,即是元不曾施行,合删去。”新本復存之。

(十八)《長編》卷三四一云:“元豐六年(1083)十二月壬辰:上批:追官免勒衝替人孫諤,元犯情爲可矜……可除落衝替。諤初爲國子監直講,坐受參知政事元絳屬從孫伯虎,爲小學教諭追兩官。諤上書自訴,言:太樂之弊,臣不與焉……臣與元絳本不相識……蓋以爲詔獄成爲鍛鍊也。”朱本簽貼云:“前史官鍛鍊之言,出於誣毁,今删去。”新本已復存之。

(十九)《長編》卷三四三云:“元豐七年(1084)二月癸未:樞密院言:‘聞澶、魏作過保甲,多爲人倡率。……官司已許首身。’是時,狄諮、劉定,縱保甲横暴州縣,不得拘問,澶、魏保甲,白晝劫掠,驚動一路,而朝廷不聞其實。自此,河北盜賊公行,多保甲也。”朱本簽貼云:“自是時至多保甲也,無本底,前史官之妄,合删。”今從新本復存之。

(二十)《長編》卷三五〇云:“元豐七年(1084),十一月辛酉:木工楊琪爲三班借職,以修大相國寺西浮圖延春閣畢功。琪,琰之弟也。”朱本簽貼云:“補一借職,法不當書,前史官書此,意在謗訕,遂削去。”今從新本。

(二十一)《長編》三五〇云:“元豐七年(1084),十二月辛未:夔州路轉運判官宋構言:‘本路鹽井未嘗榷,課利不均,及乞榷買達州茶,許商人出引行梓州路。’詔:轉運司及榷茶司詳度。”朱史簽貼云:“元祐元年(1086),逐司相度到,别無利息,進呈訖不行,合删去。”今復存之。

近人黄漢超撰《宋神宗實録前後改修之分析》一文,即據《長編》及其注所引諸本《神宗實録》,摭拾條列,分析比較。黄氏所論證之結論要點如下:

(一)朱史爲新法諱:

(甲)爲王安石諱。

(乙)爲吕惠卿等諱。

(丙)爲新法諱。

(二)朱史删《墨史》:

(甲)謂因元祐史官誣妄而删。

(乙)謂事小而删。

(丙)謂無施行,無行遣而删。

(丁)謂無照據而删。

(戊)因其他而删。

然則,諸本《神宗實録》雖並不存,吾人猶得據《長編》及其原注所引,考見當時修史者對史事之觀點及對史料取舍之情形也。

哲宗前録一〇〇卷　後録九四卷　宋蔡京等撰　佚

京,字元長,興化仙游人。熙寧三年(1070)進士,元豐末知開封府。司馬光復差役法,爲期五日,同列病太迫,京獨如約,光許爲奉法。紹聖初權户部尚書,乃助章惇定雇役法,識者有以知其奸。徽宗時因童貫以進,累遷左僕射,兼中書侍郎,復王安石新法,進司空,拜太師,封魏國公。欽宗立,連貶崇信慶遠軍節度副使,衡州安置,又徙韶、儋二州,行至潭州卒,年八十。著有《崇寧鼎書》《黨人記》《政和續編諸路州縣學敕令格式》《王贵妃傳》等。事迹具《宋史》卷四七二、《宋史新編》卷一八六、《東都事略》卷一〇一等書。

此書《宋史·藝文志》不著録,見《郡齋讀書志》(卷六)編年類。

晁公武曰:"右皇朝蔡京撰。《前録》起藩邸,盡元祐七年(1092)。十二月《後録》起紹聖元年(1094)正月,盡元符三年(1100)正月,共十三年。京之意,以宣仁垂簾時,政非出於上,故分前後録,蓋誣之也。"①

按,哲宗崩於元符三年(1100)正月己卯,九月,詔修《哲宗實録》,至大觀四年(1110)四月成書。② 然多經蔡京之手,論議不公。③ 綦崇禮《北海集》卷二八載紹興四年(1134)所上"修神宗哲宗實録》再申請劃一劄子"云:"契勘哲宗皇帝實録,係崇寧以後蔡京提舉編修。叙事之外,多是增飾語言,變移是非,殊非實録之體。成書之後,其當時《時政記》等應干文字,又皆焚棄,竊恐所載不無更改,隱漏失實,即難以便據舊録重行修定。欲乞從本所逐旋申明於諸路州軍及舊臣之家更行取索,求訪當時文字事迹,按據参照看詳重修,庶無牴牾。"

《北海集》卷二八又載"修神宗哲宗兩朝實録劃一申請劄子",云:"准紹興四年(1134)五月五日尚書省劄子:五月四日三省同奉聖旨,神宗皇帝、哲宗皇帝兩朝正史實録,並令史官看詳重修。"知此爲初修之本也。

哲宗實録一五〇卷　宋湯思退等撰　佚

思退,字進之,處州人,紹興十五年(1145)。以右從政郎授進州政和縣令。試博學宏詞科,除秘書省正字,以附秦檜,累官参知政事。拜右僕射,尋罷。隆興初復相,金人索四郡,思退許之,且令孫造諭敵以重兵脅和,爲言者所論,遂罷相。太學

① 《文獻通考》二〇"起居注"引晁《志》,末句"蓋誣之也",作"蓋厚誣也"。

② 見《玉海》卷四八"紹興重修哲宗實録"條。

③ 同上注。

生張觀等上書請斬思退,思退憂悸死。著有《永祐陵迎奉録》。事迹具《宋史》卷三七一本傳。

此書《宋史·藝文志》編年類著録。

《郡齋讀書志》卷六實録類著録《哲宗前録》一百卷《後録》九十四卷,晁氏曰:"右皇朝蔡京撰(袁本蔡京等)。《前録》起蕃邸,盡元祐七年(1092)十二月;《後録》起紹聖六年(1094)正月,盡元符三年(1100)正月;共十三年。京之意,以宣仁垂簾時,政非出于上,故分前後録,蓋誣之也。"

又著録重修《哲宗實録》一百五十卷,晁氏曰:"右紹興四年(1134)三月壬子,太上皇帝顧謂宰臣朱勝非等曰:'神宗哲宗兩朝史録,事多失實,非所以傳信于後世,當重别修定,著《唐鑑》范祖禹有子名沖著,已有召命,可促來令兼史事。'臣勝非奏曰:'神宗史因添入《王安石日録》,哲宗史經蔡京蔡卞之手,議論多不公。今蒙聖諭,命官删定,以昭彰二帝聖德,天下幸甚!'十八日丙申,新除宗正少卿兼直史館范沖,辭免恩命。勝非奏曰:'沖謂史館專修神宗哲宗史録,而其父祖禹,元祐間任諫官,後坐章疏議論,責死嶺表,而《神宗實録》,又經祖禹之手,今既重修,則凡出京卞之意,及其增添者,不無删改,儻使沖與其事,恐其黨未能厭服。'上曰:'以私意增添,不知當否?'勝非曰:'皆非公論。'上曰:'然則删之何害?紛紛浮議,不足惜也。'勝非曰:'范沖不得不以此爲辭,今聖斷不私,沖亦安敢有請。'上復愀然,謂勝非等曰:'此事豈朕敢有私。頃歲昭慈聖獻皇后誕辰,因置酒宫中,從容語及前朝事,昭慈謂朕曰:"吾老矣!幸相聚於此,他時身後,吾復何患?然有一事,當爲官家言之:吾逮事宣仁聖烈皇后,求之古今母后之賢,未見其比。因奸臣快其私憤,私加謗誣,有玷盛德。建炎初,雖下詔辨明,而史録所載,未經删改,豈足傳信後世?吾意在天之靈,不無望於官家也。"朕每念此,惕然於懷,朝夕欲降一詔書,明載昭慈遺旨;庶使中外知朕之本意。'勝非進曰:'聖諭及此,天下幸甚。臣等仰惟神宗哲宗兩朝實録,以太上皇帝聖意先定。'爰命宰臣悉令删修,故具載聖語於篇末云。

《直齋書録解題》卷四起居注類著録《哲宗實録》一五〇卷,陳氏曰:"監修趙鼎,史官范沖等重修。紹興四年(1134)三月,思陵嘗謂宰臣朱勝非等曰:'神宗哲宗史録,事多失實,當别修定。范祖禹之子沖,已有詔令,可趣來令兼史職。'沖至,以宗正少卿兼直史館,辭,不許,上謂勝非等曰:'此事朕何敢私?頃歲,昭慈誕辰,宫中置酒,從容語及前朝事曰:"吾逮事宣仁,求之古今母后之賢,未見其比。奸臣私憤誣謗,雖嘗下詔辨明,而史録未經删改,豈足貽信後世?吾意在天之靈,不無望也。"朕每念及此,惕然於懷,欲降一語,具載昭慈遺旨,庶使中外知朕修史之本意。'於是以聖語繫之哲録之末。"

然則,《宋史·藝文志》所著録者,重修之哲録也。

按,《哲宗實録》詔修于元符三年(1100)九月。《宋史·徽宗本紀》云:"元符三年(1100)五月癸亥,罷編類臣僚章疏局。九月甲子,詔修《哲宗實録》。"以蔡京提舉,鄧洵武、陸佃、晁補之等爲修撰。《宋史·徽宗本紀》又云:"大觀三年(1109)十一月己巳,蔡京進封楚國公致仕,仍提舉《哲宗實録》。"《宋史·蔡京傳》云:"(大觀)三年(1109),臺諫交論其惡,遂致仕,猶提舉修《哲宗實録》,改封楚國公。"《宋史·鄧洵武傳》云:"進洵武中書舍人給事中兼侍講,修撰《哲宗實録》,遷吏部侍郎。"陸佃《陶山集》卷四載辭免修哲宗皇帝實録劄子。晁補之《雞肋集》卷五十四載哲宗實録開院謝賜筆硯紙墨表等文。知此數人,皆預修《哲録》。

哲宗實録院雖已開院,然哲宗日曆遲遲未畢,故實録之纂修,難以進行。檢《宋會要輯稿·運歷一》載建中靖國元年(1101)九月十一日秘書省著作佐郎白時中奏云:"伏覩近降朝旨移著作局,就實録院先次修纂哲宗朝日曆,限一年了畢。臣謹按,自熙寧之末逮今二十餘年,文字猥積,未加條次,此正今日所宜先者也。願詔執事参取國朝舊規,酌以元豐新例,或更加選授,以補闕員;或兼以他官,權領著撰;庶幾早見就緒。"

大觀四年(1110)。四月癸未,蔡京上《哲宗實録》,[①]前録一百卷,後録九十四卷。京之分《哲録》爲前後,"以宣仁垂簾時,政非出於上,故分前後,蓋厚誣也。"[②]綦崇禮《北海集》卷二十八載紹興四年(1134)《修神宗哲宗實録又再申請劃一劄子》,云:"契勘《哲宗皇帝實録》,係崇寧以後,蔡京提舉編修,叙事之外,多是增飾語言,變移是非,殆非實録之體。成書之後,其當時《時政記》等應干文字,又皆焚棄。竊恐所載不無更改,隱漏失實,即難以便據舊録,重行修定。欲乞從本所逐旋申明於諸路州軍及舊臣之家,更行取索求訪當時文字事迹,按據参照看詳重修,庶無牴牾。"[③]

蔡京所上之《哲宗實録》,既厚誣宣仁后,又變移是非,自不足以傳信後世。故紹興四年(1134),詔重修神宗哲宗正史實録。《北海集》卷二十八載《修神宗哲宗兩朝實録劃一申請劄子》,云:"准紹興四年(1134)五月五日尚書省劄子:五月四日三省同奉聖旨,神宗皇帝、哲宗皇帝兩朝正史實録,並令史官看詳重修。"

---

① 見《宋史·徽宗本紀》。

② 説見《郡齋讀書志》卷六"《哲宗前録》一百卷《後録》九十四卷"條。

③ 参閲"神宗日録"條。

又《宋史・常同傳》云："紹興四年(1134)除起居郎中書舍人史館修撰。先是,同嘗上疏論神哲二史曰:'章惇蔡京蔡卞之徒,積惡造謗,痛加誣詆,是非顛倒,循致亂危。在紹聖時,則章惇取《王安石日録》私書,改修《神宗實録》;在崇寧後,則蔡京盡焚毁《時政記》日曆,以私意修定《哲宗實録》。其間所載,悉出一時奸人之論,不可信於後世。恭惟宣仁保祐之德,豈容異辭?而蔡確貪天之功,以爲己力,厚誣聖后,收恩私門。陛下即位之初,嘗下詔明宣仁安社稷大功,令國史院摭實刊修,又復悠悠望精擇史官,先修《哲宗實録》,候書成,取神宗朱墨史考證修定,庶毁譽是非,皆得其實。'上深嘉納。至是命同修撰,且諭之曰:'是除以卿家世傳聞,多得事實故也。'一日奏事,上愀然曰:'向昭慈嘗言,宣仁有保祐大功,哲宗自能言之,止爲宫中有不得志于宣仁者,因生誣謗,欲辯白其事,須重修實録,具以保立勞效,昭示來世,此朕選卿意也。'同乞以所得聖語,宣付史館,仍記於《實録》卷末。"

紹興八年(1138)六月,趙鼎上勾濤等所撰重修《哲宗實録》。《宋史・高宗本紀》云:"紹興八年(1138)六月癸亥,趙鼎上重修《哲宗實録》。"《勾濤傳》云:"(紹興)八年,除史館修撰《哲宗實録》,帝諭之曰:'昭慈聖獻皇后病革,朕流涕問所欲言,后愴然謂朕曰:吾逮事宣仁聖烈皇后,見其任賢使能,約以便民,憂勤宗社,疏遠外家,古今母后,無與爲比。不幸奸邪罔上,史官蔡卞等,同惡相濟,造謗史以損聖德,誰不切齒?在天之靈,亦或介介。其以筆屬正臣,亟從删削,以信來世。朕痛念遺訓,未嘗一日輒忘,今以命卿。'濤奏:'數十年宰相,不學無術,邪正貿亂,所以奸臣子孫,得逞其私智,幾亂裕陵成書,非賴陛下聖明,則任申先必有過嶺之謫,臣亦恐復蹈媒孽之禍。'帝慰勉之。六月,實録成,進一帙,就館賜宴。"

趙鼎《忠正德文集》卷四載《謝進哲宗實録成書除特進表》云:“忱辭屢貢,方俟於俞音;温詔荐頒,莫回於聰聽。逡巡拜命,感懼交懷。竊以特進崇階,蓋参一品之貴;實封加邑,必由三歲之祠。其間耆德夙望之隆,或是將帥勳勞之著,膺此異數,乃協師言。矧言史之告成,因舊文而刊定,紬書載筆,雖閲歲時,振領提綱,曾何績效。遽叨光寵。但切戰兢,此蓋伏遇皇帝陛下仁孝生智,聰明時憲,念泰陵之繼序,辨聖烈之謗誣。累年於兹,大典克備,肆推褒錫,首及庸虚。臣固當仰體眷私,益思策勵,而久妨賢路,常懷患失之譏;退奉真祠,即控辭榮之懇。尚祈天造,俯鑑物情。”

此一百五十卷之重修《哲録》,雖已正舊録變移是非之失,然亦不免疏漏。朱弁《曲洧舊聞》卷九云:“予在館中時,見重修《哲宗實録》,其舊書於一時名臣行事,既多所略,而新書復因之。於時急於成書,不復廣加搜訪,有一傳而僅載歷官先後者,讀之不能使人無恨。……予謂史官欲廣異聞者,當聽人聚録所聞見。如《段太尉逸事狀》之類,上之史官,則庶幾無所遺矣!”

王明清《揮麈後録》卷一亦云:“徐敦立(度)云:在館中時,見重修《哲宗實録》,其舊書崇寧間率多貴游子弟,以預討論,於一時名臣行事,既多疏略,而新書復因之。於時急於成書,不復廣加搜討,有一傳而僅載歷官先後,且據逐人碑誌,有傳中合書名猶云公者,讀之使人不能無恨。”

王應麟《困學紀聞》卷十五“考史”條云:“紹興重修《哲宗實録》,獨元祐八年(1093)。事,皆無存者,至参取玉牒日曆諸書以足之,僅得成書。”

知當時一則由於急於成書,一則由於史料不足,遂不免疏漏也。

神宗實録考異五卷　宋范沖等撰　佚

沖有《神宗日録》二〇〇卷已著録。

此書《宋史·藝文志》編年類著録。

《直齋書録解題》卷四起居注類著録《神宗實録考異》二百卷,陳氏曰:"監修解梁趙鼎(元鎮)、史官成都范沖(元長)等撰。建炎初有詔重修,紹興六年(1136)先進呈五十卷,六年正月書成。考異者,備朱、墨、黄三書,而明著其去取之意也。闕百六十一至百七十一卷。初,蔡卞既改舊録,每一卷成,納之禁中,蓋將盡泯其迹,而使新録獨行,謂朱墨本者,世不可得而見也。及梁師成用事,自謂蘇氏遺體,頗招延元祐諸家子孫,若范温、秦湛之流,師成在禁中見其書,爲諸人道之,諸人幸其書之出,因曰:'此不可不録也。'師成如其言。及敗没入。有得其書者,携以渡江,遂傳於世。嗚呼!此可謂非天乎?"

按,陳氏所著二百卷之書,實即《神宗日録》,陳氏誤合二書爲一也。

《宋史·范沖傳》曰:"紹興中,隆祐皇后誕日,置酒宫中,從容語及前朝事。后曰:'吾老矣,有所懷爲官家言之:吾逮事宣仁聖烈皇后,聰明母儀,古今未見其比。曩因奸臣誣謗,有玷聖德,建炎初,雖下詔辯明,而史録未經删定,無以傳信後世,而慰在天之靈也。'上悚然,亟召重修神哲兩朝實録,召沖爲宗正少卿,兼直史館。沖父祖禹,天祐中嘗修《神宗實録》,盡書王安石之過,以明神宗之聖。其後安石壻蔡卞惡之,祖禹坐謫死嶺表,至是復以命沖。上謂之曰:'兩朝大典,皆爲奸臣所壞,故以屬卿。'因論熙寧創置,元祐復古,紹聖以降,弛張不一,本末先後,各有所因。又極言王安石變法度之非,蔡京誤國之罪,上嘉納之。……沖之修《神宗實録》也,爲考異一書,明示去取,舊文以墨書,删去者以黄書,所修者以朱書,及修《哲宗實録》,别爲一書,名《辯誣録》。"

又《玉海》卷四十八"紹興重修《神宗實録》"條云:"沖言:'《神宗實録》自紹聖中已命官重修,既經删改,慮他日無所質證,今爲考異,追記紹聖重修本末。朱字係新修,黄字係删去,墨字係舊文,每條即著臣所見于後,以示去取。'"

又檢《繫年要録》卷八五載范沖紹興五年(1135)二月己亥《進神宗實録考異表》,云:"臣竊惟《神宗皇帝實録》,既經删改,議論不一,復慮他日無所質證,輒欲爲《考異》一書,明示去取之意。設若不當,稍涉私循,則罪有所得,何所逃刑?據史館所用朱墨本,出於臣僚之家,私相傳録,書寫之際,悉從簡便,臣記紹聖重修實録本,朱字係新修,黄字係删去,墨字係舊文。今所傳本,其删去者止用朱抹,又其上所題字,盡當時簽貼。今考異依重修本書寫,每條即著臣所見於後,庶幾可考。方神宗皇帝在藩邸,及即位之初,治平之際,未有大議論也。舊史成於元祐六年(1091),而王安石《日録》出於紹聖之後。新史專用王安石説,去取之際,各有可議。參照稽考,必求其當。此則見於熙寧之後也。……其如議論之未精,考覈之未詳,前後有所牴牾,或相乖違,伏望陛下貸臣之罪,容臣是正,當稽於衆論,資於官長,固非臣所得專也。其《考異》五卷,乞付史館,更憑衆議,刊定修立。"

是知《考異》一書,以元祐舊録爲本,辨紹聖《新録》之誤,以爲紹興刊修《神宗日録》時"去取"之參考者也。

哲宗實録辨誣　不著卷數　宋范沖撰　佚

沖有《神宗實録考異》五卷已著録。

此書《宋史·藝文志》不著録,見《四川通志》卷一八四。

按,《玉海》卷四八"紹興重修哲宗實録"條云:"《神録》有《考異》,《哲録》有《辯誣》,皆出范沖一手。”

考李心傳《繫年要録》卷一〇五載范沖於紹興六年(1136)九月壬午奏云:“今來重修《哲宗皇帝實録》,考其議論,多有誣謗,以當日《時政記》及諸處文字,照據其明,亦乞别爲一書,考其事實,欲以辨誣爲名,每月校勘到卷數,差人吏親事官送至行在,付沖看詳修定,就呈監修相公訖,有合添改去處,卻發回史館,不致妨廢。”又《宋史》卷四三五《范冲傳》云:“紹興中,隆祐皇后誕日,置酒宫中,從容語及前朝事。后曰:‘吾老矣,有所懷爲官家言之:吾逮事宣仁聖烈皇后,聰明母儀,古今未見其比。曩因奸臣誣謗,有玷聖德。建炎初,雖下詔辯明,而史録未經删定,無以傳信後世,而慰在天之靈也。’上悚然,亟召重修神哲兩朝實録,召沖爲宗正少卿,兼直史館。沖父祖禹,元祐中嘗修《神宗實録》,盡書王安石之過,以明神宗之聖。其後安石壻蔡卞惡之,祖禹坐謫死嶺表,至是復以命沖。……及修《哲宗實録》别爲一書,名《辯誣録》。”

神宗日録二〇〇卷　宋趙鼎、范沖等撰　佚

鼎,字元鎮,解州聞喜人,自號得全居士。徽宗崇寧五年(1106)進士,累官開封市曹。金人議立張邦昌,鼎與張浚逃太學,不書議狀。高宗擢右司諫,歷官至尚書左僕射,同中書門下平章事。爲秦檜所忌,出爲秦國軍節度使,徙知泉州。檜諷王次翁論之,安置潮州。詹大方希檜意,誣其受賄,移吉陽軍。檜意猶未已,鼎遂不食卒,時紹興十七年(1147)也。孝宗追謚忠簡豐國公。鼎,中興名臣,與宗澤、李綱,可稱鼎足。初纂修實録成,高宗親書“忠正德文”四字賜之,因名其所著爲《忠正德文集》卷一〇,今猶傳世,事迹具《宋史》卷三六〇本傳。

沖,祖禹子,字元長,紹聖進士。高宗即位,召爲虞部員外郎,俄出爲兩淮轉運使。紹興中,詔沖重修神哲兩朝實録,召爲宗正少卿,兼直史館。帝雅好《左氏春秋》,沖爲講官,敷衍經旨,因以規諷,帝未嘗不稱善。累官翰林侍讀學士。性好義樂善,司馬光家屬,皆依沖所,沖撫育之,爲光編類記聞十卷奏御,又嘗薦尹焞自代云。事迹具《宋史》卷四三五本傳。

此書《宋史·藝文志》編年類著録。

按,《神宗實録》由於新舊黨人,任意變亂是非,至前後凡四修:初修於元祐,再修於紹聖,三修於元符,四修於紹興,其始末于本文"神宗實録朱墨本"條已詳論之矣。兹編題趙鼎、范沖重修,即紹興中第四次所修者也。

關於紹興中四修《神宗實録》之始末,前已略述。檢宋綦崇禮《北海集》卷二八《修神宗哲宗兩朝實録劃一申請劄子》三篇,今具録于後,以見其詳:

《修神宗哲宗兩朝實録劃一申請劄子》:南渡後初史館申請。

准紹興四年(1134)五月五日,尚書省劄子:"五月四日三省同奉聖旨:神宗哲宗皇帝兩朝正史實録,並令史官看詳重修,所有應干舍行事件,條具以聞。"右劄付修國史日曆所,令先次條具下項:

一、本所恭奉聖旨,看詳重修神宗皇帝、哲宗皇帝正史實録,欲乞將《神宗皇帝實録》先次看詳重修。

一、合要照修文字,乞就秘閣檢借抄録;如闕,許於行在臣寮士庶之家,借本傳録,用畢給還。如在外州軍臣寮士庶之家,令所在州軍官給紙札,借本抄録,發赴本所。

一、今來先次重修《神宗皇帝實録》,欲將秘閣抄録到朱墨本及後來降到墨本實録,一處看詳重修進呈。

一、應行移取會及約束日限斷罪,並令本所,依已得指揮施行。

一、合用紙札朱墨錢物等,欲就本所應副支使。

一、今來本所現闕投下申奏文字人,欲乞依勅局例,從本所指名下三省大程,將差大程官四人與免本處諸般重難差遣。

又《再申請劃一劄子》:

一、本所恭奉聖旨,看詳重修神宗皇帝、哲宗皇帝正史實録,欲乞將《神宗皇帝實録》看詳重修。所有《哲宗皇帝實録》,合要當時臣寮家傳行狀墓誌等文字,亦欲乞從本所先次移文行在臣寮之家,及下諸路,委轉運司尋訪子孫抄録,編類成册,發赴本所。

一、本所官係先差修纂《建炎日曆》,員數不多,今來重修兩朝正史實録,欲乞詳酌添差官三兩員,協力同修。

一、契勘祖宗朝日曆實録正史,並於史館編修。元豐官制分日曆屬秘書省著作局;實録、正史,各别置院。近緣修纂日曆,爲著作闕官,令長貳通修,又差郎官兼領。緣上件職事,止係修纂日曆,即與史館不同,今來既令本所官重修兩朝正史實録,欲乞將秘書監少帶兼直史館著作郎佐,並帶兼史館檢討,其郎官現兼著作郎者,亦改兼史館職事,庶於名實,不致差紊。

又《再申請劃一劄子》:

一、契勘本所及秘書省,並闕神宗哲宗兩朝正史,欲乞申明朝廷,行下諸路州軍,於臣寮之家,廣行搜訪。

一、契勘《神宗皇帝實録》,自有舊來朱墨本。其墨本係元祐年所修,已是成書;其朱本係紹聖年間,因蔡卞乞請重修,將舊書所載,多所增損,務要傅會一時紹述議論;而元祐史官,其間語言,不無過當失實,然亦有别行引用照據,以證墨本未盡去處。若將二本參照修定,委是詳備。欲乞從本所官先據朱墨本看詳重修，如或尚有合行取會照對文字，逐旋申明，取索施行。

一、契勘《哲宗皇帝實録》，係崇寧以後，蔡京提舉編修。叙事之外，多是增飾語言，變移是非，殆非實録之體。成書之後，其當時《時政記》等應干文字，又皆焚棄。竊恐所載，不無更改隱漏失實，即難以便據舊録重行修定。欲乞從本所逐旋申明於諸路州軍，及舊臣之家，更行取索求訪當時文字事迹，按據參照看詳重修，庶無牴牾。

足見刊修時，元祐、紹聖二録並重，多所參照刊定。紹興五年(1135)九月，先進五十卷，六年(1136)正月成書，通已進二百卷。考趙鼎《忠正德文集》卷四載《重修神宗皇帝實録繳進表》，云："臣聞三代而上，堯舜禹湯文武之相傳；五伯以還，秦漢魏晋隋唐之殊襲。不有經史，孰鑑興亡？故歷代官有其常，俾後世信而可靠。恭以神宗皇帝，躬剛健篤實之美，稟聰明睿知之資，志大有爲，功收不宰，布諸典册，燦若日星。逮紹聖之改元，彼日録之來上，假名繼述，公肆詆欺，盡虚美熙寧變更之臣，反歸坐元祐謗訕之罪。用以脅持於上下，豈惟攘竊其猷，爲人不敢言，史成此禍，忠臣義士，抱憾積年。仰惟陛下肇開中興，克紹先烈，雖干戈未定，居常憤記史之誣；而歲月浸深，大懼失貽謀之實。載頒明詔，復俾儒臣，念兹皇祖之彌文，有待翼子之所燕。臣謬膺揆路，兼領史權，猥資僚屬之能，獲與纂修之首。朱書新録墨本舊文，凡去取之不同，皆存留於考異。詳原私意，灼見奸言。初憂頭白之無期，不謂汗青之有日，百端牴牾，一切編摩，告功合雅頌之稱，尊王法春秋之旨。大君有命，鋭然成不刊之書；小子何知，例以爲不急之務。允矣七閏之業，大哉萬世之謨，願勤乙夜之觀，益見後昆之裕。油雲霈雨，曾不須臾；白日青天，終難掩蔽。所有《神宗實録》二百卷,并《考異》二百卷,謹繕寫成册,除已各先進五十卷外,其餘卷帙,謹隨表上。”

又載《辭免實録成除特進表》,云:“愚衷自列,懼錫命之過優;聰聽未回,至俞音之尚閟。情深怵惕,罪實僭逾。竊謂簡册所傳,古今取信,惟紀事之有實,雖歷世而可知。苟或異同,固當參考,矧一朝之大典,付三館之群儒,刊正是非,發明謨烈,逮更累歲,方奏成書?考其論譔之功,宜有褒嘉之異。顧兹職守,止預監修,寵數荐加,戰兢無所。伏望皇帝陛下,曲回造化,俯賜照臨,推王者從欲之仁,徇匹夫難奪之志,憫危機之可懼,收涣汗以何嫌?冒犯威顔,甘俟誅譴。”

宋高宗日曆一〇〇〇卷　宋李燾撰　佚

燾有《宋四朝國史》三五〇卷已著録。

此書《宋史・藝文志》編年類著録。

《宋史・藝文志》此書不著編者,考《玉海》卷四七“高宗日曆”條云:“淳熙三年(1176)秘書監李燾編次成一千卷,三月三日戊申進呈。”今據以題署李燾。

《玉海》卷四七“高宗日曆”條,于建炎以來修日曆事,言之甚詳,曰:“紹興元年(1131)四月甲戌(八日)詔修日曆用程俱請也。以日曆所爲名。”

七月九日,詔長貳通修纂。二年(1132)二月丙戌,初署著作官二員,編次日曆,自渡江無史官,至是沈與求以爲請。三年(1133)九月戊寅,正字陳祖言請修建炎以來日曆,從之。

六月庚戌,左相頤浩提舉修國史,時未有日曆,始命大臣典領。

按,《宋史・高宗本紀》云:“紹興元年(1131)七月甲辰,詔秘書省長貳通修日曆。”《職官志》云:“紹興元年(1131)初修皇帝日曆。”

《玉海》又曰："(紹興)二年(1132)十月甲辰,詔汪伯彦、董耘、梁揚祖、耿延禧、高世則,編類元帥府事迹,以付史館,用著作虞澐請也;其後悉以書聞。六年(1136)四月戊戌朔,史館修纂《皇帝大元帥府事迹》十卷,上之。九年(1139)六月,汪伯彦上《建炎中興日曆》五卷,最備。"

按,紹興二年(1132)汪藻亦嘗請修日曆。《宋史·汪藻傳》云:"紹興二年,除龍圖閣直學士,知湖州,言古者國必有史,故書榻前議論之辭,則有《時政記》;録柱下見聞之實,則有起居注。類而次之,謂之日曆,修而成之,謂之實録。今逾二十年無復日曆,何以示來世?乞即臣所領州,許臣訪尋故家文書,纂集元符庚辰(三年,1100)以來詔旨,爲日曆之備。制可。"又云:"紹興六年(1136)修撰范沖言:'日曆,國之大典,比詔藻纂修,事復中止,恐遂散逸,宜令就閒復卒前業。'"又云:"紹興八年(1138)上所修日曆,書自元符庚辰(1100)至宣和乙巳(1125)詔旨,凡六百六十五卷。"

又按,紹興初,雖迭詔修日曆,然所修者皆止於建炎以前者。此一則由於日曆久已失修,追纂費時,一則由於纂修之事,時告中止。張孝祥紹興中爲起居舍人兼修玉牒實録院檢討官時,嘗奏乞修日曆劄子,[①]云:臣聞神宗皇帝相王安石用私意作日録,一時政事,美則歸己,陳瓘以死爭之,著爲《尊堯集》《日録辯》等書,忠臣義士,感激增氣。恭惟陛下躬履艱難,濟登休治,寶慈與儉,仁民愛物,聖德之盛,固已聿造先烈;而故相信任之專,禮遇之隆,又非特如安石受知於神祖也。臣竊謂政事舉措,號令設施,一皆蔽自聖斷,故相或能將順贊襄而已。臣懼其作《時政記》,亦如安石專用己意,掠美自歸,擠陛

① 載《于湖居士文集》卷一六。

下之聖明,私群臣之褒貶。日曆之官,因取其説,著於簡策,大非尊戴君父,傳信萬世之義。臣實恐懼,仰惟陛下即遴選史臣,付以論譔,欲望駿發明詔,再取去歲以前,臣僚修過日曆,詳加是正,審定事實,貶黜私説,發明聖德,庶幾垂之無窮,則天下幸甚。

足見當時纂修日曆之事,不甚積極。建炎以來日曆,直至紹興十三年(1143)始由秦熺修撰完成,於次年進御。《宋史·高宗本紀》云:"紹興十三年(1143)二月辛巳,秘書少監秦熺修建炎以來日曆成。"

《宋史·秦檜傳》云:"紹興十四年(1144)檜乞禁野史,又命子熺以秘書少監領國史,進建炎元年(1127)至紹興十二年(1142)日曆五百九十卷。自檜再相,凡前罷相以來詔書章疏稍及檜者,率更易焚棄,日曆、時政,亡失已多;是後記録皆熺筆,無復有公是非矣。"

熺所修日曆,既無公是非;紹興二十六年(1156)六月辛卯,秦檜既死,乃命史館重修日曆。三十二年(1162)二月丙戌,著作張震言:"自建炎元年(1127)至紹興十二年(1142)日曆,已成者五百九十卷,多所舛誤;而十二年以後,迄今所修未成書者,至八百三十餘草卷;未得立傳者七百七人,望令長貳通修纂,内因故相所作《時政記》者,並審定修改。"[①]從之。孝宗乾道間,汪大猷言:"太上日曆重修未備者十七年,陛下龍飛七載,而日曆所修未及一年,望稍增史員編修。"淳熙三年(1176),秘書監李燾編次成一千卷,三月三日戊申進呈,辛亥恭進。[②]

---

① 見《宋史·高宗本紀》。

② 見《玉海》卷四七"高宗日曆""建炎中興日曆""紹興修日曆"條。

孝宗日曆二〇〇〇卷　宋不著撰人　佚

此書《宋史·藝文志》編年類著録。

《玉海》卷四七"孝宗日曆"條云："紹興三十二年(1162)七月，詔日曆所自三十一年(1161)六月十一日起修日曆。既而淳熙五年(1178)閏六月，有詔修纂至淳熙四年(1177)六年(1179)三月十八日上之，成書一千一百五十五卷。"

此爲孝宗朝詔修當時日曆之經過。淳熙五年(1178)以後之日曆，則至淳熙十六年(1189)，即光宗即位之後，始詔修成書，並於次年(紹熙元年，1190)進呈。《玉海》卷四七云："淳熙十六年(1189)二月己丑，詔編類壽皇日曆成書，……自淳熙五年(1178)正月續修，止淳熙十六年(1189)二月一日。"

《宋史·光宗本紀》云："紹熙元年(1190)八月己亥，帝率群臣上壽皇皇聖帝玉牒日曆于重華宫。"

又《宋史·樓鑰傳》云："會慶節上壽，扈從班集乘輿不出，已而《玉牒聖政會要》書成，將進重華，又屢更日。鑰言：'臣累歲隨班，見陛下上壽重華宫，歡動宸極，嘉王日趨朝謁，恪勤不懈，竊料壽皇望陛下之來，亦猶此也。又奏聖政之書，全載壽皇一朝之事，玉牒會要，足成淳熙末年之書，幸速定其無復再展，以全聖孝。'於是上感悟，進書成禮。"

光宗日曆三〇〇卷　宋王容等撰　佚

容，字南強，長沙湘陰人，淳熙十四年(1187)進士第一，官正字，除校書郎，遷著作佐郎，累官禮部侍郎。事迹具《宋詩紀事補遺》卷五六。

此書《宋史·藝文志》編年類著録。

《玉海》卷四七云："紹熙五年(1194)閏十月十六日，著作郎王容等修太上皇帝及今上日曆。慶元六年(1200)二月二十二日，上太上日曆三百卷。嘉泰二年(1202)十一月十四日，秘書監曾喚等請再修,以《光宗日曆》爲名。”

按,《宋志》此編不著撰人,今據《玉海》補。

寧宗日曆五一〇卷重修五〇〇卷　宋王容等撰　佚

容有《光宗日曆》三〇〇卷已著録。

此書《宋史·藝文志》編年類著録。

《玉海》卷四七云:“紹興五年(1194)閏十月十六日,著作郎王容等修太上皇帝及今上日曆……嘉泰二年(1202)十一月十六日,上今上日曆五百十卷。嘉定二年(1209)三月十三日,右正言黄中請刊定《初元日曆》所載龍飛事迹,十四年(1221)五月九日上改正今上日曆五百十卷,淳祐二年(1242)上《寧宗日曆》。”

按,《宋志》此編不著撰人,兹據《玉海》補。

又按,《宋志》云重修五百卷,《玉海》作五百十卷;疑十卷者,或係目録歟。

徽宗實録二〇〇卷　宋李燾等撰　佚

燾有《宋四朝國史》三五〇卷已著録。

此書《宋史·藝文志》編年類著録。

《郡齋讀書志》卷六實録類著録《徽廟實録》二十卷,晁氏曰:“右皇朝程俱撰。先是,汪藻編(元符)庚辰三年(1100)以來詔旨,頗繁雜,俱删輯成此書,且附以靖康建炎時事。”

《直齋書録解題》卷四起居注類著録《徽宗實録》一百五十卷,陳氏曰:“監修宰相湯思退等上。自紹興七年(1135)詔修,十二年(1141)先成六十卷,至二十八年(1158)書成,修撰官歷年既久,前後非一人。至乾道五年(1169)秘書少監李燾請重修,淳熙四年(1177)成二百卷,《考異》百五十卷,目録二十五卷,今百五十卷者,前本也。”

按,陳振孫謂《徽録》有兩本:湯思退所進之一百五十卷本爲舊録,李燾所重修之二百卷本爲新録。實則,在一百五十卷本之前,即已有程俱據汪藻編元符庚辰(三年,1100)以來詔旨所修之二十卷本,即晁氏所藏之本。惟程氏之書,篇幅有限,内容難免疏略,致流傳不廣,陳振孫未及見之,迨其後,湯氏所進一百五十卷本亦少流傳,故宋志所著録者,惟李燾所重修者而已。

紹興七年(1137)詔修《徽宗實録》,八年(1138)秋,即史館開實録院。[①] 宰相秦檜兼提舉實録院,劉昉、朱翌等人任檢討官,至十一年(1141)七月初二日,進呈六十卷,所載自元符三年(1100)至大觀四年(1110),[②]二十七年(1157),宰相湯思退兼提舉實録院,辟中書舍人周麟之兼同修撰,權吏部尚書賀允中兼修撰;二十八年(1158)八月戊戌十一日,提舉湯思退等上一百五十卷,以左僕射沈該爲禮儀使,上御垂拱殿,進呈迄,奉安于天章閣,一云藏于敷文閣。又以小本進入禁中。癸卯,思退遷左正奉大夫,丙午,同修國史周麟之奏:副本在有司者,宜謹其藏,不許閱借傳寫。[③]

今檢周麟之《海陵集》卷六載《進徽宗實録表》云:"伏以燕謀啓後,仰萬世之閎謨;嗣德昭光,輯一朝之鉅典。……恭惟徽宗體神合道,駿烈遜功……其智如神,昭徹天人之表;以身爲度,裁成禮樂之中。御圖籙二十六年,受符瑞數千百所。極治之風,炳同於三代;高世之德,遠比於九皇。……臣等粗殫忠赤,甫及汗青,補藝以成一家,庶可追於往作;廣愛而形四海,端有賴於斯文。所有《徽宗皇帝實録》一部,謹繕寫隨表上進以聞。"

---

① 見《玉海》卷四八"紹興徽宗實録"條。

② 見《宋會要輯稿》"實録院"條。

③ 見《玉海》卷四八"紹興徽宗實録"條。

趙宋自靖康之難,史料毁棄殆盡,《徽宗實録》之得以完成,端賴汪藻所纂集之元符庚辰以來詔旨。《宋史・文苑・汪藻傳》曰:“(紹興)二十年(1158)《徽宗實録》成,右僕射湯思退言:藻纂集詔旨,比修實録,所取十蓋七八,深有力予斯文,詔贈端明殿學士。”

按,汪藻于紹興二年(1132)出守湖州,湖州不被寇,史料多備,遂有奏請編修元符庚辰(三年,1100)以來詔旨之舉。李心傳《繫年要録》卷六云:“自軍興以來,史官記録,靡有存者。藻嘗於經筵面奏,乞命史官纂述三朝日曆,會朝廷多事,未克行。比出守湖,而湖州不被寇,元符後所受御筆手詔賞功罰罪等事皆全,藻因以爲張本,又訪諸故家士大夫以足之,凡六年乃成。”

檢《浮溪集》卷二汪藻奏曰:“自太上皇帝、淵聖皇帝及陛下建炎改元,至今三十餘年,並無日曆。……本朝宰相皆兼史館,故書榻前議論之辭,則有《時政記》;柱下見聞之實,則有起居注;類而成之,謂之日曆;修而成之,謂之實録;所以廣備記言,垂一代之典也。茍曠三十年之久,漫無一字之傳,將何以示來世?望許臣編集元符庚辰(1100)至建炎己酉(1129)三十年間詔旨,繕寫進呈,以備修日曆官採擇。”

汪氏纂集詔旨之始末,孫覿所撰藻墓誌言之最詳。曰:“公蒐攬闕文,參稽衆論,遠至閩蜀數千里外,近至寓公寄客之家,或具公移,或通私書,旁搜博採,遠近畢至,分設科條,以類詮次。纔十二三,移知撫州,歲餘,罷爲提舉江州太平觀。”會翰林侍講學士范沖疏言:“日曆,國之大典,比詔汪藻纂集,更涉歲日,稍見功緒,書未成而中止,積久散逸,後人益難措手矣!方今就閒,可降詔令,依舊纂集爲一書,裨三朝文物,著在方册,非小補也。”於是有旨復命公許辟官屬二員,賜史館修撰。[①]

藻共纂集八百六十五卷,[②]可謂搜羅甚富。而實録又十取七八,理應完備,然實多脱略。[③] 李燾於乾道五年(1169)十二月奏請重修,曰:"伏見四朝正史,開院已逾十年,臣備員編修亦二年有餘,除去年進呈《欽宗紀草》,繼與本院官分定志傳名件,每月不闕課程。然臣竊謂,若只如見今次第,即正史之成殆未可期,緣正史當據實録,又緣實録往往差誤,史官自合旁採異聞,考驗增損。謹案:《神宗實録》三次重修,朱墨相攻,是非易見。雖事迹尚多脱遺,比後來實録已是不同。《哲宗實録》亦兩次重修,兼臣先因(纂輯)《續資治通鑑長編》,頗嘗收集參究,實録外略得一二。惟是《徽宗實録》疏舛特甚,難遂準憑下筆,若務速成,不計臧否,只須取四朝實録分散事迹,添未立諸傳,並綴輯諸志,數月間亦粗可了。但恐因循滅裂,終致人言。況史院官遷改去住不常,所見人人殊異,又未嘗對面商榷,互相點檢,文字浩瀚,何由速成?臣頃因轉對,嘗具奏章,乞依祖宗典故,就委史院官重修《徽宗實録》。蓋欲及今文字未至十分淪落,更着意收拾,用力整齊,庶幾正史他日傳信不疑。未蒙施行。重念臣去年進呈《欽宗紀草》,乞免推賞,幸蒙特賜矜允,猥因進《續資治通鑑長編》,自建隆迄治平,凡一百八卷,乃蒙誤恩,特與增秩,每懼不稱陛下奬擢之意。其治平以來,自合依詔旨接續修進。祈特許臣專意討論徽宗一朝事迹,纂述《長編》,《長編》既具,即可助成正史。"[④]

又曰:"《神宗實録》初修于元祐,再修於紹聖,又修於元符,至

---

① 載《鴻慶居士集》卷三四。

② 見《玉海》卷四八"紹興徽宗實録"條。

③ 《玉海》卷四八"紹興徽宗實録"條語。

④ 載《宋會要輯稿》職官十八。

紹興初凡四修。《哲宗實録》初修於元祐,再修於紹聖。惟神宗、哲宗兩朝所以四修再修,則與太祖、太宗異,蓋不獨與事實有所漏略而已,又輒以私意變亂是非,紹興初不得不爲辯白也。誣謗雖則辯白,而漏略固在,然猶愈乎近所修《徽宗實録》。蓋《徽宗實録》疏舛特甚,非前二録比,凡臣僚除罷年月最易知者,甚顛倒錯亂,往往志不可曉,況其難知者乎?史院前已得旨修四朝正史,竊録修正史,當據實録,實録儻差誤不可據,則史官自合旁採博取,考驗增損,今實録即疏舛若此,最難以準憑下筆,苟謂開院今已十年有餘,當亟奏篇,則因仍綴緝,亦可粗成卷帙,爲臣終不敢也。況徽宗一朝大典,治忽所關最大,若不就今文字未盡淪落,尚可着意收拾,同力整頓,日復一日,必至是非混亂,忠義枉遭埋没,奸諛反得恣睢,史官之罪大矣!臣竊願陛下特降指揮,用太祖、太宗故事,將《徽宗實録》重加刊修,更不别置司局,只委史院官取前所修實録仔細看詳,是則存之,非則去之,缺則補之,誤則改之。宜從元符三年(1100)正月至十二月,每事開具何者爲是,何者爲非,何者爲誤,今如何删修,仍進呈取旨。若一年義例既定,則餘年自可倣此編集,此一無甚難者。但須檢勘全備,辨證精審耳。實録先具,正史便當趣成,今不治其本源,而導其末流,臣決知其不可也。"(同上實録院條。)

六年(1170),置院重修,以李燾爲檢討官。後燾爲荊湖北路轉運副使,重修之事遂止。淳熙三年(1176)正月,燾被召入對,除秘書監,權同修國史及實録院同修撰,專以史事責之。燾又荐吕祖謙爲檢討官,審訂增削數百條,書遂成,凡二百卷,《考異》百五十卷,目録二十五卷。淳熙四年(1177)三月九日進呈,宰臣以下並賜宴獎諭。洪适《盤州文集》卷二十五載《代宰臣以下謝進徽宗實録賜宴表》,云:"史述信書,昭揭先猷之盛；恩霑邇列，式均嘉宴之私。……徽宗皇帝，文周經緯，道合希夷，禮樂粲然復興，刑罰措而不用。垂裳平治，邁三代之英風；脱屣崇高，躡二皇之遐武。於鑠岩廊之美，有光竹帛之傳。中偶兵戈，蕩爲埃燼，爰極罔羅之力，遂臻纂集之成。事不一書，誅奸諛於既死；言非虚美，質鬼神而無疑。……臣等獲際昌期，淂登顯仕，有頒其首，既膺魚藻之歡；惟既厥心，少竭鹽梅之報。"

又同書卷二七載《代宰臣以下謝進徽宗實録賜獎諭詔表》，云："事録先期，甫逮一篇之奏；寵形温詔，蔚爲三館之光。……徽宗皇帝，席榮華之旦，乘富有之基，發政施仁，必先鰥寡；制禮作樂，用文治平。隆儒術以大興，省刑章而幾措。……將欲鋪張日新之雋功，形容天縱之盛德，必得蹇蹇諤諤之士，與遷董而比良，庶幾渾渾灝灝之書，追夏商而並駕。中偶兵戈之厄蕩，然圖策之士，採摭舊聞，惟網羅之匪易，搜裒遺籍，極煨燼以兼收，爰命有司，共成大典。臣等識乖五例，用乏三長，正次王而王次春，未達發端之旨；事繫日而日繫月，粗殫紀實之勞。方兹首帙之告成，遽沐十行而稱善……伏遇皇帝陛下……欲光竹帛之傳，俾汗簡以圖終……臣等敢不佩服睿訓，細尋帝謨，絶筆可期，敢自延於白首；垂紳罔報，誓將盡於赤心。"

欽宗實録四〇卷　宋洪邁等撰　佚

邁有《宋四朝國史》三五〇卷已著録。

此書《宋史・藝文志》編年類著録。

《直齋書録解題》卷四起居注類著録《欽宗實録》四十卷，陳氏曰：乾道四年(1168)修撰洪邁等進。

按，《欽宗實録》以日曆未成，故遲至乾道一年(1166)始詔修。《宋史・孝宗本紀》云："乾道二年十二月辛巳，詔免進呈《欽宗日曆》,送國史院修纂實録。"《宋史・職官志》云:"乾道二年置實録院,修《欽宗實録》。"以右僕射魏杞兼權提舉實録院,起居舍人兼權直學士院洪邁兼實録院同修撰。先是,隆興元年(1163)七月七日,秘書少監劉儀鳳等言:"國史日曆所見修《靖康日曆》,將及成書,然文字遺逸,内有臣僚薨卒及死於兵者凡四十一人,雖粗有事迹,即未曾立傳。欲乞下禮部開具所要立傳姓名,下諸路轉運司,令所屬州縣多方求訪逐人子孫親屬所在,鈔録墓誌行狀及應干照修事迹繳申本所,以備照用。或其間係罪籍之人,見無子孫可以搜訪,及薨卒死事在靖康年分,而名字湮没不存,恐士大夫曾有收得上件事迹,但可參照者,欲乞就令搜訪。"乾道二年(1166)十二月成七十五卷。[①] 乾道三年(1167)五月十一日,邁奏請令靖康名臣孫覿撰述諸臣列傳及一朝議論,以廣記言。曰:"得旨編修《欽宗實録正史》,除日曆所發到《靖康日曆》及汪藻所編《靖康要録》,並一時野史雜説,與故臣家搜訪到文字外,緣歲月益久,十不存一,雖靖康首尾不過歲餘,然徽宗朝大臣多終於是年,其在今録皆當立傳,詢之其家已不可得,欲訪之故臣遺老,則存者無幾。寖寖不問,則史策脱略,漫無載紀。竊見前敷文閣待制致仕孫覿,在靖康中爲臺諫侍從,親識當時之人,親見當時之事,其年雖老,筆力不衰。乞詔覿以所聞見,撰爲蔡京、王黼、童貫、蔡攸、梁思成、譚植、朱勔、种師道,何㮚、劉延慶、聶昌、譚世勣等列傳,及一朝議論事迹,凡國史實録所當書者,皆令條列上送本院,庶幾遺文故事得以畢集,不致放失舊聞,以闕大典。"[②]

乾道四年(1168)三曰二十四日,詔進呈《欽宗實録》并本紀,

① 見《宋會要輯稿》運曆一。

② 見《宋會要輯稿》職官十八。

夏四月甲寅，蔣芾等上《欽宗帝紀實録》。[①]

李心傳《建炎以來朝野雜記甲集》(卷四)"徽宗欽宗高宗孝宗光宗實録"條云："《欽宗實録》，洪景盧(邁)因龔實之(茂良)所補日曆而修，皆文直而事核。"然《朱熹語録》(卷一三〇)則云："洪景盧在史館時没意思，謂靖康諸臣覯尚無恙，必知其事之詳，奏乞下覯具所見聞進呈，秉筆之際遂因而誣其素所不樂之人。"當時渡江之後，簡編散逸，邁能冥搜博採，已屬不易；覯就記憶所及，條述事迹，容有私心，以邁之史識，必能有所剪裁也。

高宗實録五〇〇卷　宋傅伯壽等撰　佚

伯壽，字景仁，濟源人，慶元間爲史館修撰，嘉泰三年(1203)正月，爲僉書樞密院事。編有《孝宗實録》《光宗實録》等書。事迹具《宋史翼》卷四〇、《慶元黨禁》《宋大臣年表》《宋中興學士院題名録》《南宋館閣録》及《南宋館閣續録》等書。

此書《宋史・藝文志》編年類著録。

《直齋書録解題》卷四起居注類著録《高宗實録》五百卷，陳氏曰："慶元三年(1197)修撰濟源傅伯壽(景仁)撰。初進二百八十卷，止紹興十六年(1146)嘉泰二年(1202)，修撰建安袁説友(起巖)等又進二百二十卷，止三十二年(1162)。"

按，《高宗實録》詔修于淳熙十五年(1188)《宋史・職官志》云："淳熙十五年，《四朝國史》成書，詔罷史院，復開實録院，修《高宗實録》。"時爲三月十一日，洪邁所請也。[②] 楊大全爲檢討官，修撰傅伯壽等。考《宋史・楊大全傳》云："慶元元年(1195)修《高宗實録》，充檢討官，韓侂胄用事，會御史虚位，有力荐大全者，屬大全一往見，大全笑謝，決不往，明日遂丐外。

① 見《宋史・孝宗本紀》。

② 見《玉海》卷四八"慶元高宗實録"條。

時實録將上矣。上必推恩,大全不少待,于是除知全州。"

慶元二年(1195)二月五日,成二百八十卷,起蕃邸,至紹興十六年(1146)三年(1197)二月乙酉,京鏜等上《神宗玉牒》《高宗實録》。[①] 嘉泰二年(1202)正月二十一日,又上二百二十卷,起十七年(1147)至三十二年(1162)修撰袁説友等。自奉詔至成書,凡十六年,成五百卷。[②]

又按,李心傳《建炎以來朝野雜記甲集》卷四"徽宗欽宗高宗孝宗光宗實録"條云:"《高宗實録》,慶元嘉泰間,京冀公仲遠(鏜)謝魯公子肅(深甫)爲丞相時所上,時史館無專官,未知果誰筆也。"

孝宗實録五〇〇卷　宋傅伯壽、陸游等撰　佚

伯壽有《高宗實録》五〇〇卷已著録。

游,字務觀,號放翁,山陰人,佃之孫,宰之子,以廕補登仕郎。孝宗隆興初賜進士出身,官至寶謨閣待制。游立朝頗著風采,後以爲侂胄作《南園閱古泉記》,見譏清議,然忠愛出于天性。其詩爲宋大家稱首。文章法度謹嚴,亦有南渡有數作家。著有《入蜀記》《南唐書》《老學庵筆記》《劍南詩集》《渭南文集》等。事迹具《宋史》卷三九五、《宋史新編》卷一四七、《南宋書》卷三七、《皇宋書録》卷下、《南宋館閣續録》《宋詩鈔》《宋人軼事彙編》等書。

此書《宋史·藝文志》編年類著録。

《直齋書録解題》卷四起居注類著録《孝宗實録》五百卷,陳氏曰:"嘉泰二年(1202)修撰傅伯壽等撰進中興以來兩朝五十餘載事迹,置院既久,不以時成,涉筆之臣,乍遷忽徙,不可殫記。及有詔趣進,則匆遽鈔録,甚者一委吏手,卷帙猥多,而

① 見《宋史·寧宗本紀》。

② 見《玉海》卷四八"慶元高宗實録"條。

紀載無法，疏略牴牾，不復可稽據，故二録比之前世，最爲缺典，觀者爲之太息。”

按，慶元元年(1195)七月二十日，詔修《孝宗實録》。[①] 史官有傳伯壽、陸游等。《宋史·陸游傳》云：“紹興元年(1190)遷禮部郎中，兼實錢院檢討官。嘉泰二年(1202)以孝宗光宗兩朝實録及三朝史未就，詔游權同修國史實録院同修撰。”三年(1203)書成，凡五〇〇卷，四月十七日上。[②]

光宗實録一〇〇卷　宋傅伯壽、陸游等撰　佚

伯壽及游，有《孝宗實録》五〇〇卷已著録。

此書《宋史·藝文志》編年類著録。

按，嘉泰元年(1201)二月癸巳，開實録院修《光宗實録》，[③]三年(1203)四月十七日，上《光宗實録》一百卷。[④]

又按，孝宗、光宗二録，今《宋史·藝文志》雖並題傅伯壽、陸游所修，其實主其事者爲龔頤正。後龔氏卒，傅、陸匆遽成書，故《直齋書録解題》譏其“紀載無法，疏略牴牾，不復可稽據。”李心傳《建炎以來朝野雜記甲集》卷四“徽宗欽宗高宗孝宗光宗實録”條云：“孝宗光宗實録，嘉泰二年(1202)詔寶文閣學士傅伯壽，直華文閣陸游同修，蓋專以委之。先是和州布衣龔敦頤者，元祐黨人原之曾孫也。嘗著《符祐本末》《黨籍列傳》等書數百卷。淳熙末，洪景盧(邁)領史院，奏官之後，避光宗名改頤正。朝廷以其有史學，嘉泰七年(即開禧三年，1207)七月賜出身，除實録院檢討官，蓋付以史事，未幾而頤正卒，乃外召傅、陸還朝，《孝録》比他書尤疏駁。”《文獻通

① 見《宋史·職官志》。

② 見《玉海》卷四八“嘉泰孝宗實録”條。

③ 見《宋史·寧宗本紀》及《職官志》。

④ 見《玉海》卷四八“嘉泰光宗實録”條。

考》經籍二十一引《中興國史志》云:“孝宗、光宗實録,初以付龔敦頤,卒,專委傅伯壽、陸游。孝録比諸録爲疏。”《玉海》亦云:“實録自東都以前凡一百六十八年,不過一千餘卷,南渡後高、孝六十餘年,亦一千卷,孝録比他書尤疏駁。”

寧宗實録四九九册　宋李心傳等撰　佚

心傳,字微之,舜臣子。慶元初下第,絶意不復應舉,閉户著書,晚年因崔與之、許奕、魏了翁等合前後二十二人之荐,爲史館校勘,賜進士出身,修中興四朝帝紀,又踵修《十三朝會要》,端平間成書,擢工部侍郎,以言罷。淳祐三年(1243)致仕,年七十八。著有《丁丑三禮辨》《春秋考義》《丙子學易編》《道命録》(輯)《建炎以來繫年要録》《舊聞證誤》《建炎以來朝野雜記甲集》《乙集》等。事迹具《宋史》卷四三八、《宋史新編》卷一六六、《南宋書》卷四六、《戊辰修史傳》《南宋館閣續録》等書。

此書《宋史・藝文志》編年類著録。

寧宗一朝,紀元凡四:慶元、嘉泰、開禧、嘉定,在位三十年,崩于嘉定十七年(1224),然實録遲至理宗嘉熙二年(1238)始行詔修。《宋史・理宗本紀》云:“嘉熙二年三月壬子,以李心傳爲秘書少監史館修撰,修高宗孝宗光宗寧宗四朝國史實録。”《宋史・李心傳傳》云:“閉户著書,因崔與之、許奕、魏了翁二十二人之薦,敦遣至闕下爲史館校勘,賜進士出身,專修中興四朝帝紀,甫成其三,因言者罷。”與修者有高定子、楊簡、高斯得、牟子才等人。《宋史・高定子傳》云:“定子拜翰林學士兼國史實録院修撰,乞召李心傳,卒成《四朝志傳》。”《楊簡傳》云:“門人錢時不爲世儒之學,太史李心傳奉召史館檢閲。”《高斯得傳》云:“李心傳方修四朝史,辟爲史館校閲,秩同秘閣校勘,蓋創員也。斯得分修光、寧二帝紀,尋遷史館校勘。"《牟子才傳》云:"心傳修《中興四朝國史》,請子才自助,擢史館檢閲。"

淳祐二年(1242)書成,春正月戊戌,右丞相史嵩之等進呈寧宗《實録》《日曆》《會要》。[①] 按《宋史·史嵩之傳》云:"淳祐二年,進高、孝、光、寧《帝紀》、孝宗《經武要略》、寧宗《實録》《日曆》《會要》《玉牒》,進金紫光禄大夫加食邑。"又《高斯得傳》云:"淳祐二年,四朝帝紀書成,上之。嵩之妄加毁譽於理宗濟王,改斯得所草《寧宗紀》末卷,斯得與史官杜範王遂辯之,範報書亦有奸人剿入邪説之語,然書已登進矣。"其書既有妄處,故其後又有所改修,《玉海》云:"淳祐五年二月,范鐘等上《玉牒》《日曆》及《經武要略》《實録》。"《宋史·理宗本紀》亦云:"淳祐五年二月丁丑,范鐘等上《玉牒》《日曆》及孝宗、光宗《御集》《經武要略》《寧宗實録》。"

按,此書《宋志》不著撰人,今據《宋史·理宗本紀》署李心傳等撰。

理宗實録初稿一九〇册　理宗日曆二九二册　又日曆一八〇册　宋黄震等撰　佚

震,字東發,號於越,慈谿人。年四十四登寶祐四年(1256)進士,爲史館檢閲。以直言出判廣德軍,知撫州,改提點刑獄,皆有惠政。爲人清介自守,獨宗朱氏學。元世祖至元十七年(1280)卒,年六十八,門人私謚文潔先生。著有《古今紀要》十九卷、《黄氏日鈔》一〇〇卷等書。事迹具《宋史》卷四三八、《宋史新編》卷一六七、《南宋書》卷五十八等書。

此書《宋史·藝文志》編年類著録。

按,《宋史·度宗本紀》云:"咸淳四年(1268)秋八月壬寅,奉

---

① 見《宋史·理宗本紀》。

安《寧宗實録》《理宗實録》《御集》《日曆》《會要》《玉牒》《經武要略》、咸淳《日曆》《玉牒》。冬十二月癸巳,史館以《理宗實録》接續起修。"知理宗《日曆》《實録》經多次續修而成。又《儒林·黃震傳》云:"擢史館校閲,分修寧宗理宗兩朝國史實録。"《宋史·藝文志》本編不著撰人,據此知黃震嘗與修也。

理宗日曆會要不著卷數　宋謝方叔撰　佚

方叔,字德方,號濆山,威州人。嘉定十六年(1223)進士。淳祐十一年(1251)連拜左丞相、殿中侍御史,累遷端明殿學士,僉書樞密院事,參知政事。以御史洪天錫論擊權璫,讒者并劾方叔,遂罷相,竄廣南。後請致仕,得復職。度宗即位,以一琴一鶴金丹一鑪來進,賈似道恐其希望,諷人論之,再奪官爵。咸淳八年(1272)卒,贈少師。著有《七朝經式要略》《中興四朝志傳》等。事迹具《宋史》卷四一七、《宋史新編》卷一五一、《史質》卷二八、《南宋書》卷五三等書。

此書《宋史·藝文志》不著録,見《四川通志》卷一八四"經籍史部編年"。

考《宋史》本傳云:"……知衡州,除宗正少卿,又除太常少卿,兼國史編修、實録檢討。"此編蓋當時所撰也。

度宗時政記七八册　宋不著撰人　佚

此書《宋史·藝文志》編年類著録。

按,太平興國六年(981)八月,令中書樞密院録主語,[1]爲宋代有時政記之始,其後歷朝皆有之,雖間有中斷,率能纂集補録。度宗時國事日非,《宋史·藝文志》著録僅七十八册,足見其疏漏殘缺,其修撰經過,已不可考矣。

---

① 見吕中《宋大事記講義》卷四。

德祐事迹日記四十五册　宋不著撰人　佚

此書《宋史·藝文志》編年類著録。

按,宋帝㬎在位僅歲餘,事迹日記者,殆即時政記之類者也。

續通曆一〇卷　宋孫光憲撰　殘

光憲,字孟文,陵州人。少好學,依荆南高季興爲從事,後歸太祖,累官檢校秘書監,兼御史大夫。光憲博通經史,聚書數千卷,或自抄寫,孜孜讐校,老而不廢,自號"葆光子"。著有《荆臺集》《鞏湖編》《玩筆傭集》《橘齋集》《蠶書》《北夢瑣言》等。其中《北夢瑣言》一書,遺文瑣語,可資考證。乾德中卒。事迹具《宋史》卷四八三、《宋史新編》卷一九一、《宋詩記事》卷二等書。

此書《宋史·藝文志》編年類著緑。

按,唐馬總纂太古迄隋季之事爲《通曆》十卷,光憲此書,則輯唐洎五代事以續馬書者也。原本十卷,太祖朝,以其所紀多非實詔毁之,今僅存五卷。[①]

又按,此書今刊本罕見,所傳多爲抄本。《愛日精廬藏書志》卷九著録明人抄本一部,十五卷,張金吾曰:"總撰《通曆》十卷,孫光憲《續》十卷,宋時合爲一書。《直齋書録解題》著録《通曆》十五卷是也。此本首三卷闕,以新抄補入,題史臣李燾著,斷非原書,今撤出之。卷四至末,與《郡齋續書志》所列一一符合。卷中公子曰:先生曰云云者,當是虞永興《略論》;總按云云者,則會元之説也;卷九引鄭文貞公魏徵《論論》曰,則卷中所載論曰云云者,蓋魏鄭公之説也。《續通曆》好載符瑞夢兆及鬼神怪異之事,體近小説,此宋祖所以詔毁其書歟!然所載五代事迹,間有出新舊兩史外者,是亦足資參考。有

---

① 説見《郡齋讀書志》卷五"《續通曆》十卷"條,及《宋史》卷四八三本傳。

唐舊籍,世不多有,其珍秘之哉。”

又按,今所藏此書之善本,臺北“國家圖書館”有舊抄本及抄本各一部,各五卷;臺北“故宫博物院”有抄本一部,阮元所進《宛委别藏》之本也,亦存五卷而已。

五代通録六五卷　宋范質撰　佚

質,字文素,大名宗城人,十三治《尚書》,後唐長興四年(933)進士,知制誥,後周時累知樞密院,太祖時加侍中,封魯國公。質性卞急,好面折人。以廉介自持,未嘗受四方饋遺,前後所得禄賜,多給孤遺。閨門之中食不異品,身没家無餘貲。著有《晋朝陷蕃記》《桑維翰傳》《魏公家傳》及文集。事迹具《宋史》卷二四九、《宋史新編》卷六五、《東都事略》卷一八、《隆平集》卷四、《名臣碑傳琬琰集》下集卷三等書。

此書《宋史·藝文志》編年類著録。

《郡齋讀書志》卷五編年類著録《五代通録》六十五卷,晁氏曰:“右皇朝范質撰。《五代實録》共三百六十卷,質删其繁文,摭其要言,以成是書。自乾化壬申(二年,912)至梁亡(923),十二年間,簡牘散亡,亦採當時制敕碑碣,以補其闕。”

《直齋書録解題》(卷四)編年類著録《五代通録》六十五卷,陳氏曰:“宰相昭文館大學士大名范質(文素)撰。亦以實録繁冗,節略而成此書。”

《玉海》卷四八“建隆五代通録”條引《書目》云:“《通録》六十五卷,建隆間昭文館大學士范質撰。以《五代實録》共三百六十卷爲繁,遂總爲一部,命曰《通録》,肇自梁開平(907—911),迄于周顯德(954—960),凡五十三年。”

《宋史·范質傳》云:“述朱梁至周五代爲《通録》。”

按,今《宋史·藝文志》所著録梁至周顯德年間之《實録》爲:《五代梁太祖實録》二十卷,《五代唐懿宗紀年録》一卷,《五代唐獻祖紀年録》一卷,《五代唐莊宗實録》三十卷,《五代唐明宗實録》三十卷,《五代唐愍帝實録》三卷,《五代唐廢帝實録》十七卷,《五代晋高祖實録》三十卷,《五代晋少帝實録》二十卷,《五代漢高祖實録》十卷,《五代漢隱帝實録》十五卷,《五代周太祖實録》三十卷,《五代周世宗實録》四十卷。凡十三帝二四七卷,中梁末帝、周恭帝等均無實録,且去三百六十卷之數甚遠。晁《志》謂其于梁末帝之事迹,"亦採當時制敕碑碣,以補其闕。"《崇文總目》編年類亦謂:"初梁末帝無實録,質自以聞見補成,其纘次時序,最有條理。"是知《宋史·藝文志》不足者,殆即范氏所補。

質既撰《通録》,未及上而卒,乾德五年(967)三月戊申,其子旻上之。[①]

甲子編年二卷　宋劉蒙叟撰　佚

蒙叟,字道民,蒙正弟。好學善屬文,第乾德中進士,歷知盧、濠、滁、汝四州。遷都官,會詔直史館,各獻舊文,以蒙叟所著爲嘉,改職方郎中,景德中以足疾拜太常寺少卿致仕,卒年七十三。著有《菊譜》《彩選格》等。事迹具《宋史》卷二六三、《宋史新編》卷七二及《北宋經撫年表》等書。

此書《宋史·藝文志》編年類著録。

《玉海》卷四七一"景德甲子編年曆"條引《中興書目》云:"二卷。直史館劉蒙叟撰,採其父熙古所著《皇王紀要》及《古今帝王年代曆》則爲《五運甲子編年曆》三卷。自唐堯起庚子至太祖建隆元年庚甲,凡三千三百十二年,首尾無誤;以自唐堯以上至黄帝,逐代皆有子孫,所書元年甲子及在位年數不可考故也。景德中上之。"

---

① 見《玉海》卷四八"建隆五代通録"條。

按,此編《中興書目》及《宋志》並作二卷,《宋史》本傳則作三卷,疑史傳誤。

顯德日曆一卷　宋扈蒙、董淳、賈黄中等撰　佚

蒙,字日用,幽州安次人,少以文學名,晋天福中進士,入漢爲鄠縣主簿,仕周爲右拾遺,直史館,知制誥,時從弟載爲翰林學士,兄弟並掌内外制,時號二扈。入宋充史館修撰,開寶中與李穆等同修《五代史》,又與李昉等同編《文苑英華》。蒙性沉厚,不言人是非,好釋典,不喜殺,縉紳稱善人。有《龜山集》。事迹具《宋史》卷二六九本傳。

淳,善爲文章,太宗時爲工部員外郎。直史館,奉詔撰《孟昶紀事》三卷事迹附具《宋史》卷四三九《鄭起傳》。

黄中,字媧民,滄州南皮人,玭字。幼聰悟,方五歲,玭每旦令正立,展書卷比之,謂之等身書,課其誦讀。六歲舉童子科,七歲能屬文,十五舉進士。太宗時累官參知政事,當世文行之士,多所薦引,而未嘗言,人莫之知也。然畏懼過甚,中書政事,頗留不決,時論亦不之許。至道二年(996)以疾卒,年五十六。有《談録》《神醫普救方》、文集等書。事迹具《宋史》卷二五六本傳。

此書《宋史・藝文志》編年類著録。

按,《宋史・扈蒙傳》云:"(開寶)七年(974)蒙上書言:昔唐文宗每召大臣論事,必命起居郎、起居舍人執筆立於殿側,以紀時政,故《文宗實録》稍爲詳備。至後唐明宗亦命端明殿學士及樞密直學士輪修日曆送史館,近來此事都廢,每季雖有内殿日曆,樞密院録送史館,然所記者不過臣下對見辭謝而已,帝王言動,莫得而書。緣宰相以漏泄爲虞,昧於宣播,史官疏遠,何得與聞?望自今凡有裁判之官,優恤之言,發自宸衷可書簡册者,並委宰臣及參知政事,每月輪知抄録,以備史官採集。從之。"是知扈氏重視日曆之編修。本傳又云:"周廣順中從歸德軍節度趙暉爲掌書記,召爲右拾遺,直史館,知制誥。"賈黄中及董淳,據《宋史》本傳,顯德中亦並直史館,知此編爲三人直史館時所修撰者也。

運曆圖三卷　宋龔穎撰　佚

穎,字同秀,慎儀從子。初仕南唐,歸宋爲御史大夫。慎儀爲盧絳所殺,絳旋降宋,與穎同朝,穎私袖鐵簡擊之於朝,太祖遂誅絳,義穎而釋之。太宗時官至檢校司徒,持節營州軍營,卒謚端。事迹附見《新安志》卷五《龔慎儀傳》。

此書《宋史・藝文志》編年類著録。

《郡齋讀書志》卷五編年類著録《運曆》六卷,晁氏曰:"右皇朝龔穎撰。起於秦昭王滅周之歲乙巳,止於國朝雍熙丁亥(四年,987)。以歷代興亡大事附見其下,四年(987)獻於朝,優詔獎之。歐陽公嘗據之考正《集古目録》,稱其精博。按《晋史》張軌世襲涼州,但稱愍帝建興年號,其間惟張祚簒竊,改建興四十二年爲和平元年,始奉穆帝升平之朔,始末不聞有改元事。惟穎書載張寔改元曰永安,張茂改元曰永元,張重華曰永樂曰和平,張元靚曰太始,張天賜曰太清,張大豫曰鳳凰,不知穎何所據而言然?或云出崔鴻《十六國春秋》,鴻書久不傳於世,莫得而考焉。"

《玉海》卷五六"雍熙運曆圖"條引《書目》云:"三卷,雍熙四年(987)龔穎撰。三代末紀甲子以秦昭襄王五十一年乙巳滅周爲曆運之始,至雍熙四年丁亥,計一千二百四十四年。"

又"端拱歷代年紀圖"條云:"端拱元年(988)正月壬午,殿中侍御史龔穎編歷代年紀爲二圖來上,優詔褒之,歐陽修稱其精博。"

按,此編《宋史・藝文志》編年類作三卷,於别史類複出者作八卷,《郡齋讀書志》作六卷,據《玉海》所云,似文三卷,圖二卷,合爲五卷。疑書本三卷,而後人多附益也。

唐紀四〇卷　宋陳彭年撰　佚

彭年,字永年,撫州南城人,幼嗜學,著《皇綱論》萬餘言,爲江左名輩所賞。南唐主李煜聞之,召入宫,令幼子仲宣與之游。金陵平,師事徐鉉爲父。雍熙二年(985)進士及第,後附王欽若、丁謂,仕至兵部侍郎。性博聞强記,於朝廷典禮,無不參預,深爲真宗所重。天禧元年(1017)卒,年五十七,謚文僖。著有《大中祥符編敕》(編)、《轉運司編敕》(編)、《廣韻》(重修)、《江南别録》《志異》《宸章集》等。事迹具《宋史》卷二八七、《宋史新編》卷八三、《東都事略》卷四四、《隆平集》卷六及《學士年表》等書。

此書《宋史・藝文志》編年類著録。

按,此書之所以作,乃彭年以班固謝承爲《漢書》,而荀悦袁宏爲紀;虞預王隱爲《晋書》,而干寶爲紀。唐文物憲章可述,獨缺編年之史,乃次新書,定爲《唐紀》,四十篇,三十萬言,起高祖,訖哀帝。[①] 馬端臨《文獻通考・經籍考》引李燾評此書曰:"故參知政事陳彭年撰。彭年在真宗時,以博學稱,凡朝廷大制作,大議論,多出其手,彭年所撰《唐紀》,蓋用編年法,次劉明遠《新書》,最號疏略,故三百年治亂善惡之迹,彭年亦多所脱遺。後歐陽修、宋祁别修紀志表傳及司馬光編集《資治通鑑》行於世,則彭年此紀宜無足觀,然彭年之用意亦勤矣!猶可與袁于裴元等備一家言,而荀悦所謂參得失,廣視聽者,要不可廢也。第二卷武德三年闕十月以後事,四年闕四月以前事,京蜀二本,同採劉氏《新書》補定之,乃可讀,疑不敢增入,

---

① 説見《玉海》卷四七"聖漢春秋嘉祐唐史記唐紀"條。

姑列於後云。"

漢唐通鑑史志解　不著卷數　宋楊景隆撰　佚

景隆,字伯淳,晋江人。開禧元年(1205)進士,官建寧司法参軍。博學淵深,講授經史,鈎玄提要,學者常數百人。事迹具《萬姓統譜》卷四一、《宋元學案補遺别附》卷二。

此書《宋史·藝文志》不著録,見《福建通志》卷六八"著述泉州府"。

按,此書書名,《宋元學案補遺别附》作《春秋漢唐通鑑史志解》。

竇曆歌一卷　宋不著撰人　佚

此書《宋史·藝文志》不著録,見《郡齋讀書志》卷五編年類。晁公武曰:"右未詳撰人。以開闢太古,迄於周世宗。正統帝王世次謚號,成七言韻語一通。"

紀年通譜一二卷　宋宋庠撰　佚

庠,字公序,安州安陸人,後徙雍丘。初名郊,與弟祁俱以文學名,人稱二宋,以大小别之。天聖初舉進士,開封試禮部皆第一,擢大理評事,遷太子中允直史館,官至兵部尚書,同平章事。英宗時封鄭國公,出判亳州,以老乞致仕,贈太尉,卒謚元獻。有《國語補音》《楊文功談苑》(重訂)、《掖垣叢志》《尊號録》《宋元憲集》等。事迹具《宋史》卷二八四、《宋史新編》卷八六、《東都事略》卷六五、《隆平集》卷五、《名臣碑傳琬琰集》上集卷七、《五朝名臣言行録》卷六及《北宋經撫年表》等書。

此書《宋史·藝文志》編年類著録。

《郡齋讀書志》卷五編年類著録《紀年通譜》十二卷,晁氏曰:"右皇朝宋庠(公序)撰。自漢文帝後元戊寅(元年,西元前163)至周恭帝顯德庚申(七年,960)爲九篇。以本朝建隆之元(960)至慶曆辛巳(元年,1041)爲一篇,皆曰統元,以甲子貫之,有五號,曰:正、閏、僞、賊、蠻夷。以王莽十九年繫孺子更始,以接建武,東魏十七年附西魏,豫王六年天后十五年繫中宗續神龍,朱梁十六年通濟陰天祐續同光,捃晋恭帝禪宋之歲對魏明元泰常五年。尊北降南,始主正朔,乃《通譜》之斷意也。别二篇舉字爲類,各以部分曰類元,慶曆中上之,優詔褒焉。公武按,《三國志》魏景初元年丁巳,當蜀建興十五年,次年戊午,蜀改元延熙,訖二十年次丁丑,明年改元景耀。今《通譜》載蜀建興之號止于丙辰,凡十四年,延熙改元在丁巳,且後增至二十一年,豈别有所據耶?歐陽公《集古目録》以東魏造石像記證《通譜》武定七年非戊辰,蓋自元象以後,遞差一歲,公序聞之,以爲宜易,遂著其事於譜前。意者編簡浩博,不免時有舛誤也。"

《直齋書録解題》卷四編年類著録《紀年通譜》十二卷,陳氏曰:"丞相宋庠(公序)撰。自漢文後元有年號之後,以甲子貫之,曰正,曰閏,曰僞,曰賊,曰蠻夷。以正爲主,而附列其左,號統元,爲十卷。其二卷曰類元,因文之同,各以彙别。慶曆中表上之,宜義郎畢仲荀續補一卷,止元符三年。"

按,此書之作,乃宋庠以古今運曆之書凡十餘家,皆無可採,遂取十七代正史百家雜記,凡正僞年號括爲一書,斷自漢文後元之戊寅,下止周恭帝顯德之庚申,凡一千二百二十二歲,并宋朝建隆之元至慶曆元年之辛巳,合爲十二卷。[①]

五代開皇記三〇卷　宋鄭向撰　佚

向,字公明,開封陳留人,舉進士甲科,爲大理評事,遷尚書屯田員外郎,知濠州,徙蔡州,召試集賢院,未幾,除三司户部判

① 見《玉海》卷四七"紀念通譜"條。

官，修起居注，累遷龍圖閣直學士，知杭州卒。著有《起居注故事》及《兩朝實録大事》等。事迹具《宋史》卷三〇一、《宋史新編》卷九四及《北宋經撫年表》等書。

此書《宋史·藝文志》編年類著録。

按，《宋史》本傳云："五代亂亡，史册多漏失，向著《開皇紀》三十卷，摭拾遺事，頗有補焉。"又《玉海》云："天禧五年(1021)五月己丑，太常博士鄭向(字公明)表進《五代開皇紀》三十卷，起梁訖周，約八十萬言。表言：唐明宗祈天，願早生聖人，是五代閏紫實開皇朝也，目曰開皇。"

又按，《崇文書目》編年類亦著録此書，所叙與《宋史》本傳同。

兩朝實録大事二卷　宋鄭向撰　佚

向有《五代開皇紀》三十卷已著録。

此書《宋史·藝文志》編年類著録。

按，向嘗於真宗朝修起居注，並著有《起居注故事》三卷[①]，兹編所載殆亦當時之事歟？

文武賢臣治蜀編年志一卷　宋王玉撰　佚

玉，慶曆間人，生平待考。

此書《宋史·藝文志》編年類著録。

按，《玉海》卷五七"慶曆文武賢臣治蜀編年志"條引《書目》云："一卷。慶曆初王玉纂，章督爲序。始唐武德戊寅(元年，即隋恭帝義寧二年，618)，逮慶曆壬午(二年，1042)，凡四百二十五年，治蜀賢臣，以年編次。"

帝王興衰年代録二卷　宋武密撰　佚

密，太原人，隨劉繼元歸宋，仕至巡檢，與契丹戰，没于望都。贈西京左坊使。事迹具《宋史》卷三二五本傳。

---

① 見《宋史·藝文志》史部故事類。

此書《宋史·藝文志》編年類著録。

按,此殆記年之書。《宋志·别史類》又載武密《帝王年代録》三十卷,疑兩者爲一書,本二卷,後增益爲三十卷。

五代春秋一卷　宋不著撰人　佚

此書《宋史·藝文志》編年類著録。

按,《宋史·藝文志》云兹編"不知作者"。今檢宋尹洙《河南先生文集》卷二十六、二十七即爲《五代春秋》。惟《宋志》著録爲一卷,尹書爲二卷,不能定其是否一書,姑志疑于此。

十代編年紀一卷　宋不著撰人　佚

此書《宋史·藝文志》編年類著録。

此書《宋志》外,餘諸家書目罕見著録。

歷代統紀一卷　宋張寔撰　佚

寔,生平待考。

此書《宋史·藝文志》編年類著録。

按,此編《宋史·藝文志》始見著録,殆爲宋時人。

七朝經式要略　不著卷數　宋谢方叔撰　佚

方叔有《理宗日曆會要》(不著卷數)已著録。

此書《宋史·藝文志》不著録,見《四川通志》卷一八四。

資治通鑑二九四卷　宋司馬光撰　存

光,字君實,陝州夏縣人。七歲凜然如成人,聞講《左氏春秋》,愛之,退爲家人講,即了其大旨,自是手不釋書,至不知寒暑飢渴。寶元初進士甲科,除奉禮郎,歷同知諫院。仁宗時請定國嗣。神宗時爲御史中丞,以議王安石新法,不合,去。居洛十五年,絶口不論時事。哲宗初起爲門下侍郎,拜尚書左僕射,悉去新法之爲民害者,在相位八月,卒,年六十六,贈太師温國公,謚文正。居涑水鄉,世稱涑水先生。著有《易説》《繫辭説》《中庸大學廣義》《古文孝經指解》《切韻指掌圖》《切韻類編》《通鑑前例》《資治通鑑舉要曆》《稽古録》《歷年圖》《通鑑節要》《帝統編年紀事珠璣》《歷代累年》《涑水記聞》《百官公卿表》《官制遺稿》《書儀》《涑水祭儀》《居家雜説》《家範》《宗室世表》《潛虚》《文中子傳》《揚子四家集注》《太玄經集注》《老子道德經注》《游山行記》《投壺新格》《醫問》《詩話》《三家冠婚喪祭典》《紹聖三公詩》《日録》文集等。事迹具《宋史》卷三三六、《宋史新編》卷一一二、《東都事略》卷八七上、《名臣碑傳琬琰集》上集卷六、《三朝名臣言行録》卷七、《元祐黨人傳》卷一等書。

此書《宋史·藝文志》編年類著録。

按,此書《宋志》作三五四卷,蓋合《目録》與《考異》爲一書也。今本多各自單行,據今作二九四卷。

關於温公撰玆編之經過,前人論之者甚多,玆録宋代數家之説,以爲參考。

《郡齋讀書志》卷五著録此書,晁氏曰:“右皇朝治平中司馬光奉詔編集歷代君臣事迹,許自辟官屬,借以館閣書籍,在外聽以書局自隨。至元豐七年(1084),凡十七年始奏御。上起戰國,下終五代,凡一千三百六十二年。又略舉事目,年經國緯,以備檢閲,别爲《目録》;參考同異,俾歸一途,别爲《考異》各一編。公自謂精力盡於此書。神宗賜名《資治通鑑》,御製《序》以冠其首,且以爲賢於荀悦云。公武心好是書,學之有年矣,見其大抵不采俊偉卓異之説,如屈原懷沙自沈、四皓羽翼儲君、嚴光足加帝腹、姚崇十事開説之類,削去不録,然後知公忠信有餘,蓋陋子長之愛奇也。”

《直齋書録解題》卷四著録此書,陳氏曰:“丞相温公河内司馬光(君實)撰。初,光嘗約戰國至秦二世,如《左氏》體爲《通志》八卷以進,英宗悦之,遂命論次歷代君臣事迹,起周威烈,迄乎五代,就秘閣制局,神宗御製《序》,賜名《資治通鑑》。及補外,聽以書局自隨。元豐七年(1084)書成,上曰:'賢於荀悦《漢記》遠矣。'《目録》仿《史記》年表,年經國緯,用劉羲叟《長曆》氣朔,而撮新書精要,散於其中。《考異》參諸家異同,正其謬誤,而歸於一,總三百五十四卷。"

按,此書之撰寫,固多温公之功,而助成之者,則劉攽、劉恕、范祖禹等三人,功亦不淺。《文獻通考》卷一九三引公子康(公休)告其友晁説之曰:"此書成,蓋得人焉。《史記》、前後《漢》,則劉貢父;三國歷九朝而隋,則劉道原;唐迄五代,則范純甫。"此三人,皆各有所長者也。又高似孫《緯略》載温公與宋敏求書,云:"到洛八年,始了晋、宋、齊、梁、陳、隋六代。唐文字尤多,依年月編次爲草卷,以四丈爲一卷,計不減六七百卷。"《文獻通考》卷一九三引其父馬廷鸞之言曰:張新叟言洛陽有《資治通鑑》草稿盈兩屋,黄魯直閲數百卷,訖無一字草書,見《李巽岩集》。此温公所謂平生精力,盡於此書也。如人之不能讀,何公嘗謂吾此書惟王勝之嘗讀一遍,餘人不能數卷已倦睡矣。公此書歷英宗、神宗二世,凡十九年而書成。"足見此書篇幅之鉅,用力之多也。

又按,歷來爲《通鑑》作注者甚多,然多已亡佚,今存世者有兩家:一爲宋陸唐老集注音義之一百二十卷本,一爲宋遺民胡三省所注之二百九十四卷本。唐老,會稽人,淳熙中進士第一,故其書亦稱《陸狀元增節音注精議資治通鑑》。[①] 惟陸書僅鈔書中可備科舉策論之用者,卷首《總例》云:"學者未能編曉出處,則於詞賦一場,未敢引用",知其爲場屋之需而作,不足以云學術。《四庫全書總目提要》譏其音注淺陋頗甚,且寥

① 此據今存明汲古閣刊本所題。

寥不詳，[①]不爲世人所重，《四庫全書總目》以之入《存目》。今傳世最廣者，爲胡三省之注本。

三省，字景參，一字身之，號梅澗，台州寧海人。宋寶祐四年(1256)進士，咸淳十年(1274)累遷沿江制機，軍潰，間道歸里。入元，家居注《資治通鑑》，又撰《通鑑釋文辨誤》十二卷。元大德六年(1302)卒，年七十三。事迹具《宋史翼》卷三四、《新元史》卷二三四、《宋元學案》卷八五等書。近人周祖謨撰《胡三省生卒行歷考》，於其事迹，考訂最詳。[②]

三省之注《通鑑》，自序中述其緣起云："先君篤史學，淳祐癸卯(三年，1243)始患鼻衄，讀史不暫置，灑血漬書，遺迹故在。每謂三省曰：'《史》《漢》自服虔、應劭至三劉，注解多矣。章懷注范史，裴松之注陳壽史，雖間有音釋，其實廣異聞，補未備，以示博洽。《晋書》之楊正衡，《唐書》之竇苹、董衝，吾無取焉。徐無黨注《五代史》，粗言歐公書法義例，他未之及也。《通鑑》先有劉安世《音義》十卷，而世不傳。《釋文》本出於蜀史炤，馮時行爲之《序》，今海陵板本又有温公之子康《釋文》，與炤本大同而小異。公休於書局爲檢閲官，是其得温公辟咡之教詔，劉、范諸公群居之講明，不應乖剌乃爾，意海陵釋文非公休爲之。若能刊正乎？'三省捧手對曰：'願學焉。'"

胡注之得失，《四庫全書總目提要》所論甚允，其言曰："《通鑑》文繁義博，貫串最難，三省所釋於象緯推測、地形建置、制度沿革諸大端，極爲賅備，故《唐紀》開元十二年内注云：'温公作《通鑑》，不特紀治亂之迹而已，至於禮樂曆數天文地理，尤致其詳，讀者如飲河之鼠，各充其量，蓋本其命意所在，而於此特發其凡。'可謂能見其大矣。至《通鑑》中或小有牴牾，

① 參見《四庫全書總目》卷四八編年類存目。

② 載《辅仁學誌》十三卷一、二期。

亦必明著其故,如'周顯王紀秦大良造伐魏'條注云:'大良造下當有衛鞅二字。''唐代宗紀董晋使回紇'條注云:'此韓愈狀晋之辭,容有溢美。'又'嚴武三鎮劍南'條注云:'武只再鎮劍南,蓋因杜甫詩語致誤。''唐穆宗紀册回鶻嗣君'條注云:'通鑑例,回鶻新可汗未嘗稱嗣君。''文宗紀鄭注代杜悰鎮鳳翔'條注云:'如上卷所書杜悰鎮忠武,不在鳳翔。'凡若此類,並能參證明確而不附會以求其合,深得注書之體。較尹起莘《綱目發明》,附合回護如諂臣媚子所爲者,心術之公私,學術之真僞,尤相去九牛毛也。雖徵摭既廣,不免檢點偶疏,如延廣之名佚姓,《出師表》敗軍之事,庾亮此手何可著賊之語,沈懷珍之軍洋水,阿那瓌之趨下口,烏九軌宇文孝伯之誤句,周太祖詔今兄之作令兄,顧炎武《日知録》並糾其失。近時陳景雲亦摘地理譌舛者,作《舉正》數十條。然以二三百卷之書,而蹉失者僅止於此,則大體之精密,益可概見。"今人陳垣先生撰《通鑑胡注表微》一文,以爲身之注《通鑑》,固以擅長地理稱於世,然身之豈獨長於地理已哉?其忠愛之忱見於鑑注者不一而足也。[①] 因輯其精語七百數十條,爲二十篇:《本朝篇》《書法篇》《校勘篇》《解釋篇》《避諱篇》《考證篇》《辯誤篇》《評論篇》《感慨篇》《勸戒篇》《治術篇》《臣節篇》《倫紀篇》《出處篇》《邊事篇》《夷夏篇》《民心篇》《釋老篇》《生死篇》《貨利篇》。前十篇言史法,後十篇言史事,其有微旨,並表而出之,身之生平抱負及治學精神,灼然可見,誠身之之功臣也。

又按,此書在宋時會多次刊行,各家書目亦多所著録。清陸心源《皕宋樓藏書志》卷二〇著録北宋刊大字本殘本,存二百二十四卷,爲元静江路儒學舊藏。每葉二十二行,每行十九

① 語見《通鑑胡注表微》小引。

字。版心有字數及刻版銜名。每卷首題銜惟列一朝之首卷，餘卷則無紀年，下注干支二字，間附音義於本文。瞿鏞《鐵琴銅劍樓藏書目録》卷九著録宋刊本多部：一部闕廿五卷又十九葉，每半葉十一行，行二十一字，版刻清朗，楮墨如新，卷一至卷八題"朝散大夫右諫議大夫權御史中丞充理檢使上護軍賜紫金魚袋臣司馬光奉敕編集"，卷九以下題銜較多，曰"翰林學士朝散大夫右諫議大夫知制誥兼侍講同提舉萬壽觀公事兼判集賢院上護軍河内郡開國侯食邑一千三百户賜紫金魚袋臣司馬光奉敕編集"。一部僅殘存三卷，每半葉十一行，行十九字，每卷首無題銜，爲蜀廣都費氏進修堂版刻，世所謂龍爪本是也。一部殘存七十七卷，每半葉十一行，行二十一字，"貞""桓"字減筆。張鈞衡《適園藏書志》卷三亦著録蜀廣都費氏進修堂刊本一部，殘存八十六卷，較瞿氏所藏爲多。近人傅增湘藏有宋刊百衲本，一本十二行，行二十四字，紹興二年浙東鹽茶司公使庫刊本；一本十五行，行二十五字，避諱至"慎"字止；一本十四行，行二十四字，"敦"字不避；一本十六行，行二十七字，避諱至"慎"字止；一本十一行，行二十一字，避諱至"敦"字止；一本十五行，行二十四字。鈐有顧從德、焦弱侯、毛九疇、沈天用、季振宜、汪士鐘諸家藏印。

上述諸宋本並無注。胡三省注本之祖本，爲元興文署本。元至元二十七年(1290)正月，立興文署，召集良工，刊刻諸經子史板本，以《通鑑》爲起端。此興文署本，每半葉十行，行二十字，小字雙行，版心有刻工姓名及字數，題"朝散大夫右諫議大夫權御史中丞充理檢使上護軍賜紫金魚袋臣司馬光奉敕編集"後學天台胡三省音注"。前有興文署刊版、翰林學士王磐序、仁宗御製序、胡三省音注序。後有温公《進書表》，同修劉攽、劉恕、范祖禹、檢閲文字司馬康等銜名及元豐七年獎諭詔書,元祐元年奉旨下杭州校定范祖禹等銜名,紹興二年兩浙東路提舉茶鹽司公使庫王然等、紹興府餘姚縣刊版銜名,校勘監視張九成等銜名。陸心源《儀顧堂題跋》卷三載"元版資治通鑑跋"。明洪武初,取其版藏南京國學,至成化後,傳印不絶[①]。清嘉慶二十一年(1816),胡克家所翻刻之元刊本,即元版明印者也。

入明以後,此書亦多次刊刻。其中以嘉靖二十四年(1545)孔天胤等杭州刊本及天啓五年(1625)長洲陳仁錫刊本,傳世較多。其中孔天胤刊本,源出宋本,半葉十行,行二十字。

有清一代,以胡克家本最爲通行。道光中,湖南有翻刻胡本者,惟訛誤甚多。[②]

民國五年(1916),傅增湘購得宋槧《通鑑》百衲本,約同長洲章鈺以胡克家本爲底本,以宋刻百衲本、涵芬樓影宋本、京師圖書館藏北宋殘本及明孔天胤本爲輔本,復參考張敦仁所撰《資治通鑑刊本識誤》三卷、張瑛所撰《資治通鑑校勘記》(宋本五卷,元本二卷)及熊羅宿所撰《胡刻資治通鑑校字記》四卷等書,費時十餘載,於民國十七年(1928),撰成《胡刻通鑑正文校宋記》三十卷,所校脱、誤、衍、倒,都七千數百條。世界書局所印《新校資治通鑑注》,即以胡克家翻刻之元刊胡注本爲據,再將章鈺之校記擇要録附正文之下,爲目前最佳者。

今所藏此書之善本:臺北"國家圖書館"有宋蜀廣都費氏進修堂刊本一部,殘存二百五十六卷。又有元興文署本一部,經

① 説見《四庫簡明目録標註續録》。

② 説見《四庫簡明目録標註續録》。

明弘治至嘉靖修補[①]。又有明嘉靖二十四年(1545)孔天胤刊本三部,其中一部爲萬曆十四年(1586)修補本。有近人羅振常手書題記,云:“此明嘉靖中孔天胤翻刻宋本,萬曆初,蘇濬又取漫漶者補刻之,其精整不亞原刻,蓋萬曆初年刻書猶未改嘉靖面目也。南海康氏有初印未補本,乃孔氏嶽雪樓故物,原有之孔天胤題辭已抽去,康氏因其宋諱缺筆,遂目爲北宋本,嘗出以見示,有沈子培方伯題識,亦定爲北宋本,康拖余介紹購者,詢其值,則四萬金,余笑而漫應之。後見方伯,詢其何以題爲北宋本?則曰:彼定欲我題,不得不然。真趣聞也。偶檢此本,憶及記之。”又有清嘉慶二十一年(1816)胡克家覆刊元興文署本一部。又有明天啓五年(1625)長洲陳氏刊本兩部。“中央研究院”歷史語言研究所有元興文署本及明嘉靖孔天胤刊本各一部。臺北“故宫博物院”有元興文署本五部,並爲殘闕之本,其中四部爲前國立北平圖書館寄存者。又有經明初修補之元興文署本,則爲完本。又有明崇禎間陳仁錫刊本一部。又有清文淵閣《四庫全書》本一部。此外,臺灣大學、東海大學並藏有明末陳仁錫刊本。收入叢刻者有《四部叢刊》《資治通鑑大全》《資治通鑑彙刻》《四部備要》等本。其中《四部叢刊》本,係據宋本影印,章鈺校胡本時,曾以之參校。

資治通鑑考異三〇卷　宋司馬光撰　存

光有《資治通鑑》二九四卷已著録。

此書《宋史·藝文志》未單行著録,今據《四庫全書總目》著録。

按,温公撰《通鑑》時,除採正史外,其他筆記小説,不下數百

① 宋本及元本,分别著録於《“國立中央圖書館”宋本圖録》及《“國立中央圖書館”金元本圖録》。

種,於是考諸書之同異,撰爲此書,俾歸一途。《四庫全書總目提要》曰:"此書於元豐七年(1084)隨《通鑑》同奏上。高似孫《緯略》,載光編集《通鑑》,有一事用三四出處纂成者。《文獻考通》載司馬康所述,有司馬彪、荀悦、袁宏、崔鴻、蕭方等、李延壽及《太清記》《唐曆》之類。洪邁《容齋隨筆》所摘,有《河洛記》《魏鄭公諫録》《李司空論事》《張中丞傳》《涼公平蔡録》《鄴侯家傳》《兩朝獻替記》《後史補》《金鑾密記》《彭門紀亂》《平剡録》《廣陵妖亂志》之類,不過偶舉其數端,不止是也。其間傳聞異詞,稗官既喜造虚言,正史亦不皆實録,光既擇可信者從之,復參考同異,别爲此書,辨正謬誤,以袪將來之惑。昔陳壽作《三國志》,裴松之注之,詳引諸書錯互之文,折衷以歸一是,其例最善,而修史之家,未有自撰一書,明所以去取之故者,有之,實自光始。其後李燾《續通鑑長編》、李心傳《建炎以來繫年要録》,皆沿其義,雖散附各條之下,爲例小殊,而考訂得失則一也。至陳桱、王宗沐、薛應旂等,欲追續光書,而不能網羅舊籍,僅據本史編排,參以他書,往往互相牴牾,不能遽定其是非,則考異之法不講,致留遺議於本書,滋疑竇於後來者矣。其中如唐關播平章事拜罷,專引《舊唐書》,而不及引《新唐書》紀傳年表以證其誤者,小小滲漏,亦所不免。然卷帙既繁,所謂牴牾不敢保者,光固已自言之,要不足爲全體累也。其書原與《通鑑》别行,胡三省作音注,始散入各文之下,然亦頗有漏略。此乃明初所刊單本,猶光原書卷第,故録之以存其舊焉。"

按,温公之編集《通鑑》,劉恕(道原)會多所助力,其子劉羲仲,亦長於史學,或謂《考異》一書,即出自羲仲之手者。晁説之《嵩山文集》卷一八《題長編疑事》云:"《長編》者,温公《資治通鑑》稿草之私號也。温公自洛中以所修稿草,寄其屬官南康軍監酒劉道原而自名之歟？抑道原之名歟？道原日誦萬言而勤，廢飲食寢處，遂忘其身之流落而家寒餓也。其忠憤耿介，當熙寧初不爲大丞相毫髮少貶者，雖自其天姿，亦博學精思之助哉。《通鑑》之爲書，有賢傑輔相，攻堅析微如此，安得不善邪！惜其初不自珍，而公卧病二年之久，家人單弱憂瘁之中，幸而存者，姑五十有五種也。公之子羲仲（壯輿），政和戊戌（八年，即重和元年，1118）爲唐州曹官，録以寄説之東里草堂，初拜嘉而不甚器之，以壯輿作《資治通鑑考異》，待其異日之成書也。今壯輿死已累年，斯事已矣，誰能措手，不覺涕淚無從，漬于殘缺僅存之書。宣和五年（1123）五月，嵩山晁説之題。"

按，晁説之爲晁公武之族父，公武撰《郡齋讀書志》，未採其説。羲仲撰有《通鑑問疑》，説之或一時誤記也。今姑録存其説以備考。

又按，此書宋時多次刊刻，今則宋本罕見。清陸心源藏有宋刊本一部，題"端明殿學士兼翰林侍讀學士太中大夫提舉西京嵩山崇福宫上柱國河内郡開國公食邑二千六百户食實封一千户臣司馬光奉敕編集"。每半葉二十行，行二十字，版心有刻工姓名及字數。朗、匡、胤、敬、貞、恒，皆缺筆，桓字不避，北宋時刊本也[①]。陸氏嘗撰一跋，云："《資治通鑑考異》三十卷，每卷題曰'端明殿學士兼翰林侍讀學士大中大夫提舉西京嵩山崇福宫上柱國河内郡開國公食邑二千六百户食實封一千户臣司馬光奉敕編集'。光字空一格，敕字空一格，每頁二十二行，每行大字十九，小字二十三，版心有字數及刻工姓名。楚王殷之殷、蹇朗之朗、王匡之匡、敬暉之敬、李守貞

① 見《皕宋樓藏書志》卷二〇。

之貞、蕭炅之炅、楊思勗之勗、楊慎矜之慎、構異謀之構，有缺有不缺，字體與三山蔡氏所刻陸狀元《通鑑》相近，且多破體，當爲孝宗時閩中坊本。余插架又有明嘉靖、萬曆兩刻。嘉靖本每頁二十行，每行大小皆二十字，版心無字數及刻工姓名。萬曆本即翻嘉靖本，版心有萬曆十四年及字數、刻工姓名。此本頗多墨釘，明本無之，或所據本又在此本之前耳。"[①]今傳世著，率爲明刊本。

今所藏善本：臺北"國家圖書館"有明刊本兩部，一爲明嘉靖二十四年孔天胤杭州刊本，一爲明萬曆十四年錢塘儒學覆刊孔天胤本。臺北"故宫博物院"有清文淵閣《四庫全書》本一部。收入叢刻者有《校刊資治通鑑全書》本及《四部叢刊》本。其中《四部叢刊》本，係據宋本影印，十分珍貴。

資治通鑑目録三〇卷　宋司馬光撰　存

光有《資治通鑑》二九四卷已著録。

此書《宋史・藝文志》未單行著録，今據《四庫全書總目》著録。

按，司馬光於《進書表》云："上起戰國，下終五代，凡一千三百六十二年，修成二百九十四卷；又略舉事目，年經國緯，以備檢尋，爲《目録》三十卷。"即此編也。

今檢此書，每卷分上中下三欄，上著歲陽歲名，中著書中精要之語，下標《通鑑》卷數。陳振孫謂此書"仿《史記》年表，年經國緯，用劉羲叟《長曆》氣朔，而撮新書精要，散於其中。"[②]《四庫全書總目提要》論此書之用最審，曰："《通鑑》一書，包括宏富，而篇帙浩繁，光恐讀者倦於披尋，故於編纂之時，提綱挈要，併成斯編，使相輔而行，端緒易於循覽。其體全仿年表，

① 見《儀顧堂題跋》卷三。

② 説見《直齋書録解題》卷四。

用《史記》《漢書》舊例,其標明卷數,使知某事在某年,某年在某卷,兼用目録之體,則光之創例。《通鑑》爲紀志傳之總會,此書又爲《通鑑》之總會矣。至五星凌犯之類,見於各史天文志者,《通鑑》例不備書,皆具列上方,亦足補本書所未及。"

又按,此書之宋刊本,今尚傳世。《適園藏書志》卷三著録宋刊本一部,曰:首册題'翰林學士朝散大夫右諫議大夫知制誥兼工講同提舉萬壽觀兼集院諫官河内郡開國侯食邑一千三百户賜紫金魚袋臣司馬光',後題'端明殿學士兼翰林侍讀學士大中大夫提舉嵩山崇福宫上柱國河内郡開國公食邑二千二百户食實封一千户臣司馬光',是司馬公隨編隨刻之書。表式、行數、字數不等,序八行,行字不等。高六寸三分,廣四寸八分,白口,單邊,上有字數,下有人名,翻北宋本。紙墨均似平水,或金人翻刻與?金版世尤罕見收藏。有'汪士鐘曾讀'朱文長方印、'宋本'朱文二字腰圓印。"傅增湘《雙鑑樓善本書目》卷二亦著録宋刊本一部,係清内府舊藏。"天禄琳琅""天禄繼鑑"乾隆御覽之寶"諸印。

今所藏善本:臺北"國家圖書館"有宋刊本一部,板匡高 19.5 公分,寬 14.5 公分,版心白口,上記大小數字,下記刻工,有莫友芝手書"題記"一則,云:"同治乙丑五月,獨山莫友芝借上海郁氏宜稼堂藏本讀過。"鈐有"汪士鐘曾讀""曾在春星堂""王炳璞臣曾讀""子偲""張印鈞衡""石銘收藏""吴興張氏適園收藏圖書""宋本""擇是居""菦圃收藏"等印記,即《適園藏書志》所著録者。[①] 又有明崇禎己巳(二年,1629)長洲陳仁錫刊本一部。臺北"故宫博物院"有清文淵閣《四庫全書》本一部。載入叢刻者,有《資治通鑑大全本》《校刊資治通鑑

① 參見《"國立中央圖書館"宋本圖録》。

全書》本、《四部叢刊》本、《四部備要》本、《資治通鑑彙刻》本等。

少微通鑑詳節五〇卷　宋江贄撰　存

贄,字叔圭,崇安人。初舉八行,游上庠,學士蘇德輿薦其賢,召不赴。政和中,太史奏少微星見,因詔舉遺逸,命下,三聘不起,賜號少微先生。著有《通鑑外紀》《和邑宰韻詩》。事迹具《宋詩紀事》卷三七。

此書《宋史·藝文志》不著録,見《四庫全書總目》編年類存目。

按,此書係就司馬光《資治通鑑》,删存大要,以便閲讀者,自周威烈王二十三年戊寅起,至後周世宗顯德六年己未,凡一千三百六十二年。《四庫全書總目提要》謂其"首尾賅貫,究不及原書。"

又按,此書今傳各本,卷數、内容多有出入,蓋後人多所增益也。《四庫全書總目》存目據内府藏本著録者爲五十卷,提要云:"此本爲明正德中所刊,前有武宗"御製序"。考羅願《鄂州小集》末載王瓚《月山録跋》,結銜稱"通鑑節要纂修官"。疑正德時又重修,非復贄之舊本。又《明史·李東陽傳》稱東陽奉令編《通鑑纂要》,既成,瑾令人摘其筆畫小疵,除謄録官數人名,欲因以及東陽,東陽大窘,屬焦芳與張綵爲解,乃已。又《張元禎傳》稱爲《通鑑纂要》副總裁。《纂要》當即《節要》,蓋史偶異文。然則此書乃東陽及元禎所定也。"

今檢臺北"故宫博物院"所藏明内府朱絲欄寫本,卷前有宋嘉熙丁酉(元年,1237)江鎔《序》,云:"《通鑑》一書,易紀傳而爲編年,上下數千百載,興亡治亂,瞭然在目,誠史學之綱領也。然編帙甚繁,未易周覽,後之君子,嘗節其繁而取其要矣。其間詳者猶失之泛,略者又失之疏,學者病焉。少微先生江氏家塾有《通鑑節要》，詳略適宜，於西漢、隋、唐，則菁華畢備；於六朝五代，則首末具存。點抹以舉其綱，標題以撮其要，識者寶之。其後建寧公默游晦菴先生門，嘗以此書質之，先生深加賞歎。自是士友爭相傳録，益增重焉。今南山主人淵，力學清修，有光前烈，復取此書附益而潤色之，增入諸史表志序贊，參以名公議論音注，簡嚴明白，得失曉然，以爲庭下訓。客有過之，曰：'善則善矣，與其襲珍以私於家，孰若鋟梓以公於世。'主人笑曰：'少微先生養高林泉，名動京闕，皇帝三使人聘之，終不能移其嚚嚚樂道之志，凡著書立言，亦惟自明其心，非欲求知於人也。先世有書，惟恐人知。余得其書，顧乃恐人不知耶？'客固請。余嘉其言，以贊其請，主人曰：'諾。'於是乎書。"知此書在宋時，已經其後人江淵者增益潤色矣。又按，臺北"國家圖書館"有明正德刊本，卷首載明《武宗御製重刊少微資治通鑑節要序》，云："六經所載帝王之道，皆萬世爲治之法。諸史，則秦、漢以下，治亂興衰之迹寓焉，亦君天下者之所當知也。我皇考孝宗敬皇帝，臨御十有八年，純以六經之道爲治，萬機之暇，無他玩好，獨愛觀前代史籍以爲法戒。嘗令翰林儒臣，取《皇王大紀》《通鑑綱目》諸書，撮其要略，上自三皇，下訖元季，總爲一書，賜名《歷代通鑑纂要》一書。朕嗣位之初，仰承先志，亟命儒臣，日以進講，至施于有政，一惟皇考是法。近偶檢《少微節要》，悦之，其書首載帝王之事，本諸經者爲多，諸史則表志序贊及諸儒議論音注，或總類於一代之終，或附著於各事之下，詳不至泛，略不至疏，一開卷間，首尾具見，蓋讀史者之捷徑也。前日《纂要》之修，亦備採擇，第歲久字畫間有模糊，因命司禮監重刻之，又以《宋元節要續編》附于其後。《續編》義例，尚未精當，視少微所述，似有不逮，姑取其通爲一書，得備觀歷代之迹，即其善否，以驗今日政治,又將以折衷於帝王之道,庶幾先朝輯録《纂要》之意。工告訖功,特爲之《序》,用著其所由刻云。”據此《序》,可知二事:一是《纂要》與《節要》各自爲書,《四庫全書總目提要》以爲一書,未爲詳考。二是明正德年間刊本,乃合《宋元節要續編》通爲一書者,已非元刊之舊矣。

又按,此書宋刊本已不傳。今所藏善本:臺北“故宫博物院”有元建安坊刊本一部,題“少微家塾點校附音通鑑節要”,存卷十四至卷三十、卷三十三至卷四十四,計二十九卷,係前國立北平圖書館寄存者。板匡寬十三點九公分,高二十一公分,左右雙欄,小黑口,雙魚尾,上魚尾下著“史幾”,下魚尾下著刻工。每半葉十八行,行三十一字。又有明内府朱絲欄寫本,題“少微通鑑節要”,五十六卷,每半葉九行,行十五字,小字雙行。書中有題記一則,云:“寫册《少微通鑑節要》,原二套,十八本,四十六年六月二十五日喀喇和屯發下,仍做二套,十八本。係宋朝人江姓號少微先生所纂,其後人江淵又加潤色增益,自五帝起,至五代止。宋朝嘉熙間迪功郎江鎔序。”此題記當是清代館臣所爲。又有朝鮮嶺營刊本,題“少微家塾點校附音通鑑節要”,五十卷,附《資治通鑑總要通論》一卷,書中題史炤音釋,明王逢輯義,劉剡增校。臺北“國家圖書館”有明正德九年(1514)經廠刊本,五十卷,附《外紀》四卷。又有朝鮮京中刊本,五十卷。

又按,元刊本與明刊本所不同者,多在批注部分。以《晋紀》烈宗孝武皇帝部分爲例:甲戌年云:“二年二月,詔謝安總中書。安好聲律,期功之慘,不廢絲竹,士大夫效之,遂以成俗。王坦之屢以書苦諫之,曰:‘天下之寶,當爲天下惜之。’安不能從。”此條元本無批注,明本則批注云:“謝安期功不廢絲竹。”乙卯年云:“太元四年,謝安爲宰相,秦人屢入寇,邊兵失利,衆心危懼,安每鎮之以和静。其爲政務,舉大綱,不爲小察,時人比安於王導,而其文雅過之。”此條元本無批注,明本批注云“謝安過王導。”至於明内府朱絲欄寫本作五十六卷者,以分析不同故也。

集百家音注資治通鑑一二〇卷　宋陸唐老撰　存

唐老,會稽人,淳熙中進士第一,事迹待考。

此書《宋史·藝文志》不著録,見《四庫全書總目》編年類存目。

此書係就司馬光書中,鈔出其可備科舉策論之用者。元、明刊本卷前載《陸狀元集百家注通鑑節總例》,計五則,大致可見編纂旨趣及刊行情形。曰:“一、《通鑑》之書,成於元豐之七年,紹興初開經筵,特命進讀,學者始知所趨嚮。温公舊有節本,書肆嘗印行,既而蜀中有音注本,浙中有增節本,而吾郡鄉先生張公又爲增續本。書肆摹印日廣,差舛浸多。近得狀元陸公點校集注本,有諸本之所長,而無其差舛,誠所謂創見者也。三復讎正刻梓以傳。然古人掃塵之諭,豈能盡免?視之它本,其庶幾焉。二、《通鑑》,本朝鉅公所作,學者未能徧曉出處,則於詞賦一場,未敢引用。今即十七史及他書逐一參訂。如《漢武帝紀》載主父偃言河南地肥饒,《史記》《漢書》並云朔方地肥饒。外阻河,蒙恬城之,以逐匈奴,内省轉輸戍漕,廣中國滅胡之本也。上下公卿議皆言不便。上竟用偃計,出偃本傳。立朔方郡,出《本紀》。使蘇建興十餘萬人築朔方城,出《蘇建傳》及《食貨志》。復繕故秦時蒙恬所爲塞,因河爲固。出《匈奴傳》。轉漕甚遠,自山東咸被其勞,費數十百巨萬,府庫並虚。出《食貨志》。漢亦棄上谷之斗辟縣造陽地以予胡。出《匈奴傳》。皆詳注出處。有一字一句不同,亦具載于下方,如上注《史記》《漢書》,並云朔方地肥饒之類。如一段云與史文不同,則注云以上文不同;或大同小異,不容盡注,則云以上文小異。學者誠知之,則於聲韻援據,尤爲的確也。

三、《通鑑外紀》所載,皆切舉業,如《堯紀》云:存心於下,加志於窮民,一民飢,曰我飢之也;一民寒,曰我寒之也;一民有罪,曰我陷之也。百姓戴之如日月,親之如父母,仁昭而義立,德博而化廣,故不賞而民勸,不罰而民治。出《説苑·君道》篇。《禹紀》云:'垂鐘鼓磬鐸鞀以待四方之士,曰教寡人以道者擊鼓,諭以義者擊鐘,告以事者振鐸,語以憂者擊磬,有獄訟者摇鞀,一饋而十起,一沐三握髮,以勞天下之民。出《淮南子·氾論訓》。'《史記》皆不載,今並詳注出處,貴引用無疑也。四、《通鑑》之書,參用經子史文,其本書多古注,而近時名公議論,亦多發明,今摭取其菁華,逐條參入,庶覽者非徒得其事,併與其事之本末是非具見矣。五、《通鑑》書成,温公復采其精語爲《目録》三十卷,張氏增續本又爲《紀傳括要》七卷,然皆條目不分,施之舉子,猶難探討,今则區以門類,大書其事,而其本末纖悉,则注于下方,總曰《歷代君臣事實分紀》,冠諸卷首。使寸晷之下,一目瞭然,豈曰小補之哉。"全書卷目爲:卷一《論看通鑑法》《通鑑釋例》《與范祖禹修書帖》《通鑑問疑》。卷二《歷代帝王傳授世系地理國都圖》。卷三卷四《舉要曆》。卷五至卷十一《紀傳始終要括》、卷十二至卷十九《君臣事要總紀》。卷二十《通鑑外紀周紀》。卷二十一至卷一二〇則從《通鑑·周紀》以迄《通鑑·後周紀》。[①] 以所載多爲方便科舉取材,《四庫全書總目提要》謂其"淺陋頗甚,亦寥寥不詳"。[②]按,此書宋刊本今已罕見。《皕宋樓藏書志》卷二〇著録宋刊本一部,題"陸狀元集百家注資治通鑑詳節",一百二十卷,陸心源曰:"案此南宋麻沙本,每葉二十八行,每行二十三字,小字雙行,每行二十六字,版心有字數,小黑口,朗、殷、匡、真、

① 此卷目係據明汲古閣刊本。

② 見《四庫全書總目》卷四十八編年類存目。

恒、桓、慎、構,皆缺筆。卷一《看通鑑法》; 卷二《通鑑總例》《通鑑圖譜》; 卷三至卷五《通鑑舉要曆》; 卷六至十二《通鑑君臣事實分紀》; 卷十五、十六《通鑑外紀》; 卷十七至一百二十《通鑑》。"《皕宋樓藏書續志》卷三又著録宋刊本一部,所題與麻沙本同,陸氏云:"集注姓氏後有'蔡氏家塾校正'六字。按《百宋一廛賦》注'云:《孫尚書内簡尺牘》十六卷《目》後有蔡氏家塾校正六字。'予向有趙靈均校元本:首有《鈔補序》一通,云:'慶元三祀閏餘之月,梅山蔡建侯行父謹序'云云,知是本爲寧宗時蔡建侯刊本也。缺卷九、卷十,抄補; 又卷二十三至三十、卷八十五至九十三,俱以别本剜改卷数補入。"《儀顧堂續跋》卷六載《宋蔡氏家塾槧陸狀元通鑑跋》,於此本行款及内容述説極詳,曰:"《陸狀元集百家注資治通鑑詳節》一百二十卷,題曰會稽陸唐老集注,首載神宗《序》《獎諭》《詔書》《司馬温公進表》《自序》《外紀序》、馮時行、史炤《通鑑釋文序》。《序》後有'新又新'三字,陽文香鑪形印; '桂室'二字,陽文爵形印。次《撰序叙叙注姓氏》,姓氏後有'蔡氏家塾校正'六字木記。每葉二十六行,每行二十二字,宋諱玄、朗、匡、殷、胤、炅、憬、愍、恒、禎、真、徵、曙、樹、旭、勖、煦、曙、佶、梡、桓、完、搆、慎、惇、敦、廓,皆爲字不成,蓋寧宗時刊本也。"

又按,今所藏善本: 臺北"故宫博物院"有元建安坊刊本三部,題"增修陸狀元集百家注資治通鑑詳節",並係前國立北平圖書館寄存者。其中一部存卷一至卷三十一、卷六十七至卷八十,殘存十五卷; 一部存卷二十三至卷三十、卷四十七至卷七十一、卷七十九至卷八十六,殘存四十一卷; 一部存卷一至卷十、卷三十一至卷四十、卷六十一至卷七十、卷八十一至卷一百、卷一一一至卷一二〇,殘存六十卷。此元刊本版匡高 18.8 公分,寬 13.1 公分,左右雙欄,小黑口。每半葉十四行,行二十三字,版心有字數。卷前載元好問《陸氏通鑑評節序》,其次爲神宗皇帝《御製序》《獎論》《詔書》《温公進資治通鑑表》《温公親節資治通鑑序》《劉秘丞外紀序》《温公外紀序》《通鑑釋文序》。《目録》後有《陸狀元集百家注通鑑節總例》《叙撰十七史人姓氏》《叙注十七史人姓氏》。避宋諱,知從宋本出也。臺北"國家圖書館"、"中央研究院"歷史語言研究所、臺灣大學則並有明汲古閣刊本。諸叢刻則均未收録。

通鑑前例一卷　宋司馬光撰　存

光有《資治通鑑》(二九四卷)已著録。

此書《宋史·藝文志》編年類著録。

按,此編乃光修《通鑑》時之凡例,南渡後遺稿脱落,先後無序,温公曾孫伋掇取分類爲三十六例,並改易書名爲《通鑑釋例》者也。

此書今有伋《跋》語,云:曾大父温國文正公作書之例,或因或仿,皆有所據。故自春秋以來,用例之精確深隱,皆考究爲最詳而得其當,于此概見。然《前例》遺稿中遭散亂,所藏僅存脱落已甚,故先後無叙,或改注重複,觀者病焉。伋輒掇取而分類之爲三十六例。其間或書年而不書事,如曰齊襄公之二年;或書事而不著年,如曰節度使官自此始;或書謚書年而不實其數,如曰桓年以大雩有兩秋之類;伋皆不敢增益也。至若或文雖全而其字闕減者,伋亦從而闕之;或事欲詳見而旁附其文者,伋則因其文而述之。雖然,苟能因此類而參酌貫穿焉,亦庶幾矣。伋抑嘗因此例而涉其書,考其離析,稽其授受,推其甲子,括其卷帙,列爲四圖,以便尋究。求者授之,以廣其傳,庶與《考異》《音釋》並行於世,萬一有助於觀覽云。乾道丙戌(二年,1166)仲秋癸酉,曾孫右朝散郎尚書吏部員外郎賜緋魚袋伋謹書。”

《四庫全書總目》編年類著録此書，提要云："……胡三省《通鑑釋文辨誤》序，謂光没後，《通鑑》之學，其家無傳。後因金使問司馬光子孫，朝廷始訪其後。之在江南者，得從曾孫伋，使奉公祀，凡言書出於司馬公者，必鋟梓行之，蓋伋之始末如此。其編此書時，嘗有浙東提舉常平茶鹽司板本，惟伋《跋》稱三十六例，而今本止分十二類，蓋并各類中細目計之也。伋又稱文全字闕者，伋亦從而闕之，而今本並無所闕，则已非原刻之舊。胡三省又云：温公與范夢得修書二帖，得於三衢學官；與劉道原十一帖，則得於高文虎氏，伋取以編於前例之後。今本止有與夢得二帖，而道原十一帖無之，殆後人以《通鑑問疑》别有專本，而削去不載歟。其書雜出於南渡後，恐不無以意損益，未必盡光本旨。而相傳已久，今故與《問疑》並著於録，以備參考焉。”

又按，此書刊本已罕見，《四庫簡明目録標注續録》謂明陳仁錫刊本，附"大目録"之首，今不之見。陸心源《皕宋樓藏書志》及瞿鏞《鐵琴銅劍樓藏書目録》所著録者，並係抄本。[①] 今所藏善本，僅臺北"故宫博物院"有清文淵閣《四庫全書》本一部。收入叢刻者：清胡元常輯《校刊資治通鑑全書》，收録此書。

列代年紀一二卷　宋王自中撰　佚

自中，字道甫，一字道夫，號厚軒，温州平陽人。少負奇氣，傲岸自喜。第淳熙進士，主舒州懷寧簿、嚴州分水令。召赴都堂，反覆陳數百言，徐出一疏，爲朝列所忌，被讒罷。通判郢州，道除知光化軍，改信州，丁内艱，服闋，還朝。光宗時知興

---

① 《皕宋楼藏書志》卷二〇所著録者係抄本。《鐵琴銅劍楼藏書目録》卷九所著録者係舊抄本。

化軍,慶元五年(1199)卒,年六十六。[①] 著有《王政紀原》《孫子新略注》《厚軒集》。事迹具宋史卷三九〇、《宋史新編》卷一四五、《南宋書》卷三六、《宋元學案》卷五六等書。今人鄧廣銘撰有《宋史王自中傳辨正》。[②]

此書《宋史・藝文志》不著録,見《温州經籍志》卷八編年類。

《温州經籍志》孫詒讓案云:"厚軒王知州自中,《宋史》三百九十、雍正《浙江通志・文苑傳》、《萬曆《温州府志・官業傳》、乾隆《平陽縣志・名臣傳》並有傳。"

靖康要録五卷　宋不著撰人　存

此書《宋史・藝文志》不著録,見《直齋書録解題》卷五雜史類及《四庫全書總目》卷四七編年類。

陳振孫曰:"不著撰人名氏。自欽宗潛邸,迄靖康元年(1126)十二月事。"

按,此書一名《孝慈淵聖皇帝要録》,或作二卷,或作五卷,今本則作十六卷,蓋析併不同也。

《四庫全書總目》著録此書,題"靖康要録十六卷",提要云:"不著撰人名氏。陳振孫《書録解題》曰:'《靖康要録》五卷,不知作者。記欽宗在儲時及靖康一年之事。案日編次,凡政事制度及詔誥之類,皆詳載焉。其與金國和戰諸事,編載尤詳'云云。[③] 是振孫之時,已莫知出誰手矣。今觀其書,記事具有日月,載文具有首尾,決非草野之士不睹國史日曆者所能作。考《書録解題》又載《欽宗實録》四十卷,乾道元年(1165)修撰洪邁等進。此必實録既成之後,好事者撮其大

---

① 《宋史》作年六十,誤。

② 載《真理雜誌》一卷四期,1944 年 12 月。

③ 《四庫全書總目提要》所引《書録解題》,與今本及《文獻通考・經籍考》所引者不同。

綱,以成此編,故以《要録》名也。宋人雜史傳於今日者,如熊克《中興小紀》、李心傳《建炎以來繫年要録》之類,大抵於南宋爲詳。其詳於北宋者,惟李燾《續資治通鑑長編》。然《長編》已多佚闕,今以《永樂大典》所載補之,亦僅及哲宗而止。徽宗、欽宗兩朝之事,遂以無徵。徐夢莘《三朝北盟會編》,起政和,迄建炎,雖較他書爲賅備,而所録事迹章疏,惟以有涉金人者爲主,餘則略焉。此書雖叙事少略,載文太繁,而一時朝政具有端委,多有史所不詳者,即以補李燾《長編》,亦無不可也。"所論此編之價值,十分平允。

又按,此書今所傳者,率皆鈔本,刊本之單行者罕見。諸鈔本中,以《適園藏書志》卷三所著録者爲最早。是書題"孝慈淵聖皇帝要録",二卷,張鈞衡曰:"不知撰者姓氏,明鈔本,口上印'旋松書屢'四字,錢綺子文所藏。錢氏手《跋》曰:'是書不著撰人名氏,觀卷末有今上即位之語,稱高宗爲今上,則書當作於高宗時。又按《東都事略・欽宗紀》,康王即位,遥上尊號曰孝慈淵聖皇帝。紹興三十一年(1161)金使告帝崩,謚曰恭文順德仁孝皇帝,廟號欽宗。今卷首稱尊號,而不稱廟謚,則斷爲紹興三十一年(1161)以前所作矣。其書起靖康元年(1126)正月,迄二年(1127)四月,分日排纂,爲日曆體,朝政軍情制詔章奏,無不備載。按《欽宗實録》四十卷,成於乾道初,當高宗時尚未修定,此蓋即稿本撮舉節目,故以要録爲名。《四庫簡明目録》稱其叙述詳悉,不似草野傳聞之語,洵然。考北宋編年史,惟李燾《續通鑑長編》最爲賅博,然已殘缺,近從《永樂大典》搜輯,尚軼徽欽兩朝,是録亦足補其闕。以世無刻本,藏弆者絶少。觀此本字迹紙料,的是明舊鈔,真可寶貴。書分上下二編,而《簡明目》作十六卷,蓋係後人所析,此則尚存宋人真面,惟鈔胥不識文義,頗多訛字,當博訪藏書家,借本參校,以俟後之刊刻者。道光壬辰(十二年,1832)季冬蚵涑書。錢綺。'"

按,《四庫全書總目提要》謂此書成於《欽宗實録》既成之後,好事者撮其大綱成編。錢氏則以爲《欽宗實録》成書之前,就稿本撮舉節目而成,二説略異。

又按,《皕宋樓藏書志》卷二十一著録此書,十六卷,爲舊鈔本。彭氏知聖道齋所藏鈔本,則爲六卷。①

又按,今所藏善本,惟臺北"故宫博物院"有清文淵閣《四庫全書》本一部。載入叢刻者:清光緒中歸安陸心源輯刊《十萬卷樓叢書》,收此書於《三編》。其後,民國二十四年至二十六年(1935—1937)間,上海商務印書館輯刊《叢書集成初編》,據《十萬卷樓》本著録。

建炎時政記不著卷數　宋張守撰　佚

守,字全真,一字子固,常州晉陵人,徽宗崇寧元年(1102)進士,高宗召爲監察御史,紹興中歷官至參知政事兼權樞密院事,以資政殿大學士知建康府卒,謚文靖。著有《紹興重修敕令格式》(同撰)、《毗陵集》等。事迹具《宋史》卷三七五、《宋史新編》卷一二八、《南宋書》卷一九《四朝名臣言行録》下編卷一、《宋大臣年表》及《宋中興學士院題名録》等書。

此書《宋史・藝文志》不著録,見《毗陵集》卷六。

檢《毗陵集》卷六《進編類建炎時政記劄子》云:"臣準尚書省劄子節文:建炎元年(1127)五月以後時政記未曾編録。奉聖旨自建炎元年(1127)五月一日以後至建炎四年(1130)四月一日以前,各令元宰執省記劄送臣者。臣昨於建炎三年(1129)九月八日,車駕幸平江府,蒙恩除同簽書樞密院事,今

① 説見《四庫簡明目録標注續録》。

自當日以後省記編類，繕寫成兩册，謹隨劄子上進，伏望睿慈降付史館取進止。”

稽古録二〇卷　宋司馬光撰　存

光有《資治通鑑》二九四卷已著録。

此書《宋史·藝文志》編年類著録。

《郡齋讀書志》卷五編年類著録此書，晁氏曰：“右皇朝司馬光（君實）編。起自三皇，止本朝英宗治平末。至周共和庚申始爲編年。”①

《直齋書録解題》卷四編年類著録此書，陳氏曰：“其表云：由三晋開閏，迄於顯德之末造，臣既具之於《歷年圖》。自六合爲宋，接於熙寧之元，臣又著之於《百官表》，乃威烈丁丑而上，伏羲書契以來，悉從論纂，皆有依憑。蓋元祐初所上也。此書始刻於越，其後載刻於潭。越本《歷年圖》諸論聚見第十六卷，蓋因圖之舊也。潭本諸論各繫於國亡之時，故十六卷惟存總論。”

《朱子語録》曰：“《稽古録》一書，可備講筵官僚進讀，小兒讀六經了令讀之亦好。末後一表其言如蓍龜，一一皆驗。”又曰：“温公之言，桑麻穀粟，且如《稽古録》極好看。常思量教太子諸王，恐《通鑑》難看，且看一部《稽古録》。有不備者，當以《通鑑》補之。温公作此書，想在忙裏作成，元無義例。”

《四庫全書總目提要》卷四七編年類著録此書，曰：“光既撰《資治通鑑》及《目録》《考異》，又有《舉要曆》，有《歷年圖》，有《百官表》。《歷年圖》仍依《通鑑》，起於三晋，終於顯德；《百官表》止著宋代。是書則上溯伏羲，下訖英宗治平之末，而爲書不過二十卷。蓋以各書卷帙繁重，又《歷年圖》刻於他人，

① 《文獻通考·經籍考》引《晁志》，“止本朝”作“止皇朝”。

或有所增損,亂其卷帙,故芟除繁亂,約爲此編,而諸論則仍《歷年圖》之舊。元祐初表上於朝。陳振孫《書録解題》曰:‘越本彙聚諸論於一卷,潭本則分係於各代之後。此刻次第蓋依潭本,較越本易於循覽。’《朱子語録》曰:‘《稽古録》一書,可備講筵官僚進讀,小兒讀六經了令讀之亦好,末後一表如蓍龜,一一皆驗。’今觀其諸論·於歷代興衰治亂之故,反復開陳,靡不洞中得失,洵有國有家之炯鑑,有裨於治道者甚深,故雖非洛學之派,朱子亦不能不重之,足見其不可磨滅矣。南渡以後,龔頤正嘗續其書,今《永樂大典》尚有全本,然是非頗乖於公議,陳振孫深不取之,蓋其心術學問,皆非光比,故持論之正,亦終不及光也。”

按,此書宋刊本今已罕見。《五十萬卷樓藏書目録》卷四著録宋刊本一部,莫伯驥曰:“此書半葉九行,行十九字,小注雙行,行十八字,版心均有刊工姓名。卷一首葉有‘范正祥寫’四字。卷首司馬光進表、結銜格式,均依原様。末有紹興十二年(1142)汝陰王鋋《重刊後序》。前人謂司馬公以人主不可不觀史,顧以載籍浩博,非一日二日所能遍閲而周知,且提其綱目,撮其精英,然後可以見治亂存亡之大略也。司馬公于英宗時采臘經史,上自周威烈王二十三年,盡周世宗顯德六年,爲《歷年圖》上之。又於神宗時受詔修《國朝百官公卿表》,自建隆元年至治平四年,各記大事於上方,書成上之,至是更討論經史,上自伏羲,下至周威烈王二十二年,略序大要,以補二書之闕,合爲二十卷,名曰《稽古録》以進。朱子曰:“温公之言,如桑麻穀粟,且如《稽古録》極好,是也。”明徐氏㶿曰:“温公《進稽古録表》,黄魯直代筆也,黄刻《集》中,而司馬《集》不收,足見古人虚懷處。然兩公文名俱重,亦不嫌其假手耳。今士大夫往往求人代作,而復諱言,或者掩爲己有，收入《集》中，胥不古人若也。”至於明刊本，則多見著録：《皕宋樓藏書志》卷二〇著録明弘治刊本，卷前有司馬光《進表》、明弘治辛酉（十四年，1501）楊璋及黄珣二《序》”。黄丕烈嘗得明刊黑口本，中有兩《跋》，一爲葉石君所撰，一不著姓名，黄氏復自撰題識，今並收在《蕘圃題識》卷二。葉氏《跋》曰：“崇禎甲戌（七年，1634），讀司馬温公《資治通鑑》凡四閱月始竟，以爲古來君臣事迹，所以興衰之故，既詳且盡矣，而無提綱挈領，不能一時取覽讀。未幾，湖賈以此書見售，意始慊然又悵夫《目録》一書，無由見也。石君。”另一《跋》曰：“康熙甲辰（三年，1664）春，自裝成二本訖，若得《目録》《外紀》二書相配，則《通鑑》之事實大備矣。惜乎未有以遇，怏怏於中耳。又有《朱子綱目前編》《續編》，此又一種不列温公之教者，世人莫不奉爲寶符聖訓。余竊謂宣聖筆削，萬古不能繼，朱子擬之儼然素王矣，又分注於下，操素臣之筆，不已勞乎？而金履祥、陳桱從而僭其位，何後世聖師賢弟之多也！且孔子、左丘明尚出兩人之筆，而宋元儒皆以一人而兼兩任，又何其不憚煩若是。世人舍孔左而奉宋元之儒，則不知又何説也。因裝成之後，聊抒所懷記之卷末，以示後之有志者。”[①]黄丕烈《跋》曰：“司馬温公《稽古録》，向藏陳禾叔校本，大都以意改定，非有舊本爲據也。余初聞此黑口板本在金昌某骨董家，未及往訪，先從他坊間獲一本，與所聞同是黑口，取校舊藏爲勝，蓋刻在先爾。既而重訪是册，見部葉有葉石君手迹，卷終并有兩跋，遂復收之。中有闕葉，悉從前本影鈔足之，前本後歸五硯樓云。嘉慶丙寅（十一年，1806）二月廿有四日，蕘翁黄丕烈識。”《五十萬卷樓藏書目録》卷四復收明刊本一

① 此跋雖不著撰人，覘其文意，仍亦葉石君所作。

部,前有司馬公《進稽古録表》二葉,刻工題名翟良才,次有《朱文公與鄭知院書》及《朱文公語録》中語。半葉九行,行十九字,版心魚尾上題《稽古録》卷幾,下題刊工姓名,每葉有之。①

又按,今所藏善本:臺北"國家圖書館"有明范氏天一閣刊本兩部。臺北"故宫博物院"有明范氏天一閣刊本三部,清文淵閣《四庫全書》本一部。"中央研究院"歷史語言研究所有明刊黑口本一部,題"司馬温公經進稽古録"。收入叢刻者有:明范氏天一閣所刊《天一閣叢書》本、《學津討源》本。清同治光緒間,江蘇書局輯刊《資治通鑑彙刻》,收録此書,卷末有《校勘記》一卷,不著撰人。民國八年(1919),上海商務印書館張元濟輯刊《四部叢刊》,收有此書,乃據明刊本影印者。

資治通鑑外紀一〇卷　宋劉恕撰　存

恕,字道源,筠州人,少穎悟,書過目即成誦。年十三應制科,未冠舉進士,調巨鹿主簿,和川令。王安石與之有舊,欲引寘三司條例,恕以不習金穀爲辭,因言:"天子方屬公大政,宜恢張堯舜之道,以佐明主,不應以利爲先。"而刺其過,安石怒,變色如鐵,恕不少屈,遂與之絶。官至秘書丞,卒年四十七。著有《疑年譜》《通鑑問疑》《十國記年》等。事迹具《宋史》卷四四四、《宋史新編》卷一七一、《東都事略》卷八七、《名臣碑傳琬琰集》中編卷三八、《三朝名臣言行録》卷一四等書。

此書《宋史·藝文志》編年類著録。

《郡齋讀書志》卷五編年類著録此書,晁氏曰:"右皇朝劉恕撰。司馬光作《通鑑》,托始於周威烈王令韓、趙、魏爲諸侯,下訖五代。恕嘗語光,曷不起上古或堯舜,光答以事包春秋

---

① 詳見莫伯驥《五十萬卷樓藏書目録》卷四。

不可,又以經不可續,不敢始於獲麟。恕意謂闕漏,因撰此書。起三皇五帝,止周共和,載其世次而已。起共和庚申,至威烈王二十二年丁丑四百三十八年爲一編,號曰《外紀》,猶國語稱《春秋外傳》也。"

《直齋書録解題》卷四編年類著録此書,陳氏曰:"司馬公修《通鑑》,辟恕爲屬,恕嘗謂《史記》不及包羲、神農,今歷代書不及威烈之前,欲爲《前紀》,而本朝爲《後紀》,將俟書成請於公。會病廢絶意,後乃改《前紀》爲《外紀》云。《通鑑》書成,恕已亡,范淳父奏恕於此書用力最多,援黄鑑、梅堯臣例,官其子,且以書賜其家。道原父涣(凝之)家廬山,歐公所爲賦《廬山高》者也。"

《四庫全書總目》卷四七編年類著録此書,《提要》曰:"……會司馬光受詔修《資治通鑑》,奏以恕同司編纂,轉著作郎。熙寧四年(1071)以忤王安石乞終養,改秘書丞,仍令就家續成前書,遂終於家。此書乃其臨没時所成也。蓋修《資治通鑑》時,恕欲與司馬光采宋一祖四宗實録國史爲《後紀》,而摭周威烈王以前事迹迹爲《前紀》,會遭憂遘疾,右肢痺廢,知遠方不可得國書,《後紀》必不能就,乃口授其子義仲以成此書,改名曰《外紀》。凡包羲以來《紀》一卷,《夏紀》《商紀》共一卷,《周紀》八卷,又《目録》五卷,年經事緯,上列朔閏天象,下列《外紀》之卷數,悉與司馬光《通鑑目録》例相同。金履祥作《通鑑前編》,詆其好奇。今觀其書,周成王元年丙戌稱周公攝王之元年,越七年癸巳,始稱成王元年,則是周公殆類新莽之爲矣。又稱魯惠公爲隱公娶於宋,見其女好而自納之,生桓公,是惠公先有衛宣之醜。如斯之類,頗爲不經。又如齋桓觀龍,殆如戲劇,熊渠射虎,何預勸懲。雖曰細大不捐,亦未免貪多務得,履祥所論,未可謂之吹求。然《外紀》於上古之事可信者大書,其異同舛誤以及荒遠茫昧者,或分注,或細書,未嘗不具有别裁。《目録》於共和以後,據《史記》年表編年,共和以前皆謂之疑年,不標歲陽歲陰之名,並不縷列其數,亦特爲審慎。且其《自序》稱陶潛豫爲祭文,杜牧自撰墓誌,夜臺甫邇,歸心若飛,不能作前、後《紀》而爲《外紀》,他日書成,公爲前、後《紀》,則可删削《外紀》之繁冗,而爲《前紀》,以備古今一家之言云云,則恕作此書,特創爲草稿,儲才備用,如《通鑑》之有《長編》,以待司馬光之刊定耳。履祥不察當日書局編纂之例,遽加輕詆,操之未免爲已蹙矣。"

按,此書之宋刊本今已罕見。《鐵琴銅劍樓藏書目録》卷九著録宋刊本《通鑑外紀詳節》十卷,瞿氏曰:"題秘書丞劉恕編集。前有《通鑑御製序》《温公進書表》《獎諭詔書》、司馬伋《通鑑前例後序》。後有恕《自序》。每半葉十四行,行二十五字。殷、讓、真、樹、恒、桓、完、慎字闕筆,卷數尚仍原書,惟《目録》五卷、年經事緯,上列朔閏天象、下列卷數者皆不載,其餘亦多删節。以出宋人手筆,故購藏之。卷首有《横經閣收藏圖籍印》,末有'華亭朱氏''朱文''石史'諸朱記。"《四庫簡明目録標注》著録:明南監本、清嘉慶辛未璜川吴氏刊本。《續録》又有石墩書塾本、山淵堂本。今所藏善本:臺北"國家圖書館"及"中央研究院"並有明刊本一部。臺灣大學有明陳仁錫刊本一部。臺北"故宫博物院"有清文淵閣《四庫全書》本一部。收入叢刻者:《四部叢刊初編》收有此書,係據明本影印。《資治通鑑彙刻》本所收者,則係清胡克家注補者。

增節備注資治通鑑一二〇卷　宋吕大著撰　未見

大著,事迹待考。

此書《宋史・藝文志》不著録,見《千頃堂書目》卷四編年類。

按，此書今已罕見。《鐵琴銅劍樓藏書目録》卷九著録宋刊殘本一部，七十三卷，瞿鏞曰："此宋麻沙本。原書一百二十卷，今闕卷一至八，卷十四至十六，卷三十至三十八，卷四十五至五十三，卷九十一至九十四，卷一百七至一百二十，凡四十七卷。其前十二卷爲《通鑑君臣事要總記》，皆分類摘事，以便行文摭拾，亦當時習科舉之書也。每半葉十五行，行二十六字。匡、殷、慎、桓字減筆。諸家書目不載，惟見《千頃堂書目》。"

續宋編年資治通鑑一八卷　舊題宋李燾撰　存

燾有《宋高宗日曆》一〇〇〇卷已著録。

此書《宋史·藝文志》不著録，見《四庫全書總目》編年類存目。

《四庫全書總目提要》曰："舊本題'朝散郎尚書禮部員外郎兼國史院編修官李燾經進'。考《宋史·藝文志》及燾本傳，惟載所著《續通鑑長編》，無此書之名。此本《目録》末有《武夷主奉劉深源校定》一行，亦不知爲何許人。書中所記皆北宋事迹，體例與《宋史全文》約略相似，而闕漏殊甚，蓋亦當時麻沙坊本，因燾有《續通鑑長編》託其名以售欺也。"

按，此書卷一卷二太祖，卷三卷四太宗，卷五卷六真宗，卷七至卷九仁宗，卷十英宗，卷十一卷十二神宗，卷十三卷十四哲宗，卷十五卷十六徽宗，末兩卷欽宗。於每段史事後，頗引吕中、曾鞏、富弼、林德頌、吕夷簡諸家論釋文字。

又按，此書之宋刊本，今已罕見，諸家所著録，多係元以後刊本。《皕宋樓藏書志》卷二〇著録元刊本一部，題"朝散郎尚書禮部員外郎兼國史院編修官李燾經進"，《目》後有'建安陳氏餘慶堂刊'方木印。陸心源曰："案是書元有兩刻：一爲日新堂張氏，一爲餘慶堂陳氏，此則陳刊本也。"又曰："《四庫》

不收,附存其目,其《進表》即《通鑑長編進表》,行款與下卷劉時舉《通鑑宋季三朝政要》同。"陸氏復撰一《跋》,載諸《儀顧堂續跋》卷六,曰:《續宋編年資治通鑑》十八卷,題朝散郎尚書禮部員外郎兼國史院編修官李燾經進。前載《通鑑長編》一百八卷《進表》,次《目録》,次《世系圖表》,後有木記云:'建安陳氏餘慶堂刊'。《目》後有'武夷主奉劉深源校定'一行。每葉二十六行,每行二十二字,眉間有標字,版心有'宋鑑'等字。《提要》以《宋史·藝文志》及本傳惟載《續通鑑長編》,而無此書之名,定爲麻沙坊託名,故附存其目,洵爲篤論。惟《長編》從《大典》録出,缺徽欽兩朝,又佚熙寧紹聖七年之事。此本雖出依託,多取裁于《長編》,徽欽兩朝記録頗多,尚可考見于百一也。"其後,陸氏復得元與畊堂刊本,又撰《元與耕堂槧續通鑑跋》,云:"《續宋中興編年資治通鑑》十八卷,題通直郎尚書禮部員外郎兼國史院編修官李燾經進。前有《通鑑長編進表》《目録進表》,後有'建安朱氏與畊堂刊'八字,木記行款與餘慶堂刊本同。第六卷缺第三頁,以《后集》卷六第三頁羼入,曾經高銓收藏,知《后集》爲劉時舉書而未敢決,《跋》云:'深愧見聞寡陋,未能悉此書之本末。'其言甚謙。案高銓字蘋洲,湖州人,工詩善書,尤長畫竹,人品高潔,惟經史之學,非其所長,觀其自視歉然,不敢肊斷,其去愚而自用者遠矣。是書元代坊刻甚多,皆與劉時舉《續通鑑》、無名氏《宋季三朝政要》同刊。余所見有至治癸亥(三年,1323)雲衢張氏本,有皇慶壬子(元年 1312)陳氏餘慶堂本,及此而三。劉書及《政要》,近時有照曠、守山諸刻,此書則元以後無刊本矣。"①

① 此跋亦載《儀顧堂續跋》卷六。

又按，今所藏善本，臺北"國家圖書館"有舊抄本一部。臺北"故宫博物院"有元刊殘本一部，存卷十至卷十二，存三卷。

编年通載一〇卷　宋章衡撰　殘

衡，字子平，浦城人。嘉祐二年(1057)進士第一，歷鹽鐵判官，同修起居注，三司使忌其能，出知汝州，穎州。熙寧初判太常，知審官西院。使遼，燕射連發破的，遼以爲文武兼備，待之異他使。累官集賢院學士，卒年七十五。事迹具《宋史》卷三四七、《宋史新編》卷一一七、《史質》卷四九等書。

此書《宋史·藝文志》編年類著録。

《郡齋讀書志》卷五編年類著録此書十五卷，晁氏曰："右皇朝章衡撰。衡觀四部書，至古今纂輯運曆書十餘家，皆淺陋揎釀，無足紬繹。乃編歷代年號，貫以甲子。始於帝堯，訖於國朝治平丁未(四年1067)，質之經史，資以傳記百家之書，聖賢勳德、奸雄篡竊及蠻夷盜賊，凡繫於存亡綱紀之大者，無不詳録，總三千四百年，且刊正謬誤，如《史記》載舜年與《虞書》不同；《漢紀》載魏受禪與《魏志》受禪壇碑各異之類。熙寧七年(1074)表獻之。"

《直齋書録解題》卷四編年類載此書十五卷，陳振孫曰："集賢院學士建安章衡(子平)撰。編歷代帝系年號，始自唐虞，迄於聖宋治平四年(1067)，總三千四百年。熙寧七年(1074)上之。其族父楶(質夫)爲之序。衡，嘉祐二年(1057)進士所選也。"

《揅經室外集》(《四庫未收書提要》)卷四著録《編年通載》四卷，阮元曰："宋章衡撰。按陳振孫《書録解題》、晁公武《郡齋讀書志》皆載此書凡十五卷。此宋刊本四卷。前有明内府文淵閣印記。考之明《内閣藏書目録》云：'《編年通載》，二册,不全,宋元祐間起居舍人章衡撰進。斷自帝堯,訖於宋治平丁未,總三千四百年,推甲子以冠其首。凡史之訛謬疑誤,皆爲辨證。世數代易歷統相傳年名國號災祥善惡具載焉,凡十卷,其第五卷以下皆闕。'據此則爲明内府所藏宋本無疑也。首有元祐三年(1088)章楶刊書序一篇。楶乃衡之族父。又衡《進書表》一篇。自一卷帝堯起至四卷西晋世祖太康元年止,歷代興亡分合開卷瞭如,是誠有裨於史學也。"

按,此書之卷數,晁《志》陳《録》作十五卷,《宋志》作十卷,蓋析併不同故也。阮元所進四卷本,则爲不全之本。

又按,此書傳本不多。清黄丕烈嘗得殘宋本一部,《蕘圃藏書題識》卷二著録黄氏《跋》四則,於宋本之可貴及獲書之經過,敘之甚詳,足資考證,今遂録於下:

第一《跋》云:"章衡《編年通載》,世間向無傳本,偶於友人處見一書估爲余言是書,友人亦爲余言此書之善,蓋書估先以此書質諸余友,而爲之評論其價值也。既而書友引至某坊往取樣本示余,詭云:有他人已先取觀,未敢與君議交易。問其緣由,本某坊物而爲伊所涉手者。余亦不辨其爲誰之物,第問其價,則同然一辭,必得白金五十兩而後可。余雖愛其書,然彼既以他人先取爲辭,未便持此樣本歸。越日,探知書賈已還某坊,遂從某坊得之,竟予以四十金,以四金勞書估,爲其先爲余言也。及交易後,某坊始爲余言,初不識此書之貴四十金之數,即君友人所定云。因志其顛末如此。復翁。"

第二《跋》云:"余既得章衡《編年通載》四卷殘本宋刻,爲之誌其顛末,并歷考自宋以來之書目爲之引證矣。欣喜之情,有不能已於言者,復爲之跋於尾曰:余性喜讀未見書,故以之名其齋。[①] 自後所見,往往得未曾有,始信天之於人,必有以報之也。古人云:思之思之,鬼神通之。余之於書,殆造斯境與? 即如此書,雖歷載於宋人諸家目録及明朝收藏諸家,然世間絶無其書,今得見宋刻殘本,足徵古書授受源流,爲之拍案叫絶:一、卷數之可信:向傳十五卷,聞《通志略》云十卷,此《序》云列爲十卷,其可信者一。一、收藏之可信:《文淵閣書目》載有二部,一十册,一五册,此第三卷有文淵閣印,其可信者二。一、殘闕之可信:十册五册,文淵閣、菉竹堂五册所載如是,二册,内閣、絳雲樓、述古堂所載又如是,其裝四册者,或十册五册之有所失,二册之有所分,其第五卷以下皆闕,與《内閣藏書目録》合,其可信者三。至於圖記之冠以南昌,標題之訖於西晋,皆向來藏弆之淵源,足以傳信者也。"

第三《跋》云:"後《跋》書一葉,適紙盡,因輟筆至九月廿有七日,尋獲故紙,補書後一葉,歲病手腕力輭弱,強爲之,筆迹與前稍殊也。復翁又識。"

第四《跋》云:"己巳正月,見甲申歲刊於白鷺洲書院本前漢書,其卷首有云:'今本注末入諸儒辨論,具列如左。'卻載章衡《編年通載》,是在宋時,其書固盛行也。因并記之。復翁。"

瞿鏞亦藏有宋殘本,四卷。[②] 足見明以後所傳俱是殘本。

又按,今所藏善本:臺北"故宫博物院"有影宋鈔本一部,存卷一至卷四,即阮元所進《宛委别藏》本也,鈐有"嘉慶御覽之寶"朱文方印。收入叢刻者:民國二十四年至二十五年

---

① 黄氏有"讀未見書齋"。《藏書紀事詩》(卷五。)引沈士元《祭書圖説》:"黄君紹甫,家多藏書,自嘉慶辛酉至辛未歲,常祭書於讀未見書齋。"黄氏藏書章甚多,其中一枚曰"讀未見書齋"。

② 見《鐵琴銅劍樓藏書目録》卷九。

(1935—1936)間,上海商務印書館輯刊《四部叢刊三編》,所收此書,即據黄丕烈舊藏宋刻殘本影印,卷首爲章楶《刊印編年通載序》,次《進編年通載表》,僅兩頁,其後即載黄氏四跋。

通鑑譜不著卷數　宋陳問道撰　佚

問道,黄岩人,事迹待考。

此書《宋史·藝文志》不著録,見《台州經籍志》卷八史部編年類。

通鑑論斷五卷　宋黄艾撰　佚

艾,字伯耆,莆田人。舉乾道八年(1172)廷對第二名進士。光宗朝,充嘉王贊讀。朱熹知漳州,奏行經界,朝議未定,艾輪對言以天下之大,公卿百官之衆,議一經界,三年不成,使更有大於此,將若之何?寧宗即位,爲右正言,兼侍講,會朱熹罷經筵,艾因進講問逐熹之驟,爲請再三,不聽。除中書舍人,改刑部侍郎,以待制終。著有《尚書講義》《春秋解義》《制堂新著》《奏稿外制》《聖政史斷》等。事迹具《莆陽文獻傳》卷三六、《閩中理學淵源考》卷一九、《莆陽比事》卷六等書。

此書《宋史·藝文志》不著録,見《福建通志》卷六八著述興化府。

聖政史斷五卷　宋黄艾撰　佚

艾有《通鑑論斷》五卷已著録。

此書《宋史·藝文志》不著録,見《福建通志》卷六八著述興化府。

續資治通鑑長編一六八卷　宋李燾撰　輯

燾有《宋高宗日曆》一〇〇〇卷已著録。

此書《宋史·藝文志》編年類著録。

《直齋書録解題》卷四編年類著録此書一六八卷,陳氏曰:"禮部侍郎眉山李燾(仁父)撰。《長編》云者,司馬公之爲《通鑑》也,先命其屬叢目,叢目既成,乃修《長編》,然後删之以成書。《唐長編》六百卷,今《通鑑》惟八十卷耳。燾所上《表》,自言未可謂之《通鑑》,止可謂之《長編》,故其書雖繁蕪而不嫌也。其卷數雖如此,而册數至逾三百,蓋逐卷又自分子卷或至十餘。"

《四庫全書總目》卷四七編年類著録此書五百二十卷,《提要》曰:"燾博極群書,尤究心掌故,以當時學士大夫各信所傳,不考諸實録正史,家自爲説,因踵司馬光《通鑑》之例,備采一祖八宗事迹,薈萃討論,作爲此書。以光修《通鑑》時,先成《長編》,燾謙不敢言《續通鑑》,故但謂之《續資治通鑑長編》。《文獻通考》載其進書狀四篇:一在隆興元年(1163)知榮州時,先以建隆迄開寶年事一十七卷上進;一在乾道四年(1168)爲禮部郎時,以整齊建隆元年(960)至治平四年(1067)閏三月五朝事迹共一百八卷上進;一在淳熙元年(1174)知瀘州時,以治平後至靖康凡二百八十卷上進;一在淳熙元年(1174)知遂寧府時,重别寫呈,并《舉要》《目録》計一千六十三卷六百八十七册上進。故周密《癸辛雜識》稱韓彦古盜寫其書至盈二廚,然《文獻通考》所載僅《長編》一百六十八卷、《舉要》六十八卷,與進狀多寡迥殊。考陳振孫《書録解題》稱'其卷數雖如此,而册數至逾三百,盖逐卷又分子卷或至十餘'云云,則所稱一千六十三卷者,乃統子卷而計之,故其數較多矣。又據燾進狀,其書實止於欽宗,而王明清《玉照新志》稱紹興元年(1131)胡彦修疏在《長編》一百五十九卷注後,則似乎兼及高宗,或以事相連屬,著其歸宿附於注末,如《左傳》後經終事之例歟?《癸辛雜識》又稱燾爲《長編》,以木廚十枚,每廚抽替匣二十枚,每替以甲子志之,凡本年之事有所聞,必歸此匣,分日月先後次第之,井然有條云云,則其用力之專且久可概見矣。其書卷帙最多,當時艱於傳寫,書坊所刻本及蜀中舊本,已有詳略之不同。又神、哲、徽、欽四朝之書,乾道中祇降秘書省,依《通鑑》紙樣繕寫一部,未經鏤版,流播日稀,自元以來世鮮傳本。本朝康熙初,崑山徐乾學始獲其本於泰興季氏,凡一百七十五卷,嘗具疏進之於朝,副帙流傳,無不珍爲秘乘,然所載僅至英宗治平而止,神宗以後仍屬闕如。檢《永樂大典》宋字韻中,備録斯編,以與徐氏本相較,其前五朝雖大概相合,而分注考異,往往加詳。至熙寧迄元符三十餘年事迹,徐氏所闕而朱彝尊以爲失傳者,今皆粲然具存,首尾完善,實從來海内所未有。惟徽、欽二《紀》原本不載,又佚去熙寧、紹聖間七年之事,頗爲可惜。然自哲宗以上,年經月緯,已詳備無遺,以數百年來名儒碩學所欲見而不得者,一旦頓還舊物,視現行諸本增多幾四五倍,斯亦藝林之巨觀矣。昔明成化中,詔商輅等續修《通鑑綱目》時,《永樂大典》庋藏内府,外庭無自而窺,竟不知燾之舊文全載卷内,乃百方别購,迄不能得,論者以爲遺憾。今恭逢我皇上稽古右文,編摩四庫,得重見於世,豈非顯晦有時,待聖世而發其光哉。燾原目無存,其所分千餘卷之次第,已不可考,謹參互校正,量其文之繁簡,别加釐析,定著爲五百二十卷。燾作此書經四十載乃成,自實録、正史、官府文書以逮家録野紀,無不遞相稽審,質驗異同,雖采摭浩博,或不免虚實並存,疑信互見,未必一一皆衷於至當,不但太宗斧聲燭影之事,於《湘山野録》考據未明,遂爲千古之疑竇,即如景祐二年(1035)三月賜鎮東節推毛洵家帛米一事,核以余靖所撰墓銘,殊不相符,爲曾敏行《獨醒雜誌》所糾者,亦往往有之,然燾進狀自稱寧失之繁,毋失之略,蓋廣蒐博録,以待後之作者,其淹貫詳贍,固讀史者考證之林也。"

按,此書《宋志》作一六八卷,今《四庫全書》本析作五百二十卷者,以《四庫》本據子卷而釐正也。

又按,今此書所傳諸本,率多據《四庫全書》《永樂大典》輯本鈔寫或刊刻者。[①] 陸心源曾得節本宋刊本,題"續資治通鑑長編撮要",一百八卷,雖非全本,然猶可據以見宋本情狀,陸氏撰《宋版通鑑長編撮要跋》,曰:"《續資治通鑑長編撮要》一百八卷,題曰'左朝散郎尚書禮部員外郎兼國史院編修臣李燾編',宋刊本,每頁二十六行,每行二十三字,版心有字數,前有乾道四年(1168)《進書表》,語涉宋帝皆空一格,每條另起亦空一格。宋刊存卷三十至三十四、卷三十八之一至四十之一、卷五十七之二至七十五之二、卷七十九至八十八、卷九十一之二至一百、卷一百一之一、卷一百五之一至一百六之二,餘影寫補全。其書起建隆元年(960),迄英宗治平四年(1067)閏五月,凡一百八年爲一百八卷。其事迹多者,一卷之中又分子卷。卷三十五、卷三十六、卷三十七、卷三十八、卷四十、卷四十一、卷四十二、卷四十三、卷四十四、卷四十五、卷四十六、卷四十七、卷四十八、卷四十九、卷五十、卷五十一、卷五十三、卷五十四、卷五十五、卷五十六、卷五十七、卷五十八、卷六十一、卷六十三、卷七十四、卷七十五、卷七十六、卷七十七、卷八十六、卷八十九、卷九十、卷九十一、卷九十二、卷九十三、卷九十四、卷九十五、卷九十七、卷一百、卷一百一、卷一百二、卷一百三、卷一百四、卷一百七,皆分二卷;卷八十、卷八十一、卷九十六、卷一百六,皆分三卷;卷八十二、卷八十三、卷八十四、卷一百五,皆分四卷;卷八十五分

① 《五十萬卷樓藏書目録》卷四所著録之寫本及昭文張氏活字本,均據《四庫全書》本而出。

五卷；總分一百七十二卷。以《大典》五百二十卷本校勘，節去十分之三，故曰《撮要》也。《文獻通考》載文簡進《長編表》四篇，先進一十七卷，續進此本，又進治平至靖康二百八十卷，及淳熙元年(1174)知遂寧府時，重别寫呈，並《舉要》《目録》一千六十三卷。案景定《建康志》書籍門所載《長編》有節本，有全本，愚謂此本及二百八十卷本皆節本，一千六十三卷乃全本，故曰《重别寫呈》也。此猶宋時原本，並子卷計之，實一百七十二卷，《直齋》以爲一百六十八卷，徐氏《乾學》以爲一百七十五卷，皆傳寫之僞，《文献通考》又承陳氏之僞耳。"[①]按，陸氏以爲陳振孫《直齋書録解題》作一百六十八卷係傳寫之僞，未得其實。蓋當時有多本，子卷多寡亦各不同，不止《書録解題》作一百六十八卷，《宋史・藝文志》亦是如此，當以《四庫全書總目提要》之説近是。

著録一百八卷本者，除陸氏《皕宋樓藏書志》及《儀顧堂題跋》外，瞿鏞《鐵琴銅劍樓藏書目録》卷九著録影鈔宋本一部，曰："宋李燾撰。案文簡此書累次編成，隆興元年(1163)先編十七卷奏上，乾道四年(1168)成一百八卷，自太祖建隆元年(960)始，至英宗治平四年(1067)止，迨淳熙元年(1274)編成九百八十卷，又爲《舉要》六十八卷，《總目》五卷，遂爲完書，此則乾道奏進之本，前有《表》文一篇。宋時有刻本，依之傳録。每半葉十三行，行廿三字。海寧吴氏藏本，中有校字，槎客筆也。卷首有《竹垞藏本》《兔牀經眼》朱記。"近人傅增湘有兩部一百八卷本，並舊鈔本，一部每半葉十三行，行廿三字，缺三十四卷；一部每半葉十行，行二十二字，[②]益信當時有多本也。

---

① 見《儀顧堂題跋》卷三。

② 見《雙鑑樓善本書目》卷二及《雙鑑樓藏書續記》卷上。

又按,今所藏善本:臺北"國家圖書館"有清嘉慶己卯(二十四年,1819)海虞張氏愛日精廬活字本一部,五百二十卷;又有舊鈔本兩部:一部十八卷,一部殘存四十四卷。"中央研究院"歷史语言研究所有鈔本一部,一百八卷。臺北"故宫博物院"有清文淵閣《四庫全書》本一部,五百二十卷;又有舊鈔本一部,一百八卷,係前國立北平圖書館寄存者。

四朝史稿五卷　宋牟子才撰　佚

子才,字存叟,一字節叟,號存齋,井研人,學於魏了翁。中嘉定十六年(1223)進士,對策,詆丞相史彌遠,調洪雅縣尉。立朝剛介,累擢禮部尚書,升修國史實録院修撰。度宗在東宫,雅敬之,言必稱先生,即位,授翰林學士,知制誥,力辭,進端明殿學士,以資政殿學士致仕卒,謚清忠。著有《春秋輪幅》《經筵講義口義》《故事》《四尚易編》《内外制》《奏議》《存齋集》等。事迹具《宋史》卷四一一、《宋史新編》卷一五六、《史質》卷四四、《南宋書》卷四六等書。

此書《宋史·藝文志》不著録,見《四川通志》卷一八四《經籍》史部别史。

此蓋輯神宗、哲宗、徽宗、欽宗四朝之史者也。

資治通鑑釋文三〇卷　宋史炤撰　存

炤,字見可,眉山人,曾祖清卿,蘇軾兄弟以師事之。炤博古能文,官左宣義郎。事迹附見《宋元學案補遺》卷九九《史清卿傳》。蔡襄《端明集》卷二九載《送史炤赴邠州幕序》。

此書《宋史·藝文志》編年類著録。

《直齋書録解題》卷四編年類著録此書,陳振孫曰:"左宣義郎眉山史炤(見可)撰,馮時行爲之《序》。今考之公休之書,大略同而加詳焉。蓋因其舊而附益之者也。"

馮時行於紹興三十年(1160)三月序此書云:"太史公作《史

記》。於《尚書》《春秋》《左氏》《國語》之外,別出新意,立《本記》《世家》《列傳》,後之作史者皆宗之,莫敢有異。獨近世司馬温公作《通鑑》,不用太史公法律,總叙韓、趙、魏而下至于五季,以事繫年月之次,治亂興亡之迹,并包夷夏,粲然可考,雖無諸史可也。又自黄帝,下屬五季,贯穿成書,皆出司馬氏一家之手,此又不可得而知者。《通鑑》之成殆百年,未有釋文,學者讀其書,間有難字,必捨卷尋繹,淹移晷景,一字既通,則已忘失前覽矣。於是眉山史見可著《通鑑釋文》三十卷,字有疑難,求於本史;本史無據,則雜取六經諸子釋音、《説文》《爾雅》及古今小學家訓詁辯釋、地理、姓纂、單聞小説,精力疲疚,積十年而書成。吁!亦勤哉!夫無用之學,聖賢所不取,古今以文章名世傳後固不少,雖傳矣,未必真有補於世,見可精索而粗用,深探而約見,不與文人才士競能於異世,而爲後學垂益於無窮,亦可以觀其用心矣。見可名炤,嘉祐、治平間,眉州三卿爲搢紳所宗,東坡兄弟以鄉先生事之,見可即清卿之曾孫也。温恭誠信,見於言貌,年幾七十,好學之志不衰,其猶所謂古君子歟!紹興三十年(1160)三月,左朝散郎權發遣黎州軍州主管學事縉雲馮時行序。"

按,陳振孫謂此書大抵因司馬康之書而加詳焉。司馬康所撰《通鑑釋文》今已亡佚,則此書益見其可貴。

又按,此書之宋刊本,近世藏書目録猶多所著録。陸心源《皕宋樓藏書志》卷二〇著録宋刊本一部,每葉二十四行,每行三十字,小字雙行,此本後入《十萬卷樓叢書》。陸氏又撰一《跋》,載諸《儀顧堂續跋》卷七,曰:《通鑑釋文》三十卷,次行題'右宣義郎監成都府糧料院史炤'。每頁二十四行,每行大字二十一、二字不等,小字三十,板心有大小字數。前有馮時行《序》,宋刊宋印本,即《百宋一廛賦》所謂'見可《釋鑑》音訓是優，被抑，身之耽與闡幽，行明字纆，終卷無修’者也。[①]《書録解題》《宋史·藝文志》皆著于録。紹興三十一年(1161)上進，見《玉海》。明《文淵閣書目》有三部，則明初印本尚多，至中葉而遂微，《四庫》未收，阮文達始進呈。案宋有三史炤：一爲仁宗時人，治平三年(1066)官少卿，某州轉運使，見《華岳題名》；一爲度宗時人，咸淳中官利州路統制。見《宋史·本紀》；一則著此書者。據馮時行《序》，炤字見可，眉山人，曾祖清卿，東坡兄弟以鄉先生事之。見可著此書，精索粗用，深探約見，積十年而後成。年幾七十，好學不衰，《序》題紹興三十年(1160)，則見可之生，當在元祐末年，下距咸淳一百八十餘年，上距嘉祐三十年。阮亨《瀛洲筆談》誤讀馮《序》，以炤之曾祖清卿爲炤，謂蘇軾兄弟以鄉先生事之，抑知軾卒之日，炤尚未生乎！常熟瞿氏藏書記，以爲即咸淳時利州統制之史炤，無論統制武臣未必通文學，以紹興三十年(1160)年幾七十推之，咸淳時將近二百歲矣，有是理乎？皆未免癡人説夢耳。《范太史集·司馬公休墓誌》，述所著書，不言有《通鑑釋文》，故馮《序》云《通鑑》之成殆百年，未有釋文。海陵郡齋本乃或竊史炤書託公休名以欺司馬伋，伋信之，遂於乾道二年丙戌(1166)刊于海陵郡齋。《直齋》謂史本公休書而附益之，已誤；阮亨謂炤書本是康作，譏胡三省以詆史者詆康，幾于黑白不辨矣。卷中有‘南書房史官’白文方印、‘海寧查慎行字

---

① 清顧廣圻所撰《百宋一廛賦》云："見可《釋鑑》，音訓是優，被抑，身之耽與闡幽，行明字纆，終卷無修。哂舊史之枕秘，謂未白乎豕頭。"黄丕烈《注》云："史炤《通鑑釋文》三十卷，每半葉十二行，每行大小三十字。自元胡三省(身之)《通鑑釋文辨誤》盛行，而此書遂微。其實胡所長地理，若聲音訓詁，乃不如史之有所受之也。予别見同郡蔣姓所藏，行間字褢，皆未若此本之明纆。昔郫城舊史氏某公，偶得一新鈔本，特詑爲枕中秘，曾請借觀，堅不相許。後既得此，因於予所畫得書圖跋語中稍靳之，而居士取以入賦也。見可，炤字。"

夏重一曰愧餘'白文方印、'得樹樓藏書'方印。得樹樓,查初白齋名也。"

按,陸氏考訂史氏生平,辨阮亨及瞿鏞之誤,甚是精確,惟明《文淵閣書目》所著録者,當是司馬公休之書,未必爲史書也。至於陸氏謂《書録解題》所著録司馬康之書,即爲史炤之書,則爲一時失考。蓋司馬康所著《通鑑釋文》,或作六卷,[①]或作二十卷,[②]卷數與史書不同,當時必是兩本並行也。

清光緒間,瞿鏞得影鈔宋本一部,惟其謂炤咸淳中嘗官利州統制則誤,此陸心源辨之矣。[③] 近人莫伯驥嘗得阮文達舊藏宋刊本一部,並考述是書傳本極詳,略云:"胡氏未注《通鑑》之前,爲之音釋者,曰司馬公休,曰廣都費氏,其一則爲見可。公休本海陵郡齋刊之,襲見可書,以爲資料。費本則全采史書,而稍下己意,世謂爲'龍爪本'。公休本二十卷,史本三十卷,兩書在當時均各自爲書以行。其後海陵本《通鑑》附公休書於後,蜀費氏注《通鑑》附見可書於中。自元刻音注本出,而前二本皆不顯於世,藏書家尠有著録,明以後流傳甚尠,歸安陸氏謂《升庵外集》一再徵引,蓋以楊氏之閎博,始見其書,他家則罕傳本矣。前清中葉,王西莊氏曾於吴興書估購得見可《釋文》秘鈔本,喜古籍之尚存,而惜其未能鏤板。平江黄氏所藏,則宋刻本,與王氏鈔本未審有無異同,然《百宋一廛賦》所謂見可《釋鑑》,音訓是優,行明字繣,終卷無修,蕘圃蓋甚愛此種秘籍矣。其黄氏本輾轉歸於陸氏,遂刻於《十萬卷樓叢書》,所謂完善無缺,因仿雕以廣其傳者也。光緒十五年(1889),長沙胡氏元常,以楚南重刻《通鑑》,因取陸本重寫刻

① 見《宋史・藝文志》編年類。

② 見《直齋書録解題》卷四編年類。

③ 見瞿氏《鐵琴銅劍楼藏書目録》卷九。

之，謂陸氏校刻雖善，仍有誤字，今無他本可校，其的然知誤者則改之。比年海上據烏程蔣氏密韻樓所藏黄、陸相傳原本景印，傳本至廣，雖屬化身，買王得羊，亦足快意。吾家得此宋本，則爲揚州阮氏瑯環仙館舊藏，有其藏章，絲帙木函，猶是舊物。函外題字，實爲文達分書附刻，馮《序》景寫，前録嘉定錢竹汀氏《跋》文，次録文達題語，行款與前本不同。蓋史氏之書，在宋時甚行，板刻當不止一種也。王西莊鈔宋本，後歸虞山張氏，今則不知流傳何所？瞿《目》著録亦景宋鈔，竹汀所跋，則爲顧校景寫宋本，今亦不知藏於何家？然則吾家之宋刻印本，求之海内，不亦如天球河圖弘璧琬琰哉！"[①]今此宋刻宋印本，亦不知流落何所矣！

又按，今所藏善本：臺北"故宫博物院"有影宋本一部，即阮元據其所藏宋刊本影鈔進呈者，即所稱《宛委别藏》本者也。每半葉九行，行十七字，小字雙行，前有馮時行《資治通鑑釋文序》，鈐有'嘉慶御覽之印'朱文方印。載入叢刻者：清光緒中陸心源輯刊《十萬卷樓叢書》，據其所藏宋本影刊收入。光緒十五年(1889)胡元常輯刊《校刊資治通鑑全書》，所收此書，即又據陸氏所藏宋本重寫刊刻者。民國八年(1919)上海商務印書館張元濟等輯刊《四部叢刊初編》所收此書，則據蔣氏密韻樓所藏宋刊本影印。民國二十四年(1935)，商務印書館輯刊《叢書集成初編》，復收録此編。

綱目分注發微一〇卷　宋劉國器撰　未見

國器，從政郎，安吉州安定書院山長，里籍年代待考。

此書《宋史·藝文志》不著録，見明《文淵閣書目》卷六。

《文淵閣書目》卷六宙字號第一廚書目"史附"：劉國器《綱目

① 詳見《五十萬卷樓藏書目録》卷四。

發微》,一部二册,闕。”

今考瞿镛《鐵琴銅劍樓藏書目録》卷九著録鈔本《綱目分注發微》十卷,曰:“題‘從政郎安吉州安定書院山長劉國器撰’。《自序》謂‘温公書因舊史以紀事,使觀者自擇其善惡得失,以爲勸戒。朱子則言必證其事,必驗其實,理雖莫要於綱,而尤詳於目,故大書以提要,分注以備言,刊落浮辭,約歸至理,因以己意闡明其故,洵足推見朱子作書之微旨矣。’諸家書目俱不載,惟見《文淵閣書目》。此由《叢書堂本》傳録。”

按,此書今已罕見,未得經眼。

通鑑表微不著卷數　宋方澄孫撰　佚

澄孫,事迹待考。著有《絅錦集》《義莊集》《記過集》《和后村梅花百咏》等。

此書《宋史·藝文志》不著録,見《福建通志》卷六八著述興化府。

歷代紀年一〇卷　宋晁公邁撰　未見

公邁,字伯咎,咏之之子。號傳密居士,以蔭補官將仕郎。靖康初黨禁解,爲開封府刑曹。豪強無所避,性狷介,雖臨事盡職,少拂意便去,傲視憂患,卒不動心。事迹具《新修清豐縣志》。

此書《宋史·藝文志》編年類著録。

《直齋書録解題》卷四編年類著録此書,陳氏曰:“濟北晁公邁(伯咎)撰,咏之之子也。嘗爲提舉常平使者,其自爲《序》,當紹興七年(1137)。”

按,清嘉慶初,黄丕烈得錢曾舊藏宋本一部,黄氏曰:“此歷代紀年,述古堂舊物也。按是書傳布絶少,故知者頗希。余素檢《讀書敏求記》,留心述古舊物,故裝潢式樣,一見即識,然遵王所記,不甚了了。即如此書,首缺第一卷,並未標明。其云始之以正統，而後以最歷代年號終焉，似首尾完善矣。然十卷外又有最國朝典禮五葉，此附録於本書者，而《記》未之及，何耶？又按《書録解題》云：'《歷代紀年》十卷，其自爲《序》，當紹興七年(1137)。'或者此缺第一卷，故《自序》不傳爾。余友陶蘊輝爲余言：向在京師見一鈔本，是完好者，未知尚在否？俟其入都，當屬訪之。大清嘉慶元年(1796)清明前三日，棘人黄丕烈書於故居之羖恬軒。"[①]至光緒中，此宋本爲瞿鏞所得。《鐵琴銅劍樓藏書目録》卷九著録。瞿氏曰："宋晁公邁撰。案陳氏書録云：'公邁字伯咎，咏之之子，嘗官提舉司者。'所紀歷代年，首正統，自唐虞迄北宋爲七卷，次封建國號一卷，次僭據附藩鎮一卷，次盜賊外夷及見道家書者，又總録年號以終焉，末附國朝典禮數葉，載宋祖至淵聖樂舞宫殿名及郊會、拜陵、幸學、大赦、德音若而，次終以祖宗神御在京者。原注云：元稿附見逐朝册葉界行外，今存卷末。其正統每帝紀年下并載皇后帝子在朝職官若而人。後李季永《十朝綱要》，即仿其例也。其紀年號，夏諒祚有廣禧、清平二號，與《玉海》合，可補《宋史》之闕。天顯屬遼太宗，不屬太祖。遼道宗有壽昌，無壽隆，與《東都事略》《玉海》《通考》等合，可訂《遼史》之僞。是書刊於紹熙壬子(三年，1192)，後有淳熙乙未(二年，1175)晁子綺《記》及包履常《跋》。《書録》外惟見錢遵王《讀書(敏求)記》，此即述古堂藏本，當時首卷已亡，無從鈔補矣。卷首有'平江黄氏藏書'朱記。"近人傅增湘有傳録述古堂宋本之舊鈔本，每半葉十行，行十九字，有"巴陵方氏碧琳琅館珍藏秘笈""求是齋鈔校本"諸印記。[②]

又按，今諸本不知流落何所，未得經眼。

---

① 見《蕘圃藏書題識》卷二。

② 見《雙鑑樓善本書目》卷二。

中興小曆四一卷　宋熊克撰　輯

克,字子復,建陽人,初知諸暨縣。孝宗時,官至起居郎,兼直學士院,出知台州,卒。克居官以清介稱,博學強識,著《九朝通略》《鎮江志》《京口詩集》《館學喜雪唱和詩》等。事迹具《宋史》卷四四五、《宋史新編》卷一七一、《南宋書》卷三七、《宋中興學士院題名録》《南宋館閣續録》及《南宋文範》等書。

此書《宋史・藝文志》編年類著録。

《直齋書録解題》卷四編年類著録此書四十一卷,陳振孫曰:"熊克撰。克之爲書,往往疏略多牴牾,不稱良史。"

《四庫全書總目》卷四七著録《中興小紀》四卷,《提要》曰:"是編排次南渡以後事迹,首建炎丁未(元年,1127),迄紹興壬午(三十二年,1162),年經月緯,勒成一書。宋制,凡累朝國史,先修日紀,其曰小紀,蓋以別於官書也。陳振孫《書録解題》稱克之爲書往往疏略多牴牾,不稱良史。岳珂《桯史》亦摘其記金海陵南侵,誤以薰風殿之議與武德殿之議併書於紹興二十八年(1158),合而爲一,蓋以當時之人,記當時之事,耳目既有難周,是非尚未論定,自不及李心傳書纂輯於記載詳備之餘。然其上援朝典,下參私記,綴緝聯貫,具有倫理,其於心傳之書,亦不失先河之導。創始難工,固未可一例論也。《宋史・藝文志》載克所著尚有《九朝通略》一百六十八卷,今《永樂大典》僅存十有一卷,首尾零落,已無端委。僅此書尚爲完本,惟原書篇第爲編纂者所合併,舊目已不可尋。今約略年月,依《宋史》所載原數,仍勒爲四十卷。"

按,此書《直齋書録解題》及《宋史・藝文志》並作四十一卷,《四庫全書》所著録者則爲四十卷,《提要》云"依《宋史》所載原數,仍勒爲四十卷",蓋館臣偶疏也。

又按,此書書名,《直齋書録解題》《玉海》《文獻通考》及《宋史·藝文志》等,並作《中興小曆》,惟《四庫全書》本作《中興小紀》,近人余嘉錫先生謂蓋避清高宗名諱而改。其言曰:"《宋史·藝文志》編年類,熊克《中興小曆》四十一卷。《書録解題》卷四、《通考》卷一百九十三同。李心傳《建炎以來朝野雜記》卷六,亦作《中興小曆》。《玉海》卷四十七云:'熊克《中興紀事本末》,一名《中興小曆》。'然則此書本名《小曆》,並無小紀之名。且宋制累朝未修實録之前,先修日曆,有日曆所,隸秘書省,其沿革見於《宋史·職官志》,其故事存於《宋會要》第七十册,亦無所謂《日紀》。疑《提要》此條乃館臣避高宗御名改《曆》爲《紀》。考歷代因避諱而改書名者,固多有之,然大抵以義近之字爲代,如唐太宗諱世之字曰代,諱民之字曰人,改《世本》爲《代本》,《四民月令》爲《四人月令》。唐高宗諱治之字曰理,改《群書治要》爲《群書理要》是也。未有隨意取一字以爲代者。曆字以歷字代,著於功令。即以《總目》本卷言之,其《繫年要録》《編年編要》《靖康要録》條下,《提要》皆有'日歷'字,未嘗改爲'日紀',再以"天文算法類"言之,其著録之書,有《聖壽萬年歷》《律歷融通》《古今律歷考》《歷體略》《歷象考成》《歷算全書》《大統歷志》《勿菴歷算書記》等,皆只用代字,未嘗改其書名,乃獨於此書,忽别創一例,改'曆'爲'紀',按之功令既不合,推之全書復不通,可謂進退失據,自相牴牾者矣。余嘗舉以告張孟劬爾田,孟劬云:'想是因御名之上加一小字,嫌於不敬也。'斯言近之。"[①]

又按,陳振孫謂此書"往往疏略多牴牾,不稱良史。"而《提要》則多迴護之,至謂於心傳之書,不失爲先河之導。於此,余氏辨之曰:"案《朝野雜記》云:'商人戴十六者,私持子復(熊克

① 見《四庫提要辨證》卷四。

字)《中興小曆》及《通略》等書渡淮,盱眙軍以聞。遂令諸道帥臣察郡邑書坊所鬻及事干國體者,悉令毁棄。《中興小曆》者,自建炎初元至紹興之季年,雖已成書,未嘗進御。其書多避就不爲精博,非《長編》之比。'可見李心傳於此書頗致不滿。其作《繫年要録》駁正《小曆》之誤,幾於指不勝屈。心傳之書,自是以李燾《長編》爲法,不假此爲先河之導也。"①

又按,明《文淵閣書目》卷五著録《宋中興小曆》,注云:"一部十册,闕。"是正統年間此書已罕見。清乾隆年間編《四庫全書》時,自《永樂大典》録出。《皕宋樓藏書志》卷二〇及《鐵琴銅劍樓藏書目録》卷九所著録者,並係從《四庫本》傳録者。今所藏善本:臺北"國家圖書館"有傳鈔《四庫全書》本一部,係前國立東北大學寄存者。又有清蕭山汪氏環碧山房鈔本一部,中有清徐時棟手書題記一則,云:"《中興小紀》四十卷,六本,蕭山汪氏抄本,同治乙丑(四年,1865)二月二十有七日,城西草堂徐氏收藏,十一月十四日重補斷線。此書當從文淵閣借鈔,閣本必有《提要》,而此無之,何也?去年小除,余嘗購《小紀》殘本二十卷,謄寫較此本爲精工,而每遇脱誤,試讎對之,兩本皆同,蓋是同出一本者耳。十七日時棟記。"臺北"故宫博物院"有清文淵閣《四庫全書》本一部。收入叢刻者:清光緒中廣雅書局輯刊《廣雅書局叢書》及民國二十四年(1935)上海商務印書館輯《叢書集成初編》,並收録此書。

九朝通略一六八卷　宋熊克撰　佚

克,字子復,建陽人,初知諸暨縣。孝宗時,官至起居郎,兼直學士院。出知台州,卒。克居官以清介稱,博學強識,著《中興小紀》《鎮江志》《京口詩集》《館學喜雪唱和詩》等書。事迹

---

① 見《四庫提要辨證》卷四。

具《宋史》卷四四五、《宋史新編》卷一七一、《南宋書》卷三七、《宋中興學士院題名録》《南宋館閣續録》及《南宋文範》等。

此書《宋史·藝文志》編年類著録。

《直齋書録解題》卷四編年類著録《九朝通略》一百六十八卷，陳氏曰："起居郎建安熊克(子復)撰。"

《玉海》卷四七"淳熙九朝通略"條云："十一年(1184)十二月四日，知台州熊克上《九朝通略》一百六十八卷，一百册，詔遷一官。仿《通鑑》之體，作《繫年》之書，一載釐爲一卷。簡要不如徐度之《紀》，詳備不如李燾之《編》。"

按，《宋史·熊克傳》謂克博聞强記，自少至老，著述外無他嗜，尤淹習宋朝典故，有問者酬對如響。克於高宗紹興中進士及第，兹編淳熙中所上，則所謂九朝者，當指北宋九朝也。

又按，《玉海》云兹編簡要不如徐度之《紀》，詳備不如李燾之《編》。燾之《續資治通鑑長編》，其精詳固無論矣。度之《國紀》六十五卷在當世稱其詳略頗得中，[1]惜今已不傳。

又按，宋陳均嘗編《皇朝編年舉要》及《備要》二書，宋劉爚《雲莊集》卷五載其序云："莆田陳君均，以其所輯《皇朝編年舉要》與《備要》之書，合四十八卷踵門而告曰：'均之幼也，侍從祖丞相正獻公獲觀國朝史録諸書，及眉山李氏《續通鑑長編》，意酷嗜之。獨患篇帙之繁，未易識其本末，則欲删繁撮要爲成書一，以便省閲，時方從事舉子業，未之能也。晚滯場屋，決意退藏林壑間，又以出入當世名流之門，得盡見先儒所纂次，若司馬文正公之《稽古録》、侍郎徐公度之《國紀》以及《九朝通略》等書，亡慮十數家，博考而互訂之，於是輯成此編。大綱本李氏，而其異同詳略之際，則或參以他書。'"知陳

① 《直齋書録解題》著録《國紀》五十八卷，陳氏曰："其書詳略頗得中，而不大行於世，鄞學有魏邸舊書傳得之。"

均之書,曾采熊氏之書,今則並陳書亦久佚矣。

又按,明《文淵閣書目》卷五宇字號第六廚書目著録宋《九朝通略》一部十二册闕,知此編明正統間已罕見矣。

中興小曆四一卷　宋熊克撰　輯

克有《九朝通略》一六八卷已著録。

此書《宋史·藝文志》編年類著録。

按,此書一名《中興紀事本末》,載南渡以後事迹,《直齋書録解題》謂其往往疏略多牴牾,不稱良史。明《文淵閣書目》卷五著録宋《中興小曆》,一部十册,闕,是明正統年間此書已罕見,惟《永樂大典》尚載之,然原書篇第爲編纂者所合,併書目已不可尋。清四庫館臣據大典所載,約略年月,釐爲四十卷。《鐵琴銅劍樓書目》著録此書鈔本,即從四庫輯本鈔録者。今所見《廣雅書局叢書》本,叢書集成叢編本,並據四庫輯本影印或排印。

資治通鑑舉要曆八〇卷　宋司馬光撰　佚

光,字君實,陝州夏縣人。七歲凛然如成人,聞講《左氏春秋》,愛之,退爲家人講,記了其大旨,自是手不釋書,至不知寒暑饑渴。寶元初進士甲科,初奉禮郎,歷同知諫院。仁宗時請定國嗣。神宗時爲御史中丞,以議王安石新法,不合,去。居洛十五年,絶口不論政事。哲宗初起爲門下侍郎,拜尚書左僕射,悉去新法之爲民害者,在相位八月,卒,年六十八,贈太師温國公,謚文正。居涑水鄉,世稱涑水先生。著《易説》《繫辭説》《中庸大學廣義》《古文孝經指解》《切勻指掌圖》《切勻類編》《資治通鑑》《通鑑前例》《稽古録》《歷年圖》《通鑑節要》《帝統編年紀事珠璣》《歷代累年》《涑水記聞》《百官公卿表》《官制遺稿》《書儀》《涑水祭儀》《居家雜説》《家範》《宗室世表》《潛虚》《文中子傳》《楊子四家集注》《太玄經集注》《老子道德經注》《游山行記》《投壺新格》《醫問》《詩話》《三家冠婚喪祭典》《紹聖三公詩》《日録》文集等。事迹具《宋史》卷三三六、《宋史新編》卷一一二、《東都事略》卷八七上、《名臣碑傳琬琰集》上集卷六、《三朝名臣言行録》卷七、《元祐黨人傳》卷一等書。

此書《宋史・藝文志》編年類著録。

《郡齋讀書志》卷五編年類著録《通鑑舉要曆》八十卷,晁氏曰:"右皇朝司馬光撰。《通鑑》奏御之明日,輔臣亟請觀焉,神宗出而示之,每編始末,識以'睿思殿寶章',蓋尊寵其書如此。"袁本下有:公尚患本書浩大,故爲舉要云。

《直齋書録解題》卷四編年類亦著録此書八十卷,陳氏曰:"司馬光撰。《通鑑》既成,尚患本書浩大難領略,而目録無首尾,晚著是書以絶二累。其藁在晁説之(以道)家,紹興初謝克家(任伯)得而上之。"

是知兹編之作,以《通鑑》本書"浩大難領略,目録無首尾"也。《玉海》卷四七亦曰:"光編集《通鑑》既成,撮精要之語爲目録三十卷,晚病目録太簡,更著《舉要曆》八十卷而未成。"知兹編當時僅稿成而未及刊行,至紹興初謝克家始得其稿而上之,淳熙間光曾孫伋始爲之梓行。

朱熹於淳熙十一年(1184)序其書,言其始末綦詳,曰:"清源郡舊刻温國文正公之書,有文集及《資治通鑑舉要曆》皆八十卷,《曆》篇之首,有紹興參知政事上蔡謝公克家所記,於其删述本指、傳授次第,以及宣取投進所以然者甚悉。然其傳佈未廣,而朝命以其版付學省,則下吏不謹,乃航海而没焉,獨文集僅存,而歷數十年,未有能補其亡者。淳熙壬寅(九年,1183),公之曾孫龍圖閣待制伋來領郡事,始至而視諸政府,則文集者,亦以漫滅而不可讀矣。乃用舊家本讎正,移之别版,且將次及舉要之書而未遑也。一日過客有以爲言者,龍圖公瞿然曰:'吾固已志之矣。'亟命出藏本刻焉,逾年告成,則又以書來語熹曰:'是書之成,不惟區區得以嗣承先志,而修此邦故事之闕,抑亦吾子之所樂聞也。其爲我記其後。'熹竊聞之,《資治通鑑》之始奏篇也,神宗皇帝實親序之,則既有博而得要,簡而周事之褒矣。然公之意猶懼夫本書之所以提其要者有未切也,於是乎有目録之作,以備檢尋。既又懼夫目之所以周於事者有未盡也,於是乎有是書之作,以見本末。蓋公之所以忠君愛國,稽古陳謨之意,丁寧反復,至於再三,而不能已,尤於此書見之。顧以成之之晚,既未及以聞於上,而黨論繼作,科禁日繁,則又以不得布於下。是以三十餘年之間,學士大夫,進而議朝,退而語家,皆不克以公書從事,而背道反理之言盈天下,其效至於讒諛得志,上下相蒙,馴致禍亂有不可忍言者。然後凡公所陳,符驗彰灼,而其出於煨燼之餘者,乃得進登王府,啓迪天衷,既以助成皇家再造之業,而其摹印誦習,又得以垂法戒於無窮。蓋公之志於此亦庶幾少伸,不幸中間又更放失,以迄於今,乃有賢孫適守兹土,然後復得大傳於世,以永休烈。熹誠樂其事,而又竊有感焉,因悉著其説以附書後,後之君子,盍亦視其書之顯晦,而考其所以關於時運者爲如何。則公之所爲,反復再三而不能自已之心,當有可爲太息而流涕者矣。"①

歷年圖六卷　宋司馬光撰　佚

帝統編年紀事珠璣十二卷　宋司馬光撰　佚

歷代累年二卷　宋司馬光撰　佚

光有《資治通鑑舉要例》八〇卷已著録。

---

① 載《朱文公文集》卷七十六。

右三書《宋史·藝文志》編年類著録。

按,此三書《宋史·藝文志》分别著録,然三者相關,故今彙集一處,俾便考述。

《玉海》卷四七"歷年圖"條云:"司馬光讀史,患其文繁事廣,不能得其綱要,又諸國分列,歲時先後,參差不齊,乃採共和以來訖五代,略記國家興衰大迹,集爲五圖,每圖分爲五重,每重爲六十行,每行記一年之事,其年取一國爲主,而以朱書他國元年綴於其下,凡一千八百年,曰歷年圖。"

又同書卷五六"治平歷年圖"條云:"治平元年,一云三月十四日。司馬光自周威烈王二十三年,盡周顯德六年,爲歷年圖五卷,凡一千三百六十二年。略舉每年大事編次爲圖上之,以便觀覽,每年一行,六十行爲一重,六重爲一卷,言人君之德三:仁、明、武,人君之才五:創業、守成、陵夷、中興、亂亡。今本六卷,一云七卷,起共和庚申,訖顯德己未,上下凡千有八百年。自威烈二十二年上距共和元年,增多四百三十有八年,蓋晚年所修。劉攽易其名曰《帝統編年紀事珠璣》,第爲十卷,以著論爲一卷,總十一卷,首卷序三皇,迄皇朝世次大略,《歷年圖》所無。"

據《玉海》所云,知《歷年圖》一書有多本:或五卷、或六卷、或七卷,今《宋史·藝文志》所著録者爲六卷之本,又劉攽增益其書,易名爲《帝統編年紀事珠璣》,然卷數與《宋史·藝文志》所著録者不合。

《直齋書録解題》卷四著録《累代歷年》二卷,陳氏曰:"司馬光撰。即所謂《歷年圖》也。治平初所進,自威烈王至顯德,本爲圖五卷,歷代皆有論,今本陳輝(晦叔)所刻,而自漢高帝始。"

按,《宋史·藝文志》作《歷代累年》,《直齋書録解題》則作《累代歷年》。又《歷年圖》本六卷(陳氏所見之本爲五卷。),陳輝删自漢高帝始,易其名稱爲二卷。

今檢司馬光《稽古録》卷十六載《進〈歷年圖〉表》,於撰書緣起及内容等言之極審,云:"臣光拜手稽首曰:臣聞《商書》曰:與治同道,罔不興;與亂同事,罔不亡。終始慎厥與,惟明明后。《周書》曰:'我不可不監于有夏,亦不可不監于有商。我不敢知曰,有夏服天命,惟有歷年,我不敢知曰,不其延,惟不祇厥德,乃早墜厥命。我不敢知曰,有商受天命,惟有歷年;我不敢知曰,不其延,惟不祇厥德,乃早墜厥命。'祐案:書章句並據屈翼鵬師《尚書釋義》。蓋言治亂之道,古今一貫,歷年之期,惟德是視而已。臣性愚學淺,不足以知國家之大體,然竊以簡策所載前世之迹占之,輒敢昧死妄陳一二。夫國之治亂,盡在人君,人君之道有一,其德有三,其才有五,何謂人君之道?一曰用人是也。蕞爾之國,必有正直忠信之士焉,必有聰明勇果之士焉。正直忠信之謂賢,聰明勇果之爲能。彼賢能者,衆民之所彼從也,猶草木之有根柢也。得其根柢,則其枝葉安適哉?故聖王所以能兼制兆民,包舉宇内,而無不聽從者,此也。凡用人之道,採之欲博,辨之欲精,使人欲適,任之欲專。採之博者,無求備於一人也,收其所長,棄其所短,則天下無不可用之人矣。辨之精者,勿使名眩實、僞冒真也。聽其言,必察其行;授其任,必考其功,則群臣無所匿其情矣。使之適者,用不違其才也。仁者使守,明者使治,智者使謀,勇者使斷,則百職無不舉矣。任之專者,勿使邪愚之人敗之也。苟知其賢,雖愚者日非之而不顧,苟知其正,雖邪者日毁之而不聽,則大功無不成矣。然後爲之高爵厚禄,以勸其勤,爲之嚴刑重誅,以懲其慢。賞不私於好惡,刑不遷於喜怒。如是,則下之人,懷其德,而畏其威,樂爲用而不敢欺。譬如乘堅車,執六轡,奮長策,以立於康莊之途,安有不至者哉?此人君之要道也。何謂人君之德三?曰仁、曰明、曰武。仁者,非嫗煦姑息之謂也;興教化,修政治,養百姓,利萬物,然後可以爲仁。明者,非巧譎苛察之謂也;知道義,識安危,别賢愚,辨是非,然後可以爲明。武者,非強亢暴戾之謂也;惟道所在,斷之不疑,奸不能惑,佞不能移,然後可以爲武。是故,仁而不明,猶有良田,而不能耕也。明而不武,猶視苗之穢,而不能芸也。武而不仁,猶知穫而不知種也。三者皆備,則國治強,闕一則衰,闕二則危,皆無一焉則亡:此人君之三德也。何謂人君之才五?曰創業、曰守成、曰陵夷、曰中興、曰亂亡。創業者,智勇冠一時者也。王者經綸之初,土無定所,民無定分,英雄相與角逐而爭之,才相偶則爲二,相参則爲三,愈多則愈分,故非智勇冠一時,莫能一天下也。守成者,中才能自修者也。王者動作云爲,得之近,而所利遠,失之微,而所害大,故必兢兢業業,以奉祖考之法度,弊則補之,傾則扶之,不使耆老有歎息之音,以爲不如昔日之樂,然後可以謂之能守成矣。陵夷者,中才不自修者也。習於宴安,樂於怠惰,人之忠邪,混而不分;事之得失,置而不察。苟取目前之佚,不思永遠之患。日復一日,使祖考之業,如丘陵之勢,稍頹靡而就下,曾不自知,故謂之陵夷也。中興者,才過人而善自強者也。雖以帝王之子孫,而能知小人之艱難,盡群下之情僞,其才固已過人矣。又能勤身克意,尊賢求道,見善則遷,有過則改。如是則雖亂必治,雖危必安,雖已衰必復興矣。亂亡者,下愚不可移者也。心不入德義,性不受法則,舍道以趨惡,棄禮以縱欲。讒諂者用,正直者誅,荒淫無厭,刑殺無度,神怒不顧,民怨不知。如是而有敵國,則敵國喪之;無敵國,則下民叛之。禍不外來,必自内興矣:此人君之五才也。夫道有失得,故政有治亂;德有高下,故功有小大;才有美惡,故世有興衰;上自生民之初下逮天地之末,有國家者,雖變化萬端,不外是矣。三王之前,見於《詩》《書》《春秋》,愚臣不敢復言。今採戰國以來,至周之顯德,凡小大之國,所以治亂、興衰之迹,舉其大要,集義爲圖。每年爲一行,六十行爲一重,五重爲一卷,其天下離析之時,則置一國之年於上,而以朱書諸國之君,及其元年,繫於其下,從而數諸國之年,則皆可知矣。凡一千三百六十有二年,離爲五卷,命曰《歷年圖》。敢再拜稽首上陳於黼扆,庶幾觀聽不勞,而聞見甚博。善可爲法,惡可爲戒,知自古以來,治世至寡,亂世至多,得之甚難,失之甚易也。恭惟國家承百王之弊,接五代之亂,宇縣分裂,干戈日尋,藩臣驕恣,元元憔悴。太祖宵衣旰食,櫛風沐雨,勤求賢俊,明慎誅賞。收支郡,任文臣,以消方鎮之權。舉公廉,除貪污,以厲州縣之吏。選精鋭,嚴階級,以治戰鬥之士。省賦役,恤刑罰,以撫農桑之民。内政既成,乃修外事。近者既悦,乃詰遠人。故傳檄而下荊湖,顧盼而克巴蜀,叱咤而平嶺表,指麾而定江南。大勳未集,太宗繼統,述修前緒,閩越句吴,皆獻地入朝,西登太行,而晋人自縛。蓋自宋興二十年,然後大禹之迹,復混而爲一,以至於今,八十有五年矣。朝廷清明,四方無虞,戎狄順軌,群生遂性,民有自高曾以來,未嘗識戰鬥之事者。蓋自古太平,未有若今之久也。《易》曰:'君子安不忘危,存不忘亡,治不忘亂。'《周書》曰:'制治於未亂,保邦於未危。'今人有十金之産者,猶知愛之,況爲天下富庶治安之主,以承祖宗光大完美之業? 嗚呼,可不戒哉! 可不慎哉!"

又《温國文正司馬公集》卷六六載記《曆年圖》後,云:"光頃歲讀史,患其文繁事廣,不能得其綱要。又諸國分列,歲時先後,參差不齊。乃止採共和以來,下訖五代,略記國家興衰大迹,集爲五圖,每圖分爲五重,每重爲六十行,每行記一年,其年取一國爲主,而以朱書他國元年綴於其下,蓋欲指其元年,以推二三五,則從可知矣,凡一千八百年,命曰《曆年圖》。其書雜亂無法,聊以私便於討論,不敢廣布於它人也。不意趙君乃摹刻於版傳之,蜀人梁山令孟君得其一通以相示。始光率意爲此書,苟天下非一統,則漫以一國主其年,固不能辨其正閏,而趙君乃易其名曰《帝統》,非光志也。趙君頗有所增損,仍變其卷帙,又傳寫多脱誤,今此淺陋之書,既不可掩,因刊正使復其舊而歸之。"

按,《玉海》卷四七治平《歷年圖》條,謂劉攽易其名曰《帝統編年紀事珠璣》,而温公則謂趙君,未指其名,光之書爲他人增損,其所指必有據,則《玉海》所引,不知何所據也。

通鑑節要六〇卷　舊題宋司馬光撰　佚

光有《資治通鑑舉要例》八〇卷已著録。

此書《宋史·藝文志》編年類著録。

《郡齋讀書志》卷五著録《通鑑節文》六十卷,晁氏曰:"右題司馬温公自鈔纂《通鑑》之要,然實非也。"

《宋史·藝文志》作節要,晁《志》作節文,當是一書。公武謂其非光自纂,是也。宋黄震《黄氏日鈔》卷三八"晦菴先生語類續集歷代史"條亦云:"温公無自節《通鑑》,今所有者是僞本。"

按,元好問嘗序戈唐佐《諸家通鑑節要》一百二十卷云:"汝下戈唐佐集諸家《通鑑》成一書,以東萊吕氏《節要》爲斷,增入外紀、甲子、譜年、目録、考意、舉要、歷法,及與道原史事問答,古輿地圖、帝王世系、釋音、温公以後諸儒論辨,若事類,若史傳,終始括要,又皆科舉家附益之者,爲卷百有二十,凡二百餘萬言。……然則,疑玆編亦當時科舉家所鈔纂者也。"

疑年譜一卷　宋劉恕撰　佚

恕,字道源,筠州人,少穎悟,書過目即成誦,年十三應制科,未冠舉進士,調鉅鹿主簿,和川令。王安石與之有舊,欲引寘三司條例,恕以不習金穀爲辭,因言:"天子方屬公大政,宜恢張堯舜之道,以佐明主,不應以利爲先。"面刺其過,安石怒,變色如鐵,恕不少屈,遂與之絶。官至秘書丞,卒年四十七。著有《資治通鑑外紀》《通鑑問疑》《十國紀年》等。事迹具《宋史》卷四四四、《宋史新編》卷一七一、《東都事略》卷八七、《名臣碑傳琬琰集》中編卷三八、《三朝名臣言行録》卷一四等書。此書《宋史・藝文志》編年類著録。

《直齋書録解題》卷四編年類著録《疑年譜》一卷《年略譜》一卷雜年號,陳氏曰:"劉恕撰。謂《春秋》起周平、魯隱,《史記》本紀自軒轅,列傳首伯夷,年表起共和,共和至魯隱,其間七十一年,即與《春秋》相接矣。先儒叙庖犧女媧,下逮三代享國之歲,衆説不同,懼後人以疑事爲信書,穿鑿滋甚,故周厲王以前三千五百一十九年爲《疑年譜》,而共和以下至元祐壬申,一千九百一十八年爲《年略譜》,大略不取正閏之説,而從實紀之。四夷及寇賊,僭紀名號,附之於末。"

《玉海》卷四七云:"恕謂先儒叙包羲女媧,下逮三代享國之歲,惟大庭至無懷氏無年,而有總數,及後世計堯舜之年,衆説不同,三統歷次夏商西周,與《汲冢紀年》及商歷差異。故載周厲王以前三千五百一十九年爲譜。"

按,司馬光作《通鑑》,託始於周威烈王命韓趙魏爲諸侯,下訖五代。恕嘗語光:"曷不起上古或堯舜?"光答以事包春秋不可,又以經不可讀,不敢始於獲麟。恕意謂闕漏,因撰《資治通鑑外紀》十卷,起三皇五帝,止周公和,載其世次而已,起共和庚申,至威烈王二十二年丁丑四百三十八年爲一編。今

《外紀》猶存,而《疑年譜》則亡佚。不然,兩編合觀,上古之史事當更易明也。

繫年録一卷　宋王巖叟撰　佚

巖叟,字彦霖,大名清平人,幼時語未正,已知文字。年十八,應明經科,省試廷對皆第一。哲宗初爲侍御史,累數十疏論蔡確罪狀,帝嘉其直,遷右丞,未幾擢知樞密院。巖叟居言職五年,正諫無隱,後劉摯爲御史鄭雍所擊,巖叟上書論救,御史遂指爲黨,罷爲端明殿學士,徙知河陽,數月卒,年五十一。著有《元祐時政記》《韓琦别録》等。事迹具《宋史》卷三四二本傳。

此書《宋史·藝文志》編年類著録。

按,此書《宋志》以外,諸家書目罕見。

元祐時政記一卷　宋王巖叟撰　佚

巖叟有《繫年録》一卷已著録。巖叟於元祐年間爲侍御史,又知樞密院,兹編殆纂當時之政事。

此書《宋史·藝文志》編年類著録。

按,宋汪應辰《文定集》卷一〇《跋蔡京乞焚毁元祐時政記奏稿》曰:"一朝議論其可傳於後世者,燔毁無餘,然公論皦然,不與煨燼而俱化。五帝之事,千不存一;三王之事,百不存一,何足恨哉?"

知兹編爲蔡京所焚,致後世無傳本。

紹運圖一卷　宋諸葛深撰　佚

深,字通甫,元祐中人,史無傳,事迹待考。

此書《宋史·藝文志》編年類著録。

《郡齋讀書志》卷六雜史類著録《紹運圖》一卷,晁氏曰:"右未詳何人所撰。自伏羲迄皇朝神廟,武德之傳及紀事,皆著於篇云。"

《直齋書録解題》卷四編年類著録《紹運圖》一卷,陳氏曰:“諸葛深(通甫)撰,元祐中人,未詳爵里,其書頗行於世俗。”

《玉海》卷五六著録《紹運圖》一卷,云:“元祐諸葛深撰,自三皇至宋。”

按,晁公武謂未詳何人所撰,是未深考。

又按,《北史》云:“後魏張彝上《歷帝圖》五卷,起元庖犧,終于晋末,凡十六代,一百二十八帝,歷三千二百七十年,雜事五百八十九。”諸葛深之書,殆亦此類也。

歷代紀元賦一卷　宋楊備撰　佚

備,字修之,億弟,慶曆中爲尚書虞部員外郎,分司南京。著有《恩平郡譜》《蘿軒外集》《姑蘇百題詩》等。事迹具《吴中人物志》卷六、《宋詩紀事》卷一七、《景定建康志》卷四九。

此書《宋史・藝文志》編年類著録。

《郡齋讀書志》卷五編年類著録《歷代紀元賦》一卷,晁氏曰:“右皇朝楊備撰。次漢至五代正統年號爲賦一首,又别爲《宋頌》四章。”

歷代帝王年運銓要一〇卷　宋朱繪撰　佚

繪,紹興中人,官左朝請大夫,著有《事原》,里籍未詳。

此書《宋史・藝文志》編年類著録。

《直齋書録解題》卷四編年類著録《歷代帝王年運銓要》十卷,陳氏曰:“左朝請大夫朱繪撰,紹興五年(1135)序,未詳何所人。”

《玉海》卷四七“紹興歷代帝王年運銓要”條引《書目》云:“十卷,紹興初朱繪纂。以歐陽修作《正統圖》,黄帝五十六氏,一切採録,乃起自伏羲。”

通鑑釋文六卷　宋司馬康撰　佚

康,字公休,光子,幼端謹,不妄言笑,事父母至孝,敏學過人,博通左書，以明經上第。光修《資治通鑑》，奏檢閲文字。丁母憂，勺飲不入口三日，毁幾滅性。光居洛，士之從學者退與康語，未嘗不有得。以韓絳荐爲秘書，由正字遷校書郎。光薨，服除，召爲著作佐郎兼侍講，進右正言，以親嫌未就職。康自具父喪，居盧蔬食寢於地，遂得腹疾，卒年四十一。事迹具《宋史》卷三三六、《宋史新編》卷一一二、《東都事略》卷八七下、《名臣碑傳琬琰集》中編卷二三、《三朝名臣言行録》卷七、《元祐黨人傳》卷五等書。

此書《宋史・藝文志》編年類著録。

《直齋書録解題》卷四編年類著録《通鑑釋文》二十卷，陳氏曰："司諫司馬康（公休）撰，温公之子也。"

按，此書《宋史・藝文志》作六卷，陳振孫所見者則爲二十卷，宋志所著録者殆爲殘本。

又按，明《文淵閣書目》卷六著録《通鑑釋文》一部三册闕，知此書明正統年間已罕見矣。

四朝史稿五〇卷　宋李燾撰　佚

此書《宋史・藝文志》編年類著録。

燾有《宋四朝國史》三五〇卷已著録。此書或其初草也。

江左方鎮年表一六卷　宋李燾撰　佚

燾有《宋四朝國史》三五〇卷等書已著録。

此書《宋史・藝文志》編年類著録。

此書燾《神道碑》作六卷。

混天帝王五運圖古今須知一卷　宋李燾撰　佚

宋政録一二卷　宋李燾撰　佚

宋異録一卷　宋李燾撰　佚

宋年表一卷又年表一卷　宋李燾撰　佚

右四書《宋史・藝文志》編年類著録。

按,右諸書《神道碑》未載。

歷代紀年一〇卷　宋晁公邁撰　佚

公邁,字伯咎,咏之之子。號傳密居士,以蔭補官將仕郎,靖康初黨禁解,爲開封府刑曹。豪强無所避,性狷介,雖臨事盡職,少拂意便去,傲視憂患,卒不動心。事迹具《新修清豐縣志》。

此書《宋史·藝文志》編年類著録。

《直齋書録解題》卷四編年類著録《歷代紀年》十卷,陳氏曰:"濟北晁公邁(伯咎)撰,咏之之子也,嘗爲提舉常平使者,其自爲序,當紹興七年(1137)。"

宋通鑑節五卷吕氏家塾通鑑節要二四卷　宋吕祖謙撰　佚

祖謙,字伯恭,好問之孫,金華人。孝宗隆興元年(1163)進士,復中博學宏詞科,官至直秘閣著作,國史院編修,卒謚曰成,郡人祀之。祖謙以關洛爲主,而無門户之見,浸淫經史,言必有宗。朱子同時諸儒,品學足與相匹者,惟祖謙與張栻耳。著作宏富,有《古周易》《周易音訓》《周易繫辭精義》《書説》《家塾讀詩記》《春秋集解》《左傳類編》《左氏博議》《左氏説》《少儀外傳》《大事記》《東萊先生西漢財論》《歐公本末》《閫範》《紫微語録》《觀史類編》《讀書記》《宋文鑑》《十七史詳節》《東萊集》等。事迹具《宋史》卷四三四、《宋史新編》卷一六五、《南宋書》卷一〇、《皇朝道學名臣言行外録》卷一三、《南宋館閣録》《南宋館閣續録》等書。

此書《宋史·藝文志》編年類著録。

按,此二書蓋祖謙掇《通鑑》之精要爲書也。

通鑑綱目提要五九卷　宋朱熹撰　佚

熹,字元晦,一字仲晦,婺源人。中紹興十八年(1148)進士,主同安簿。孝宗時,官至兵部郎中。光宗時,官秘閣修撰。

寧宗時,焕章閣待制,除宫觀。沈繼祖誣熹十罪,罷祠,卒。韓侂胄死,賜謚曰文。理宗寶慶三年(1227)追封信國公,改徽國公。淳祐元年(1241),詔周張二程及熹從祀孔子廟。朱子品望理學,今古推崇,即文章,亦能奄有韓曾所長,爲南宋大宗。著《周易本義》《詩集傳》《儀禮經傳通解》《大學中庸章句》《論語孟子集注》《四書或問》《論孟精義》《通鑑綱目》《伊雒淵源録》《名臣言行録》《紹熙州縣釋奠儀圖》《延平問答》《近思録》《楚詞集注》《韓文考異》《晦菴集》等。事迹具《宋史》卷四二九、《宋史新編》卷一六二、《南宋書》卷四四、《皇朝道學名臣言行外録》卷一二、《慶元黨禁》及《南宋館閣續録》等書。

此書《宋史・藝文志》編年類著録。

按,今《通鑑綱目》五九卷猶存。

宋聖政編年一二卷　宋不著撰人　佚

此書《宋史・藝文志》編年類著録。

此書《宋史・藝文志》云不知作者。

建炎中興日曆一卷　宋汪伯彦撰　佚

伯彦,字廷俊,祁門人,登進士第。高宗時擢右僕射,專權自恣,不能有所經畫,尋劾罷。帝後思之,拜檢校少傅,保信軍節度使,紹興十一年(1141)卒,謚忠定。有文集。事迹具《宋史》卷四七三、《宋史新編》卷一八七、《南宋書》卷一二等書。

此書《宋史・藝文志》編年類著録。

《郡齋讀書志》卷六雜史類著録《建炎日曆》五卷,晁氏曰:"右皇朝汪伯彦撰,記太上皇登極時事。"

《直齋書録解題》卷五雜史類著録《建炎中興日曆》五卷,陳氏曰:"宰相新安汪伯彦(廷俊)撰。叙元帥開府至南都踐極。"

按,《宋史・汪伯彦傳》云:"紹興九年(1139),伯彦上所著《中興日曆》五卷。"晁《志》、陳《録》亦並作五卷,然則《宋史·藝文志》著録者乃殘本也。

通鑑總考一一二卷　宋喻漢卿撰　佚

漢卿生平待考。

此書《宋史·藝文志》編年類著録。

南北征伐編年二三卷　宋吴曾撰　佚

曾,字虎臣,崇仁人,高宗時獻所著書得官,累遷工部郎中,出知嚴州,致仕卒。著有《春秋考異》《左氏發揮》《南北分門事類》《能改齋漫録》等。事迹略具《宋史翼》卷二九。

此書《宋史·藝文志》編年類著録。

《郡齋讀書志·附志》卷上史類著録《南北征伐編年》二十三卷,趙希弁曰:"右吴曾編集。字漢獻帝迄於周世宗。其意謂《資治通鑑》征伐之事,雜見於列國言動之間,讀者不得專一稽考。至南北議論亦未詳盡,遂效其體,凡一征一伐,靡所不載。紹興辛巳(三十一年,1161),逆亮叛盟,廟堂知有是書,嘗取以備乙覽云。曾字虎臣,撫之崇仁人,京文忠公鏜爲之序。"

按,吴氏著述宏富,其《漫録》一書,世稱考證精核,今除《漫録》外,餘並亡佚。

國紀六五卷　宋徐度撰　佚

度,字敦立,睢陽人,南渡後,官至吏部侍郎,著有《卻掃編》。事迹具《宋史新編》卷一二二、《南宋館閣録》卷八。

此書《宋史·藝文志》編年類著録。

《直齋書録解題》卷四編年類著録《國紀》五十八卷,陳氏曰:"吏部侍郎睢陽徐度(敦立)撰。度,丞相處仁(擇之)之子也。其書詳略頗得中,而不大行於世,鄞學有魏邸舊書傳得之。"

《玉海》卷四七"淳熙國紀"條云:"吏部侍郎徐度著《國紀》百

餘卷,淳熙三年(1176)五月九日,李燾請給札下湖州抄録赴國史院參照,從之。”

按,《玉海》云百餘卷,《宋史·藝文志》及《直齋書録解題》所著録者分别爲六十五卷及五十八卷,此書既“不大行於世”,則宋志、陳《録》所記殆非完本。

丁未録二〇〇卷　宋李丙撰　佚

丙,昭武人,官右修職郎,事迹待考。

此書《宋史·藝文志》編年類著録。

《郡齋讀書志·附志》卷上編年類著録《丁未録》二百卷,趙希弁曰:“右右修職郎監臨安府都鹽倉李丙所編也。上帙起召王安石爲翰林學士,迄於神宗皇帝升遐。中帙起宣仁聖烈垂簾,除吕公著侍讀,迄於宣仁聖烈祔廟。下帙起李清臣進策題,迄於誅童貫。安石之召,實治平丁未之所始,故以丁未名之。”

《直齋書録解題》卷四編年類著録《丁未録》二百卷,陳氏曰:“右修職郎昭武李丙撰。自治平丁未(四年,1067)王安石初召用,迄於靖康童貫之誅,故以丁未名之。每事皆全載制詔章疏甚詳。”靖康亦丁未(二年,1127)也。

《玉海》卷四七“乾道丁未録”條云:“乾道七年(1171),同修國史趙雄言:‘右修職郎李丙嘗纂《丁未録》,起治平之末,迄靖康之初,其間議論更革,往往編年該載,乞給札繕寫。’八年(1172)六月戊戌(一云二日),詔李丙所録一百册二百卷,淹貫該博,用功甚多,特載右承事郎。丙又撰《丙申録》。”

又按,明《文淵閣書目》卷五著録宋《丁未録》一部三十册,闕,是此書明正統間已罕見矣。

國史英華一卷　宋不著撰人　佚

此書《宋史·藝文志》編年類著録。

按,玆編《宋史·藝文志》始見著録,宋志云:"不知作者。"蓋宋時人所撰。

甲子紀年圖一卷　宋何許撰　佚

許,生平待考。

此書《宋史·藝文志》編年類著録。

按,玆編《宋史·藝文志》始見著録,蓋宋時人也。

通鑑補遺一〇〇篇　宋曾慥撰　佚

慥,字端伯,公亮裔孫,初爲尚書郎,直寶文閣奉祠,博學能詩,號至游居士,閑居銀峰,集百家類説,凡六百二十餘種。著有《集仙傳》《類説(輯)》《高齋漫録》《道樞》《真誥節》《樂府雅詞》《拾遺(輯)》等。事迹略具《南宋制撫年表》。

此書《宋史·藝文志》編年類著録。

按,此書除《宋志》外,他家書目罕見著録。

讀史一〇卷　宋李孟傳撰　佚

孟傳,字文授,光幼子。光南遷之日,方六歲,以光遺表恩累官至太府丞,韓侂胄願見之,孟傳曰:"行年六十,去計已決,不敢聞也。"由是出知江州,以朝請大夫直寶謨閣致仕,卒年八十。事迹具《宋史》卷三六三、《宋史新編》卷一四九、《南宋書》卷一一等書。

此書《宋史·藝文志》編年類著録。

按,《宋史》本傳云:"有《磐溪詩》二十卷,《文稿》三十卷,《宏辭類稿》十卷,《左氏説》十卷,《讀史》十卷,《雜志》十卷。"《宋史·藝文志》但著録《左氏説》及《讀史》二書,今則並佚矣。

通鑑要覽六〇卷　宋崔敦詩撰　佚

敦詩,字大雅,本河北人,南渡後遷居溧陽,登紹興進士。著有《崔舍人玉堂類稿》《崔舍人西垣類稿》。事迹具《宋史翼》

卷二八、《宋中興學士院題名録》《南宋館閣録》《南宋館閣續録》等書。

此書《宋史·藝文志》編年類著録。

通鑑舉要補遺一二〇卷 宋胡安國撰 佚

安國,字康侯,崇安人,哲宗紹聖初廷試,親擢第三,爲蔡京所惡,除名。欽宗時除中書舍人,爲耿南仲所擠,出知通州。高宗紹興元年(1131),除給事中,卒謚文定。安國尊崇程張,深斥王安石蔡京,論者謂渡江儒者,進退合義,以安國、尹焞爲稱首。著有《春秋綱領》《春秋傳》《春秋通例》《春秋通旨》《武夷集》等。事迹具《宋史》卷四三五、《宋史新編》卷一六六、《南宋書》卷二二、《皇朝道學名臣言行外録》卷一〇、《伊雒淵源録》卷一三等書。

此書《宋史·藝文志》編年類著録。

《宋史》本傳云:"(安國)有文集十五卷,《資治通鑑舉要補遺》一百卷。"

《玉海》卷四七"乾道資治通鑑綱目"條云:紹興八年(1138),胡安國因司馬光遺稿,修成《舉要補遺》,文約而事備。乾道壬辰(八年,1172),朱熹因兩公之書,别爲義例,爲綱目五十九卷。

按,安國撰兹編之旨,詳於胡寅《斐然集》卷二十五先公行狀,云:"……文集十五卷,皆不得已而應者,靡麗無益,一語不及。每患史傳浩博,學者不知統要,而司馬公編年通鑑,正書叙述太詳,目録首尾不備,晚年著《舉要歷》八十卷,將以趨詳略之中矣,然尚有重複及遺缺者。意司馬公方事筆削,入秉鈞軸,尋薨於位,不得爲成書也。遂略用春秋條例,就三書修成一百卷,名曰《資治通鑑舉要補遺》,自爲之序,以廣司馬公願忠君父,稽古圖治之意。"

《宋史》本傳及寅撰《先公行狀》,並云一百卷,而《宋史·藝文志》著録者爲一百二十卷,疑此書既行,復有所增益也。

歷代指掌編九〇卷　宋張根撰　佚

根,字知常,饒州德興人,少入太學,元豐進士。官至淮南轉運使,屢建言皆切指時弊,權倖側目,謀所以中傷之者交上,帝察根誠,不入罪也。根性孝,父病蠱戒鹽,根爲食淡。母嗜河豚及蟹,母終,根不復食。著有《吴園易解》《春秋指南》。事迹具《宋史》卷三五六、《宋史新編》卷一二四。

此書《宋史·藝文志》編年類著録。

按,《宋史》本傳不云撰有此書。

孝宗要略初草二三卷　宋李心傳撰　佚

心傳有《寧宗實録》四九九册已著録。

此書《宋史·藝文志》編年類著録。

按,明《内閣藏書目録》卷二著録此書十册不全,是此編明萬曆間已不完矣。

大宋綱目一六七卷　宋張公明撰　佚

公明,史而傳,事迹待考。

此書《宋史·藝文志》編年類著録。

節資治通鑑一五〇卷　宋洪邁撰　佚

邁有《欽宗實録》四〇卷已著録。

此書《宋史·藝文志》編年類著録。

按,此編蓋擷《通鑑》之精要也。

太祖太宗本紀三五卷　宋洪邁撰　佚

四朝史紀三〇卷　宋洪邁撰　佚

列傳一三五卷　宋洪邁撰　佚

邁有《欽宗實録》四〇卷已著録。

右三書《宋史・藝文志》編年類著録。

按,《玉海》卷四六"淳熙修四朝史"條云:"(淳熙)十二年(1185)七月,同修史洪邁奏:'神宗至于欽宗,傳叙相授,閱六十五年,除紀志已進外,當立傳者千三百人。其間妃嬪親王公主宗室幾當其半,乞效前代諸史體例,分類載述,不必人爲一傳。'至十三年(1186)十一月,二十七日。上國史列傳一百三十五卷,目録二卷。"又云:"初,乾道二年(1166),胡元質言:三朝之史,開院纂輯,累年于兹,竊見靖康繼宣和之後,以公緒本末則相關,以歲月久近則相繼,伏望併修《欽宗帝紀》繳進,名爲《四朝國史》。四年(1168)三月二十四日,詔進呈《欽宗實録》并《本紀》已畢,就修纂四朝正史,從洪邁之請也。"又云;"十三年(1186)八月十九日,邁又請通修九朝正史,上許之。復言制作之事,已經先正名臣之手,是非褒貶,皆有據依,乞命史官無或删改,書未就,而邁去國。"是《太祖太宗本紀》三五卷一書,乃邁奏請通修九朝正史之一部份;《四朝史紀》三〇卷,即邁所請之四朝正史;《列傳》一三五卷,即國史列傳也。

太祖政要一〇卷　宋黄維之撰　佚

維之,字叔張,泉州人,紹興進士,遷國子監簿,除大理丞,後出知邵武軍,歷江西提學,皆有聲。

此書《宋史・藝文志》編年類著録。

按,《玉海》卷四九"紹興太祖政要"條引《書目》云:"一卷。紹興中秘書郎張戒采摭太祖聖政之大者,立題著論爲十四篇上之。"

《玉海》與《宋志》所著録書名同,而撰人卷數並異,是一書或二書,今已無可考矣。

國朝治迹要略一四卷　宋吕中撰　佚

中,字時可,晋江人,淳祐進士,遷國子監丞,兼崇政殿説書。奏乞晚輪二員説書,夜輪講官直宿,以備顧問。又言進講經史,乞依正文進講,不宜節貼避忌,不惟可察古今治亂,亦以革臣下諂諛之習。當路忌其直,徙汀州。著有《演易十圖》《宋大事記》《中興大事記》等書。

此書《宋史·藝文志》編年類著録。

按,此編蓋其官崇政獻説書時之講義也。

宋編年講要一〇卷　宋鄭性之撰　佚

性之,字信之,初名自誠,一字行之,號毅齋,福州人。嘉定四年(1211)進士第一,歷敷文閣待制,知建寧府。端平元年(1234)召爲吏部侍郎,入對,請開言路,以通壅蔽。立朝無所依附,累遷樞密院事,兼參知政事,加觀文殿學士,致仕。寶祐三年(1255)卒,年八十四,謚定文。事迹具《宋史》卷四一九、《宋史新編》卷一五三、《史質》卷二八、《南宋書》卷五七等書。

此書《宋史·藝文志》不著録,見《福建通志》卷六八著述福州府。

按,此書一稱《續通鑑長編要略》。今考真德秀《西山文集》卷二九載《續通鑑長編要略序》,云:"閩漕鄭公出其所定《續通鑑要略》以示僕,曰:'予之少也,受學於家庭,先君一日顧謂某曰:汝於前代諸史,概乎有聞矣。我朝治體,肩虞周而跨漢唐,汝亦嘗考其顛末否乎?某謝未能。則授以此篇,曰:讀是則知本朝之所以軼乎前代者。某受而讀之,幾三十年。顧嘗病其卷帙之浩博,欲翦繁撮要,以便省閲。壯而出仕,晚而未休,驅馳王事,力有所弗暇,間自尚書郎退佚林藪,始得從事筆硯間。蓋舊書凡若干卷,數百萬言,今所存者才三之一。

竭來閩中,橐之與俱,竊惟窮鄉後進,未能得全書者,姑即是而熟復焉,亦足以觕知其大略,故欲刻之傳之,以惠學者,何如?'僕爲拊卷而歎曰:'公之志信美矣!抑此書之傳,豈有幸於學者而已哉!《詩》不云乎,不愆不忘,率由舊章。《續鑑》一書,我祖宗之所以祈天永命,植國于千萬祀者,莫不在焉。近世儒臣,有請命經筵,節略其書,以奉一覽者,卒未之果。今天子垂精典學,有高宗成王之風,誠得是書,日陳于前,則所以發天聰而濬治源者,其何可稱數,故願不徒廣書肆之傳,要必以備公車之奏,公倘有意乎?'公曰:'此非予所敢言,雖然,食芹而思獻者,臣子之志也,請以子意冠于篇首,予將有待焉。'僕曰唯唯。紹定五年(1232)十月日建安真某序。"知此書係就李燾《續資治通鑑長編》一書,撮其大要而成書者也。

又按,真氏所撰此書之序文,亦見於劉爚《雲莊集》卷五,惟文末無"紹定五年十月日建安某序"十二字。考劉爚卒於嘉定九年(1216),而此序寫於紹定五年(1232),當係後人輯刊《雲莊集》時誤入也。

又按,此書歷來書目罕見著録,當時或僅流傳於閩地,傳佈不廣歟。

丙丁龜鑑五卷　宋柴望撰　存

望,字仲山,號秋堂,衢州江山人。紹定、嘉熙間爲太學上舍生,除中書,奏名。淳祐六年(1246)丙午元日日食,詔求直言,上所著《丙丁龜鑑》,忤時相意,詔府下獄,趙節齋疏救,得放歸田里,因又號歸田。景炎二年(1277)薦授迪功郎,國史館編校,宋亡不仕,自稱"宋逋臣"。與從弟隨亨、元亨、元彪爲柴氏四隱。元至元十七年(1280)卒,年六十九。著有《秋堂集》《道州臺衣集》《咏史集》《柴氏四隱集》等。事迹具《宋元學案補遺别附》卷二、《全宋詞》卷四、《宋詩紀事》等書。《秋堂集》附載《柴秋堂墓誌銘》。

此書《宋史・藝文志》不著録,見《千頃堂書目》卷四編年類。

按,兹編以丙丁爲名者,蓋秦漢以迄五代,每當丙午丁未歲,多有災異兵革之事,此書即摭丙丁之事,以爲治世之龜鑑。卷前有序,於撰書之旨,説之綦詳,曰:“臣望,聞以銅爲鑑,可知妍醜;以人爲鑑,可知得失;以古爲鑑,可知治亂。人主任社稷之重,寄億兆姓之休戚,其於歷代之盛衰,尤當究心者,故人主不可不觀史,觀史則儆省之功深矣。昔唐仇士良,教其黨以固權寵之術,曰天子不可令閑,常宜以奢靡娱其耳目,無暇他事,则吾輩可以得志,勿使讀書,親近儒生,彼見前代興亡,知心憂懼,則吾輩斥矣。士良爲計,不欲人主讀書,正欲愚人主之耳目,蔽人主之聰明也。巧矣哉!臣亹亹忠赤,無以自見,每有嫠不恤緯,憂在宗周之心,況當丙午丁未之厄歲,而又日蝕元旦,昭示譴告,殆如杞國憂天,不遑寧處,臣不佞,遂遍搜諸史,竊惟是歲爲厄,從古而然。帝王之代,史籍略而不書,今自秦漢而下數之,至於五代,爲丙午丁未者凡二十有一,上下通一千二百六十載,災異變故,不可枚舉,獨漢延熹丙午(九年,166)朔,日有食;晋太康丙午(七年,286)丁未(八年,287)朔,日皆食,信乎陰陽之有數也。然數生於理,理有是非得失,則數有吉凶禍福,自昔變異以來,未有不兆於人爲者。帝王盛時,格心有道,則變異疏;帝王以後,格心無術,則變異密,丙丁之厄,皆厄也。其厄於延熹者,以延熹之時,小人之厄君子也。其厄於太康者,以太康之朝,夷狄之厄中國也。臣故摭其實,目曰《丙丁龜鑑》,釐爲十卷,卷各有事,事各有斷,凡所以致變之因與消變之由者,瞭然在目,則求天於天者,果不若求天於我;求數於數者,果不若求數於理，是爲得之，亦知有天下者，知天根於我，數根於理，必以是書而盡見，且知人主一日不可不觀史也，臣故總其説而爲之。"知此書本作十卷，今存諸本並作五卷者，蓋析併不同故也。

又按，今檢洪邁《容齋五筆》卷一〇"丙午丁未"條云："丙午丁未之歲，中國遇此，輒有變故，非禍生於内，則夷狄外侮，三代遠矣，姑摭漢以來言之：高祖以丙午崩，權歸吕氏，幾覆劉宗。武帝元光元年爲丁未，長星見，蚩尤旗亙天，其春戾太子生，始命將出征匈奴，自是之後，師行三十年，屠夷死滅，不可勝數，及於巫蠱之禍，太子子父皆敗。昭帝元平元年丁未，帝崩，昌邑立而復廢，一歲再易主。成帝永始二年三年爲丙午丁未，王氏方盛，封莽爲新都侯，立趙飛燕爲皇后，由是國統三絶，漢業遂頽。雖光武建武之時，海内無事，然勾引南匈奴稔成劉淵亂華之釁，正是歲也，殤帝、安帝之立，值此二年，東漢政亂，實基於此。威帝終於永康丁未，孝靈繼之，漢室滅矣。魏文帝以黄初丙午終，明帝嗣位，司馬氏奪國，兆於此時。晋武太康六年七年，惠帝正在東宫，五胡毒亂，此其源也。東晋訖隋，南北分裂，九縣飆回，在所不論，唐太宗貞觀之季，武氏已在後宫，中宗神龍景龍其事可見。代宗大歷元二，大盜初平，而置其餘孽於河北，強藩悍鎮，卒以亡唐。寶曆丙午，敬宗遇弑，大和丁未是爲文宗，甘露之悲，至於不可救藥。僖宗光啓之際，天下固已大亂，而中官劫幸興元襄王煴僭立，石晋開運，遺禍至今。皇朝景德，方脱契丹之擾，而明年祥符，神仙宫觀之役崇熾，海内虚耗。治平丁未，王安石入朝，惛亂宗社。靖康丙午，都城受圍，逮于丁未，汴失守矣。淳熙丁未，高宗上仙。總而言之，大抵丁未之災，又慘於丙午，昭昭天象，見於運行，非人力之所能爲也。"邁書早於柴氏書,知柴氏或據邁意廣而成此編也。

又按,柴氏既上兹編,以忤時相意而下獄事,王應麟《困學紀聞》卷二〇云:"淳祐丙午,衢士柴望上《丙丁龜鑑》,其表云:'今來古往,治日少而亂日多,主聖臣賢,前車覆而後車誡。'"知或係進書表語忤當道之意也。又檢《宋詩紀事》卷六五録柴詩六首:《月夜溪莊訪舊》《靈芝寺别祖席諸友》《和王景陽越中寄别韻》《送宋南山開蜀閫》《沛中歌》,此六詩並從《柴氏四隱集》録出。《靈芝寺别祖席諸友》一詩末厲鶚注云:"淳祐六年,秋堂以上《丙丁龜鑑》下獄,趙京尹節齋疏救之,放歸田里,設祖道涌金門外者,爲三山鄭震、紹武吴陵、建安葉元素、松溪朱繼芳、錢唐翁孟寅、田井、陳麟、黄溙、南唐馮去辨、西江趙崇嶓、曾原一、盱江黄載、汶陽周弼,時晚色涵岫,商飆振林,各賦詩爲别。見蘇幼安所撰墓誌中。靈芝寺正在涌金門外。"

又按,此書之單刻本今已罕見。收入叢刻者有《寶顔堂秘笈》本、《詒經堂叢書》本及《叢書集成初編》本,並五卷,後附《續録》一卷,則元人所撰。

皇朝編年備要三〇卷　宋陳均撰　存

皇朝編年舉要三〇卷　宋陳均撰　佚

均,字平甫,號雲巖,又號純齋,福建莆田人,丞相俊卿之從孫。濡染家世舊聞,刻勵自奮。初肄業太學,及以累舉恩,當大對,不就。端平初,簽樞鄭性之聞於朝,有旨令本軍繕録以進,授迪功郎,辭不受,郡守楊棟延入郡學,爲諸生矜式,力辭不獲,深衣大帶,一至而返。閩帥王居安延至福州,甚禮遇之。卒年七十一,鄭性之題其墓曰"篤行君子"。事迹具《宋史翼》卷二九、《莆田文獻傳》卷二三、《宋元學案》卷四九、《宋詩紀事》卷六五等書。

右二書《宋史·藝文志》不著録，並見《直齋書録解題》卷四編年類。[①]

陳振孫曰："太學生莆田陳均(平甫)撰。均，丞相俊卿之從孫，端平初，有言於朝者，下福州取其書，由是得初品官。大抵依仿朱氏《通鑑綱目》。舉要者，綱也；備要者，目也。然去取無法，詳略失中，未爲善書。"

《玉海》卷四七"國朝編年政要"條云："陳均《皇朝編年備要》三十卷。"注云："依朱文公《綱目》義例，據事實録，不敢盡同其書法。"

按，此二書今《備要》猶有傳本，《舉要》則已亡佚。從《玉海》但著録《備要》一書，可見《舉要》一書，在宋末已罕見矣。

今存《備要》，卷前除陳均《自序》外，又有真德秀、林岊、鄭性之三序。陳氏《自序》曰："皇朝國史諸書，勒琬琰，揚日月，固將與五三載籍相爲無窮。均，衡茅下士，蓋嘗拜手稽首，斂衽肅客，竊觀皇綱帝範巨麗之萬一，邈若層霄，茫乎漲海，有非蠡管所能窺測，況以均之資稟魯鈍，不能強識，輯成此書，深以詮次失倫，而有所乖剌是懼。私質諸朋友，或有誚均者曰：'子志良苦，力良勞，其如犯三不韙：何以私家而裒國史，以偏見而折衷諸書則僭；册書重大未易編摩，而以數十萬言該之則疏；諸書雜出，寧免牴牾，去取之間，一或失當則舛。'均敬應之曰：'國朝信史，與夫名公鉅儒所纂諸書，並行於世，家傳人誦，今所輯者，特欲便繙繹、備遺忘，因非敢求與之並行而偕傳也，奚其僭？掎摭所及，博參諸書，文雖少損於舊，事則不增，於前書固自若也，雖無此書，誰無此書？奚其疏？若夫舛，誠有之，無所逃罪，抑今所記，或原其始，或要其終，或以

① 《編年備要》一書，陳《録》作二十卷，今據《文獻通考·經籍考》作三十卷。

附見,或以類從,舉宏撮要,主於事實,而不敢必以日月爲断,亦信其可信,闕其可疑云爾。如欲質其疑,求其詳,則有太史氏及諸書在。'既以對成人,因併書于下方。前太學生莆田陳均拜手稽首謹識。"於此書之旨趣及體例,叙説甚詳。

《四庫全書總目》卷四七編年類著録《備要》三十卷,書名題"宋九朝編年備要",《提要》曰:"此書前有紹定二年(1229)真德秀序,稱《皇朝編年舉要》與《備要》合若干卷,則當時本共爲一書,今舉要亦佚,存者惟此編耳。其書取日曆、實録及李燾《續通鑑長編》,删繁撮要,勒成一帙,兼採司馬光、徐度、趙汝愚等十數家之書,博考互訂,始太祖,至欽宗,凡九朝事迹。欲其篇帙省約,便於尋閲,故苟非大事,則略而不書。林岊序,謂取司馬氏之綱而時有修飾,取李氏之目而頗加節文,足以括其體例。然實以《通鑑綱目》爲式,特據事直書,不加褒貶耳。"

又按,今本卷一卷二太祖,卷三至卷五太宗,卷六至卷八真宗,卷九至卷一六仁宗,卷一七英宗,卷一八至卷二一神宗,卷二二至卷二五哲宗,卷二六至卷二九徽宗,卷三〇欽宗。卷前有《凡例》,云:"以一字爲褒貶者,《春秋》之法也;據事實録而善惡自見者,後世作史之體也。故自司馬氏以來,各立凡例,不敢純用《春秋》之法。"又云:"朱文公《資治通鑑綱目],間或参用《春秋》之法,而不盡用。今記載本朝之事,則雖《綱目》之例,亦不敢盡用,謹摭本朝諸帝紀及文公綱目,参訂立爲《正例》《雜例》凡十五條。其餘變例有該括不盡者,随事斟酌而書之。"其《正例》有六條:一曰災祥例,二曰沿革例,三曰號命例,四曰征伐例,五曰殺生例,六曰除拜例。《雜例》有九條:一曰行幸例,二曰賜宴例,三曰繕修例,四曰郊祠例,五曰賞賜例,六曰進書例,七曰振卹例,八曰蠻夷朝貢例,九曰蠻夷君長死立例。

又按，此書之傳本，今日所見，率爲鈔本，刊本殊爲罕見。《四庫簡明目録標注》謂黄丕烈有宋精雕本，題"皇朝編年綱目備要"，八行，行十六字。《皕宋樓藏書志》卷二一有宋刊抄補本一部，題"皇朝編年備要二十五卷補刊編年備要五卷"，袁壽階舊藏，陸心源曰："每葉十六行，每行大十六字，小二十四字，編年下有空字二格，列目止于二十五卷，後别爲一行云：已後五卷，見成出售。即《百宋一廛賦》中所謂莆田編年始末九朝者也。"《鐵琴銅劍樓藏書目録》卷九著録影鈔宋本一部，題"皇朝編年備要二十五卷補刊編年備要五卷"，瞿氏曰："題壺山陳均撰。紀太祖至欽宗事。平甫爲丞相正獻公從孫，侍從之下，獲睹國史及先儒諸書，博考互訂，輯朁成編。皇朝或作九朝，陳氏《書録》亦作皇朝，并列《舉要》三十卷，或疑《舉要》已佚。案伯玉云：'《舉要》爲綱，《備要》爲目。'似當時分爲二書，各編三十卷，今綱目並列，出後人合并。此本每卷標題編年下空二格，實即舉要二字，可證其未亡也。況真文忠序稱書名曰《舉要》《備要》，非二書明矣。伯玉譏其去取無法，詳略失中，國朝小長蘆叟則謂其簡而有要，勝於陳子經、薛方山之書。潛研錢氏謂書成南渡之世，故老舊聞，未盡散失，有可補正史之闕者。至其書雖依朱子《綱目》大書分注之例，而以宋人紀宋事，但據事直書，不爲褒貶之詞，《自序》中亦及之。錢氏議其唐主景、北漢主鈞，同爲敵國，而鈞書卒，景書死；同一高麗王，而徽與運書卒，容與俣書死，爲義例乖剌。竊意平甫未嘗寓褒貶於一字，偶爾紀載參差，不足爲病也。此本鈔手甚舊，宋諱字多闕筆，每半葉八行，分注用小字雙行，每行大字十六，小字廿三，當爲明時印寫宋本。"瞿氏以爲《備要》《舉要》爲一書，與陳振孫所説不同，惟以標題編年下空二格爲舉要二字,純係肊度之詞,難以據此論定。至於舉朱彝尊、錢大昕論此書之是非,則頗足資考證。此外,莫伯驥有舊寫本一部,題"皇朝編年備要二十五卷補刊編年備要五卷",有校筆,當是從宋本出。莫氏又有影宋抄本一部。張均衡有舊鈔本一部,[①]係經鉏堂鈔本,鈐有"劉喜海""燕庭""海陵錢犀菴收藏書籍""媿學齋"等印記。[②] 今所藏善本:臺北"國家圖書館"有舊鈔本一部,清汪兆銓手校并題記。"中央研究院"歷史語言研究所有舊抄本及抄本各一部。右三部,並題"皇朝編年備要三十卷"。

三朝北盟會編二五〇卷　宋徐夢莘撰　存

夢莘,字商老,臨江人。幼慧,耽嗜經史,百家書寓目成誦。登紹興二十四年(1154)進士,主管廣西轉運司文字,知賓州,以議鹽法不合,罷歸。開禧三年(1207)卒,年八十二。著有《集補》《會録》《讀書記志》《集醫録》《集仙録》等。事迹具《宋史》卷四三八、《宋史新編》卷一六七《史質》卷三九、《南宋書》卷三七等書。近人陳樂素先生撰《徐夢莘考》,[③]王德毅先生撰《徐夢莘年表》,[④]可資参考。

此書《宋史·藝文志》不著録,見《四庫全書總目》卷四十九紀事本末類。

此書卷前有徐氏《自序》:略云:"……搢紳草茅,傷時感事,忠憤所激,據所聞見,筆而爲記録者,無慮數百家,然各説有同異,事有疑信,深懼日月浸久,是非混并,臣子大節,邪正莫辨,一介忠疑,湮没不傳,於是取諸家所撰及詔敕制誥書疏奏

① 並見《五十萬卷樓藏書目録》卷四。

② 詳見《適園藏書志》卷三。

③ 載《國學季刊》四卷三期,民國二十三年(1934)印行。《宋史研究》第二輯轉載。

④ 《大陸雜志》三十一卷八期,1965 年 10 月出版。

議記傳行實碑誌文集雜著，事涉北盟者，悉取詮次，起政和七年(1117)，登州航海通好之初，終紹興三十二年(1162)，逆亮犯淮敗盟之日，繫以日月，以政、宣爲上帙，靖康爲中帙，建炎、紹興爲下帙，總名曰'三朝北盟集編'蓋四十有六年，分二百五十卷。其辭則因元本之舊，其事則集諸家之説，不敢私爲去取，不敢妄立褒貶，參考折衷，其實自見，使忠臣義士、亂臣賊子、善惡之迹，萬世之下，不得而掩，自成一家之書，以補史官之闕，此集編之本志也。"

《四庫全書總目提要》曰："夢莘嗜學博聞，生平多所著述，史稱其恬於榮進，每念生靖康之亂，思究見顛末，乃網羅舊聞，薈稡同異，爲《三朝北盟會編》。自政和七年(1117)海上之盟，迄紹興三十一年(1161)，上下四十五年，凡敕制諸詔國書書疏奏議記序碑志，登載靡遺，帝聞而嘉之，擢直秘省云云。今其書鈔本尚存，凡分上中下三帙，上爲政、宣二十五卷，中爲靖康七十五卷，下爲炎、興一百五十卷，其起訖年月，與史所言合。所引書一百零二種，雜考私書八十四種，金國諸録十種，共一百九十六種，而文集之類，尚不數焉，史所言者，殊未盡也。凡宋金通和用兵之事，悉爲詮次本末，年經月緯，案日臚載，惟靖康中帙之末，有《諸録雜記》五卷，則以無年月可繫者，别加編次，附之於末，其徵引皆全録原文，無所去取，亦無所論斷，蓋是非並見，同異互存，以備史家之採擇，故以會編爲名。然自汴都喪敗，及南渡立國之始，其治亂得失，循文考證，比事推求，已皆可具見其所以然，非徒餖飣瑣碎已也。雖其時説部糅雜，所記金人事迹，往往傳聞失實，不盡可憑，又當日臣僚劄奏，亦多夸張無據之詞，夢莘概録全文，均未能持擇，要其博贍淹通，南宋諸野史中，自李心傳《繫年要録》以外，未有能過之者，固不以繁蕪病矣。"

按,此書之刊本罕見。《四庫簡明目録標注》引《繡谷亭書録》云:"吾鄉龔田居侍御舊藏宋槧本,後亦散失。"今所見率爲抄本。張金吾藏有舊抄本一部[1]。傅增湘以爲源出宋槧,爲之撰跋一則,其言曰:"舊寫本,十四行,行二十四字,語涉宋帝,皆提行,源出宋刊,蓋愛日精廬藏書也。首徐夢莘紹熙五年(1194)《自序》,次《引用書目》,羅列至一百九十六事。目録一至二十五爲政宣,上帙二十六至一百爲靖康,中帙一百〇一至二百五十爲炎興,下帙起政和七年(1117)七月四日,訖紹興三十二年(1162)四月二十一日,凡四十有六年。按此書朱以後久無刊本,光緒初元,粤中以活字排印行世,而脱誤至不可勝計,甚者連篇累葉,删落凌亂,真有刻如不刻之歎。戊申歲,許布政涵度依吴甌亭、朱映漘、江艮庭、彭芝楣校本,於吾蜀鐫板,更逐卷附以校記,掃塵之功甚偉,今以此本對勘,符契至多,而單詞賸句,此勝於彭校本尚夥,蓋月霄秘册,其所從來者舊也。卷中鈐收藏印記有'張月霄印''愛日精廬藏書秘册''碧山柏氏潘茉坡圖書印''潘氏桐西書屋之印''茉坡介繁珍藏之印''鄧尉山樵乃今日之介也'諸印。"[2]瞿镛亦借得季振宜舊藏舊鈔本一部,撰題記云:"題朝散大夫充荆湖北路安撫司參議官賜緋魚袋臣徐夢莘編集并序。凡紀宋金通和用兵之事,始政和七年(1117),迄紹興三十一年(1161),所引書目多至二百餘種,可謂搜采無遺矣。世無刊本,傳鈔者率多謬僞脱落,惟泰興季氏藏本,尚爲舊帙,友人邵君恩多據以校過,有跋曰:'《北盟會編》,世無刊本,惟季滄葦家鈔藏本,每葉有何子宣騎縫圖記者,最爲近古。'向藏蘇氏,今爲張君子謙所有,向其借得,屬余參校,凡僞謬脱略,悉爲訂正,可

① 見《愛日精廬藏書志》卷十。

② 此跋見《藏園群書題記》卷一。

稱完善。”[①]今所藏亦並係鈔本：臺北“國家圖書館”有清仁和趙氏小山堂鈔本一部，宋校，有清章鈺手跋一則，曰：“此書藏書家目録皆屬鈔本，無言刊本者，朱竹垞諸人刊入《徵刻唐宋秘本書目》，蓋宋以後從無刻本審矣。此本爲小山堂趙氏所鈔，不言所自出，硃筆校補，亦不知何人，惟凡涉及宋帝，則一律空格，應避字或注廟諱，或注御名，嫌名亦然。如英宗諱曙，嫌名爲署；高宗諱構，嫌名爲勾爲彀之類。其從宋本傳録，確然無疑。惇字注御名，擴字亦注御名，則書成於淳熙，刊行則在慶元以後之證也。以光緒己卯活字本對勘，活字本誠多脱誤，亦有此本脱落，活字本仍在者。脱每數十字，如卷二四二，則多至十八行，異同處則文義每可兩通，活字本亦不詳所自出，疑本出兩本也。從群碧樓借讀，竭四十五日之力，全校入活字本，附書所見，質諸正盦。壬子七月，長洲章鈺同辟地津門。”此外，“中央研究院”歷史語言研究所有明烏絲欄鈔本一部，臺北“故宫博物院”有清文淵閣《四庫全書》本一部。

大事記二七卷　宋吕祖謙撰　存

祖謙，字伯恭，好問之孫，金華人。孝宗隆興元年(1163)進士，復中博學宏詞科，官至直秘閣著作，國史院編修，卒謚曰成，郡人祀之。祖謙以關洛爲主，而無門户之見，浸淫經史，言必有宗。朱子同時諸儒，品學足與相匹者，惟祖謙與張栻耳。著作宏富，有《古周易》《周易音訓》《周易繫辭精義》《書説》《家塾讀詩記》《春秋集解》《左傳類編》《左氏博議》《左氏説》《少儀外傳》《宋通鑑節》《吕氏家塾通鑑節要》《東萊先生西漢財論》《歐公本末》《閫範》《紫微語録》《觀史類編》《讀書記》《宋文鑑》《十七史詳節》《東萊集》等。事迹具《宋史》卷三

① 此跋見《鐵琴銅劍樓書目》卷九。

四、《宋史新編》卷一六五、《南宋書》卷一〇、《皇朝道學名臣言行外録》卷一三等書。

此書《宋史・藝文志》編年類著録。

吕氏《自序》云："司馬子長《年表・大事記》,蓋古策書遺法,獲麟以上,既見於《春秋經》,周敬王三十九年以下,今采《左氏傳》、歷代史、邵康節先生《皇極經世》、司馬文正公《稽古録》《資治通鑑目録》《舉要曆》輯而廣之,意所未安,參稽百氏,頗爲增損。書法視太史公所録,不盡用策書凡例云。起春秋後,訖于五代,分爲若干卷,通釋若干卷,解題若干卷,合若干卷。"

按,此《序》亦見於《東萊集》卷六。《自序》云分若干卷云云,可見《自序》完成時,卷次猶未定也。今本《大事記》十二卷,《通釋》三卷,《解題》十二卷,都二十七卷。

《直齋書録解題》卷四編年類著録《大事記》十二卷,《解題》十二卷,《通釋》一卷,陳氏曰："著作郎東萊吕祖謙(伯恭)撰。自敬王三十九年以下,采《左氏傳》、歷代史、《皇極經世》《通鑑》《稽古録》,輯而廣之,雖上接獲麟,而書法則視太史公所録,不盡用策書凡例。《解題》者,略具本末,或附以己意,多所發明。《通釋》者,經典綱要、孔孟格言,以及歷代名儒大議論。初意欲起春秋,接於五代,僅及漢武征和三年(公元前九〇)而止。東萊年方強仕,而得末疾,平生論著,大抵經始,而未及成,如《讀詩記》《書説》是已。是書之作,當淳熙七年(1180),又二年而没,使天假之年,所傳於世者,寧止是哉。"

按,今本《通釋》三卷,陳《録》作一卷者,蓋誤書也。

朱子於《語録》中嘗論及此書。其言曰："伯恭《大事記》辨司馬遷、班固異同處最好,渠一日記一年,渠大抵謙退不敢任作書之意,故《通鑑》《左傳》已載者皆不載,其載者皆《左傳》《通鑑》所無者耳。有大纖巧處，如指出公孫弘、張湯奸狡處，皆説得羞愧人。伯恭少時被人説他不曉事，故其論事多指出人之情僞，云我亦知得此。有此意思不好。"[①]又云："東萊自不合做這《大事記》，他那時自感疾了，一日要做一年，若不死，自漢武至五代只千來年，他三年自可了此文字。人多云其《解題》煞有工夫，其實他當初作題目，卻煞有工夫，只一句要包括一段意，《解題》只見成檢令諸生寫，伯恭病後既免人事，應接免出做官，若不死，大段做得文字。"[②]

《四庫全書總目》卷四七編年類著録此書，《提要》曰："是書取馬遷年表所書，編年系月，以紀春秋後事，復採輯諸書以廣之。始周敬王三十九年，迄漢武帝征和三年，書法皆祖太史公所録，不盡用策書凡例，朱子《語録》所謂伯恭子約宗太史公之學，以爲非漢儒所及者，此亦一證也。其書作於淳熙七年，每以一日排比一年之事，本欲起春秋後，迄於五代，會疾作而罷，故所成僅此，然亦足見其大凡矣。當時講學之家，惟祖謙博通史傳，不專言性命，《宋史》以此黜之，降置《儒林傳》中，然所學終有根抵。此書亦具有體例，即如每條下各注從某書修云云，一一具載出典，固非臆爲筆削者可及也。《通釋》三卷，如説經家之有綱領，皆録經典中要義格言；《解題》十二卷，則如經之有傳，略具本末，而附以己見，凡《史》《漢》同異及《通鑑》得失，皆縷析而詳辨之；又於名物象數旁見側出者，並推闡貫通，夾注句下。朱子《語録》每譏祖謙所學之雜，獨謂此書爲精密；又謂《解題》煞有工夫，只一句要包括一段意思，觀書中周慎靚王二年載魏襄王問孟子事，取蘇轍《古史》之論，後《孟子集注》即引用其説，蓋亦心服其淹通，知非

① 此見《朱子語類》卷一二二。

② 此見《朱子語類》卷一二二。

趙師淵輩所能望其項背也。”

又按,此書之刊本,《四庫簡明目録標注》謂許氏有宋嘉定壬申(五年,1212)刊本。陸心源《皕宋樓藏書志》卷二十所著録宋刊本,即嘉定壬申刊本,有吴學識語,云:“《大事記》、史遷《表》,漢事之目也。以事繫年,而列將相名臣於其下,蓋不但存古策書之法而已,特其體統未備,猶有遺憾。班固表公卿百官,詳於拜罷,而置大事弗録,失遷意遠甚。太史先生是書名襲遷史,體備編年,包舉廣而興寄深,雖不幸絶筆於征和,而書法可概見。其文則史,其義則竊取之矣。《通釋》,是書之總也;《解題》,是書之傳也。學考《通釋》之綱,玩《解題》之旨,斯得先生次輯之意云。嘉定壬申鋟木吴學謹識于後,冬至前二日,學掾東陽李大有書。”下戴“同校正鄉貢免解進士充府學直學鄭應奇”“同校正鄉貢免解進士充府學直學李安詩”“同校正國學内舍免解進士充府學録郁雲”“同校正迪功郎新婺州武義縣主簿充府學正周浩然”。今所藏善本:臺北“國家圖書館”有明刊黑口本兩部,均但存《解題》十二卷。臺北“故宫博物院”有清文淵閣《四庫全書》本一部;又有宋嘉定壬申刊本《通釋》三卷,係前國立北平圖書館寄存者。收入叢刻者:清同治光緒間,永康胡鳳丹輯刊《金華叢書》,收録此書。至於《説郛》所收,則僅一卷,録自周敬王三十九年迄周世宗顯德六年歲目。①

續大事記　不著卷數　宋孫德之撰　佚

德之,字道子,號東白山人,東陽人,博學善文章,登紹熙辛亥二年(1191)進士,又中宏詞科。歷國子博士,出倅建寧,擢秘書監丞。著有文集。事迹具《敬鄉録》卷一四、《金華賢達傳》

---

①　參見昌瑞卿(彼得)先生所著《説郛考》頁三四二至三四三。

卷九、《南宋館閣續録》卷八、《宋元學案補遺》卷六〇等書。

此書《宋史·藝文志》不著録，見《金華經籍志》卷六編年類。

按，此編當是續吕祖謙之書者也。

通鑑綱目五九卷　宋朱熹撰　存

熹，字元晦，一字仲晦，婺源人。中紹興十八年(1148)進士，主同安簿。孝宗時，官至兵部郎中。光宗時，官秘閣修撰。寧宗時，焕章閣待制，除宫觀。沈繼祖誣熹十罪，罷祠，卒。韓侂胄死，賜謚曰文。理宗寶慶三年(1227)追封信國公，改徽國公。淳祐元年(1241)，詔周、張、二程及熹從祀孔子廟。朱子品望理學，今古推崇，即文章，亦能奄有韓曾所長，爲南宋大宗。著《周易本義》《詩集傳》《儀禮經傳通解》《大學中庸章句》《論語孟子集注》《四書或問》《論孟精義》《通鑑綱目提要》《伊雒淵源録》《名臣言行録》《紹熙州縣釋奠儀圖》《延平問答》《近思録》《楚詞集注》《韓文考異》《晦庵集》等。事迹具《宋史》卷四二九、《宋史新編》卷一六二、《南宋書》卷四十四、《皇朝道學名臣言行外録》卷一二、《慶元黨禁》及《南宋館閣續録》等書。

此書《宋史·藝文志》編年類著録。

朱子《自序》曰："先正温國司馬文正公受詔編集《資治通鑑》，既成，又撮其精要之語，别爲《目録》三十卷并上之，晚病本書太詳，《目録》太簡，更著《舉要曆》八十卷，以適厥中而未成也。紹興初，故侍讀南陽胡文定公始復因公遺稿修成《舉要補遺》若干卷，則其文愈約，而事愈備矣。然往者得於其家而伏讀之，猶竊病記識之弗強，不能有以領其要，而及其詳也。故嘗過不自料，輒與同志因兩公四書别爲義例，增損檃括，以就此編，蓋表歲以首年，逐年之上行外書某甲子，遇甲字子字則朱書以别之，雖無事，依《舉要》亦備歲年。而因年以著統，凡正統之年歲下大書，非正統者兩行分注。大書以提要，凡大書有正例，有變例，正例如始終、興廢、災祥、沿革及號令、征伐、殺生、除拜之大者；變例如不在此例，而善可爲法，惡可爲戒者，皆特書之也。而分注以備言，凡分注有追原其始者，有遂言其終者，有詳陳其事者，有備載其言者，有因始終而見者，有因拜罷而見者，有因事類而見者，有因家世而見者；有温公所立之言。所取之論，有胡氏所收之説，所著之評，而兩公所遺，與夫近世大儒先生折衷之語，今亦頗采以附於其間云。使夫歲年之久近，國統之離合，事辭之詳略，議論之同異，通贯晓析，如指諸掌，名曰《资治通鑑綱目》，凡若干卷，藏之巾笥，姑以私便檢閲，自備遺忘而已。若兩公述作之本意，則有非區區所敢及者。雖然，歲周於上，而天道明矣；統正於下，而人道定矣；大綱槩舉，而監戒昭矣。衆目畢張，而幾微著矣。是則凡爲致知格物之學者，亦將慨然有感於斯，而兩公之志，或庶乎其可以默識矣。因述其指意條例如此，列於篇端，以俟後之君子云。乾道壬辰(八年，1172)夏四月甲子，新安朱熹謹書。"[①]

《直齋書録解題》(卷四)編年類著録此書，陳氏曰："侍講新安朱熹(元晦)撰。始司馬公《通鑑》，有《目録》《舉要》，其後胡給事安國(康侯)又修爲《舉要補遺》，朱晦翁因别爲義例，表歲以首年，因年以著統，大書以提要，而分注以備言，自爲之序，乾道壬辰也。大書者爲綱，分注者爲目。綱如經，目如傳。此書嘗刻於温陵，别其綱，謂之《提要》，今板在監中。廬陵所刊，則綱目並列，不復别也。"知當時《提要》别行，今則合刊，别行本已不復見矣。

《四庫全書總目》以此書經清聖祖御批，乃置諸史評類。《提要》曰："朱子因司馬光《資治通鑑》以作《綱目》，惟《凡例》一卷，出於手定。其綱皆門人依凡例而修，其目則全以付趙師淵，後疏通其義旨者，有遂昌尹起莘之《發明》，永新劉友益之

① 此序亦載《晦庵集》卷七五。

《書法》；箋釋其名物者，有望江王幼學之《集覽》，上虞徐昭文之《考證》，武進陳濟之《集覽正誤》，建安馮智舒之《質實》；辨正其傳寫差互者，有祁門汪克寬之《考異》。明弘治中，莆田黄仲昭取諸家之書散入各條之下，是爲今本，皆尊崇朱子者也。故大抵循文敷衍，莫敢異同。明末張自勳作《綱目續麟》，始以《春秋》舊法糾義例之僞；芮長恤作《綱目拾遺》，以《通鑑》原文辨删節之失，各執所見，屹立相爭，我聖祖仁皇帝睿鑑高深，獨契尼山筆削之旨，因陳仁錫刊本，親加評定，權衡至當，衮鉞斯昭，乃釐正群言，折衷歸一。"

按，此書之傳本，今猶有宋刊本。《鐵琴銅劍樓藏書目録》卷九著録宋刊本一部，瞿氏曰："宋朱子撰，不題名。前列治平四年(1067)《御製通鑑序》《獎諭詔書》，司馬温公《進書表》《與范夢得論修書帖》《通鑑目録序》《舉要補遺序》，朱子自作《序例》。《目録》後有'武夷詹光祖重刊於月崖書堂'一行。卷一與卷五九後俱有'建安宋慈惠父校勘'一行。張月霄氏謂惠父即編《提刑洗冤集録》者，爲淳祐間人，遂定爲淳祐刊本，是書即月霄所藏也。每半葉十行，行十六字。目用雙行，行廿二字。匡、恒、貞、偵、朗、桓、完、搆、慎字皆闕筆。字畫清朗，楮印如新，與所藏《資治通鑑》本相似，可謂雙璧矣。"卷首有'御史之章''季振宜印''滄葦''乾學''徐健庵''天官冢宰'諸朱記。莫伯驥亦有刊本一部，爲嚴子静舊藏，每半葉八行，行十五字，小字雙行，行二十二字。前有神宗《御製資治通鑑序》、司馬光《進资治通鑑表》《獎諭詔書》《與范夢得論修書帖》《資治通鑑目録序》、紹興四年胡安國《資治通鑑舉要補遺序》、乾道壬辰朱子《自序》。版心上注字數，中刻"通鑑綱目"，下葉數、刻工姓名。徵、敦等字缺筆，如大宋受命及太祖等字，均離一字，卷數第某某而無卷字，綱目之綱字，有作網者。每卷有嚴觀章。

觀號子静,冬友侍讀之子,善承家學,博通金石,著《元和郡縣志》《補江寧金石記》諸書,見《白下瑣言》二。[①] 瞿鏞復有元刊本一部,板印精好,不減宋刻,惜原序已失,舊爲楊五川萬卷樓藏書。[②]

今所藏善本:臺北“國家圖書館”有宋嘉定己卯(十二年,1219)真德秀温陵郡齋刊本。此本板匡高 21.1 公分,宽 14.8 公分,首載治平四年神宗《御製資治通鑑序》,次司馬光《上資治通鑑表》,次《獎諭詔書》,次司馬光《與范夢得論修書帖》及《資治通鑑目録序》,次梁克家《資治通鑑舉要曆序》,次胡安國《資治通鑑舉要補遺序》,次乾道壬辰朱熹《資治通鑑綱目序例》。每半葉八行,小字雙行,行十七字,白口,版心上記字數,下記刻工:蔡義、王中、子壽、章才、李涣、潘亮、潘太、李文、李洽、李千、曾立、周明、潘茂、李養、黄光、丁萬、高軍、朱文、陳新、余才、蔡申、虞全、吴中、范宾、李元、劉興、葉茂、魏全、王友、蔡甫、何文、葉定、吴仁、媿全、劉中、蔡仲、繆太亨、繆謙、魏悳夫、金大有等。宋諱楨、貞、勗、桓字缺筆。書中間有綫口補葉,約爲元代修補,又卷二二、三一凡兩卷影鈔配。書中鈐有“季印振宜”“滄葦”“季振宜藏書”“劉印承幹”“翰怡”“吴興劉氏嘉業堂藏”等印記。[③] 又一部殘存卷三二、四〇兩卷二册,鈐有“沈德壽秘笈”“授經樓藏書印”“慈谿沈德壽鶴年氏甲申己未所得書畫藏在雙泉草堂及延禄軒中”“吴興”“風雨樓”“宋本”“秋枚考古之章”“鄧實之印”“迮圃收藏”等印記。又有明成化九年(1473)内府刊本兩部;明嘉靖十年(1531)建邑書林楊氏清江書堂刊本一部,題“新刊紫陽朱子

① 見《五十萬卷楼藏書目録》卷四。

② 見《鐵琴銅劍樓藏書目録》卷九。

③ 此本《“國立中央圖書館”宋本圖録》著録,見該書頁一一七至頁一一八。

綱目大全”,附明商輅等撰《續編資治宋元綱目大全》二七卷;明嘉靖十三年(1534)江西按察司重刊本一部;明萬曆二十八年(1600)蘇州知府朱燮元刊本一部,朱墨合批又墨筆題記;明初建安劉寬裕刊本一部,題“文公先生資治通鑑綱目”,有尹起莘《發明》、元王幼學《集覽》、汪克寬《考異》、明陳濟《正誤》;明坊刊本一部,則是明人諸家集注本。臺北“故宫博物院”有宋武夷詹光祖月崖書堂刊本一部,即《鐵琴銅劍樓藏書目録》所著録者。此本俱經後人以紅、黄、藍、墨四色筆批點評釋音義,卷五九尾題次行有“至正二十二年歲次壬寅春二月二十日□抹點對畢”一行,由朱筆題寫。書中偶有缺葉,經後人以别本抄配。鈐有“揚州阮氏琅環仙館藏書印”“振宜珍藏”“御史之章”“周氏藏書之印”“毗陵周九松迂叟藏書記”“自娱而已”“周印良金”“周笈私印”“周笈”等印記。[①] 又有宋嘉定十二年(1219)真德秀温陵郡齋刊元明修補本一部,朱校,缺卷三二、卷四〇兩卷,係前國立北平圖書館舊藏;明成化九年(1473)内府刊本一部,附明商輅《續編》二七卷;明弘治六年(1493)至九年(1496)江西官刊本一部,明黄仲昭注,殘存一三卷,係前國立北平圖書館舊藏;明弘治十一年(1498)莆田董仲昭刊本一部;明正德間建陽劉氏慎獨齋刊本三部;明建陽慎獨齋刊本一部,此本與前三部不同;明吉澄福建刊本一部,存五十五卷,缺卷四、卷七、卷三二、卷五一,凡四卷,末附商輅《續編》二七卷;明正德間福建刊本一部,係明人諸家集注本,其中部分鈔補;清文淵閣《四庫全書》本及《四庫全書薈要》本各一部。“中央研究院”歷史語言研究所有明嘉靖三十五年(1566)趙府居敬堂重校刊本一部。收入

① 參見《“國立故宫博物院”宋本圖録》頁六一。

叢刻者有：清同治間賀瑞麟輯刊《西京清麓叢書》,收録此書,末附賀氏所撰《重刊綱目原本改字備考》一卷。清光緒間三原劉毓英輯刊《劉氏傳經堂叢書》,亦收録此書。

通鑑綱目朱墨二〇卷　宋林文之撰　佚

文之,字子彬,福清人,著有《若存文集》一卷。《後村先生大全集》卷一一〇載《跋林子彬詩》,可概見其詩文及學術。

此書《宋史·藝文志》不著録,見《福建通志》卷六八《著述福州府》。

通鑑前編　一八卷　舉要三卷　宋金履祥撰　存

履祥,初名祥,入學更名開祥,後又更曰履祥,字吉父(甫),婺州蘭谿人,世居仁山之下,學者因稱仁山先生。事同郡王柏,又從何基游,遂窮濂洛之學,爲一代名儒。德祐初以迪功郎史館編校特起之,力辭不就,而元師日迫,遂無仕進意,宋亡,屏居金華山中,嘯泳著書爲事,晚年講學於釣臺書院。元大德七年(1303)卒,年七十二。至正中賜謚文安。著有《大學章句疏義》《指義》《尚書表注》《論孟考證》《仁山集》等。事迹具《元史》卷一八九、《南宋文範作者考》卷下、《宋季忠義録》卷一二、《金華先民傳》卷一等書。明徐袍撰有《宋仁山金先生年譜》,[①]今人程元敏教授撰《宋元之際的學者金履祥和他的遺著》,[②]可資參考。

此書《宋史·藝文志》不著録,見《四庫全書總目》卷四七編年類。

金氏於其《自序》中,説明撰書之旨趣甚詳,曰;"朱子曰：古史之體可見者,《書》《春秋》而已。《春秋》編年通紀,以見事之先後;《書》則每事别紀,以具事之始末。意者當時史官,既

① 收在《率祖堂叢書》。

② 收在《宋史研究集》第四輯。

以編年紀事,至於大事,則又採合而別記之。若二典所記,上下百有餘年,而《武成》《金滕》諸篇,或更數月,或歷數年,其間豈無異事,蓋必已具于編年之史,而今不復見矣。履祥按,《竹書紀年》,載三代以來事迹,然詭誕不經,今亦不可盡見。《史記》年表,起周共和,庚申之歲以上,則無紀焉,歷世浸遠,其事往往雜見于他書,靡適折衷。郡子《皇極經世》,獨紀堯以來,起甲辰,爲編年曆。胡氏《皇王大紀》,亦紀甲辰以下之年。廣漢張氏,因經世之年,頗附之以事,顧胡過于詳,而張失之簡,今本之以史子傳記,附之以經,翼之以諸家之論,且考其繫年之故,解其辭事,辨其疑誤,如東萊吕氏《大事記》,而不敢盡仿其例。起帝堯元載,止周威烈王二十三年,接於《資治通鑑》,名曰《通鑑前編》。昔司馬公編輯《通鑑》,先爲《長編》,蓋《長編》不嫌于詳,而《通鑑》則取其要也。後之君子,或有取于斯焉,要删之以爲《通鑑前紀》,是亦區區之所望也。時景定甲子(五年,1264)正月丁丑朔,仁山金履祥(吉甫)《序》。"[①]

《四庫全書總目提要》於此書之得失,評論極詳,曰:"案柳貫作履祥《行狀》,曰:司馬文正作《資治通鑑》,繫年著代。秘書丞劉恕作《外紀》,以記前事,顧其志不本於經,而信百家之説,不足傳信,乃用邵氏《皇極經世書》、胡氏《皇王大紀》之例,損益折衷,一以《尚書》爲主,下及《詩》《禮》《春秋》,旁採舊史、諸子,表年繫事,復加訓釋,斷自唐堯以下,接於《資治通鑑》,勒爲一書,既成,以授門人許謙:二帝三王之盛,其嬍言懿行,後王所當法,戰國申韓之術,其苛法亂政,亦後王所當戒,自周威烈王二十三年以後,司馬公既已論次,而春秋以

① 此《序》亦見《仁山文集》卷三。

前,無編年之書,是編固不可少之著也云云。蓋履祥撰述之意,在於引經據典,以矯劉恕《外紀》之好奇,惟履祥師事王柏,柏勇於改經,履祥亦好持新説,如釋桑土既蠶,引後所謂桑間爲證;釋封十有二山,濬川謂營州,當云其山碣石,其川遼水;以《篤公劉》《七月》二篇爲豳公當時之詩,非周公所追述;又以《七月》爲豳詩,《篤公劉》即爲豳雅,皆不免於臆斷。以《春秋》書尹氏卒,爲即與隱公同歸於魯之鄭大夫尹氏,尤爲附會。至於引《周書記異》於周昭王二十二年書釋氏生,則其徵引群籍,去取失當,亦未必遽在恕書上也。然援據頗博,其審定群説,亦多與經訓相發明,在講學諸家中,猶可謂究心史籍,不爲游談者矣。履祥自撰《後序》,謂既編年表,例須表題,故别爲《舉要》三卷,凡所引經傳子史之文,皆作大書,惟訓釋及案語,則以小字夾注附綴於後,蓋避朱子《綱目》之體,而稍變《通鑑》之式,後來浙江重刻之本,列《舉要》爲綱,以經傳子史之文爲目,而訓釋仍錯出其間,已非其舊。又《通鑑綱目》刊本,或以此書爲冠,題曰《通鑑綱目前編》,亦後來所改名,今仍從原本,與《綱目》别著於録,以存其真焉。”

按,此書初刊於元天曆元年(1328),今猶有傳本。歸安陸心源有元天曆元年刊本一部,前有天曆元年許謙《序》《進通鑑前編表》及《自序》,末有“門人御史臺都事汝南郭炯校正”“門人金華許謙校正”二行。每頁二十行,每行二十二字,小字雙行,版心有字數及刻工姓名。[①] 陸氏爲之《跋》,曰:“《通鑑前編》三十卷,《舉要》三卷,……元刊元印本。是書集經傳子史之文,按年編次,曰《通鑑》,每年各爲表題,曰《舉要》,雖名

① 見《皕宋樓藏書志》卷二二。

《通鑑》,實仿《綱目》之例,惟《舉要》低三格,《通鑑》皆頂格,此則小變乎涑水、紫陽之例者也。或謂《舉要》即《通鑑》中之綱,何必别爲一書?不知《舉要》三卷,專爲注明每條出處而作,如帝堯甲辰元載,乃命羲和,《注》曰:邵氏《經世曆》、漢晋《天文志》《春秋文耀鉤》《尚書》修。二載定閏法,《注》曰:用《尚書》《朱子小傳》修。餘皆仿此。明人重刊,不刻《舉要》,豈以《舉要》爲重複乎?大失作者本旨矣。或謂《舉要》《通鑑》《訓釋》三者錯出其間,始于明人重刻者,良由未見《舉要》,亦未見元刻耳。卷中有'徐子宇'白文方印、'婁江世家'朱文方印、'製書傳後'朱文方印、'子孫寶之'朱文方印、'輔生堂'朱文長印。"[①]莫伯驥亦有元刊本一部。[②] 今所藏善本:臺北"國家圖書館"有明宜興路氏刊本一部。臺北"故宫博物院"有元天曆元年刊本一部,存卷四至卷六、卷一八,四卷,又有明藍格抄本一部,並前國立北平圖書館舊藏。又有清文淵閣《四庫全書》本及《四庫薈要》本各一部。臺灣大學有明宜興路氏刊本一部。前"國防研究院"圖書館有明建邑清江堂刊本一部。"中央研究院"歷史語言研究所有明書林歸仁齋楊氏重刊本一部,附載元陳桱所撰《外紀》一卷。收入叢刻者,有《通鑑綱目全書》本、《資治通鑑大全》本、《率祖堂叢書》本、《資治通鑑綱目四編合刻》本等。

通鑑紀事本末四二卷　宋袁樞撰　存

樞,字機仲,建安人。力學,孝宗隆興元年(1163)試禮部詞賦第一,歷官至工部侍郎。以右文殿修撰知江陵府,有德於民。爲臺臣劾罷,奉祠家居,開禧元年(1205)卒,年七十五。著有《易傳解義》《辯異》《童子問》等。事迹具《宋史》卷三八九、

① 見《儀顧堂續跋》卷六。

② 見《五十萬卷樓藏書目録》卷四。

《史質》卷四十四等書。

此書《宋史·藝文志》編年類著録。

《直齋書録解題》卷四編年類著録此書,陳氏曰:"工部待郎袁樞(機仲)撰。樞自太學官分教嚴陵,爲此書,楊誠齋爲之《序》。"

《四庫全書總目》卷四九《紀事本末類》著録此書,《提要》於此書之體例及得失,多所論説,曰:"唐劉知幾作《史通》,敘述史例,首列六家,總歸二體,自漢以來,不過紀傳、編年两法,乘除互用。然紀傳之法,或一事而複見数篇,賓主莫辨;編年之法,或一事而隔越數卷,首尾難稽,樞乃自出新意,因司馬光《資治通鑑》,區别門目,以類排纂,每事各詳起訖,自爲標題,每篇各編年月,自爲首尾,始於三家之分晋,終於周世宗之征淮南,包括數千年事迹,經緯明晰,節目詳具,前後始末,一覽了然,遂使紀傳、編年貫通爲一,實前古之所未見也。王應麟《玉海》稱淳熙三年(1176)十一月,参政龔茂良言樞所編《紀事》,有益見聞,詔嚴州摹印十部,仍先以繕本上之。《宋史》樞本傳又稱孝宗讀而嘉歎,以賜東宫及分賜江上諸帥,曰:治道盡在是矣。朱子亦稱其書部居門目,始終離合之間,皆曲有微意,於以錯綜緼公之書,乃《國語》之流。蓋樞所綴集,雖不出《通鑑》原文,而去取翦裁,義例極爲精密,非《通鑑總類》諸書割裂擠撏者可比。其後如陳邦瞻、谷應泰等遞有沿仿,而包括條貫,不漏不冗,則皆出是書下焉。"所論甚允。

按,此書初刊於淳熙乙未(二年,1175),以其刊於嚴州,是又稱嚴州本,其字小字,復稱小字本。此本今猶有傳本。陸心源皕宋樓有一部,陸氏嘗爲之《跋》,曰:"《通鑑紀事本末》四十二卷,前有《目録》,題建安袁樞編,前載章大醇《序》,《序》

後有'待省進士州學兼釣臺書院講書胡自得掌工''承直郎差充嚴州府學教授章士元董局'銜名兩行。每葉二十六行,每行二十四字,版心有字數及刊工姓名。卷三卷二十末有'印書盛新'四小字。據章大醇《序》,是書刊于淳熙乙未(二年,1175),修于端平甲午(元年,1234),至淳祐丙午(六年,1246)大醇守嚴州,又重修之。宋諱玄、懸、縣、朗、浪、埌、匡、筐、恇、劻、洭、胤、殷、酳、炅、熲、炯、耿、憬、恒、峘、姮、禎、貞、徵、癥、湞、曙、署、樹、佷、頊、旭、勗、煦、朐、佶、姞、完、梡、丸、莞、垣、遘、媾、搆、溝、篝、姤、詬、彀、慎、蜃、讓、援,皆爲字不成。構注太上御名,脊注御名,桓有改爲亘者,蓋淳熙時刊本多,而端平、淳祐修版少耳。書法秀整,體兼顔柳,譌字極少,遠勝大字本,趙與篙以爲字小多譌,殊不足信。案:大醇字景孟,東陽人,一作永康人,寶慶二年(1226)進士,淳祐五年(1245)以朝奉郎知嚴州,轉朝散郎,六年(1246)十月除侍左郎官,在任有惠政,官至大府少卿。章士元,於潛人,紹定二年(1229)進士,淳祐四年(1244)嚴州府學教授,紹定四年(1231)陸子遹知嚴州,始創釣臺書院,淳祐辛丑(元年,1241)王泌知嚴州,始延堂長,以訓嚴氏子孫,十二年(1252)知州季鏞聞于朝,以教授兼山長,見景定《嚴州志》及《浙江通志》,講書或即堂長歟?待省進士之名,前此未聞,其猶鄉貢進士而未第進士者歟?卷中有'吴江徐氏記事'朱文長印、'栢山張氏省軒恒用'印、'汪士鐘藏'白文長印,蓋先爲徐虹亭太史所藏,後歸汪閬原者。張氏省軒,無考。"[①]傅增湘亦有宋刊小字本殘本,但存一卷,十四行,行二十六字,白口,雙闌,有汪士鐘藏印。[②] 陸氏與傅氏所藏同一本,而行數與字數有出入者,

① 見《儀顧堂續跋》卷七《淳熙嚴州本通鑑紀事本末跋》。

② 見《雙鑑樓善本書目》卷二。

蓋多次重修,每葉行數與每行字數,互有不等也。莫伯驥亦有宋刊小字本一部,惟僅殘存五卷,並謂小字本流傳已不多。[①] 其後,寶祐五年(1257)湖州趙與篙,以嚴州本字小且有訛誤,乃易爲大字重刊之,稱湖州大字本。大字本今亦有傳本。陸心源亦有大字本一部,嘗爲之《跋》,曰:"《通鑑紀事本末》,前有《目録》,題建安袁樞編。首載淳熙元年(1174)楊萬里《序》,寶祐丁巳(五年,1257)趙與篙《序》,每葉二十二行,每行十九字,版心有字數及刻工姓名,寶祐六年趙與篙刻本。案與篙字德淵,秀王之後,嘉定十三年(1220)進士,官至吏部尚書,《宋史》有傳。居湖州城内之叢桂坊,見談鑰《吴興志》。其《序》云:'淳祐壬子(十二年,1252)退而里居。'又云:'嚴陵本字小且訛,乃爲大字,精加讎校,以私錢重刊之。'則是書乃與篙居湖州時所刻也,嚴州本爲袁樞教授嚴州時所刻,寫刊精良,校讎細密,遠勝此本。德淵因其字小而改爲大字重刊之,可也,必欲誣之爲訛,豈公論乎!今兩本具在,孰精孰譌,必有能辨之者。此本明嘉靖中版尚存南監,凡版心無刻工姓名字數者,明時修版也。卷中有'東魯兵備使者'白文長印,蓋經陽湖孫淵如收藏者。此大字本曾於元延祐六年(1319)修版重印,即所謂元時印本也,前有元延祐六年陳良弼《序》,略云:"《通鑑紀事本末》,有功於温公《通鑑》者,不可無也,誠齋叙之於前,節齋叙之於後,發明盡矣。節齋患嚴陵本字小且訛,於是精加讎校,易爲大字,刊版而家藏之,凡四千五百面,可謂天下之善本也。頃年士學陋,藝苑蕪,此板束之高閣者四十餘年,又慮其爲勢家所奪也,秘不示人。一日,節齋孫趙明安者,始出所藏書版示余曰:'昔有雲間好事者,

① 見《五十萬卷楼藏書目録》卷五。

出中統鈔三百定求市，吾不忍售，願寘之嘉禾學宫，償吾半值，亦無憾矣。'余集學之士議之，或曰此書幸矣。然挾貴勢而覬覦者，得毋爲學校累歟？或曰合是書以惠後學者，厚德也，挾貴勢而不償直者，賢者不爲。議未決。良弼白其事於御史宋公、僉憲鄧公，二公喜曰：其速成之。學宫方有助創試闈之費，力不能如趙所需，乃出中統鈔七十五定償之"云云。瞿鏞《鐵琴銅劍樓藏書目録》卷九及莫伯驥《五十萬卷樓藏書目録》卷五所著録者，即此宋刊元印本。此宋刊元印本，明初版歸南監，成化中重爲修補，稱之爲宋刊明印本，今存世者尚多，張鈞衡《適園藏書志》卷三所著録者，即此明印本。今所存善本：臺北"國家圖書館"有宋寶祐五年(1257)趙與篙湖州刊本一部，板匡高二十五點九公分，寬二十點一公分，首載淳熙元年(1174)楊萬里《序》，次寶祐五年趙與篙《序》，每半葉十一行，行十九字。白口，版心上記字數，下記刻工：吴炎、徐嵩、錢于(或錢玗)、章泳、林茂、濮仲(或卜仲)、徐楠、錢璵、鍾季升、范仲、林嘉茂、范仲實、黄佑、虞源、沈宗、王大用、何祖、張榮、蔡成、徐拱、馬良、王爗、王興宗、劉霽、沈祖、王春、張成等。宋諱殷、讓、完、桓、媾、慎等字缺末筆，又桓或作亘，構字伯"太上御名"，書中鈐有"拂水山樵"朱文方印、"笠澤"朱文方印、"汲古閣"朱文方印、"毛氏收藏子孫永保"朱文長方印等印記，《"國立中央圖書館"宋本圖録》著録。又一部存首三十六卷，間有補版，蓋即元印本。又一部爲宋刊明印本，鈐有"柞谿沈寶稼幼樵藏書印"白文方印、"沈寶稼讀書記"朱白文方印、"烏程張氏適園藏書印"朱文方印、"吴興張氏適園收藏圖書"朱文長方印、"吴興張鈞衡石銘氏收藏舊槧名鈔之記"朱文方印、"張印鈞衡"白文方印、"石銘收藏"朱文方印、"石銘珍藏印"朱文方印、"擇是居"朱文橢圓印等印記，即《適園藏書志》所著録者。該館又有明萬曆二年(1574)湖廣監察御史李栻刊本兩部;明萬曆二年及萬曆末年李栻、唐世濟分刊合印本,附明沈朝陽撰《前編》十二卷;明末蘇州刊本一部,存首十卷,係明張溥論正之本。臺北"故宫博物院"有宋淳熙乙未(二年,1175)嚴州原刊本,缺卷一、卷二、卷二九、卷三一、卷三三、卷三五、卷三八等七卷,係前國立北平圖書館舊藏。又有宋寶祐五年(1257)趙與𥲅刊明印本多部:一部存三十九卷,《"國立故宫博物院"宋本圖録》著録;一部存十八卷,一部存九卷、一部存五卷,此三部並皆前國立北平圖書館舊藏。該院又有明朱絲欄鈔本一部,存十一卷;明内府朱絲欄鈔本一部,存七卷;此二朱絲欄鈔本,亦並前國立北平圖書館舊藏。又有明萬曆二年(1574)李栻岳州刊本一部,明萬曆三十五年(1607)黄吉士刊本一部。清文淵閣《四庫全書》本一部,清《四庫全書薈要》本一部。"中央研究院"歷史語言研究所有宋寶祐五年(1357)趙與𥲅刊明嘉靖修補印本一部,明萬曆間刊本一部,附明陳邦瞻撰《宋史紀事本末》十卷,《元史紀事本末》四卷。載入叢刻者,有《四部叢刊》本,係據宋本影印。

皇朝通鑑紀事本末一五〇卷　宋楊仲良撰　宋欧陽守道校正　殘

仲良,字明叔,號柳溪,眉山人。事迹略具《雪坡集》(卷三八)《本朝長編節要綱目序》。

守道,字公權,一字迂父,初名巽,吉州人。淳祐元年(1241)第進士,授雲都主簿,調贛州司户。累官著作郎,兼崇政殿説書,經筵所進,皆切於當世務。著有《易故》《巽齋文集》。事迹具《宋史》卷四一一、《宋史新編》卷一六〇、《史質》卷四五、《南宋書》卷五七等書。

此書《宋史·藝文志》不著録,見《千頃堂書目》卷四史部編年類。

按,此書《千頃堂書目》題歐陽守道撰,惟據歐陽守道《序》,知係其所校正,非其所著也。復據陳均《九朝編年引用書目》,知係楊仲良所著。

是書係據李燾《續資治通鑑長編》,分門編類以成書,惟每類之中,仍以編年紀事,起建隆,迄靖康。前有歐陽守道寶祐五年(1257)《序》,曰:"《皇宋紀事本末》,寶祐元年(1253)直徽猷閣謝侯守廬陵,始以家藏本刻於郡齋。侯既去,予於郡學見之,借授貢士徐君琥傳録。徐以郡本不可復得,有意轉刻於家,或謂卷帙繁多,宜作節本,予亟止之曰:"史未易節也,前代史尚難之,況國朝節史,近於筆削,儻不知史法,而容易措手,則去留失宜,首尾不備,使讀者憮然,此與漏段闕字何異?史館遴選尚不敢苟,而私家新學,見史輒節,非予所敢知也。'徐君幸從予言而止。刊既就,以示予覆讀,則頗疑其間多所舛訛,蓋前此郡齋所刻,往往未及點對,而侯已去,殊爲可惜。近有大字蜀本者,予復借與數友參校,乃知郡本固自多悮,蜀本誤亦不免,再質之於《續通鑑長編》,尋其本文初意,而後敢以爲安。所校正不啻千數百字,然亦惟有誤,則據本正之。儻無可據,雖一字不敢輒增損也。工告畢,爲識其所自。(寶祐)五年(1257),歲在丁巳十月望,廬陵歐陽守道謹書。"

《揅經室外集》(《四庫未收書提要》)卷一著録此書,云:"宋楊仲良撰。案李燾取北宋九朝事實,仿司馬光《長編》之體,編年述事,爲《續資治通鑑長編》,成書一百五十卷,卷帙最爲繁重。仲良乃別爲分門編類,以成此書。每類之中,仍以編年紀事。太祖七卷,太宗七卷,真宗十四卷,仁宗二十四卷,英宗四卷,神宗三十四卷,哲宗二十六卷,徽宗二十八卷,欽宗六卷,共一百五十卷。各有事目,目中復有子目,汴京一百七十年禮樂兵刑之沿革,制度政令之舉廢,粲然具備,可以案目尋求,李燾而後,陳均之前,煩簡得中,洵可並傳,而今所傳《長編》足本,徽欽兩朝皆已闕失,藉此得以考見崖略,尤可貴也。仲良之名,不見於書中,卷端有寶祐丁巳廬陵歐陽守道《序》,亦不言著書人姓名,而陳均《九朝編年引用書目》中有之,云:《長編紀事本末》,楊公仲良。故知此書出仲良手。然其書不見於《宋史·藝文志》,而趙希弁、陳振孫、馬端臨諸家,亦皆不著録,近代藏書家惟季振宜、徐乾學兩家有之。徐目云闕一百一十卷至一百一十九卷,今此舊鈔本亦闕此六卷,又闕六、七兩卷,而五、八兩卷亦非完帙,較乾學藏本蓋又多闕佚矣。據守道《序》,此書寶祐元年(1253)刻於廬陵郡齋,貢士徐琥重爲校刻,則寶祐五年(1257)也。"

按,此書刊本今已罕見,所傳世者並爲鈔本。臺北"國家圖書館"有清乾隆四十年(1775)至四十一年(1776)太倉王氏鈔本一部,缺卷六、卷七、卷一一四至卷一一九,存一百四十二卷,朱墨批校。中有清王鳴韶、周星詒手書題記。王氏曰:"乾隆四十一年五月十二日寫畢。鶴谿王鳴韶記。"並鈐有"王印鳴韶"白文方印、"鶴谿"朱文方印二印。周氏曰:"本書缺卷排纂大與本《長編》及彭氏《太平治迹統類》當可十待七八,詒于庚午夏日,以寫本《長編》(一百零八卷,缺治平四年閏月以下)及此校勘《統類》脱誤,麄已可讀,自謂雖未能盡復舊觀,較勝世間傳本,暇當命小胥寫出。太祖聖政諸篇,更爲補其闕略,以附此書,他日再得張氏擺本,再加校勘,便可付有力者刻行矣。星詒識。"又一則曰:"是書以裕陵中葉始出,故未收入《四庫全書》,及嘉慶間,阮文達始以進御,詳《揅經室別集》。外間僅傳抄本,脱誤甚衆。此是譚仲儀爲購之陳氏帶經堂者,有鶴谿居士王鳴韶題記,卷首以朱描竹汀詹事石印,其本蓋出自錢氏,惟不知王君爲何人也。書中校語多引本書改正,無證據者雖明知其误,不輒更改,是自顧、黄諸家校書宗派,然李氏本書具在,其原進呈一百六十卷之本,世亦間有流傳,更佐以徐氏《宰輔編年録》諸書,不難盡復舊觀,嘗陸續求訪以成此也。乙丑三月二十六日星詒記。”鈐有“詒印”陰文長方印。臺北“故宫博物院”有舊抄本一部,即阮元進呈之本。

通鑑紀事本末撮要八卷　宋蔡文子撰　未見

文子,字行之,建安人,事迹待考。

此書《宋史·藝文志》不著録,見瞿鏞《鐵琴銅劍樓藏書目録》卷九。

瞿氏所藏爲影鈔宋本,曰:“題建安袁樞(機仲)編,建安蔡文子(行之)撮其書,即取袁氏標題而略舉其事之大要,每題下注明起某帝幾年,盡某帝幾年,末又注以上詳見某帝紀,雖曰撮要,與袁書體例稍異,可自單行也。諸家書目俱不載,此從郡中汪氏所藏宋本影寫,每半葉十四行,行二十三字,宋諱匡、朗、貞、徵、桓、恒、搆字皆減筆。”

按,此書未得經眼。

皇王大紀八〇卷　宋胡宏撰　存

宏,字仁仲,號五峰,崇安人,安國季子。幼事楊時、侯仲良,而卒傳其父之學。紹興中以廕補右承務郎,不調,秦檜死,宏被召,以疾辭。紹興三十二年(1162)卒,年五十七。所著《知言》,張栻謂其言約義精,道學之樞要,制治之蓍龜也。又有《五峰集》。事迹具《宋史》卷四三五、《宋史新編》卷一六六、《史質》卷三七、《南宋書》卷二四等書。

此書《宋史·藝文志》編年類著録。

《郡齋讀書志·附志》編年類著録此書,趙希弁曰:“右五峰先生胡宏所述皇帝王伯之事,始於盤古氏,而終於周之末,自堯以上六閼逢無紀,堯之初載迄于赧王乙巳二千又三十年,貫通經典,採摭史傳,靡所不載,又因事而爲之論,所以述去取之原,釋疑似之惑者至矣。先生字仁仲,文定公之季子,自幼有志於道,嘗見楊中立于京師,又從侯師聖于荆門,而卒傳文定公之學。紹定戊子(元年,1228)希弁生父師回爲衡山令,嘗春朝旨索其書云。”

《直齋書録解題》卷四編年類著録此書。陳振孫曰:“胡宏撰。述三王五帝,至周赧王。前二卷,自盤古至帝嚳,年不可考信,姑載其事而已。自堯以後,用《皇極經世曆》,起甲辰,始著年紀,博採經傳,時有論説,自成一家之言,然或取莊周寓言以爲實,及敘邃古之初,終於無徵不信云爾。”

《四庫全書總目》卷四七編年類著録此書,《提要》於此書之得失,有較持平之評論,云:“是書成於紹興辛酉(十一年,1141),紹定間嘗宣取入秘閣。所述上起盤古,下迄周末,前二卷皆粗存名號事迹。帝堯以後,始用《皇極經世》編年,博採經傳,而附以論斷。陳振孫《書録解題》,嘗譏其誤取《莊子》寓言,及敘邃古之初,無徵不信,然古帝王名號可考,統系斯存,典籍相傳,豈得遽爲删削。至其採摭浩繁,雖不免小有出入,較之羅泌《路史》,則切實多矣,未可以一眚掩也。朱彝尊《曝書亭集》有是書《跋》,稱近時鄒平馬驌撰《繹史》,體例頗相似,疑其未見是書,正可並存不廢。今考驌書多引《路史》,而不及《皇王大紀》一字,彝尊以爲未見,理或有然。至於此書體用編年,《繹史》則每事標題,而雜引古書之文,排比倫次,略如袁樞《記事本末》之法,體例固截然不同,不知彝尊何以謂其相似,殆偶未詳檢驌書歟?

按,此書宋刊本今已罕見,傳世者率爲明刊本。《皕宋樓藏書志》卷二十所載明刊本,爲萬曆三十九年(1611)陳邦瞻刻於閩中者。今所藏善本:臺北"國家圖書館"及臺北"故宫博物院"各有明陳邦瞻刊本一部,臺北"故宫博物院"又有清文淵閣《四庫全書》本一部。"中央研究院"歷史語言研究所有鈔本一部。

建炎以來繫年要録二〇〇卷　宋李心傳撰　輯

心傳有《寧宗實録》四九九册已著録於本文《上編》。

此書《宋史・藝文志》編年類著録。

《直齋書録解題》卷四編年類著録此書,陳氏曰:"工部侍郎陵陽李心傳(微之)撰。蓋與李翼巖《長编》相續,亦嘗自隆與後相繼爲之,會蜀亂散失,不可復得。"①

《玉海》卷四七"嘉定建炎以來繫年要録"條云:"李心傳撰,一百卷,嘉定五年(1212)五月付國史院。"

按,《玉海》作一百卷者,蓋析併不同也。

《四庫全書總目》卷四七編年類著録此書,《提要》曰:"是書述高宗朝三十六年事迹,仿《通鑑》之例,編年繫月,與李燾《長編》相續,寧宗嘗被旨取進。《永樂大典》别載賈似道《跋》,稱寶祐初曾刻之揚州,而元代修宋、遼、金三史時,購逸書,其目具見袁桷、蘇天爵二集,並無此名,是當時流傳已絶,故修史諸臣均未之見,至明初始得其遺本,亦惟《文淵閣書目》載有一部二十册,諸家書目均不著録。今明代秘府之本,又已散亡,其存於世者,惟《永樂大典》所載之本而已。其書以國史日曆爲主,而參之以稗官野史、家乘誌狀、案牘奏議、百司題名,無不臚採異同,以待後來論定。故文雖繁,而不病其冗;論雖岐,而不病其雜;在宋人諸野史中,最足以資考證。《宋

① 《文獻通考》卷一九三《經籍考》著録此書,並引《直齋書録解題》,惟書名作《建炎以來繫年要記》。

史》本傳稱其重川蜀而薄東南,然如宋人以張栻講學之故,無不堅持門户,爲其父張浚左袒。心傳獨於淮西富平之僨事、曲端之枉死、岳飛之見忌,一一據實直書,雖朱子《行狀》,亦不據以爲信,初未嘗以鄉曲之私,稍爲回護,則《宋史》之病是書者,殆有不盡然矣。大抵李燾學司馬光,而或不及光;心傳學李燾,而無不及燾,其宏博而有典要,非熊克、陳均諸人所能追步也。原本所載秦熺、張匯諸論,是非顛倒,是不待再計而删者,而並存以備參稽,究爲瑕類,至於本註之外,載有留正《中興聖政草》、吕中《大事記講義》、何俌《龜鑑》諸書,似爲修《永樂大典》者所附入,然今無别本可校,理貴闕疑,姑仍其舊。其中與《宋史》互異者,則各爲辨證,附注下方,所載全國人名、官名、地名音譯,均多舛誤,謹遵《欽定金史國語解》詳加訂正,别爲考證,附載各卷之末,仍依原第析爲二百卷。至其書名,《文獻通考》作《繫年要記》,《宋史》本傳作《高宗要録》,互有不同,今據《永樂大典》所題,與心傳《朝野雜記》自跋及王應麟《玉海》相合,故定爲《繫年要録》著於録焉。"

按,是書之傳本,今已罕見。賈似道寶祐元年(1253)跋此書云:"臣恭惟高宗皇帝,受命中天,功德巍煌,布在方册,而廣記備言,有裨一朝巨典,則惟臣心傳撰次《建炎以來繫年要録》,首爲成書,臣當拜手稽首伏讀竟編,其間大綱目,固非可一二數……臣載惟藝祖皇帝,肇造區夏,親平淮南,後因御營作章武殿,臣既改築而新之。中興舊事,故老相傳,雖有能仿佛者,然文不足證也。乃以所藏蜀本《繫年録》二百卷,刊于州治,與臣傅良所述《建隆編》並傳云。"賈氏時任知揚州軍州事。此寶祐本已失傳。清乾隆年間,四庫館臣自《永樂大典》輯得此書,清代藏書家,如張金吾《爱日精廬藏書志》卷九、陸心源《皕宋樓藏書志》卷二一、張鈞衡《適園藏書志》卷三等所著録者,並係《四庫》傳抄本。今所藏善本:臺北"國家圖書館"有舊鈔本兩部,其中一部經清同治四年(1865)周星詒手校并題記,周氏云:"同治四年正月購自福州陳氏,價二十千錢,三月初四日閲起記。曼嘉星詒。"又云:"是本抄胥草草,譌誤脱落至不可句,今略正其顯者,當續求善本,一一正之。第一册卷之六缺十九一頁。"臺北"故宫博物院"有清文淵閣《四庫全書》本一部,即《大典》輯本。"中央研究院"歷史語言研究所有烏絲欄抄本一部。載入叢刻者:清光緒中廣雅書局所輯刊之《廣雅叢書》及民國二十四年至二十六年(1935—1937)間,上海商務印書館輯刊《叢書集成初編》,並收有此書。

通鑑答問五卷　宋王應麟撰　存

應麟,字伯厚,慶元府人。九歲通六經,學問賅博,第淳祐元年(1241)進士,從王埜受學,寶祐四年(1256)舉博學宏詞科,歷浙西安撫使幹辦公事,累擢秘書郎,應詔極論時政。度宗即位,累遷禮部尚書,東歸後二十年卒。著有《詩考》《詩地理考》《詩草木鳥獸蟲魚廣疏》《踐祚篇集解》《春秋三傳會考》《六經天文篇》《蒙訓》《小學紺珠》《小學諷咏》《急就篇補注》《通鑑地理考》《通鑑地理通釋》《漢書藝文志考證》《漢制考》《尚書草木鳥獸譜》《周書王會篇集解》《詩辨》《玉海》《困學紀聞》《姓氏急就篇》《詞學指南》《四明文獻集》等。事迹具《宋史》卷四三八本傳。

此書《宋史·藝文志》編年類著録。

《四庫全書總目》史評類著録此書,《提要》云:"此書乃《玉海》之末附刊十三種之一,始自周威烈王,終於漢元帝,蓋未成之本也。書以《通鑑答問》爲名,而多涉於朱子《綱目》,蓋《綱目》本因《通鑑》而作,故應麟所論,出入於二書之間,其所評鷙,惟漢高白帝子事,以爲二家偶失刊削。孔臧元朔三年免太常一條,疑誤採《孔叢子》,其餘則尊崇新例,似尹起莘之發明,刻覈古人,似胡寅之《管見》。如漢高祖過魯祀孔子,本無可貶,乃反譏漢無真儒;文帝除盜鑄之令,本不可訓,乃反稱仁及天下,與應麟所著他書殊不相類,其真贋蓋不可知,或伯厚孫刻《玉海》時僞作此編,以附其祖於道學歟?然别無顯證,無由確驗其非,姑取其大旨之不詭於正可矣。"

按,此書之卷數,《宋志》作四卷,惟今傳諸本,並作五卷,《宋志》蓋偶疏也。

又按,此書多附《玉海》而行,明以前單行之刊本罕見。今所藏善本,單行者惟臺北"故宫博物院"所藏之清文淵閣《四庫全書》本。

通鑑總類二〇卷　宋沈樞撰　存

樞,字持孝,一作持要,吴興人,紹興十五年(1145)進士,官至太子詹事、光禄卿,卒年八十二,謚憲敏。事迹具《宋詩紀事》卷四五、《宋詩紀事小傳補正》卷三、《宋元學案補遺》卷八等書。

此書《宋史·藝文志》編年類著録。

《四庫全書總目》卷六五史鈔類著録此書,《提要》曰:"是書乃其致仕時所編,取司馬光《資治通鑑》事迹,仿《册府元龜》之例,分爲二百七十一門,每門各以事標題,略依時代前後爲次,亦間採光議論附之。所分門目,頗有繁碎,如《賞罰門》外,又立《貶责》《功賞》二門;《外戚門》外,又立《貴戚》一門;《近習門》外,又立《寵倖》一門;《隱逸門》外,又立《高尚》一門;《積善門》外,又立《陰德》一門者,不一而足。又如安重榮奏請逾分不過驕蹇,乃以此一條别立《僭竊》一門,則配隸不確;東周下迄五代,興廢不一,乃獨取申徹論燕必亡,黄泓論燕必復二條,立爲《興廢》一門,則疏漏太甚。然《通鑑》浩博,猝難盡覽,司馬光嘗言惟王勝之曾讀一過,餘人不能數卷即已倦睡,則採摭精華,區分事類,使考古者易於檢尋,其書雖陋,亦不妨過而存之也。嘉定中鋟版,潮陽樓鑰嘗爲之《序》;元至正中浙江行省重刊,周伯琦又序之,二人皆博物君子,而肯以文章弁其首,殆以操觚數典,尚有一壺千金之用歟!"

按,此書初刊於嘉定元年(1208),四明樓鑰爲之序,云:"取司馬公所著,各以事類編之,爲二百七十一門,首曰《治世》,曰《治人》,終曰《辯士》,曰《烈婦》,而後自戰國以迄五代一千三百餘年之事,彙聚胪分,粲然易見,繁詞細故,悉删去之,古所謂毫期稱道不勌者,其公之謂乎!"此本《天禄琳琅書目續編》著録,今則罕見。今所藏善本:臺北"國家圖書館"有元至正中平江路儒學刊本一部,存卷九十一卷,板匡高二十四點九公分,寬十七點五公分,每半葉十一行,行二十三字,線口,版心上記字數,下記刻工:原、番、東、圭、中、王、古、元等。又有明萬曆二十三年(1595)太監孫隆吴中刊本一部,前有萬曆二十三年吴郡申時行《重刻通鑑總類序》,嘉定元年(1208)樓鑰《通鑑總類序》,至正二十三年周伯琦《通鑑總類序》。臺北"故宫博物院"有元正中平江路儒學刊本一部,存卷二、卷三、卷五、卷九至卷十一,凡殘存六卷,係前國立北平圖書館舊藏,又有清文淵閣《四庫全書》本一部。臺灣大學有明萬曆三十九年(1611)刊本一部。

通鑑地理通釋一四卷　宋王應麟撰　存

應麟有《通鑑答問》五卷已著録。

此書《宋史·藝文志》不著録,見《四庫全書總目》卷四七編年類。

按,據王氏《自序》,以《通鑑》所載地名異同沿革,最爲糾紛,而險要阸塞所在,其措置得失,亦足爲有國者成敗之鑑,因各爲條例,釐定成編。卷一至卷三《歷代州域總叙》,卷四《歷代都邑考》,卷五《十道山川考》,卷六《周形勢考》,卷七《名臣議論考》,卷八至卷十《七國形勢考》,卷一一、卷一二《三國形勢考》,卷一三《晋宋齊梁陳形勢考》《河南四鎮考》、卷一四《東西魏周齊相攻地名考》《唐三州七關十一州考》《石晋十六州考》《四庫全書總目提要》謂其書徵引浩博,考核明確,而叙列朝分據戰攻,尤一一得其要領,於史學最爲有功。

又按,此書初刊於元,今所傳元刊本,並係《玉海》附刻本。陸心源有元刊本一部,《皕宋樓藏書志》卷二〇著録。陸氏嘗爲之跋,曰:"《通鑑地理通釋》十四卷,題浚儀王應麟伯厚甫。每葉二十行,每行二十字,小字雙行,首《目録》,後接連《書後》一首,題上章執徐歲橘月子王子。左綫外有篇名。毛子晋《津逮秘書》、張海鵬《學津討原》皆從此出,惟因'書後'二字移其文于後,亦淺之乎爲丈夫矣。前有'張寬德宏之印'朱文方印、'徐氏家藏'白文印,後有'張任文房之印'朱文圓印、'子孫寶之'朱文方印。"[①]今所藏善本:臺北"國家圖書館"有元慶元路儒學刊《玉海》附刻本一部,版匡高二十二點三公分,寬十三點八公分、每半葉十行,行二十字,小字雙行,版心白口,上記字數,下記刻工:徐、修、袁、楊、良、堅、用、行、安、正、以南、周士、祥、壬、克、岩、王、叔章、之、太、玉、忠、元、仁。鈐有"修竹吾廬"白文方印、"張印鈞衡"白文方印、"石銘收藏"朱文方印、"吴興張氏適園收藏圖書"朱文長方印、"擇是居"朱文橢圓印、"莚圃收藏"朱文長方印等印記,知係張鈞衡舊藏,即《適園藏書志》卷三所著録者。臺北"故宫博物院"有

① 見《儀顧堂續跋》卷七"元槧通鑑地理通釋跋"。

清文淵閣《四庫全書》本一部。收入叢刻者有:《津逮秘書》本、《學津討源》本、《叢書集成初編》本。

三朝記一〇卷　宋吕夷簡撰　佚

夷簡,字坦夫,先世萊州人。祖龜祥知壽州,子孫遂爲壽州人。進士及第,補絳州軍事推官,稍遷大理寺丞,仁宗時官至同平章事。以太尉致仕,卒贈太師中書令,謚文靖。著有《三朝寶訓》《五朝寶訓》《三朝太平寶訓》《一司一務敕》《天聖令文》《天聖敕編》及文集等。事迹具《宋史》卷三一一、《宋史新編》卷九七、《東都事略》卷五二、《隆平集》卷五等書。

此書《宋史·藝文志》不著録,見《河南通志》卷四二藝文史部。

考《郡齋讀書志》卷五著録《三朝國史》一百五十卷,晁氏曰:"右皇朝國史,《紀》十卷,《志》六十卷,《列傳》八十卷,吕夷簡等撰。初,景德中,詔王旦,楊億等九人撰太祖、太宗兩朝史,至天聖五年(1027)詔夷簡、宋綬、劉筠、陳堯佐、王舉正、李淑、黄鑑、謝絳、馮元加入真宗朝史,王曾監修。曾罷,夷簡代。(天聖)八年(1030)書成,計七百餘傳,比之《三朝實録》,增者大半。事覈文贍,褒貶得宜,百世之所考信云。"[①]知三朝者,乃太祖、太宗、真宗三朝也。

又檢《玉海》卷四六正史"天聖三朝國史"條云:"……初於宣徽院編纂,後移中書令三司檢討食貨事件,三館供借書籍,擇司天官編綴《天文律曆志》;《帝紀》《贊論》,吕夷簡奉詔撰;《紀》即夷簡、夏竦修撰。餘皆同編修分功撰録。"則知此編爲《三朝國史》中之一部分而單行者也。

---

① 此據王先謙所校刊衢本《郡齋讀書志》,袁本《讀書志》所載不同,袁本云:"右皇朝吕夷簡等撰。初,景德四年詔王旦先文元公楊億等人撰太祖、太宗兩朝史,至天聖五年詔夷簡等九人添入真宗朝史。王曾監修,曾罷,夷簡代,八年書成。"

編年紀事十一卷　宋劉攽撰　佚

攽,字貢父,與兄敞同登科仕,熙寧中判尚書考功同知太常禮院。嘗貽安石書,論新法不便,安石怒,斥通判泰州,知曹州。曹爲盜區,重法不能止,至則治尚寬平,盜亦衰息。哲宗初,加直龍圖閣,知蔡州,數月,召拜中書舍人,卒,年六十七。著有《三劉漢書標注》(與劉敞、劉奉世合撰)、《東漢刊誤》《彭城集》《文選類林》《中山詩話》《公非先生集》等。事迹附見《宋史》卷三一九《劉敞傳》

此書《宋史・藝文志》不著録,見《郡齋讀書志》卷三編年類。[①]

晁氏曰:"右皇朝劉攽因司馬温公所撰編次。"

按,所稱司馬光所撰,當指《稽古録》一書也。

編年圖不著卷數　宋任山撰　佚

補編年圖不著卷數　宋楊傑撰　佚

山,史書無傳。著有《通記》三十卷,見《秘書省續四庫書目》。

傑,有《五代紀元》(不著卷數)已著録。

右二書《宋史・藝文志》不著録,並見於《無爲集》卷九。

楊傑《無爲集》卷九載《補編年圖序》,曰:"《編年圖》,任山先生之所撰也。始自周平,訖於聖宋。歲之甲乙列於上,國之年世列於下,稽諸史牒,咸得其實。先生授于建谿張君,予於張君而得焉,周平而上,或患其闕,因自堯舜而補之。夫先生之圖,祖《春秋》也;某之所補,祖斷書也。聖人之法,相爲表裏,不亦可乎?皇甫謐曰:堯生甲申歲。孔安國曰:堯年十六,以唐侯升爲天子。故即位於己亥也。《書》試舜之年曰朕在位七十載,故試舜於戊申也。試舜三載曰汝陟帝位,故舜攝於辛亥也。二十八載帝乃殂落,自舜攝之年。其崩於戊寅也。

① 此據衢本。袁本置此書於卷二上。

舜生三十徵庸，故舜生於己卯也。三十在位，試二年，攝位二十八年。故即位於庚辰也。禪禹於壬寅也，正月朔旦受命於神宗，故禹攝於癸卯也。五十載陟方乃死，故崩於己巳也。史遷曰：舜崩三年而禹即天子位，故禹即位於壬申也。皇甫謐曰：夏啓元年，歲在甲辰。禹當先啓三年而崩，故崩於辛丑也。皇甫謐曰：，禹年百歲。故生於壬戌也。又曰：啓五十年而崩，故崩於癸丑也。自啓至於周之共和，不得而補，年祀不明故也。惟《汲冢紀年》曰：夏有王無王用歲四百七十有一。故夏亡於壬戌也。夏既亡，商宜有天下於次年，故湯踐位於癸亥也。皇甫謐曰：湯踐位十三年而崩。故崩於己亥也。《汲冢紀年》又曰：湯滅夏以至於受，用歲四百九十有六。故商亡於戊寅也。商既亡，周宜有天下於次年，故武王踐位於己卯也。共和而後，皆據史遷年表而補之。噫！自啓至於共和，年祀不明則有矣。世次可得而明，故載爲三代世譜。時皇祐二年(1050)二月二十六日序。"知楊氏之書，據任氏書爲之補充者也。

四朝國史志不著卷數　宋趙雄撰　佚

雄，字温叔，資州人。隆興元年(1163)省試第一，虞允文入相，薦於孝宗，除正字。召見，極論恢復，除右史。以中書舍人使金，與金主爭辯，金人謂之"龍門"。淳熙五年(1178)累官參知政事，拜右丞相。朱熹極論時事，帝怒，雄言熹狂生，罪之適成其名，乃止。光宗初又上萬言書，言甚剴切。授寧武軍節度使，開府儀同三司，進衛國公，改帥湖北，疾甚，改判資州，又除潼川府，改隆興府，紹熙四年(1193)卒，年六十五。謚文定。著有奏議二十卷、《趙雄文粹》。事迹具《宋史》卷三九六、《宋史新編》卷一四一、《史質》卷二六、《南宋書》卷四三等書。

此書《宋史·藝文志》不著録,見清嘉慶《四川通志》卷一八四史部。

按,《繫年要録》云:"淳熙七年(1180)十二月庚寅,趙雄等上神宗、哲宗、徽宗、欽宗四朝國史志。"

四朝國史實録不著卷數　宋李心傳撰　佚

心傳有《寧宗實録》四九九册,已於《宋代編年類史籍考》上編著録。

此書《宋史·藝文志》不著録,見清嘉慶《四川通志》卷一八四史部。

今檢《宋史》卷四二《理宗本紀》二云:"(嘉熙)二年(1288)三月壬子,以李心傳爲秘書少監,史館修撰,修高宗、孝宗、光宗、寧宗四朝《國史實録》。"

思陵大事紀三六卷　宋李燾撰　佚

燾有《宋高宗日曆》一〇〇〇卷已於《宋代編年類史籍考》上編著録。

此書《宋史·藝文志》不著録,見《直齋書録解題》卷四編年類。

陳氏曰:"李燾撰。"

按,《宋史》卷三二《高宗本紀》九,曰:"淳熙十四年(1187)十月乙亥,(高宗)崩於德壽殿,年八十一,謚曰聖神武文憲孝皇帝,廟號高宗。十六年(1189)三月丙寅,攢于會稽之永思陵。"宋人遂以思陵稱高宗。此編蓋記高宗朝事也。

阜陵大事記二卷　宋李燾撰　佚

燾有《宋高宗日曆》一〇〇〇卷已於《宋代編年類史籍考》上編著録。

此書《宋史·藝文志》不著録,見《直齋書録解題》卷四編年類。

陳振孫曰:“李燾撰。”

按,《宋史》卷三五《孝宗本紀》三曰:“紹熙五年(1194)五月壬戌,壽皇聖帝不豫,六月戊戌崩于重華殿,年六十有八。十月丙辰,謚曰哲文神武成孝皇帝,廟號孝宗。十一月乙卯,權攢于永阜陵。”是宋人或以阜陵稱孝宗。此編蓋記孝宗朝大事也。

東都紀年三〇卷　宋王炎撰　佚

炎,字晦叔,一字晦仲,號雙溪,婺源人。登乾道五年(1169)進士,調明州司法參軍,丁母憂,再調鄂州崇陽簿,秩滿,授潭州教授,以薦知湖州。與朱熹交誼頗篤,熹爲待制,侍經筵,寧宗方諒闇,熹擇日開講,炎貽書論其非禮。累官至中奉大夫軍器監,賜金紫,嘉定十一年(1218)卒,年八十一。著有《尚書傳》《禮記》《論語》《孝經》《老子解》《春秋衍義》《象數稽疑》《禹貢辨》《考工記鄉飲酒儀諸經考疑》,總曰《雙溪類稿》。事迹具《宋史翼》卷二四、《南宋文範作者考》卷下、《宋詩紀事》卷五四等書。

此書《宋史·藝文志》不著録,見《雙溪類稿》卷二五。

《雙溪類稿》卷二五載《東都紀年序》,曰:“《東都紀年》三十卷,炎述九朝歷年行事成書也。慶元三年(1197)八月,炎奉詔自太學博士入秘書省爲郎,明年兼實録檢討,尋入著庭爲佐郎,又明年爲軍器少監,而職兼檢討如故,於是金匱石室所藏,炎皆窺見副本。因念漢人荀悦、唐人柳芳、吴兢輩,於當代正史外,皆别自著書,成一家言。悦有《漢紀》三十卷,芳有《唐曆》三十卷,兢有《唐春秋》三十卷,獲與正史並傳。炎今援是,比用國史本紀參校,爲《紀年》一書,於三朝本紀,其辭頗有所損,於兩朝四朝本紀,其事或有所增,視李燾《長編》、熊克《通略》,炎不如其博;王稱《事略》本紀,炎竊病其簡。豐約中度,炎固不能,而私有志焉。又随所紀,附以提要爲三十卷。提要之目有二：曰注，則有所辨；曰證，則旁叙其事也。炎又伏念神宗皇帝嘗詔曾鞏以三朝兩朝國史合爲一書，鞏雖承命，書不果成，炎愚乃欲採掇九朝故實，合三爲一，甚見其不知量，然所述止於本紀，不及志傳，是以忘其狂斐，懷不能已，畢力編摩，書未及成，會某負罪去國，居閒處獨，再加考訂，今方脱稿，不敢閟在私室，謹齋戒練日進于大庭，故序所以記述之意如右。起建隆庚申(元年，960)，終靖康丁未(靖康二年，即建炎元年，1127)，百六十有八年，一祖八宗，創業守文宏遠之規模，與夫庶事之弛張，忠邪之消長，敵國之屈伸，其大略可睹矣。雖不足以發揚宋德之代光紹明，惟陛下寬蕭斧之誅，賜以一覽，若幸而獲傳，庶幾無愧於荀悦、柳芳、吴兢輩，某死且不朽，謹序。”

又有《進東都紀年表》，曰："垂世規模，莫盛本朝之列聖，編年凡例，宜如古史以成書。削牘鋪張，扣閽登進(中賀)。惟一祖八宗之繼序，與三王四代以比隆，載在縑緗，藏於金匱，其道榮華而不朽，其文浩博而難窮，自顧陋儒，素慚鴻筆，嘗塵清貫越在麟臺歷十載以究心，具四時而繫事，逮兹斑白，畢此汗青，究而言之，固多疏略，識其大者，亦頗著明。恭惟皇帝陛下，濬哲自天，憲章于古蒼姬，而上遠則難行，炎黄以來，卑而無取，闡皇猷而善繼，捨家法以何求，察進退於群才，稽弛張於百度，内綏黎庶，有省刑薄赋之仁，外静邊陲，有習戰講和之策。討論故實，採摭舊聞，庶便鑑觀，但提樞要，所傳者信非徒殫精力於空言，可舉而行，願以致隆平於當世。”

十朝綱要二五卷　宋李埴撰　存

埴，字季允，燾子，壁弟也。紹熙進士，知常德府，以安静爲治。改知夔州，召爲禮部侍郎，以持論侃直，出知鄂州，復與諸司爭曲直，不相能，罷去，後累遷資政殿學士。嘉熙二年

(1236)卒于官,年七十八。著有《通禮》《續帝學》《趙鼎行狀》《固陵録》《續補漢官儀》《悦齋文集》等。事迹具《宋史翼》卷二五、《慶元黨禁》《南宋館閣續録》《宋中興東宫官僚題名》《南宋制撫年表》等書。

此書《宋史·藝文志》不著録,見《玉海》卷四十九。

《玉海》卷四十九"景定聖訓"條云:"李埴撰《十朝綱要》。"

按,兹編記太祖至高宗十朝事也。卷一太祖,卷二太宗,卷三真宗,卷四至卷六仁宗,卷七英宗,卷八至卷十神宗,卷一一至卷一四哲宗,卷一五至卷一八徽宗,卷一九欽宗,卷二十至卷二五高宗。

此書《四庫全書》未收。張金吾《愛日精廬藏書志》卷九編年類著録抄本一部,題"皇宋十朝綱要",張氏曰:"是書編年紀事,有綱無目,非大事則略而不書,故曰綱要。然所載事迹,間有出《長編》《中興小紀》《繫年要録》等書外者,亦足以資參考。始太祖,訖高宗,凡十朝,每朝之前,冠以改元凡幾,皇后、皇子、公主幾人,宰相參知政事等官暨進士題名以及廢置州府,而以誕節神御殿名終焉。《文淵閣書目》、焦氏《經籍志》俱著録,《皇朝編年備要》引用書目亦載之。近則久無傳本,此本從浙西藏書家宋刊本傳録者。"

又按,此書刊本今已罕見。《皕宋樓藏書志》卷二一著録影宋抄本,陸心源嘗撰一跋,載《儀顧堂題跋》卷三,曰:"是書《四庫》未收,《玉海》及《文淵閣書目》、焦氏《經籍志》、張月霄《藏書志》皆著于録,其體例已詳張《志》中。陳平甫《九朝編年引用書目》亦刊其名,叙銜爲左史,蓋《陳書》成于嘉定中,正季永爲起居郎時也。文簡書續《通鑑》而作,不敢自居于《通鑑》,謙辭曰《長編》。此書蓋續《綱目》而作,不敢自居于《綱目》,故曰《綱要》也。"瞿鏞亦有舊鈔本一部,《鐵琴銅劍樓藏書目録》卷九著録。今所藏善本書:臺北“國家圖書館”有舊鈔本一部。“中央研究院”歷史語言研究所有影宋鈔本一部及烏絲欄清抄本一部,又有鈔本一部,存卷十至十四。收入叢刻者:民國十三年(1924),羅振玉輯刊《六經堪叢書》初集,收録此書。

通鑑前紀一〇卷　宋戴良齊撰　佚

良齊,字彦肅,號泉溪,黄巖人。嘉熙二年(1238)進士,累官秘書少監。以古文鳴,尤精性理之學。著有《曾子遺書》《中説辨妄》《論語外書》《七十子説》《孔子世譜》及《年譜》等。事迹具《宋元學案》卷六六、《宋詩紀事補遺》卷七二等書。

此書《宋史·藝文志》不著録,見《台州經籍志》卷八編年類。

按,此編蓋編年記載戰國以前事者也。

續宋編年資治通鑑一五卷　宋劉時舉撰　存

時舉,里籍無考。嘗仕通直郎,户部架閣,國史實録院檢討兼編修官。史嵩之以父喪去位,詔以右丞相起復,時舉與王元野、黄道等人,上疏力爭。事迹具《宋元學案補遺》卷八。

此書《宋史·藝文志》不著録,見《四庫全書總目》卷四七編年類。

按,此書係紀高宗至寧宗四朝之政事。清朱彝尊序此書曰:“《宋中興通鑑》十五卷,通直郎國史院編修官劉時舉編。史嵩之喪父,以右相起復,時舉爲京學生,與王元野,黄道等九十四人,太學生黄愷伯、金九萬、孫翼鳳等一百四十四人,武學生翁日善等六十七人、宗學生趙子寰等三十四人上書爭之,是亦慷慨之士也。觀者嫌其太略,然以視王宗沐、薛應旂所撰,斯條理過之矣。小長廬七十九老人朱彝尊題。”[①]

---

① 載今本此書卷首。

《四庫全書總目提要》曰："是書所記，始高宗建炎元年(1127)，迄寧宗嘉定十七年(1224)，當成於理宗之世，而書末《附論》一條，稱理宗撑位五十年而後亡，不可謂非幸云云，其言乃出於宋亡以後，似非時舉原文。案舊本《目録》後有書坊題識一則，稱是編繫年有考據，載事有本末，增入諸儒集議，三復校正，一新刊行云云，則書中所附議論，有元時刊書者所增入，非其舊矣。其中紀載雖以簡約爲主，或首尾未具，於事迹間有脱遺，然如論張浚不附和議而不諱其黨汪黄，攻李綱引秦檜之罪，辨李綱之被謗遠謫，而不諱其庇翁彦國陷宋齊愈之失，褒貶頗協至公，無講學家門户之見。卷端有朱彝尊題詞，稱其過於王宗沐、薛應旂所撰，殆不誣云。"

又按，此書之傳本，最早者爲元刊本，蓋當時未刊行。黄丕烈曾購得影鈔元本一部，撰題識二篇，其一曰："余向收得舊鈔殘本，係郡中柱國坊王氏物，既而借海昌吴兔床家鈔本是正，又借坊間元刻本校正，校未終取去，因又借香巖書屋藏鈔本參校，復往兔床嗣君蘇閣手校正，可云盡善矣。去春有蕭山人來吴作寓公者，意欲予手校本，適届新正，囊中羞澀，聊藉此沾潤，易得番餅十枚，然時時念及，輒又惋惜。適香巖本亦欲贈人，作介者仍以示余，余必欲得既去之本手校，方敢留之，蓋前此借校，知中多闕失，恐無别本參校，無以卒讀，作介者許借元刻備校，因復收之。歲暮校始，有事即止，越歲初至二月望前二日始竣事。是本所據亦佳，中有校改處，元刻不逮者，爰知元本非一刻，蓋有勝於今所見者矣。元本出楓江草堂宋氏，亦長興人而僑吴者，予前校此書已曾借過，今復通假，深感主人之德，併謝作介之惠，校畢，復初氏識。道光乙酉(五年，1825)花朝後一日書於見復居。"其二曰："自(道光)甲申(四年，1824)殘歲校始，至乙酉(五年，1825)新年，作輟靡常,越二十日訖此七卷,時春雪大下,曉寒逼人,窗外山茶花紅英點白,佳致嫣然,亦可自愛惜。山僧招我探梅,不能作灞橋驢背上人,恐詩思亦復澀耳。復初氏書于百宋一廛之南窗。"後此本歸陸心源,[①]陸氏又爲之跋,曰:"《續宋中興編年資治通鑑》十五卷,題曰通直郎户部架閣國史實録院檢討兼編修官劉時舉撰。是書元刊所見凡三本:一爲雲衢張氏刊本,與李燾《續中興資治通鑑》十八卷本同刊,李書題爲《前集》,是書題爲《后集》,《前集》(目)録後有'雲衢張氏鼎新刊行'一行,每葉三十行,每行二十四字。一本不著刻書人姓氏,行款與張本同。一爲陳氏餘慶堂刊,亦與李燾十八卷本及《宋季三朝政要》同刊,每葉二十六行,每行二十二字,《目録》後有'陳氏餘慶堂刊'一行及墨圖記五行,即是本所從出也。蕘圃校語謂元本無木牌,蓋由未見餘慶本也。《三朝政要》目後有'皇慶壬子'四字。[②]瞿鏞有元陳氏餘慶堂刊本一部,載《鐵琴銅劍樓藏書目録》卷九,瞿氏曰:"題通直郎户部架閣國史實録院檢討兼編修官劉時舉撰。卷首題宋時職名,而書中有元太祖爲成吉思皇帝一語,是入元後所作矣。始高宗建炎元年(1127),迄寧宗嘉定十七年(1224),叙述有體要,秀水朱氏謂其條理勝王宗沐、薛應旂之書。上方有提要及中所録議論,低一字别之者,乃刊書人附入,非劉氏原書也。《目録》後有'陳氏餘慶堂刊'一行。舊爲吴方山藏書,卷首有'吴岫'朱記。"近人莫伯驥亦有元陳氏餘慶堂刊本一部。[③]今所藏善本:臺北"國家圖書館"有元陳氏餘慶堂刊本一部,板

① 《皕宋樓藏書志》卷二一著録影寫元刊本《續宋中興編年資治通鑑》十五卷,云:"黄蕘圃舊藏。"

② 見《儀顧堂題跋》卷三跋鈔本《續宋中興通鑑》。

③ 見《五十萬卷樓藏書目録》卷四。

匡高十八點九公分，寬十三點一公分。首列目録，《目録》標題“續宋中興編年資治通鑑”，正文每卷首尾則題“續資治通鑑”。《目録》末有“陳氏餘慶堂刊”一行，又有墨記凡五行，云：“是編繫年有考據，載事有本末，增入諸儒集議，三復校正一新刊行。宋朝中興，自高宗至於寧宗四朝政治之得失，國勢之安危，一開卷間，瞭然在目矣。幸鑑！”每半葉十三行，行二十二字，版心小黑口，每事標目附刻於欄上，卷八至末前後大題下有“后集”或“后”字，黑底白文。書中鈐有“王敖金”朱白文方印、“王印濟之”白文方印、“爾權印”朱文長方印、“濟陽文府”朱文方印、“曾爲徐紫珊所藏”朱文長方印等印記。[①]臺北“故宫博物院”有清文淵閣《四庫全書》本一部。載入叢刻者，有《學津討源》本、《叢書集成初編》本、《六經堪叢書初集》本。

歷代帝王總要　不著卷數　宋婁機撰　佚

機，字彦發，嘉興人。乾道二年(1166)進士，初授鹽官尉，累官至太常博士、秘書郎。韓侂胄議開邊，機極口沮之，去職。侂胄誅，召爲吏部侍郎，兼太子左庶子，又兼太子詹事，進參知政事，以資政殿學士致仕。嘉定四年(1211)卒，年七十九。著有《班馬字韻》《漢隸字源》《廣干禄字書》《古鼎法帖》等。事迹具《宋史》卷四一〇、《宋史新編》卷一四七、《南宋書》卷四一、《史質》卷二七等書。

此書《宋史·藝文志》不著録，見樓鑰《攻媿集》。

《攻媿集》卷五三載《歷代帝王總要序》曰：“帝王之傳尚矣，鴻荒以來，至於帝辛，其事莫得而詳，故夫子定《書》，斷自唐虞，司馬遷亦以爲薦紳先生難言之，洛陽邵雍爲《皇極經世書》，

---

① 見《“國立中央圖書館”金元本圖録》頁一四一。

以爲唐堯即天子位,歲在甲辰,推而下之,以迄我宋之熙寧,又略載歲之卦爻以推其政迹,比世之《紹運圖》《編年通載詮要》等書,最爲優焉。給事中婁公機,嗜學如嗜芰,手不釋卷,尤長於考訂,著書不一。始爲資善堂教授,輔導帝子,備竭心思。去國二年,青宫始建,妙柬僚寀,以吏部侍郎召還,首兼端尹,皇太子天資高明,篤學好古,禮待賓友,咨訪不倦,上下三千餘年興亡治亂,固已綱舉而領挈矣。公益思有以補報,取平時所著《帝王總要》一書,精加潤色,輯成四帙,又備録年號輔臣各有一編,始自唐虞。以至光宗皇帝,凡君道之污隆,治效之優劣,既書其大略,以至離合割據,餘分閏位,五德之相生,世系之聯屬,靡不提綱撮要,又擇前賢立論精確者,各系世次之末,開卷粲然,如指諸掌,獻於扃俾鑰序之。鑰竊窺此書,嘆曰:彼瑶山玉彩之集,皆非此比也。皇太子講誦之餘,垂意閲習,不待遍考史牒,古今歷歷在目矣。況公之持身挺特,論議直諒,凡所著述,皆有依據,亦未嘗苟爲高論以駭俗,故規畫一出於正,無可議者。皇上崇建國本,教以義方,既命丞相爲之少傅,執政大臣皆爲賓客,左右勸講,罔匪正人,公爲之領袖,又以此書目陳於前,此宗社無窮之福也,鑰何敢贅辭。"

按,鑰,字大防,舊字啓伯,自號攻媿主人,鄞縣人,隆興元年(1163)進士,累官同知樞密院,參知政事,事迹具《宋史》卷三九五本傳。

又按,此書當時蓋未刊行,是無傳本。

太平寶訓政事編年五卷　宋不著撰人　未見

此書《宋史・藝文志》不著録,見《雙鑑樓藏書續記》卷上。

《雙鑑樓藏書續記》卷五著録此書,傅增湘曰:"舊鈔本,十一行,二十字,書凡五卷,起宋太祖皇帝,迄太上皇帝,蓋南渡初高宗朝人所爲。前爲綱目,附著書人小啓,録之左方。(云):'此書乃將富公弼所進太祖、太宗、真宗三朝寶訓及林公希所進仁宗、英宗兩朝寶訓及國朝《會要》《事實類苑》編年之書與夫建隆以迫紹興詔令、旨揮、歷朝名臣章奏之集、言行紀録、搜括殆盡,以成是編,庶凡開卷一覽,則我祖宗盛德大業,厚澤深仁,爛焕乎其溢目,豈小補哉。伏幸詳鑑。'按此書錢夢廬有傳鈔本,詳見《曝書雜記》。"

今檢錢泰吉《曝書雜記》卷下云:"平湖家夢廬翁天樹篤嗜古籍,嘗於張氏《愛日精廬藏書志》眉間記其所見,猶隨齋批注《書録解題》也。余曾手鈔。翁下世已有年,平生所見當不止此,録之以見梗概。"又云:"《太平寶訓政事紀年》,此書余從同里陳氏簡香齋借録其副。此從余家所藏鈔出者。"

按,此書今未得經眼。

皇朝大事記　不著卷數　宋陳傅良撰　佚

傅良有《讀書譜》(一卷),已著録。

此書《宋史·藝文志》不著録,見《温州經籍志》卷八編年類。

今考《止齋集附録》載蔡幼學所撰《陳氏行狀》云:"……遷秘書少監,公進《周禮説》,以格君心,正朝綱,均國勢爲目,目各四篇。兼實録院檢討官,選兼皇子嘉王府贊讀。公以爲王者之學,經世爲重,祖宗成憲,尤當先知,乃纂次建隆以來行事之要,爲王講誦大旨,每至立國規模,必歷叙累朝因革利害,附見其下,本末粲然,如示諸掌。"此書蓋即當時所編也。

通鑑韻語六〇卷　宋黄日新撰　佚

日新,字齊賢,紹興間臨川人,事迹待考。

此書《宋史·藝文志》不著録,見楊萬里《誠齋集》卷八二。

《誠齋集》卷八二載《通鑑韻語序》,曰:"司馬文正公《資治通鑑》之書,學者讀之,孰不有席卷篇帙,包舉事辭,囊括百代,併吞千載之心,然其涯也浩,則其記覽也艱,其緒也紛,則其誦數也苦,此學者通病也。臨川黄君日新(齊賢),陟彼藥山,瞻彼令芳,既擷而擔之,復導而淅之,既磑而屏之,復糅而劑之,舉二百九十四卷之書,一千三百六十四年之事,而納之於四言之詩,目曰《通鑑韻語》。既成,以書走六百里,緘其副寄予,且介艮齋先生之書,求予序之。予曰:是書不出而傳學者,是書苟出而傳學者,可以咏,可以絃,可以欣,可以慨。昔也病記覽之艱,今則艱者夷;昔也病誦數之苦,今則苦者懌,然則齊賢三十年成之之勞,學者一日享之之逸也,齊賢無負於學者矣。紹興癸酉(二十三年,1153)十二月二十四日誠齋野客廬陵楊萬里序。"

又檢朱熹《晦庵集》卷八二載《跋通鑑韻語》,曰:"沙隨先生程公以書見抵,盛稱臨川黄君齊賢爲學之不苟也。既而齊賢亦橐其所著書六十卷以示余,余病衰目盲,不能遍讀,齊賢又親爲指畫,乃得窺其大略,然猶恨未能有以究其藴也。嗚呼!是亦勤矣,因語齊賢,《韻語》雖工,而諸圖用力之深,尤不可及,雖無《通鑑》,亦可孤行。今乃託於《韻語》,而謂《節本》真出温公之手,何耶?齊賢又出艮齋先生諸公跋語,俾嗣書之。余惟諸公皆當代儒生,其言自足取信,區區鄙語,何足爲助,顧嘗竊爲齊賢深言古人爲己之意,而齊賢未能無聽熒也。其以是復於諸老先生!而益廣求之,則庶乎有得於身,而是書之中,一字一義,亦無不光焰矣。淳熙己酉(十六年,1189)三月癸卯清明,嵩高隱吏朱熹書。"

兩朝綱目備要一六卷　宋不著撰人　輯

此書《宋史・藝文志》不著録,見《四庫全書總目》卷四七編年類。

《四庫全書總目提要》云:"不著撰人名氏。所紀自宋光宗紹熙元年(1190),迄寧宗嘉定十七年(1224)事迹。諸家書目皆不著録,考元吴師道《禮部集》有《答陳衆仲問吹劍録》云:《續宋編年》於吴曦誅數月後,載李好義遇毒死。又有《題牟成父所作鄧平仲小傳》及《濟邸事略後》云:吴曦之誅,實楊巨源結李好義之功,爲安丙輩媢忘掩没,近有續陳均《宋編年》者,頗載巨源事,雖能書安丙殺其參議官楊巨源,而復以擅殺孫忠銑之罪歸之,大抵當時歸功於丙,故其事不白云云。核其所引,與此書所載相合,疑此書在元時嘗稱爲《續宋編年》,然師道亦未嘗明言其撰自何人也。觀其載嘉定十四年六月乙亥與莒補秉義郎,其目云即理宗皇帝。考宋代條制,舊名亦諱,此乃直斥不避,似乎元人。然其書内宋而外元,又叙元代得國緣始,多敵國傳聞之詞,或宋末山林之士,不諳體例者所作歟?陳均《編年備要》因《通鑑長編》而删節之;此書則本兩朝實録,參以李心傳所論,中如稱趙鼎爲趙丞相,安丙爲安觀文,錢象祖爲錢參政,李壁爲李參政,史彌遠爲史丞相,多仍當時案牘之文,未盡刊正。紀金元啓釁之事,追叙金源創業譜牒職官,具載顛末,似單行之書,非增續舊史之體。然叙次簡明,議論亦多平允,如蜀中之減重額,湖北之行會子,范祖禹之補謚,何致之罷制科,胥足補《宋史》所未備。其紀年互異者,《宋史·韓侂胄傳》載薛叔似宣諭京湖、程松、吴曦同赴四川,鄧友龍宣慰兩淮,徐邦憲罷知處州,皆在開禧四年(1208),而開禧實無四年,祐按,開禧四年,即嘉定元年。此書載於二年(1206)丙寅,當得其實。其姓氏互異者,如《宋史·趙彦逾傳》有中郎將范任,此書作范仲任;《趙汝愚傳》有宣贊舍人傅昌朝,此書作昌期;步帥閻仲夜,此書作王仲先;《本紀》副都統翟朝宗得寶璽,此書作興宗;俱足以互證異同,惟於史彌遠廢立濟王事略而不書，或時代尚近，衆論不同，其事未經論定，故闕所疑歟？然彌遠之營家廟，求起復，一一大書於簡，知非曲筆隱諱也。其書世罕傳本，惟見於《永樂大典》者，尚首尾完具，謹校正繕録，以備參稽。原書卷目已不可考，今案年編次，釐爲十有六卷，其中間有叙述失次，端委相淆者，睿鑑指示，曠若發蒙，謹仰遵聖訓，詳爲核正，各加案語以明之，俾首尾秩然，不惟久湮陳笈，得以表章，且數百年未補罅漏，一經御覽，義例益明，尤爲是書之幸矣。”

按，此書之刊本，今已罕見。清張金吾有影寫宋刊本一部，題《續編兩朝綱目備要》，十六卷，張氏曰：“不著撰人名氏，中遇‘昀’字，側注‘御名’，蓋理宗時人所撰也，紀光、寧兩朝之事，以續《中興兩朝編年綱目》，體例款式均與前二書同，蓋係宋時合刻者。《四庫全書》著録本從《永樂大典》録出，此則原本也。”張氏所稱前二書者，指陳均《皇朝編年備要》二十五卷及不著撰人之《中興兩朝編年綱目》十八卷二書也。又檢《鐵琴銅劍樓藏書目録》卷九著録影鈔宋本《續編兩朝綱目備要》十六卷一部，瞿氏曰：“紀光宗、寧宗兩朝事，體例與《中興兩朝編年》同，故曰續編。書中‘昀’字注‘御名’，當出理宗時人所作，疑亦平甫之書。平甫於端平初始得官也。諸家書目皆未皆録，世所傳者出自《永樂大典》，此猶原本也。[①] 以上三種款式相同，乃宋時合刻本，明人影寫者，鄉藏邑中張氏，卷首有‘愛日精廬藏書’朱記。”知即張氏所舊藏也。此本《四庫簡明目録標注》亦著録。

又按，今所藏善本，僅臺北“故宫博物院”有清文淵閣《四庫全書》本一部。

① 見《愛日精廬藏書志》卷九。

宋季三朝政要五卷　附録一卷　宋不著撰人　存

此書《宋史·藝文志》不著録，見《千頃堂書目》卷四編年類。

兹編前有題詞，云："理宗國史，載之過北，無復可考。今將理、度兩朝聖政及幼主本末，纂集成書，以備他日史官之採擇云。"卷一至卷三理宗，卷四度宗，卷五幼主，《附録》廣益二王。

《四庫全書總目》卷四七編年類亦著録此書，《提要》云："不著撰人名氏，卷首題詞，稱理宗國史爲元載入北都，無復可考，故纂集理、度二朝及幼主本末，附以廣、益二王事。其體亦編年之流，蓋宋之遺老所爲也。然理宗以後國史，修《宋史》者實見之，故《本紀》所載，反詳於是書。又是書得於傳聞，不無舛誤，其最甚著，謂寶慶元年(1225)趙葵、趙范、全子才建守河據關之議，遣楊誼、張迪據洛陽，與北軍戰潰歸。案寶慶元年，葵、范名位猶微，其後五年，范始爲安撫副使，葵始爲淮東提刑，討李，全子才乃爲參議官，至端平元年(1234)滅金、子才乃爲關陝制置使，知河南府西京留守，有洛陽潰敗之事，上距寶慶元年九年矣，所紀非實也。其餘叙次亦乏體要，然宋末軼事頗詳，多有史所不載者，存之亦可備參考也。其以理宗、度宗、瀛國公稱爲三朝，而廣、益二王則從《附録》，體例頗公。卷末論宋之亡，謂君無失德，歸咎權相，持論亦頗正，而忽推演命數，兼陳因果，轉置人事爲固然，殊乖勸戒之旨，殆欲附徐鉉作李煜墓誌之義而失之者歟!"

按，此書之傳本，清瞿鏞有元刊本一部，《鐵琴銅劍樓藏書目録》卷九著録，瞿氏曰："不著撰人名氏。卷首題云：'理宗國史載之過北，無復可考，今將理度兩朝聖政及幼主本末纂集成書，以備他日史館之採擇云。'蓋宋之遺民所作，多載宋末軼事，可補正史之闕。《目録》後有墨圖記云：'至治癸亥張氏新刊’,舊爲邑中吴氏藏書。卷首有‘吴卓信印’‘項儒’二朱記。”陸心源亦有元刊本一部,則餘慶堂刊本也。[①] 陸氏爲撰一《跋》,云:“《宋季三朝政要》五卷,《附録》一卷,前有《目録》,《目》前有‘陳氏餘慶刊’一行,又有記云:‘理宗國史載之過北,無復可考。今將理、度两朝聖政及幼主本末纂集成書,以備它日史官之採擇云’。《目》後有‘皇慶壬子’四字,《附録》題‘廣王本末,陳仲微述’。每葉二十六行,每行二十二字。版心題正要等字。《學津討源》本卷二淳祐七年(1247)鄭清之下缺千餘字,而以余玠斬王夔人皆冤之,夔字改爲薨字接連之,蓋所據元本卷二缺十二、十三兩葉,而以十一頁與十四頁接寫,夔字爲十四葉第一字,張見與第十一頁末鄭清之文義不續,遂妄改爲薨字,豈知清之此時尚未薨乎? 即薨,亦有何冤乎? 其謬甚矣。卷六劉槊引兵出城,衆戰不利,乃以城降,下脱通判郭君云云八十六字。卷末至舍生而取義信哉止,而缺蓋死者人之所難以下三百餘字。守山閣錢氏以趙魏校本付梓,缺僞較少,惟卷首題識,張本‘過北’訛‘過此’,錢本改爲‘載入北都’,衍‘過此’二字,殊謬。卷五知江陰軍鄭燸道遁,鄭燸僞趙端;王良臣迎降其王宗沐下,脱充大府寺簿續除兵部郎官奉使福建即非王宗沐云云二十字,皆與張刊同。又有據别本妄增者,蓋與張本伯仲間耳,均非善本也。張刻後有屈振庸跋,稱《三朝政要》附《續通鑑》後,必與劉時舉書同時印本。劉書既有漫漶缺葉,此本自亦難免矣。[②]

今所藏善本:臺北“國家圖書館”有舊鈔本一部,經近人鄧邦述以朱藍二色手校並題記。題記凡三則,其一曰:“《宋季三

① 見《皕宋樓藏書志》卷二一。

② 見《儀顧堂續跋》卷六《元餘慶堂槧宋季三朝政要跋》。

朝政要》,歷來僅見鈔本,此本雖屬舊鈔,而訛謬太多,不可卒讀。旋南後,見君閎内兄藏有元刻本,爲世罕有,因乞歸校之。連年飢軀,時時閣筆,迄今時得卒業。其足以爲此書之益者,每葉可得十餘處,校者愈勞,而心愈喜,然此書寫手雖劣,亦有勝於元本者,不知昔日據何本移録也。理、度兩朝,皆誤于權奸柄國,一史一賈,遂致亡國,君子小人於國家之關繫,可云鉅矣。篇終紀文信國、陸秀夫事獨詳。嗚呼!雖有善者,亦無如之何矣!癸亥(民國十二年,1923)十二月初二日燈下,正闇居士校畢記。"其二曰:"前用藍筆,繼因行篋無藍,乃改用朱,前後兩歧,非兩本也。正闇又記。"其三曰:"趙晉齋得元刻本,①以校鈔本,其鈔本之訛奪,與此本正同,而其所增出者亦同,是知從前抄本面目,皆如此也。錢氏據趙校本刻入《守山閣》,致爲矜慎,②而仍不免有訛漏之處,蔣生沐《東湖叢記》已舉出之,是知校刻古書之非易也。其尤錯迕者,如趙昴發死於池州,後乃改趙爲李,前之昴發,元刻作昴,抄本作昴,錢刻於第五卷則不依元而作昴,於卷末又改趙而爲李,前後遂爲兩人矣。錫之刻此叢書,海内所推重者,尚不免有不檢之處,後之操鉛槧者,固不當草率從事矣。甲子(民國十三年,1924)五月,群碧。"按,邦述(1868—1939),字孝先,號正闇,晚稱漚夢老人、群碧翁,有《群碧樓書目》九卷。該館又有抄本一部。臺北"故宫博物院"有清文淵閣《四庫全書》本一部。收入叢刻者:清嘉慶十年(1805)虞山張海鵬輯刊《學津討源》,於第五集收録此書。道光二十四年(1844),金山錢熙祚輯刊《守山閣叢書》,以趙魏校本載入,末附趙魏

---

① 趙晉齋,趙魏(1746—1825)也。魏字恪用,晉齋其號,一號蒸森,清康熙間仁和人。

② 致,當作至。

《跋》,云:“此書抄自文瀾閣,絶少傳本,四卷中淳祐七年(1247)後闕四年事,已言舊本之逸,而魯魚之訛,多不可讀。道光癸未(三年,1823),得見南海吴荷屋廉使所藏老友吴門五硯樓皇慶壬子(元年,1312)刻本,則所闕咸在,喜而不寐,爲讀一過,補出四年事迹,校正數百餘字,而書始無疑義矣。書以識幸。七八老人趙魏書。”又一《跋》云:“此余友袁君壽階五硯樓藏書也。荷屋廉使云得於閩中,此遷徙之不可知者。是書傳本極少。余得自文瀾閣,五卷,中闕淳祐七年後少五年事,注云舊本遺逸。又魯魚之訛,多不可讀,此卷俱載,因爲補出。又凡諸誤字悉爲校出,惜通介老人不及見之,可刻入叢書也。而是本可寶,不待贅言矣。然少玩忽,則交臂失之。書此以識耄年之幸。仁龢趙魏。道光癸未(三年,1823)。”錢氏亦撰《宋季三朝政要跋》,附之卷末,曰:“此書昭文張氏刻入《學津討源》,以文瀾閣本及舊藏篤素好齋抄本校之,大同小異。其淳祐七年鄭清之夔人皆冤之句,殊不可解。張本遂改夔爲薨。案鄭清之薨,在淳祐十一年,張氏豈未檢《宋史》耶?戊戌冬,得趙晋齋手校本,係據皇慶壬子(元年,1312)刻本校補,乃知淳祐七年鄭清之再入相至十二年余玠斬王瓚人皆冤之,中脱千餘字,以致兩人連文,其餘字句,亦與三本互有出入,因以張本爲主,而附列異同于句下,其稱别本者,抄本也;稱元刻本者,即趙所據校本也。校既竣,並附趙《跋》於簡末,志所自來云。辛丑仲夏,錫之錢熙祚識。”清道光光緒間,伍崇曜輯刊《粤雅堂叢書》,於第二編第十三集收録此書,並爲之《跋》云:“右《宋季三朝政要》五卷,宋無名氏撰,《附録》一卷,陳仲微撰。按是書,《四庫提要》已著録,而張若雲《學津討原》暨厲樊謝等《南宋雜事詩》引用書目,均無撰人名氏,蓋前五卷未著,而《附録》則書陳仲微録也。仲微事迹,具見《宋史》本傳。謂厓山敗,走安南,越四年卒。此編爲吴荷屋中丞藏本,袁壽階五研樓中物,後有仁和趙晋齋《跋》,謂傳本極少,其可寶不待贅言,惜通介老人不及見,可刻入叢書。通介老人爲誰,余録以付梓,竊當之矣。考檀萃《楚庭稗珠録》云,航海逸事見廣志者頗多,遂紀馬南寶等數十人事迹,而是書均未之及,固不僅如《提要》所譏《本紀》所載反詳矣。又《厓山志》謂,諸軍棺斂,焚屍島上,膽大如斗,更焚不化,須臾雲中現金甲神人,大呼云太上已多方措置恢復,由是諸軍心皆不移,陸秀夫挽詩有云,嘗聞海上鐵斗膽,猶見雲中金甲神。蓋秀夫從龍於淵,在世傑後云。而是書所紀不同,殆《厓山志》偶誤也。所謂諸軍心皆不移,蓋言世傑薨後!蘇劉義復求趙後立之,名旦,都順德都寧山,而是書稱蘇劉義卒於祥興丁丑(景炎二年,1277),亦誤也。昔柯維騏撰《宋史新編》,升益衛二王於帝紀以存統,朱竹垞《静志居詩話》稱之。蓋二王附録,體例最公,若蘇劉義所立,仲微殆未及知,即知之亦如前明唐桂以後諸王,編年之書,原不必具録也。朱竹垞嘗謂《宋史》潦草牽率,有事改修取材者,編年則有李燾、楊仲良、陳均、陳桱等書,而不及此,然實足以資考訂,或偶遺耳。又《元史》書塔出圍廣州,制置使張鎮孫以城降。考《厓山志》,景炎三年(祥興元年,1278)正月,塔出、吕師夔等夷廣州城。鎮孫果以城降,豈復夷其城者。《元史》又云,詔鎮孫及其妻子赴京師,會鎮孫卒,而是書云後死於難。仲微未走安南,目擊當時之事,蓋實録也。咸豐癸丑(三年,1853)大寒後五日,南海伍崇曜謹跋。"清宣統三年(1911)羅振玉輯刊《宸翰樓叢書》、近世上海進步書局輯編《筆記小説大觀》,亦並收録此書。民國二十四年(1935),上海商務印書館輯印《叢書集成初編》所收此書,則係據《守山閣叢書》本排印,並附粤雅堂本所載趙魏、伍崇曜兩跋於後。

又按,此書或作六卷者,乃以《附録》並計也。《附録》或題陳仲微録,或題陳仲微述,或不題録者。仲微,字致廣,號遂初,瑞州高安人。嘉熙二年(1238)進士,咸淳爲侍左郎官,以言事切直罷。益王即位海上,拜吏部尚書,崖山敗,流爲安南,越四年卒,年七十二。臨没有詩曰:"死爲異國他鄉鬼,生是江南直諫臣。"事迹具《宋史》卷四二二、《宋史新編》卷一六〇、《宋季忠義録》卷一〇、《宋詩紀事補遺》卷六九等書。

資治通鑑綱目發明五〇卷　宋尹起莘撰　佚

起莘,字耕道,遂昌人。爲朱子弟子,學問賅洽,魏了翁稱其深得文公之意。隱居不仕,事迹具《南宋書》卷六三、《宋元學案補遺》卷四九等書。

此書《宋史・藝文志》不著録,見《鶴山集》卷五六。

魏了翁《鶴山集》卷五六載《通鑑綱目發明序》,曰:"嘗聞先儒謂《通鑑》之書,雖非一歲之積,一人之力,乃繇數論新法,小人思以中傷,遂謂書局之人,利尚方好賜者,於是速於成書。嗚呼!君子之不容於世也如此。以司馬公之篤學實踐,與劉范諸賢之清介,無毫髮可指,尚文致其事,既乃知實未嘗有所受,然因是畏讒遠謗,自唐至五代,期會迫蹙,不暇詳校矣。朱文公爲之《綱目》,以集其成,書法精嚴,彪舉臚列,亦幾無餘憾。而尹君起莘又爲之《發明》,或疑其贅,而予謂不然。文公雖以文正文定四書檃括成書,而實本諸《春秋》之法,著國統之離合,謹義例之正變,貫事辭之始終,此猶坦白易見。至有直書詳述,而一字一言之間,如稱國稱名,書卒書殺之等,不加褒貶,而美惡自見者,則《發明》之書,於是爲不可已。予以疾憊讀尹君之書,不能竟帙,而嘗涉獵焉,三晋之事,直據《史記》爲自相推立,實未嘗請命;曹操篡於漢末,實未嘗畏名義而不敢廢漢。至書漢魏晋唐以來亂臣賊子孽后妖嬪,推明文公秉法之意,尤懔懔可畏。是書若行,《綱目》之忠臣也。"

按,《宋元學案補遺補》謂此書五十卷。

三、别史類

藩邸聖德事迹一〇卷　宋張闡撰　佚

闡，字大猷，永嘉人。幼力學，善屬文，未冠，由舍選貢京師。宣和六年(1124)進士，歷鄂、台二州教授。紹興中，除秘書省正字，遷秘書郎，忤秦檜罷。孝宗即位，權工部侍郎。應詔時務，惟闡與王十朋陳時政，斥權倖，無所回隱。除工部尚書，兼侍讀。隆興二年(1164)引疾歸，居家踰月，卒，年七十四，贈端明殿學士，謚忠簡。事迹具《宋史》卷三八一、《宋史新編》卷一三九、《史質》卷三五、《南宋書》卷二四等書。

此書《宋史・藝文志》不著録，見《温州經籍志》卷八雜史類。考周必大《文忠集》卷六一《龍圖閣學士左通奉大夫致仕贈少師謚忠簡張公(闡)神道碑》紹熙五年云："壽皇初開建王府，高選講讀官，朝論舉屬公，改祠部郎中兼贊讀，而直講則史丞相浩也。(紹興)三十二年(1162)六月己巳，王爲皇太子，升少宗正兼右諭德。"又云："在王邸讀《資治通鑑》，至修身治國，必反復誦説，壽皇每嘉納。暇日賜禮和詩，恩意綢繆，人謂公必輔初政，而公歸志浩然，善類迄今以爲恨。平生行事，悉筆於册，五十餘年不少廢。文體粹然，詩尤清遠，鄉人子弟多求公紀其父兄行實。諸子類成文集若干卷、《藩邸聖德事迹》十卷、《經筵講義故事》若干篇、奏議若干卷，並藏於家。"知此編記孝宗爲王時之事迹也。

按，此書久佚。今檢李心傳《建炎以來朝野雜記乙集》一引此書，云："(紹興)十二年(1142)正月丁丑制建國公加檢校少保，封普安郡王，時年十六。制下，日者尤若納私謂秘書省正字張闡曰:‘普乃並日二字,合乎《易》所謂明兩作離之象,殆天授也。’張闡《記聖德事迹》。”猶可據以覾見此編之一斑也。

四朝聞見録五卷　宋葉紹翁撰　存

紹翁,字嗣宗,號靖逸,建安人。其學出於葉適,尤與真德秀善。著有《靖逸小集》。事迹具《宋元學案》卷五五、《宋元學案補遺》卷五五及《宋詩紀事》卷七一等書。

此書《宋史·藝文志》不著録,見《千頃堂書目》卷五别史類、《四庫全書總目》小説家類及《宋史·藝文志補》雜史類。

按,此編雜記高宗、孝宗、光宗、寧宗四朝軼事。葉氏《自序》云:“紹翁恭聞南渡以來四朝史事,雖云備修采野史,以補國史之闕,蓋政與地愚不自揆得之見聞,緝爲一書,曰《四朝聞見録》,庶補國史之闕,敬鋟諸梓,務在增廣參驗,凡孝子順孫,思欲發揮先業,績紬先生,不忍棄置異聞,亟望垂教。”[①]

《四庫全書總目提要》曰:“所録分甲乙丙丁戊五集,凡二百有七條。甲乙丙戊四集,皆雜敘高、孝、光、寧四朝軼事,各有標題,不以時代爲先後。惟丁集所記,僅寧宗受禪、《慶元黨禁》二事,不及其他。紹翁與真德秀游,故其學一以朱子爲宗,然“賞武夷山”一條,乃深惜朱在之頹其家聲,案在,朱子之子,時官户部侍郎。無所隱諱,則并攀援門户者比,故所論頗屬持平。南渡以後,諸野史足補史傳之闕者,惟李心傳之《建炎以來朝野雜記》,號爲精核;次則紹翁是書。陳郁《藏一話腴》嘗摘其誤以劉禹錫《題壽安甘棠驛詩》爲趙仲湜《游天竺詩》一條,周密《齊東野語》嘗摘其光宗内禪慈懿於卧内取璽一條,又摘其函韓侂冑首求和誤稱由章良能建議一條,又摘其“南園秀山”一條,蓋小小譌異,記載家均所不免,不以是廢其書也。惟王士

① 今傳各本,惟《知不足齋叢書本》有此序,乃鮑廷博據《説郛》卷五十五所載,録補於前。

禎《居易録》謂其頗涉煩碎，不及李心傳書，今核其體裁，所評良允。故心傳書入史部，而此書則列小説家焉。”

又按，此書單刻本今罕見，所傳多爲鈔本及叢刻本。臺北“國家圖書館”有鈔本兩部，一係清文瑞樓烏絲闌鈔本，朱校；一爲清怡雲書屋鈔本。“中央研究院”歷史語言研究所亦有鈔本一部。臺北“故宫博物院”則有清文淵閣《四庫全書》本一部。收入叢刻者，有《説郛》《浦城遺書》《知不足齋叢書》及《叢書集成初編》等。其中各本《説郛》所收，亦多寡不同，以涵芬樓排印海寧張宗祥校一百卷本收録較多，有《序》及十五條。清乾隆年間，長塘鮑氏輯刊《知不足齋叢書》，收録此書五卷，並有《説郛》抄補首《序》；復輯《晋王大令保母帖》題跋，多則爲《附録》一卷。民國二十四至二十六年(1935—1937)間，商務印書館輯刊《叢書集成初編》，此書即據《知不足齋叢書》本排印。

史記牴牾論五卷　宋趙瞻撰　佚

瞻，字大觀，鳳翔盩厔人，第進士，授泉州司户參軍，歷知萬泉、夏縣，皆有善政。治平初，以侍御史出判汾州，神宗即位，遷司封員外郎，知商州。熙寧三年(1070)，判開封，上疏言青苗法不便，出知同州。哲宗立，轉朝議大夫，召爲太常少卿，遷户部侍郎。元祐三年(1088)，擢樞密直學士，簽書樞密院事，五年(1090)卒，年七十二。著有《春秋論》《春秋經解義例》《西山别録》、奏議、文集。事迹具《宋史》卷三四一、《宋史新編》卷一一五、《東都事略》卷九〇、《名臣碑傳琬琰集》上集卷二七等書。

此書《宋史・藝文志》别史類著録。

會昌日曆二〇卷　宋趙隣幾撰　佚

隣幾，字亞之，鄆州須城人，家世爲農。隣幾少好學，能屬文，嘗作《禹别九州賦》。凡萬餘言,人多傳誦。周顯德二年(955)第進士,歷許州、宋州從事。宋太宗召爲左贊善大夫,直史館,改宗正丞,後郭贄、宋白薦之,而帝又嘉其獻頌,遷左補闕知制誥,數月卒,年五十九。著有《鯫子》一卷。事迹具《宋史》卷四三九、《宋史新編》卷一六九、《東都事略》卷一一五等書。

此書《宋史·藝文志》不著録,見《山東通志》卷三四經籍史部。

檢《宋史·趙隣幾傳》云:"常欲追補唐武宗以來實録,孜孜訪求遺事,殆廢寢食會疾革,唯以書未成爲恨。至淳化中,参知政事蘇易簡,因言及隣幾追補唐實録事,隣幾一子東之,以蔭補郎山主簿,送軍糧詣北邊没焉,其家屬寄居睢陽,太宗遣直史館錢熙往取其書,得隣幾所補會昌以來《日曆》二十六卷及文集三十四卷。所著《鯫子》一卷,《六帝年略》一卷,《史氏懋官志》五卷,并他書五十餘卷來上,皆塗竄之筆也。詔賜其家錢十萬。"

按,《宋史》本傳云此書二十六卷,《宋志》所載則爲二十卷。

金陵六朝記一卷　宋不著撰人　佚

此書《宋史·藝文志》别史類著録。

按,兹編《宋史·藝文志》始見著録,殆爲宋人所撰。

南史補紀贊一卷　宋謝翱撰　佚

唐書補傳一卷　宋謝翱撰　佚

翺,字皐羽,自號晞髪子,長溪人,徙浦城。文天祥開府延平,率鄉兵數百人,杖策詣軍門,署諮議参軍,明年,隨天祥引兵至漳州,已復别去。及聞天祥死節,悲不能禁,隻影行游浙水,過嚴陵,登西臺,於荒亭隅設天祥主,再拜跪伏哀悼之,因作《西臺慟哭記》。元元貞元年(1295)卒於杭,年四十七。著有《晞髮集》《天地間集》《浦陽先民傳》《楚辭芳草圖補》《浙東西游記》等。事迹具《南宋書》卷六二、《宋史翼》卷三五、《宋遺民録》《宋季忠義録》卷一一等書。

右二編《宋史・藝文志》不著録,並見《千頃堂書目》卷五别史類。

考宋方鳳《存雅堂遺稿》卷三《謝君臯羽行狀》云:"君遺稿在時舊所爲悉棄去,今在者手録《詩》六卷,《雜文》五卷,《唐補傳》一卷,《南史贊》一卷,《楚辭等芳草圖譜》一卷,《宋鐃歌鼓吹曲》《騎吹曲》各一卷,《睦州山水人物古迹記》一卷,《浦陽先民傳》一卷,《東坡夜雨句圖》一卷,《浙東西游録》九卷,《春秋左氏續辨》《歷代詩譜》,未脱稿。"

按,謝氏所作,多已亡佚,今所存惟《晞髮集》《睦州古迹記》《金華游録》及《芳草圖譜》等。《四庫全書總目》於《晞髮集》一〇卷之《提要》云:"據方鳳作翱《行狀》,稱翱遺稿凡手抄《詩》六卷,《雜文》五卷,《唐補傳》一卷,《南史贊》一卷,《楚辭芳草圖譜》一卷,《宋鐃歌鼓吹曹》《騎吹曲》各一卷,《睦州山水人物古迹記》一卷,《浦陽先民傳》一卷,《東坡夜雨句圖》一卷。其《唐補傳》以下如編入集中,嘗共二十八卷。如别本各行,則詩文當止十一卷,然世無傳本,莫知其審。"

路史四七卷　宋羅泌撰　存

泌,字長源,號歸愚,廬陵人,良弼子。事迹略具《宋史翼》卷二九、《宋元學案補遺》卷四五等書。

此書《宋史・藝文志》不著録,見《千頃堂書目》卷五别史類及《四庫全書總目》别史類。

按,是書凡《前紀》九卷,述初三皇至陰康、無懷之事;《後紀》十四卷,述太皇至夏履癸之事;《國名紀》八卷,述上古至三代諸國姓氏地理,下逮兩漢之末;《發揮》六卷,《餘論》十卷,皆辨難考證之文。羅氏於《餘論》之首,釋書名之義,引《爾雅·釋詁》第一"路,大也"之義,所謂"路史",蓋曰"大史"也。《四庫全書總目提要》曰:"其《國名紀》第八卷,載《封建後論》一篇,《究言》一篇、《必正劄子》一篇、《國姓衍慶紀原》一篇,蓋以類相附。惟《歸愚子大衍數》一篇、《大衍説》一篇、《四象説》一篇,與封建渺無所涉。考《發揮》第一卷之首,有《論太極》一篇、《明易彖象》一篇、《易之名》一篇,與《大衍》等三篇爲類,疑本《發揮》之文,校刊者以卷帖相連,誤竄入《國名紀》也。泌《自序》謂皇甫謐之《世紀》、譙周之《史考》、張愔之《系譜》、馬總之《通曆》、諸葛耽之《帝録》、姚恭年之《歷帝紀》、小司馬之《補史》、劉恕之《通鑑外紀》,其學淺狹,不足取信;蘇轍《古史》,第發明索隱之舊,未爲全書,因著是編。"又云:"皇古之事,本爲茫昧,泌多採緯書,已不足據。至於《太平經》《洞神經》《丹壺紀》之類,皆道家依託之言,乃一一據爲典要,殊不免龐雜之譏。《發揮》《餘論》,皆深斥佛教,而《説易》數篇,乃義取道家。其'青陽遺珠'一條,論大惑有九,以貪仙爲材者之惑,諛物爲不材之惑,尤爲偏駁。然引據浩博,文采瑰麗,劉勰《文心雕龍·正緯》篇曰:'羲農軒皞之源,山瀆鍾律之要,白魚赤烏之符,黄金紫玉之瑞,事豐奇偉,詞富膏腴,無益經典,而有助文章,是以後來詞人,採摭英華。'泌之是書,殆於此類。至其《國名紀》《發揮》《餘論》,考證辨難,語多精核,亦頗有祛惑持正之論,固未可盡以好異斥矣。"

又按,此書宋刊本今已罕見。《四庫簡明目録標注續録》有明仁和吴宏基摹宋刊本,丁丙《善本書室藏書志》卷七所著録者即此本。丁氏曰:"此本有雲間陳子龍閱,西湖金堡參,仁和吴宏基、錢塘吴思穆、仁和童聖祺同訂,又有吴宏基'具略'四條。宏基字伯持,布衣也。有'重遠書樓印'。"明萬曆辛亥(三十九年,1611)喬可傳以舊本罕見,重梓此書,卷前撰"凡例"四條,説明刊刻體例,曰:"一、此史歲久傳湮,原本無稽,而錢塘舊刻,魯魚亥豕滋甚。惟豫章重梓其半,雖爲釐其一二,今更備考諸書,少加校訂尚有待於多識者,是亦附於史之闕文之義。二、長源公博學弘才,上闡萬古,下開百世,功實不在於禹下矣。然搜羅奇字,捃摭異聞,似涉怪誕。及考《篇海》諸書,總之互用無舛,故其自謂亦曰其中所用字俱在,已所用者有異,覽者知之。是以不敢率意更改。三、豫章翻刻者,上鐫《前》《後紀》,而《國名》《發揮》《餘論》不與焉。愚以爲《國名紀》,則姓氏源流,揭如指掌。而《發揮》《餘論》,發前人之未發,徵後世之無徵。愚故並校而鋟諸梓。四、紀載論斷,篇中大字,凡遇注釋,原分小字兩行,而底本漫刻,渾無分別。且連編倒置,首尾混淆,大滋讀者之惑。茲刻悉爲校正。"此本爲今傳諸本之最佳者。

今所藏善本:臺北"國家圖書館"有明嘉靖間錢塘洪楩刊本,三部;又有明嘉靖刊本,僅《發揮》六卷。"中央研究院"歷史語言研究所有明萬曆間喬氏刊本一部。臺北"故宫博物院"有清文淵閣《四庫全書》本一部。收入叢刻者,有舊題明李栻所編《歷代小史》本,僅一卷,《叢書集成初編》本據以著録。《四部備要》本,則據萬曆喬可傳校刊本收録。

又按,今傳明刊本,並題"羅苹注"。苹,泌子,《四庫全書總目提要》謂"核其詞義,與泌書詳略相補,似出一手,殆自注而嫁名於子與!"

金陵樞要一卷　宋王豹撰　佚

豹,生平待考。此書《宋史·藝文志》始著録,故定爲宋時人。

此書《宋史·藝文志》别史類著録。

唐録備闕一五卷　宋歐陽迥撰　佚

按,《宋史·藝文志》注云:"迥一作炳。"蓋避宋太宗諱而改。迥,華陽人,少事王衍爲中書舍人,後隨衍至洛陽,補秦州從事,孟知祥僭號,以爲中書舍人,廣政中累拜門下侍郎,嘗擬白居易《諷諫詩》五十篇以獻,孟昶嘉之。隨昶歸宋,官翰林學士,轉左散騎常侍,坐事罷職,以本官分司西京,開寶四年(971)卒,年七十六。迥性坦率無檢操,雅善長笛,好爲歌詩,雖多而不工,掌誥命亦非所長。但在蜀日,卿相以奢靡相尚,迥獨能守儉素,此其可稱也。事迹具《宋史》卷四七九、《宋史新編》卷一九〇、《學士年表》等書。

此書《宋史·藝文志》别史類著録。

《通志·藝文略》云:"記武宗僖宗中和初事。"

按《宋史》本傳不云其著有此書,惟云其于廣政二十四年(961),拜門下侍郎兼户部尚書平章事,監修國史,是知其頗諳史事者也。

唐紀年記二卷　不著撰人　佚

《宋史·藝文志》别史類著録。

按,兹編兩《唐志》未著録。疑爲宋人所撰。

西漢通志不著卷數　宋王奕撰　佚

奕,字子陵,仙居人。研貫該博,杜門著書,不求聞達。淳祐間,有旨下州索所著書,太守趙汝騰進其所著薦之朝,奕竟不應。著有《六經語孟説》《中庸本義》《周禮答問》《成周大事譜》《漢天文志釋》《釋地理志》《復漢録》《武侯遺事》《多識録》等。事迹具《宋元學案補遺别附》卷二、《宋詩紀事補遺》卷七〇等書。

此書《宋史·藝文志》不著録,見《温州經籍志》卷八别史類。

按,此書《宋詩紀事補遺》作《西漢通志補正》。

唐年紀録一卷　宋郭修撰　佚

修,生平待考。

此書《宋史・藝文志》别史類著録。

兹編兩《唐志》未見,《宋史・藝文志》始著録,疑宋人所撰。按,《通志・藝文略》三編年類著録:"《唐年統略》十一卷,郭修撰。"修修二字形近,卷數亦異,未審是否一書。

兩漢編不著卷數　錢文子撰　佚

文子,字文季,樂清人。紹熙壬子(三年,1192)以兩優釋褐,歷官吏部員外,國史院編修官,宗正少卿。後退居白石山下,自號白石山人,學者稱白石先生。著有《詩訓詁》《中庸集傳》《論語傳贊》《孟子傳贊》《補漢兵志》《漢唐事要》《白石詩集傳》等。事迹具《宋元學案》卷六一、《宋元學案補遺》卷六一及《宋詩紀事補遺》卷五九等書。

此書《宋史・藝文志》不著録,見《温州經籍志》卷八别史類。

按,萬曆《温州府志》亦載此書,作《兩漢志》。

漢唐事要二〇卷　宋錢文子撰　佚

文子有《兩漢編》(不著卷數)已著録。

此書《宋史・藝文志》不著録,見《温州經籍志》卷八雜史類。

考《玉海》卷四九云:"錢文子《補漢兵志》一卷,又《漢唐事要》二〇卷。"

唐編記一〇卷　宋張傳靖撰佚

傳靖,事迹待考。此書兩《唐志》未見,疑宋時人也。

此書《宋史・藝文志》别史類著録。

唐乘七〇卷　宋胡旦撰　佚

旦有《漢春秋》一〇〇卷已著録。

此書《宋史・藝文志》别史類著録。

《玉海》云:"天聖五年(1027)十二月十一日辛卯,秘書監致仕胡旦上《唐乘》七十卷,《五代史略》四十三卷,《演聖通論》七十二卷,《將帥要略》五十三卷,詔以旦子彤爲監簿。景祐元年(1034)七月壬辰,又上《續演聖通論》。"

唐志二一卷　宋王沿撰　佚

沿,字聖源,大名館陶人。少治《春秋》,第進士,試秘書省校書郎,歷知邢州、滑州,遷龍圖閣直學士。好建明當世事,而其論多齟齬。初與河北水利,論者以爲無益,已而邢州民有爭渠水至殺人者,然後知沿所建爲利。事迹具《宋史》卷三〇〇本傳。

此書《宋史·藝文志》别史類著録。

按,《玉海》卷四七"唐志"條引《國史志》云:"《雜史》:王沿《唐志》二十一卷。"《宋史》本傳亦云:"有文集二十卷,《唐志》二十一卷。"

德裕日記不著卷數　宋鄧光薦撰　佚

光薦,字中父,號中齋,廬陵人,文天祥門友也。少負奇氣,以詩名世。登進士,宋末避地於閩,趙總卿辟爲幹官,薦除宣教郎、宗正寺簿。隨駕厓山,除秘書丞,兼權禮部侍郎,遷直學士。國亡,投海者再,輾轉不死。元將張弘範禮致之,累請爲緇黄,不許。後得放歸,元大德初卒。著有《文丞相督府忠義傳》《續宋書》《東海集》等。事迹具《南宋書》卷六〇、《宋史翼》卷三四、《宋季忠義録》卷一〇、《宋元學案》卷八八及《宋元學案補遺》卷八八等書。

此書《宋史·藝文志》不著録,見《千頃堂書目》卷五别史類。

按,此蓋載唐李德裕之事迹也。德裕,字文饒,吉甫子也。幼有壯志,苦心力學,尤精《西漢書》《左氏春秋》,恥與諸生同鄉賦,卓犖有大節,敬宗時爲浙西觀察使。文宗立,裴度薦其材堪宰相,而李宗閔、牛僧孺等深銜之,擯不得進。武宗時由淮南節度使入相,當國六年,弭藩鎮之禍,決策制勝,威權獨重。宣宗立,爲忌者所構。大中元年(847)貶潮州,三年(849)達珠崖郡,十二月卒,年六十三。事迹具《唐書》卷一七四、《新唐書》卷一八〇本傳。

唐史記七五卷　宋孫甫撰　佚

甫,字之翰,許州陽翟人,少好學,日誦數千言,舉進士,知翼城縣,杜衍辟爲永興司録。與宴語,必引經以對,衍稱爲益友。累官河北都轉運使,留爲侍讀,卒,特贈右諫議大夫。著有文集、《唐史論斷》等書。事迹具《宋史》卷二九五、《宋史新編》卷九一、《東都事略》卷六四、《隆平集》卷一四、《名臣碑傳琬琰集》中集卷七、《五朝名臣言行録》卷九等書。

此書《宋史·藝文志》别史類著録。

考《宋史》本傳云:"著《唐史記》七十五卷,每言唐君臣行事,以推見當時治亂,若身履其間,而聽者曉然如目見之。時人言終日讀史,不如一日聽孫論也。《唐史》藏秘閣。"

按,所謂"孫論"者,即《唐史論斷》,凡九十二首。今《論斷》猶有傳本,而此編則已佚。今本《論斷》前,有《自序》一篇,猶可見其撰書之旨趣及體製,曰:"甫嘗有志於史,竊慕古史體法,欲爲之,因讀唐之諸書,見太宗功德法制,與三代聖王並,後帝英明不逮,又或不能守其法,仍有荒縱狠忌庸懦之君,故治少而亂多。然有天下三百年,則正觀功德之遠也。《唐書》繁冗遺略多失體,諸事或大而不具,或小而悉記或一事别出,而意不相照,怪異猥俗,無所不有;治亂之迹,散於《紀傳》中,雜而不顯,此固不足以彰明正觀功德法制之本、一代興衰之由也。觀高祖至文宗《實録》,叙事詳備,差勝於他書,其間文理明白者,尤勝焉。至治亂之本,亦未之明,記事務廣也;勸戒之道,亦未之著,褒貶不精也;爲史之體,亦未之具,不爲編年之體,君臣之事多離而書之也。又要切之事,或有遺略;君臣善惡之細,四方事務之繁,或備書之,此於爲史之道,亦甚失矣。遂據《實録》與書,兼采諸家著録,參驗不差足以傳信者,修爲《唐史記》。舊史之文繁者删之,失去就者改之,意不足而有它證者補之,事之不要者去之,要而遺者增之,是非不明者正之。用編年之體,所以次序君臣之事。所書之法,雖宗二經文意,其體略與實録相類者,以唐之一代,有治有亂,不可全法《尚書》《春秋》之體,又不敢僭作經之名也。或曰:"子之修是書,不尚紀傳之體,可矣。不爲書志,則郊廟、禮樂、律曆、災祥之事,官職、刑法、食貨、州郡之制,得無遺乎?"答曰:"郊廟而下,固國之巨典急務,但記其大要,以明法度政教之體,其備儀細文,則有司之事,各有書存,爲史者難乎具載也。"自康定元年(1040)修是書,至皇祐四年(1052)草具,遂作《序》述其意,更俟删潤其文,後以官守少暇,未能備具。逮嘉祐元年(1056),成七十五卷。是年冬,卧病,久慮神思日耗,不克成就,且就其編帙,粗成一家言。才力不盛,叙事不無疏略,然於勸戒之義謹之矣。勸戒之切而意遠者,著論以明焉。欲人君覽之,人臣觀之,備知致治之因、召亂之自,邪正之效,焕然若繪畫於目前,善者從之,不善者戒之,治道可以常興,而亂本可以預弭也。《論》九十二首,觀者無忽,不止唐之安危,常爲世鑑矣。"

考司馬光《温國文正司馬公集》卷七九有"書孫之翰唐史記後",云:"孫公昔著此書,甚自重惜,嘗别緘其稿於笥,必盥手然後啓之。謂家人曰:'萬一有水火兵刃之急,佗貨財盡棄之,此笥不可失也。'每公私少間,則增損改易,未嘗去手。其在江東爲轉運使,出行部亦以自隨,過亭傳休止,輒修之。會宣州有急變。乘馹遽往,不暇挈以俱。既行,於後金陵大火,延及轉運廨舍,弟子察親負其笥,避於沼中島上。公在宣州聞之,亟還,入門問曰:'《唐書》在乎?'察對曰:'在!'乃悦,餘無所問。自壯年至於今白首乃成,亦未以示人。文潞公執政,嘗從公借之,公不與,但録姚崇、宋璟《論》以諭之,況佗人固不得見也。元豐二年(1079),察自陽翟來洛陽,以其書授光,曰:'伯父平生之志,萃於是書,朝廷先嘗取之,留禁中不出,今没二十餘年,家道益衰,大懼是書遂散逸不傳於人,故録以授子。'光昔聞公有是書,固願見而未之得,得之,驚喜曰:'子之貺我,兼金不如,顧無以爲報,請受而藏之,遇同好則傳之,異日或廣布於天下,使公之志業,煒煌於千古,庶幾亦足以少報乎!'"

據光所言,兹編當時似未梓行。

復考明《文淵閣書目》卷六著録孫甫《唐史記論》兩部,六册,均闕,而無七十五卷之《唐史記》,足見此書流傳之未廣。

唐餘録六〇卷　宋王皞撰　佚

皞,字熙仲,一字子融,元昊反,請以字爲名。祥符進士,遷太常丞,同知禮院,嘗論次宋代以來典禮因革,爲禮閣新編上之。知河陽,又集五代事爲《唐餘録》以獻。英宗時,累進兵部侍郎卒。有文集。事迹具《宋史》卷三一〇本傳。

此書《宋史・藝文志》别史類著録。

《郡齋讀書志》卷六雜史類著録《唐餘録》六十卷,晁氏曰:"右皇朝王皞奉詔撰。皞芟五代舊史繁雜之文,採諸家之説,倣裴松之體附注之。以本朝當承漢唐之盛,五代則閏之,故名之曰《唐餘録》。寶元二年(1039)上之,温公修《通鑑》,間亦採之。"

《直齋書録解題》卷四别史類著録《唐餘録》三十卷,陳氏云:"直集賢院益都王皞(子融)撰,寶元二年(1039)上,是時惟有薛居正《五代舊史》，歐陽修書未出。此書有紀有志有傳，又博採諸家小説，倣裴松之《三國志注》附其下方，蓋五代别史也。其書列韓通於《忠義傳》，且表出本朝褒贈之典，新舊史皆不及此。《館閣書目》以入雜傳類，非是。皞，曾之弟，後以元昊反，乞以字爲名。仕至集賢院學士。"

按晁《志》、陳《録》並謂此書寶元二年上，檢《宋史·仁宗本紀》不載。《玉海》云："寶元二年十一月戊子朔，尚書刑部郎直集賢院王皞上六十卷，詔獎諭。"

又按，此書本六十卷，陳《録》所著録者僅三十卷，書名亦小異，振孫所見疑或不全之本，或爲改編之本，不可詳矣。

五代史闕文二卷　宋王禹偁撰　存

禹偁，字元之，濟州鉅野人。世爲農家，九歲能文，太平興國八年(983)進士，爲右拾遺，累遷翰林學士，卒年四十八。著有《建隆遺事》(舊題)、《小畜集》《小畜外集》《承明集》《承明别集》《制誥集》等。事迹具《宋史》卷二九三、《宋史新編》卷八二、《東都事略》卷三九、《隆平集》卷一三、《名臣碑傳琬琰集》下集卷七、《五朝名臣言行録》卷一三等書。

此書《宋史·藝文志》别史類著録。

《郡齋讀書志》卷六雜史類著録此書一卷，晁氏曰："右皇朝王禹偁撰。録五代史筆避嫌漏略者，以備闕文，凡一十七事。"

《直齋書録解題》卷五雜史類著録此書一卷，陳氏曰："翰林學士鉅野王禹偁(元之)撰。"

按，此書卷前有小《序》，云："臣讀《五代史》總三百六十卷，記五十三年行事，其書固亦多矣。然自梁至周，君臣事迹，傳於人口，而不載史筆者，往往有之。或史氏避嫌，或簡牘漏略，不有紀述，漸成泯滅，善惡鑑戒，豈不廢乎？因補一十七篇，集爲一卷。皆聞於耆舊者也，孔子曰：'吾述而不作。'又曰：

‘吾猶及史之闕文。’此其義也。”

此《序》不著年月,《四庫全書總目提要》據書中“周世宗遣使諭王峻”一條自注云:“使即故商州團練使羅守素也。嘗與臣言以下事迹”云云,定其作於由左司諫謫商州團練副使以後,其結銜稱翰林學士,則在真宗之初。

又按,此書《宋志》作二卷,晁《志》、陳《録》及今本並爲一卷,蓋析併不同也。所記共一十七事:“梁史”三事,“後唐史”七事,“晋史”一事,“漢史”二事,“周史”四事。《四庫全書總目提要》論此書之價值甚詳,曰:“王士禎《香祖筆記》曰:“王元之《五代史闕文》僅一卷:而辨正精嚴,足正史官之謬。如辨司空圖清真大節一段,尤萬古公論,所繫非眇小也。如敘莊宗三矢告廟一段,文字淋漓慷慨,足爲武皇父子寫生。歐陽《五代史·伶官傳》全用之,遂成絶調。惟以張全義爲亂世賊臣,深合《春秋》之義,而歐陽不取,於《全義傳》略無貶詞蓋即舊史以成文耳,終當以元之爲定論也”云云,其推挹頗深。今考《五代史》,於朱全昱、張承業、王淑妃、許王從益、周世宗、符皇后諸條,亦多採此書,而《新唐書·司空圖傳》,即全據禹偁之説。則雖篇帙寥寥,當時固以信史視之矣。”

又按,此書宋刊本已罕見,今傳諸本,率明以後刊本。《四庫簡明目録標注》有明余寅刊本,《續録》又有明嘉靖間秦汴序刊本,今並未之見。丁丙《善本書室藏書志》著録舊鈔本一部。今所藏善本:臺北“國家圖書館”有明末虞山毛氏汲古閣刊本二部,並與陶岳《五代史補》合刻。卷末有毛氏碑記,云:“晁氏稱范質撰《五代通録》六十五志,凡乾化壬申以後五十三年碑碣遺文,捃摭略備,恨未得見。鉅野王元之採諸實録三百六十卷中,撰進一十七篇,所謂少少許,勝人多多許,迺未得睿思殿寶章,以尊寵其書,惜哉!元之自選生平著述三十卷，揲蓍得乾之小畜，遂以名集。其曾孫汾，裒録遺文，凡《太宗實録》、奏議暨是書，傳不載。虞山毛晋識。”其中一部有趙烈文《題記》，云：“壬午三月初九日閲是二書一過，有宜剟取者，折角以志之。”又有明藍格抄本一部。“中央研究院”歷史語言研究所有钞本一部。臺北“故宫博物院”有清文淵閣《四庫全書》本一部。收入叢刻者，有《紫藤書屋叢刻》《爔花盦叢書》《養素軒叢録》等。

五代史補五卷　宋陶岳撰　存

岳，字舜咨，祁陽人。性耿介，以儒學有名，登雍熙二年（985）進士。歷官太常博士、尚書職方員外，出知端州，以清謹聞，居官四十年，五爲邦守。卒贈刑部侍郎。著有《零陵總記》《荆湘近事》等。事迹具《萬姓統譜》卷三三、《晋紀》卷四三、《宋元學案補遺》卷六等書。又余嘉錫《四庫提要辨證》卷五“五代史補五卷”條，於其仕履，亦多所考徵。

此書《宋史·藝文志》別史類著録。

《郡齋讀書志·後志》卷一雜史類著録《五代補録》五卷，晁氏曰：“右皇朝陶岳撰。祥符壬子（五年，1012），岳以五季史書闕略，因書所聞得一百七事。”

《直齋書録解題》（卷五）雜史類著録《五代補録》五卷，陳氏曰：“尋陽陶岳撰。每代爲一卷，凡一百七條。岳，雍熙二年（985）進士。”

按，此書之名稱，晁《志》及陳《録》，均作《五代補録》，《宋志》及今本，則並作《五代史補》，蓋當時或有兩本，所題不同也。

今本卷首有陶氏《五代史補序》，於著書之旨趣，陳之甚詳，曰：“五代之相承也，其闢土則不廣，享祚則非永，干戈尚被於原野，聲教未浹於華夏，雖唐室名儒，或有存者，然俎豆軍旅，勢不兩立，故其史書，漏落尤甚。近年以來，議者以國家誕膺寶令,廓清區宇,萬邦輻輳以入貢,九流風動而觀政,五代之書,必然改作。岳自惟淺陋,久居冗散,一札詔下,恐非秉筆之數。因思自幼及長,侍長者之座,接通人之談,至於諸國竊據,累朝創業,其間事迹,頗曾尋究,因書其所聞,得百餘條,均其年代,爲之次序,勒成五卷,命曰《五代史補》,雖同小説,頗資大猷,聊以備於闕遺,故不拘於類例,幸將來秉筆者覽之而已。時皇宋祀汾陰之後,歲在壬子《序》。"

全書都五卷,卷一梁二十一條,卷二後唐二十條,卷三晋二十條,卷四漢二十條,卷五周二十三條。

又按,此書今本所載五代事,共一百零四條,而晁《志》、陳《録》並云凡一百七條,《四庫全書總目提要》云:"考王明清《揮麈録》,載毋邱裔貧賤時借《文選》於交游,間有難色,發憤異日若貴,當版鏤之遺學者,後仕蜀爲宰相,遂踐其言刊之,印行書籍,創見於此,事載陶岳《五代史補》云云,今本無此條,殆傳寫有遺漏矣。"

此書之得失,《四庫全書總目提要》論之甚允,曰:"此書頗近小説,然叙事首尾詳具,率得其實,故歐陽修《新五代史》、司馬光《通鑑》多採用之,其間如'莊宗獵中牟爲縣令所諫'一條云:"忘其姓名。"據《通鑑》,縣令乃何澤。又'楊行密詐盲'一條云:'首尾僅三年。'考行密詐盲,至殺朱三郎,實不及三年之久。又'王氏據福建'一條云:'王審知卒,弟延鈞嗣。'據薛史、《通鑑》,延鈞乃審知之子。又'梁震裨贊'一條云:'莊宗令高季興歸,行已浹旬,莊宗易慮,遽以詔命襄州節度劉訓伺便囚之。季興行至襄州,心動,遂棄輜車南走,至鳳林關,已昏黑,於是斬關而去。是夜三更,向之急遞果至。'《通鑑考異》辨莊宗當時並無詔命遣急遞之事,岳所據,乃傳聞之誤。凡此之類,雖亦不免疏失,然當薛史既出之後,能網羅散失,禆益闕遺，於史學要不爲無助也。”

又按，此書今傳諸本，均爲明以後刊本及抄本。《四庫簡明目録標注》有明余寅刊本，今未之見。《蕘圃藏書題識》卷二、《儀顧堂題跋》卷三及《藝風藏書記》卷四等所載，俱係鈔本。今所藏善本：臺北“國家圖書館”有明藍格鈔本一部，又有明末虞山毛氏汲古閣刊本一部。毛本卷末有牌記一方，云：“右《五代史補》五卷，潯陽陶岳撰。每代爲一卷，凡一百四條。岳，雍熙二年進士也。宋開寶中，詔宰相薛居正監修梁、唐、晋、漢、周五代史一百五十卷，久不傳于世。六一居士病其繁猥，汰卷秩之半；潯陽陶介立復病其闕略，爲之補，先輩稱爲嘉史，第墮小説家習，恐難免六籍奴婢之誚。馬氏云：吴縝撰《纂誤》五卷、《雜録》一卷，指摘六一居士舛謬二百餘事，當覓佳本並傳。虞山毛晋識。”“中央研究院”歷史語言研究所有鈔本一部。臺北“故宫博物院”有清文淵閣《四庫全書》本一部。收入叢刻者有：清乾隆五十七年(1792)秀水陳氏輯刊之《紫藤書屋叢刻》本、清光緒中山陰宋澤元輯刊之《懺花盦叢書》本及近人胡思敬輯刊之《豫章叢書》本，胡氏並撰《校勘記》一卷，附卷末以行。

唐宋遺史四卷　宋詹玠撰　殘

玠，生平待考。

此書《宋史·藝文志》别史類著録。

按，此書又名《遺史紀聞》記南唐、宋初遺聞佚事。《説郛》卷二十六所收，僅存《衣錦將軍》《范攄子詩》《金蓮燭》《手印屏風》《如意女子詩》《龍興倉》《抱琴踰垣》《斧中龍》《清非生》等九則而已。

又按，此書今傳諸本，並爲叢書本，單刻本已罕見。有《説郛》本、《龍威秘書》《説庫》本及《叢書集成初編》本等。

大唐機要三〇卷　宋劉直方撰　佚

直方,生平待考。

此書《宋史·藝文志》别史類著録。

《玉海》卷四七引《書目》云:"《唐機要》三十卷,劉直方撰,《唐書》冗者删,闕者補。"

宋通志五〇〇卷　宋蔡範撰　佚

範,字遵甫,瑞安人,幼學第四子。守衢州,化行山峒。終吏部侍郎。事迹具《南宋制撫年表》《宋元學案》卷五三、寶慶《會稽續志》卷二。又《水心文集》卷二三《兵部尚書蔡公墓誌銘》《平齋文集》卷一七《除户部郎中淮西總統制》《後村大全集》卷五五《辭免除刑部侍郎不允詔》《南宋文範》卷四四《黄巖浚河記》等文,亦足資藉考其歷官及事迹。

此書《宋史·藝文志》不著録,見《温州經籍志》卷八别史類。

考《宋元學案》卷五三云:"蔡範,字遵甫,文懿第四子,編《宋通志》五百卷。守衢,化行山峒,終吏部侍郎。"

古史六〇卷　宋蘇轍撰　存

轍,字子由,一字同叔,眉山人,軾弟。與軾同登嘉祐二年(1057)進士,又同策制舉,以直言置下等,授商州軍事推官。累遷御史中丞,拜尚書右丞,進門下侍郎。徽宗時以大中大夫致仕,築室於許,號潁濱遺老。政和二年(1112)卒,年七十四,謚文定。著有《詩集傳》《春秋集解》《孟子解》《論語拾遺》《龍川略志》《潁濱遺老傳》《道德經解》《欒城集》等。事迹具《宋史》本傳。

此書《宋史·藝文志》别史類著録。

《郡齋讀書志》卷七史評類著録此書[①],晁氏曰:"右皇朝蘇轍

---

① 此據衢本,袁本不載此書。

(子由)撰。其序曰:‘太史公始易編軍之法爲紀傳,世家記五帝以來,然不得聖人之意。余因遷之舊,始伏羲,訖秦始皇帝,爲七《本紀》,十六《世家》,三十七《列傳》,謂之《古史》。追録聖賢之遺意,以示後世。’《國史》譏蘇氏之學,皆機權變詐,今觀此書,蓋不然。則知子由晚節爲學益精深云。”

《郡齋讀書志·附志》史類亦著録此書,趙希弁曰:“右蘇文定公轍所作也。自伏羲、神農訖秦始皇帝,爲七《本紀》、十六《世家》、三十七《列傳》,以補司馬遷之缺云。”

《直齋書録解題》卷四著録此書,陳氏曰:“門下侍郎眉山蘇轍(子由)撰。因馬遷之舊,上觀《詩》《書》,下考《春秋》及秦、漢雜録,爲七《本紀》、十六《世家》、三十七《列傳》。蓋漢世古文經未出,戰國諸子,各自著書,或增損古事,以自信其說,遷一切信之,甚者或採世俗相傳之記,以易古文舊說,故爲此史以正之。然其稱遷‘淺近而不學,疏略而多信’,遷誠有可議者,而以爲不學淺近,則過矣。”

《文獻通考·經籍考》引朱子《古史餘論》曰:“近世之言史者,惟此書爲近理。其《序》言古帝王爲善,不爲不善之意,非近世論者所能及。而論史遷以淺近而不學,疏略而輕信,亦中其病。顧其本末,乃有大不相應者:其曰帝王之道,以無爲宗,萬物莫能嬰之,此特以老子、浮屠之意論聖人,非能知聖人之所以爲聖也,故其爲言虛空無實,而中外首尾,不相爲用。其曰管晏叔向之流,皆不足以知之,與孔子知之而有隱,孟子知之而未盡者,皆何事邪?若但曰以無爲宗,萬物莫能之嬰而已,則數子之未知也不足恨,而孔孟之所知,吾恐其非此之謂也。此皆義理之本原而不可失者,秦漢以來,史册之言,近理而可觀者,莫如此書,而其所未合猶若此,豈其學之所從入者,既已未得其正,而其所以講摩咏蹈者,又有所未精。是以雖既其文,而未既其實;雖聞其號,而未燭厥理也。”又云:“蘇氏之學,大抵不知義理本原之正,而橫邪曲直,惟其意之所欲,其父子兄弟,平日之言如此者,不可勝舉。少公資稟静厚,故此書於一時正見,有暫明者,而本原綱領,終未能了,若長公之《志林》,又不逮遠矣。”

又引雁湖李氏祐按,李壁也。《跋》曰:“士固有夙懷精識,自其少年,便自超卓,至於終身,不能以易。某觀黄門應制五十篇之文,首論夏、商、周,考其年,甫踰冠耳,而其辭已閎詣如此,逮晚謫官,續成《古史》,乃係以前論,止附益數言,豈非理之所到,初無老少之異乎!”

以上諸家,於子由之書,褒多於貶。書中得失則以《四庫全書總目提要》所論最爲精要,曰:“轍以司馬遷《史記》,多不得聖人之意,乃因遷之舊,上自伏羲神農,下訖秦始皇,爲《本紀》七,《世家》十六,《列傳》三十七,自謂追録聖賢之遺意,以明示來世,至於得失成敗之際,亦備論其故。以今考之,如於三皇紀增八道家者流,謂黄帝以無爲爲宗,其書與老子相出入,於老子傳附以佛家之説,謂釋氏視老子體道愈遠,而立於世之表;於孟子傳謂孟子學於子思,得其説而漸失之,反稱譽田駢、慎到之徒。又謂其爲佛家,所謂鈍根聲聞者。班固論遷之失,首在先黄老,而後《六經》,轍所更定,烏在其能正遷耶?《朱子語録》曰:‘伯恭子約宗太史公之學,某嘗與之痛辨子由《古史》言馬遷淺陋而不學,疏略而輕信,此二句最中馬遷之失。伯恭極惡之。《古史》序云:“古之帝王,其必爲善,如火之必熱,水之必寒,其不爲不善,如騶虞之不殺,竊脂之不穀。”此語最好。某嘗問伯恭,此豈馬遷之所及?然子由此語雖好,卻又有病處,如云帝王之道,以無爲爲宗之類,他只説得箇頭勢大,然下面工夫又皆空疏’云云,蓋與吕詛謙議論相激,故平日作雜學辨以攻轍,此時反爲之左袒,然其混合儒墨之失,亦終不能爲之掩也。平心而論,史至於司馬遷,猶詩至於李杜,書至於鍾王,畫至於顧陸,非可以一支一節比擬其長短者也。轍乃欲點定其書,殆不免於輕妄。至其糾正補綴,如《史記》載堯妻舜之後,瞽瞍尚欲殺舜,轍則本《尚書》謂妻舜在瞽瞍允若之後。《史記》載伊尹以負鼎説湯,造父御周穆王見西王母事,轍則删之。《史記》不載禱雨桑林事,轍則增之。《宋世家》《史記》贊宋襄公泓之戰爲禮讓,轍則貶之。辨管子之書爲戰國諸子所附益。於《晏子傳》增入晏子處崔杼之變,知陳氏之篡與諷諫數事。於宰我則辨其無從叛之事。於子貢則辨其無亂齊之事。又據《左氏傳》,爲柳下惠、曹子臧、吴季札、范文子、叔向、子産等傳,以補《史記》所未及。《魯連傳》附以虞卿《刺客傳》不載曹沬。其去取之間,亦頗爲不苟,存與遷書相參考,固亦無不可矣。書中間有附注,以葉大慶《考古質疑》考之,蓋其子遜之所作,舊本不載其名,今附著焉。"

按,此書傳本頗多。《欽定天禄琳琅續目》卷四著録宋刊小字本一部,一函八册,前有轍《自序》,後有紹聖二年(1095)《自志》。《本紀》第七末刻"左廸功郎衢州司參軍沈大廉同校勘",係汪琬家藏本,鈐有"聽秋齋""汪琬印""筆研精良人生一樂""苕文氏"(以上俱白文方印)、"玉遮"(朱文橢圓印)、"汪"(朱文圓印)、"琬"(朱文方印)等印記。又有宋刊大字本兩部:一部二函十六册,乃明葉盛舊藏,鈐有"薛君淑氏"(白文方印)、"葉氏菉竹堂藏書"(朱文圓印),頗有闕補者;另一部二函二十四册,經毛晋、朱彝尊遞藏者,麻紙,《後志》佚,鈐有"宋本"(朱文橢圓印)、"汲古主人""毛""晋""毛褒"(以上俱朱文方印)、"莆伯"(白文方印)、"竹垞藏本"(朱文長方形)、"秀水朱氏潛采堂圖書"(朱文方形)等印記,其中《列傳》八、九、十三有抄補。莫伯驥《五十萬卷樓藏書目録》卷五著録宋刻本一部,於此書之流傳,述之甚詳,曰:"吾粤人潘君明訓,寓居海上,藏有北宋刊本古史,半葉十一行,行二十二、三四五字不等,避宋諱至哲宗止,宜都楊氏定爲紹聖原刻。伯驥按,此書流傳宋元本頗多,《天禄琳琅》有宋刊小字本一部,大字本二部,未知與潘氏及吾家藏本如何。惟吾家藏本,則與虞山瞿氏鐵琴銅劍樓本相若,首葉明補亦同。楊氏所刻《留真譜》,有元刊《古史》,半葉十四行,行二十四字,楊氏又有明初刊本,曾於題記潘書時及之。伯驥考明陸氏《中和堂隨筆》,稱洪武二十三年(1390),福建布政使司進《南唐書》《金史》、蘇轍《古史》,初上,命禮部遣使購天下遺書,令書坊刊行,至是三書先成,進之。楊氏之本,當即此時所刻,然流傳極尠。伯驥收書三四十年,尚未之見,惟見南雍本掃葉山房本而已,然則此本不益可貴哉!子由此書,每爲朱子深許,讀《大全集》及《語類》自知之。故《古史》自序所云'古之帝王,其必爲善,如火之必熱,水之必寒;其不爲不善,如騶虞之不殺,竊脂之不穀',朱子尤爲歎服,以謂非子長所及。惟明陸深則以爲東坡《范文正集序》所云'其於仁義禮樂,忠信孝弟,蓋如飢渴之於飲食,如火之熱,水之濕,天性有不得不然者',其言與子由如出一轍。若其名理,則當以水之濕爲勝。世有温泉、湯泉,寒固不足以盡水也,見陸所著《續停驂録》。楊氏慎云:'太史公信戰國游士之説,載子貢一出,存魯亂齊,破吴強晋而覇越,其文震耀,其辭辨利,人皆信之,雖朱文公亦惑之,獨蘇子由作《古史》,考而知其妄。考《左傳》,齊之伐魯,本於悼公之怒季姬,而非田常;吴之伐齊,本怒悼公之反覆,而非子貢,其事始白。若如太史公之言,則子貢一蘇秦耳。’又宋人《漁隱叢話》曰：‘子由《古史》云：“二世屠戮諸公子殆盡，而後授首于劉項。”余按，《史記》二世爲趙高所殺，子嬰立降漢王，漢王以屬吏項王至斬之，則授首于劉項者乃子嬰，非二世也。’又云：‘陸遜之于孫權，高熲之于隋文，言聽計從，致君于王伯矣。而忮心一起，二臣不得其死。”余按，《吴志》《北史》，則與此言牴牾。子由譏司馬遷作《史記》，淺近而不學，疏略而輕信，乃反若是，而庶齋《老學叢談》中《述潁濱古史論》曰：善乎子夏之教人也，始於洒掃應對進退，而不急于道，使來者自盡於學，日引月長，而道自至。今世之教者非性命道德，不出乎口，雖禮樂刑政，有所不言，而況于酒掃應對進退也哉。蓋有所謂也。’是前人於子由此書，毁譽不一，後世學人，每以子由此書爲提倡道家而作。清《四庫提要》謂其書去取不苟，與遷書相參考，固亦無不可。伯驥以爲子由著作如《潁濱詩傳》《論語拾遺》《道德經附》等編，不無可采，此書尚下駟耳。范氏《天一閣書目》，有《蘇氏史拾》六十卷，爲明陳子龍鑑，吴宏基箋，鍾禾士校本，所録子由《序》，與《古史》同，當即此書。而其下又列《古史本紀》三十五卷，謂《自序》與前不同。又有《古史》七卷，未審與前二本同否？范閣書多殘缺，不可得而詳矣。子由《序》有云：季子遜侍予紬繹往牒，知予去取之意，學爲之註。《提要》乃云以葉大慶《考古質疑》考之，謂書中間有附註，蓋其子遜之所作，豈館臣於此書《序》尚未之讀耶[①]？楊氏謂元明本或有《前序》，無《後序》，遂不知其註爲其子遜作，然萬曆本則皆有《後序》者也。半葉十一行，行二十二字。”是莫氏不僅一藏書家，亦能讀書者也。《欽定天禄琳琅書目》卷五著録元刊本一部，二函十二册，有

① 伯驥有《四庫書目舉正》若干卷。

《前序》及《自志》,卷十八、卷二十、卷二十一、卷三十六、卷三十七、卷四十、卷四十二、卷四十九、卷五十九、卷六十,並有闕補。《四庫簡明目録標注・續録》云:"元刊大字本,十行,最精。"當是"天禄琳瑯"所載之本,惜今不得見。

又按,今所藏此書之善本:臺北"國家圖書館"有明萬曆三十九年(1611)豫章刊本及明萬曆三十九年(1611)南京國子監刊本各一部。臺北"故宫博物院"有宋衢州刊本、元重刊宋衢州本及清文淵閣《四庫全書》本各一部。其中宋衢州刊本,前有蘇氏《自序》,每半葉十一行,行二十二字,左右雙欄,白口,單魚尾,即莫氏《五十萬卷樓藏書目録》所著録者。鈐有"乾隆御覽之寶"(朱文圓形)、"天禄繼鑑"(白文方印)、"天禄琳琅"(朱文方印)等印記。元重刊宋衢州本,每半葉十四行,行二十四字,左右雙欄,雙魚尾,板心下著刻工,鈐有"乾隆御覽之寶"(朱文圓形)、"天禄繼鑑"(白文之印)等印記。"中央研究院"歷史語言研究所亦有宋衢州刊本一部。臺灣大學則有明萬曆三十九年(1611)南京國子監刊本一部。

五代紀七七卷　宋孫沖撰　佚

沖,字升伯,趙州平棘人,舉明經,歷古田、青陽尉,鹽山、麗水主簿,真宗時以侍御史爲西京轉運,塞滑州決河,後知河中府,徙潞州,喪明,卒。事迹具《宋史》卷二九九、《宋史新編》卷九三。

此書《宋史・藝文志》别史類著録。

《玉海》卷四七"五代紀"條云:"景祐三年(1036)七月庚寅,集賢院學士孫沖上《五代紀》七十七卷,詔獎諭。"

五代春秋二五卷　宋王軫撰　佚

軫,字應宿,大名莘縣人,旦再從子。登進士,景祐間官工部郎中,累官吏部尚書。事迹略具《宋元學案補遺》卷九八。

《元憲集》卷二十二載利州路運使兵部員外郎王軫可工部郎中制。

此書《宋史·藝文志》別史類著録。

《玉海》卷四七"景祐五朝春秋"條云:"三年(1036)七月丁亥,工部郎中王軫直秘閣。軫上《五朝春秋》二十五卷,託始於吴越,特擢之。"

五代春秋不著卷數　宋劉攽撰　佚

攽有《漢書刊誤》四卷已著録。此書《宋志》注云:"卷亡。"

此書《宋史·藝文志》別史類著録。

十國紀年四二卷　宋劉恕撰　佚

恕有《疑年譜》一卷、《通鑑問疑》一卷等書已著録。

此書《宋史·藝文志》別史類著録。

《郡齋讀書志》卷七僞史類著録《十國紀年》四十二卷,晁氏曰:"右皇朝劉恕(道原)撰。《温公序》云:涣之子也。博學强記,同修通鑑,史事之紛錯難治者,以諉恕。宋次道知亳州,家多書,恕往借觀之,目爲之瞀。性剛介,初與王安石善,及改新法,言其非,遂與之絶,卒年四十九。所謂十國者,一王蜀,二孟蜀,三吴,四唐,五吴越,六閩,七楚,八南漢,九荊南,十北漢。温公又題其後云:世稱路氏《九國志》載五代史之中最佳,此書又過之。以予考之,長於考異同,而拙於屬文,其書國朝事,皆曰宋,而無所隱諱,意者各以其國爲主耳。"

《直齋書録解題》卷五僞史類著録《十國紀年》四十卷,陳氏曰:"劉恕撰。十國者即前九國之外,祐按,指路振《九國志》。益以荊南,張唐英所謂北楚也。"

《玉海》卷四七"皇朝十國紀年"條引《書目》云:"秘書丞劉恕撰。記五代僭僞吴、唐、前後蜀、吴越、閩、漢、楚、荊南、北漢十國君臣事迹。本四十二卷,今存四十卷。”

考司馬光《温國文正公文集》卷六五載劉道原《十國紀年序》,云:“皇祐初,光爲貢院屬官時,有詔士能講解經義者,聽别奏名。應詔者數十人,趙周翰爲侍講,知貢舉,問以春秋禮記大義,其中一人所對最精詳,先具注疏,次引先儒異説,末以己意論而斷之,凡二十問,所對皆然。主司驚異,擢爲第一,及發糊名,乃進士劉恕,年十八矣。光以是慕重之,始與相識,道原乃其字也。道原是歲賦詩論策,亦入高等,殿試不中格,更下國子監試講經,復第一。……英宗皇帝雅好稽古,欲徧觀前世行事得失,以爲龜鑑。光承乏侍臣,嘗從容奏舊史文繁,自布衣之士,鮮能該通,況天子一日萬機,誠無暇周覽,乞自戰國以還,訖于顯德,凡開國家之興衰,繫衆庶之休戚,善可爲法,惡可爲戒者,詮次爲編年一書,删其浮長之辭,庶於奏御差便。上甚喜。尋詔光編次歷代君臣事,仍謂光曰:‘卿自擇館閣英才共修之。’光對曰:‘館閣文學之士誠多,至於專精史學,臣未得而知者,唯合川令劉恕一人而已。’上曰:‘善’。退即奏召之,與共修書。凡數年,史事之紛錯難治者,則以諉之,光蒙成而已。今上即位,更命其書曰《資治通鑑》。……元豐元年九月戊戌,終,官至秘書丞,年止四十七。嗟乎!以道原之耿介,其不容於人,齟齬以没固宜,天何爲復病而夭之邪?此益使人痛惋淌悦而不能忘者也。道原嗜學……志欲籠終宇宙,而無所遺,不幸早夭,其成者《十國紀年》四十二卷,包羲至周厲王《疑年譜》,共和至熙寧《年略譜》各一卷,《資治通鑑外紀》十卷,餘皆未成。其成者亦未已傳人。……病亟,猶汲汲借人書以參校己之書,是正其失,氣垂盡乃口授其子羲仲爲書,屬光使譔埋銘,及《十國紀年序》。且曰:‘始欲諸國各作百官及藩鎮表,未能就,幸欲序中言之。'光不爲人譔銘文已累年，所拒且數十家，非不知道原託我之厚，而不獲承命，悲愧尤深，故序平生所知道原之美，附於其書，以傳來世。"

按，此書本四十二卷，南宋時止四十卷，已非完書矣。

江南志二〇卷　宋不著撰人　佚

此書《宋史·藝文志》别史類著録。

按，此書《宋志》始見著録，疑宋人所撰。

藝祖受禅録一卷　舊題宋趙普、曹彬撰　輯

普，字則平，幽州薊人。初事太祖爲書記，陳橋推戴，普與太宗排闥入告，及受禪，以佐命功，授右諫議大夫，充樞密直學士，歷拜樞密使檢校太保。乾德二年(964)，范質等三相同日罷，以普爲門下侍郎平章事，集賢殿大學士。既拜相，上視如左右手，事無大小，悉咨決焉。太宗時拜太師，封魏國公。普少習吏事，寡學術，及爲相，太祖常勸以讀書，晚年手不釋卷，每歸私第，闔户啓篋取書讀之竟日，及次日臨政，處決如流。既卒，家人發篋視之，則論語二十篇也。淳化三年(992)七月卒，年七十一，封韓王，謚忠獻。著有《飛龍記》、奏議等。事迹具《宋史》卷二五六、《宋史新編》卷六九、《東都事略》卷二六、《隆平集》卷四、《名臣碑傳琬琰集》上集卷一、《五朝名臣言行録》卷一、《宋大臣年表》及《北宋經撫年表》等書。

彬，字國華，真定靈壽人。乾祐中爲成德軍牙將，仕周爲河中都監，後歸宋。乾德初伐蜀，陝中郡縣悉下，諸將咸欲屠城，彬獨申令戢下。諸將多收子女玉帛，彬橐中唯圖書衣衾而已。授宣徽南院使，義成軍節度使，及下江南，不妄殺一人。自出師至凱旋，士衆畏服，無輕肆者。及入見，敕稱"奉敕差往江南勾當公事回"，其謙恭不伐如此。進檢校太師，兼侍中，封魯國公，爲時良將第一。咸平二年(999)卒，年六十九，追封濟陽郡王,謚武惠。事迹具《宋史》卷二五八、《宋史新編》卷七〇、《東都事略》卷二七、《隆平集》卷九等書。

此書《宋史・藝文志》不著録,見《郡齋讀書志・後志》卷一雜史類。

《郡齋讀書志・後志》卷一雜史類。著録《景命萬年録》一卷、《藝祖受禪録》一卷,晁氏曰:"右皆未詳撰人。記趙氏世次,藝祖歷試及受禪事。"

《四庫全書總目》卷五二《存目》著録此書,《提要》曰:"舊本題宋趙普、曹彬同撰。記太祖初生及幼時事特詳。末云:'先是晋天福中兩浙兒童聚戲,率以趙字爲語助,如得曰趙得,可曰趙可'云云,亦侈陳符瑞之故智。帝王受命,自有本原,豈以小兆爲驗耶?"

按,此書今傳本罕見,《存目》係據《永樂大典》輯本著録。

景命萬年録一卷　宋不著撰人　輯

此書《宋史・藝文志》不著録,見《郡齋讀書志・後志》卷一雜史類。

《四庫全書總目》卷五二雜史類存目亦載此編,《提要》曰:"不著撰人名氏。記太祖受禪之事,略與趙普《龍飛記》同,而叙得姓及前數代事特詳。末載顯德末有男子升中書政事堂,據案而坐,曰:'宋州官家教我來。'范質曰:'此人病風,急遣之。'忽不見。是時太祖始鎮許州,至是乃驗云云。頗類小説家言,殊出於附會也。"

按,《飛龍記》,一卷,一名《龍飛日曆》,趙普於建隆元年三月所撰,記藝祖受禪事,《宋史・藝文志》入傳記類。

又按,此書傳本今已罕見,《存目》係據《永樂大典》輯本著録。

平南事覽二〇卷　宋李清臣撰　佚

清臣,字邦直,魏人。七歲知讀書,日數千言,舉進士,應才識兼茂科，歐陽修壯其文，以比蘇軾。哲宗朝范純仁去位，獨顓中書，亟復青苗免役諸法，激帝怒，罷蘇轍官。徽宗仁，爲門下侍郎，尋爲曾布所陷，出知大名府卒，年七十一。著有《重修都城記》《元豐土貢録》《李清臣進策》奏議、文集等。事迹具《宋史》卷三二八本傳。

此書《宋史·藝文志》別史類著録。

按《宋史·李清臣傳》云："神宗時，召爲兩朝國史編修官，撰河渠律曆選舉諸志，文直事詳，人以爲不減史漢。同修起居注，進知制誥，翰林學士。"知其深於史學者也。

吴書實録三卷　不著撰人　佚

此書《宋史·藝文志》別史類著録。

《宋志》注云："記楊行密事。"

按，記楊行密事迹之書甚多，如信度鎬《淝上英雄小録》二卷，記楊行密起廬州入廣陵所從將吏五十人。不著撰人之《邗溝要略》九卷，記楊行密據淮南事。陳濬撰《吴楊氏本紀》六卷，記楊氏始終。不著撰人之《吴將佐録》一卷，記楊行密時功臣三十九人行事。

又按，《通志·藝文略》三編年類魏吴著録《吴書實録》三卷，不著撰人，當即此書，然則，鄭樵誤以爲記三國時事者也。

補史一卷　宋舒岳祥撰　佚

岳祥，字舜俟，一字景薛，又字東野，台州寧海人。年二十一，登寶祐四年(1256)進士，累官承直郎。宋亡，避地奉化，與戴表元友善。表元之學得力於岳祥爲多。後讀書閬風堂，人稱閬風先生。著有《史述》《漢砭》《閬風集》等。事迹具《宋史翼》卷二九、《南宋文範作者考》卷下、《宋元學案》卷五五、《宋元學案補遺》卷五五及《宋詩記事》卷六七等書。

此書《宋史·藝文志》不著録，見《台州經籍志》卷九別史類。

按,《四庫全書總目》“閬風集二〇卷”之提要云:“《兩浙名賢録》載所著有《史述》《漢砭》《補史家録》《蓀墅稿》《避地稿》《篆畦稿》《蝶軒稿》《梧竹里稿》《三史纂言》《談藂》《藂續》《藂殘》《藂傳》《藂肄》《昔游録》《深衣圖説》,凡二百二十卷,今諸書多佚不見。”是此書一名《補史家録》也。

使金録一卷　宋程卓撰　存

卓,字從元,休寧人,大昌從子。淳熙十一年(1184)試禮部第一,授扬州司户,歷知龍泉縣,累遷刑部郎中,封新安郡侯,進資政殿大學士。嘉定十六年(1223)卒,年七十一,謚正惠。著有《清源文集》《勞全録》等。事迹具《宋元學案補遺》卷二、《宋詩紀事》卷五五及《新安文獻志》卷七四《程公行狀》。

此書《宋史・藝文志》不著録,見《四庫全書總目》雜史類存目一。

《四庫全書總目提要》曰:“嘉定四年(1211),卓以刑部員外郎同趙師嵒充賀金國正旦國信史,往返凡四閲月,是書乃途中紀行所作,於山川道里及所見古迹,皆排日載之,中間如順天軍廳梁題名,光武廟石刻詩句之類,亦間可以廣見聞。然簡略太甚,不能有資考證。又稱接伴使李希道等,往還不交一談,無可記述,故於當日金人情事,全未之及。所記惟道途瑣事。世傳宋高宗泥馬渡江,即出此書所記磁州崔府君條下,蓋建炎之初,流離潰敗,姑爲此神道設教,以聳動人心,實出權謀,初非實事。卓之所録,亦當時臣子之言,未足據也。”

按,《四庫全書總目・存目》據編修汪如藻家藏本著録,今則單行本罕見。清光緒十年(1884),巴陵方功惠輯刊《碧琳瑯館叢書》、民國二十四年(1935),南海黄肇沂輯印《芋園叢書》,並收録此書。

使韃目録一卷 宋鄒伸之撰 未見

伸之,紹定間人,官朝奉大夫京湖制置使参議官。

此書《宋史·藝文志》不著録,見《千頃堂書目》卷五别史類。《四庫全書總目》卷五二雜史類存目一著録此書,書名作《使北日録》,一卷,《提要》曰:"理宗紹定六年(1233)癸巳,史嵩之爲京湖制置使,與蒙古會兵攻金,案是時尚未建大元之號,故史仍以國名爲稱。會蒙古遣王檝來通好,因假伸之朝奉大夫京湖制置使参議官往使,以是歲六月,偕王檝自襄陽啓行,至明年甲午二月,始見蒙古主於行帳,尋即遣回。以七月抵襄陽。計在途者十三月。因取所聞見及往復問答,編次紀録,以爲此書。案《宋史·理宗本紀》:'宋與大元合圍汴京,案此大元爲史臣追書之詞。金主奔蔡州,大元再遣使議攻金,史嵩之以鄒伸之報謝。'蓋即此事。特《宋史》稱王檝來議攻金,而此録衹言通好;又《宋史》戴伸之出使,在紹定五年(1232)十二月,而此録實以六年(1233)六月出疆,皆當以此録所記爲得其實。時孟珙已會蒙古滅金,廷議遂欲出師取河南,蒙古復遣王檝來責敗盟,因再進伸之二秩,遣之報謝。史載同使爲李復禮、喬仕安、劉溥等,據此録皆先曾副行之人。復禮假京西路副總管,溥假京西兵馬都監,仕安以東南第七正將神勁馬軍統制充防護官。其官爵亦史所未詳云。"

按,《四庫全書總目·存目》所載此書,據浙江巡撫採進本著録,今則罕見傳本。

隆平集二〇卷 宋曾鞏撰 存

鞏,字子固,建昌南豐人。生而警敏,讀書數百言,脱口輒誦。年十二試作《六論》,援筆而成,歐陽修一見奇之。登嘉祐二年(1057)進士,爲太平州司法參軍,知齊、襄、洪、福、明諸州。召入判三班院,遷史館修撰,管勾編修院兼判太常寺。元豐五年(1082)擢試中書舍人,六年(1083)卒,年六十五。追謚文定,學者稱南豐先生。著有《德音寶訓》《宋朝政要策》《元豐類稿》《續稿》等。事迹具《宋史》卷三一九、《宋史新編》卷一〇二、《史質》卷四〇等書。

此書《宋史・藝文志》不著録,見《郡齋讀書志》卷六雜史類及《四庫全書總目》别史類。

《郡齋讀書志》卷六雜史類著録此書,晁氏曰:"右皇朝曾鞏撰,記五朝君臣事迹。其間記事多誤,如以《太平御覽》與《總類》兩書之類。或疑非鞏書。"①

按,兹編記太祖至英宗五朝事,分二十六目,又立傳二百八十四,各以其官爲類,前有紹興十二年(1142)趙伯衛《序》。

又按,此書之作者,《四庫全書總目提要》以"其記載簡略瑣碎,頗不合史法"又謂"晁公武《讀書志》摘其記《太平御覽》與《總類》爲兩書之誤,疑其非鞏所作。今考鞏本傳,不載此集。"近人余嘉錫則以爲鞏所作,並於《提要》之説,逐一辯駁,關於所謂"簡略瑣碎,頗不合史法"之説,余氏駁之曰:"此集卷一至卷三,凡分'聖緒''符應''都城''官名''官司''館閣"('文籍'附)、"郡縣''學舍''寺觀''宫掖''行幸''取士''招隱逸''卻貢獻''慎名器''革弊''飾儉''宰執''祠祭"('封爵'附)、"刑罰''燕樂''愛民"('方藥'附)、"典故''河渠''户口''雜録'二十六門。每門但分若干條,不具首尾,頗似隨筆雜記之體,殊不合史裁,疑是取當時官撰之書,如寶訓、聖政、會要及國史、實録、日曆之類,擇要録出,以備修五朝紀志之用,而未及編纂成書者,簡略瑣碎誠所不免。至於卷四以下,列傳二百八十有四篇,考之殘本《宋太宗實録》(存二十卷),

① 袁本《晁志》無"其間記事……"以下二十五字,兹據《文獻通考》所引補。

有傳者,十有三人,曰沈倫、李昉、宋琪、李穆、賈黄中、張洎、石熙載、李崇矩、楊守一、張美、錢俶、侯延廣、田重進。恐猶有遺漏,俟再考。《名臣碑傳琬琰集》所選之"實録"有傳者三人,曰張齊賢、潘美、王全斌;此十六人者,《東都事略》及《宋史》亦大都有傳。惟侯延廣一人,《事略》無傳,《宋史》附《侯益傳》後。。今試取彼三書與此集比而觀之,輒覺彼繁而此簡。姑以宋琪、潘美兩傳言之,《實録·宋琪傳》六百五十餘字(卷七十九),《事略》三百五十餘字(卷三十一),《宋史》演至四千二百餘字(卷二百六十四)此集則僅百餘字(卷四),《實録·潘美傳》一千九百餘字(《琬琰集》下編卷一),《事略》九百九十餘字(卷二十七),《宋史》一千六百餘字(卷二百五十八),此集則僅四百二十餘字而已(卷十一)。蓋宋《國史》之於《實録》,已有所删潤,《事略》以《國史》爲本,而稍以野史附益之。見《玉海》卷四十六,又《宋會要》第五十六册亦云:洪邁奏言王稱爲《東都事略》,其非《國史》,而得之於旁搜者居十之一。《宋史》雜采《國史》《實録》,而去取無法。此集純就五朝《國史》加以删除,故其事不大增於前,其文則極省於舊,雖其行文過於峻潔,於事實多所刊落,簡略之譏固自難免,然瑣碎之處則可保其必無,《提要》之言,殆專爲卷端二十六篇發耳。究之有宋一代正史别史,筆力之高,莫過於此。即其剪裁洗伐之功,已非王稱、脱脱輩所能及之,此豈後人所能僞作者哉。"

至於晁公武疑其非鞏所作及本傳未著録此集等問題,余氏辨之曰:"案《宋史·藝文志》《通志·藝文略》《直齋書録解題》,於此集皆不著録,僅見於《郡齋讀書志》卷六,蓋其書紹興時始付刻,而未大行於世,故見之者少耳。《讀書志》曰:'《隆平集》二十卷,記五朝君臣事迹,其閒記事多誤,如以《太平御覽》與《總類》爲兩書之類,案:見本書卷一《館閣門》。或疑非鞏書。此所引衢本也。'公武之雖如此,然其卷十九'寇忠愍詩'條下則曰：“或又謗之云：在相位時，與張齊賢相傾，朱能爲天書降乾祐，準知而不言，曾鞏明其不然，曰：準審如是，丁謂拂鬚，固足以悦之。”按，晁氏所引見本書卷四《寇準傳》，是公武仍自信其爲曾鞏所作，未嘗斷言其僞也。① 考《遂初堂書目》，有《五朝隆平集》，不著撰人，吴曾《能改齋漫録》卷五，引曾南豐撰《國史・劉沆列傳》凡百二十許字，與本書卷五《劉沆傳》一字不差，可見此書爲所撰五朝史之底稿，趙伯衛《序》所謂副存於家，不誣也。《漫録》卷十二，‘晏元獻節儉’條又云：‘會南豐與公同鄉里，元豐間，神宗命以史事，其傳公云：雖少富貴，奉養若寒士。’今《晏殊傳》亦見本書卷五，果有此二語，可與前條互證，余又考李燾《續通鑑長編》，引《隆平集》者二，一見《長編》卷四十八，一見卷九十六。引曾氏《隆平集》者一，見卷九十五。書名之上，冠以曾氏，則亦信爲鞏作也。其卷一百七十二，記孔宗旦事，燾自注引曾鞏書，乃指《南豐類稿》卷十五，《與孫司封書》言之，非謂《隆平集》也。李心傳《舊聞證誤》卷一引王文正遺事，記張師德西詣王旦門不得見，旦謂師德奔競，心傳辨之曰：‘曾子固《隆平集》云：尚賢(師德字)守道不回，執政不悦，在西掖者九年。語見本書卷十四《張師德傳》。則似非奔競者。’此則直指爲曾子固矣。吴曾號爲博洽，有宋一代史學之精，自司馬光外，無如二李者，而其於此集，均信爲曾鞏所作，未嘗稍疑其僞。燾於考證，最密，如王禹稱《建隆遺事》，雖屢引之，而屢言其僞託，見卷十七開寶九年十月及卷二十二太平興國六年九月燾自注。使此集稍有可疑，燾豈得獨無異辭。心傳著書，專證人之誤，纖悉必舉，又豈肯援用僞書，貽人口實邪？《提要》獨執晁公武之單辭，便毅然斷爲依託。公武之學，既不博

① 余氏所引，係袁本《讀書志》，與衢本不同。衢本作“或又謗之云：在相位時，與張齊賢相傾，朱能謂天書降乾祐，準知而不言，曾子固明其不然，曰：審如是，丁謂拂鬚，固只以悦之。”

於吴曾,尤不及二李,未必能别黑白而定是非,況其言又自相矛盾,忽信忽疑,原非定論也乎。[①]”

余氏之論證精詳可信,今從之。

又按,此書之傳本,宋以來刊本,今已罕見。《天禄後目》有宋刊本,前有紹興十二年(1142)趙伯衛《序》。《四庫簡明目録標注》有明刊本及清康熙辛巳(四十年,1701)刊本;《續録》又有宋刊本,云:“十一行,二十二字,板心甚大,記字數,人名,以千字文記葉數,間有補版,似在正德前。”今並不之見。今所藏善本,僅臺北“故宫博物院”所藏清文淵閣《四庫全書》本一部而已。

真宗聖政紀一五〇卷　政要一〇卷　宋不著撰人　佚

右二書《宋史·藝文志》别史類著録。

按吕中《大事記講義》卷七“史館”條云:“祥符五年(1012)六月,令樞密院修《時政記》。”又云:“天禧四年(1120)十一月編《聖政録》,命錢惟演等取《時政記》中聖美之事别編之。”未審是否即此二編。

觀文覽古圖一〇卷　宋仁宗撰　佚

仁宗名禎,真宗第六子,母李宸妃,章獻太后養爲己子,遂嗣位,年僅十三。太后稱制凡十一年,太后崩,始親政。恭儉仁恕,慎刑愛民,爲有宋第一仁主,在位四十一年崩。廟號仁宗,紀元九:天聖、明道、景祐、寶元、康定、慶曆、皇祐、至和、嘉祐。

此書《宋史·藝文志》别史類著録。

《玉海》卷五六“慶曆觀文鑑古圖”條云:“慶曆元年(1041)七月戊申朔,出《御製觀文監古圖記》,以示輔臣。初,康定二年

① 詳見《四庫提要辨證》卷五史部三“隆平集二十卷”條。

(1041)是年十一月丙寅改元)七月己卯,命圖畫前代帝王美惡之迹,可爲規戒者,號曰《觀文鑑古圖》,上自爲記,凡十二卷,百二十事,每事帝自爲一篇,始黄帝夢風后力牧,終長孫皇后賞魏元成諫。慶曆四年(1044)二月丙辰,御迎陽門,召輔臣觀之。"

又引《書目》云:"《觀文監古圖》十卷,康定二年(1041),仁宗親述,并爲之序。先是,學士蘇紳言:唐憲宗近臣具前代得失之迹,繪圖以觀。"

又引《會要》云:"慶曆四年(1044)二月二十三日丙辰,御崇政殿西閤,四壁各張畫圖,前代帝王美惡可爲規戒者,命兩府觀之。元祐五年(1090)五月,范祖禹請哲宗覽此二圖,可以見美惡之迹,知創業之難。紹興五年(1135)三月十九日,毛剛中上《鑑古圖記》十卷。"

按:兹編書名或題《覽古圖》,或題《鑑古圖》,或題《監古圖》,覽、鑑、監三字,義一也。又其卷數,或十二卷,或十卷。以"百二十事"之言觀之,初或爲十二卷,後有所删減,遂止十卷。

大中祥符奉祀記五〇卷目二卷　大中祥符迎奉聖像記二〇卷目二卷　宋丁謂等撰

謂,字謂之,後更字公言,蘇州長洲人。淳化三年(992)登進士科。少與孫何友善,同袖文謁王禹偁,禹偁大驚,重之,以爲自唐韓愈柳宗元後三百年,始有此作,世謂之孫丁。累官同中書門下平章事,昭文館大學士,封晋國公。真宗朝營造宫觀,奏祥異之事,多謂與王欽若發之。寇準爲相,尤惡謂,謂媒櫱其過,遂罷準相。仁宗立,知謂前後欺罔,貶崖州司户參軍,踰三年徙雷州,又五年徙道州,明道中授秘書監致仕,居光州卒。著有《景德會計録》《大中祥符封禪記》《大中祥符祀汾記》《田農敕》《降聖記》《北苑茶録》《天香傳》《虎丘録》《刀筆集》《青衿集》《知命集》《大中祥符祀汾陰祥瑞贊》《丁謂集》《丁謂談録》等，事迹具《宋史》卷二八三本傳。

右二書《宋史·藝文志》别史類著録。

《玉海》卷五七云："祥符元年(1008)十二月壬辰，龍圖閣待制陳彭年請自天書降至封禪畢，編録藏之秘府，詔李宗諤、丁謂及彭年纂録，謂等就起居院編録，至三年(1010)十月書成，凡五十卷。皆先爲記事，次列儀注、御製册祝、樂章、步虚詞、御札、詔敕、德音、表狀、頌、碑、銘、記、贊，分門載之。庚甲，丁謂等上之，帝爲製序。祀汾陰禮畢，亦詔謂等撰記，六年(1013)八月丁丑成五十卷。七年(1014)，謂與李維等又作《應奉聲像記》二十卷，《降聖記》五十卷，《奉祀記》五十卷，天禧元年(1017)十一月辛亥，維等以獻。"

按，大中祥符年間封禪之事，多謂謀之，《宋史·丁謂傳》云："大中祥符初，議封禪未決，帝問以經費，謂對大計有餘，議乃決，因詔謂爲計度泰山路糧草使。初議即宫城乾地營玉清昭應宫，左右有諫者，帝召問謂，對曰：陛下有天下之富，建一宫奉上帝，且所以祈皇嗣也，群臣有沮陛下者，願以此諭之。王旦密疏諫，帝如謂所對告之，旦不敢復言。乃以謂爲修玉清昭應宫使，復爲天書扶持使，遷給事中拜三司使，祀汾陰爲行在三司使，建會靈觀，謂復總領之，遷尚書禮部侍郎，進户部參政知事。建安軍鑄玉皇像，爲應奉使，朝謁太清宫，爲奉祀經度制置使，判亳州，帝賜宴賦詩，以寵其行，命權管勾駕前兵馬事，謂獻白鹿并靈芝九萬五千本，還判禮儀院，又爲修景靈宫使，摹寫天書，刻玉笈玉清昭應宫副使，大内火，爲修葺使。"

又曰："真宗朝營宫觀奏詳異之事，多謂與王欽若發之。初，議營昭應宫料功須二十五年,謂令以夜繼晝,每繪一壁,給兩燭,七年乃成。"

大中祥符降聖記五〇卷目三卷　宋李維等撰　佚

維,字仲方,沆弟,第進士,爲保信軍節度推官。真宗初獻聖德詩,召試中書,擢直集賢院,以沆相,避知歙州,至郡興學舍,歲時行鄉射之禮。仁宗朝歷官陳州觀察使。著有《邦計彙編》《菘坪小稿》。事迹具《宋史》卷二八二、《宋史新編》卷八二、《東都事略》卷四〇、《宋學士年表》《北宋經撫年表》等書。

此書《宋史・藝文志》别史類著録。

《郡齋讀書志》卷九傳記類著録《降聖記》五十卷,晁氏曰:"右皇朝丁謂等撰。大中祥符五年(1012)十月十七日聖祖降,七年(1014)謂請編次事迹,詔李維、宋綬、晏殊同編,天禧元年(1017)上之。"

按,此書多人同撰,故或題李維,或題丁謂。其成書經過,已詳于《大中祥符奉祀記》五〇卷條。又史謂維博學,少以文章知名,至老,手不廢書。典章名物,多所參定,嘗預定《七經正義》,修《續通典》《册府元龜》,然則,兹編之成,或多維之功也。

天禧大禮記五〇卷目二卷　宋王欽若撰　佚

欽若,字定國,臨江軍新喻人。擢進士甲科。爲亳州防禦推官,遷秘書省秘書郎,累官司空,門下侍郎,同平章事。欽若智數過人,每朝廷有所興造,委屈遷就以中帝意,又性傾巧,馬知節嘗斥其奸狀。仁宗嘗謂輔臣曰:"欽若久在政府,觀其所爲,真奸邪也。"王曾嘗曰:"欽若與丁謂、林特、陳彭年、劉承珪時謂之五鬼奸邪。"所著書有《鹵簿記》《彤管懿範》《天書儀制》《聖祖事迹》《翊聖真君傳》(編)、《五獄廣聞記》《列宿萬靈朝真圖》《羅天大醮儀》等。事迹具《宋史》卷二八三、《宋史新編》卷八六、《東都事略》卷四九、《隆平集》卷四《名臣碑傳琬琰集》下集卷三等書。

此書《宋史·藝文志》别史類著録。

《玉海》卷五七“天禧大禮記”條云:“天禧元年(1017)正月辛丑朔,上《玉皇寶册》,壬寅,上《聖祖册》,己酉,上《太廟六室寶册》,辛亥,合祭天地,天安殿上《尊號寶册》。上《寶册》禮畢,亦詔禮儀院撰記,時王欽若判院,楊億知院,又成《天禧大禮記》四十卷,二年正月戊午以獻,宰相欽若等上。”

又卷九三云:“天禧元年(1017)正月辛亥,奉天書合祭天地,正陽門大赦,天安殿上尊號,二年(1018)正月戊午,欽若上《天禧大禮記》四十卷,賜器幣。”

按,真宗朝祥異之事,多由丁謂與欽若發之,尤以欽若爲甚,而其所著,亦多與祥異有關。《宋史》本傳於其迷信祥異之原因,叙述頗詳,云:“欽若嘗言少時過圃田,夜起視天中赤文成紫微字,有後使蜀至褒城道中遇異人,告以他日位至宰相,既去,視其刺字,則唐相裴度也。及貴,遂好神仙之事,常用道家科儀建壇場以禮神,朱書紫微二字陳於壇上,表修裴度祠於圃田,官其裔孫,自撰文以紀其事。真宗封泰山,祀汾陰,而天下爭言符瑞,皆欽若與丁謂倡之。嘗建言躬謁元德皇太后别廟,爲莊穆皇后行期服,議者以爲天子當絶旁朞,欽若所言不合禮。又請置先蠶,并壽星祠,升天皇北極帝坐於郊壇第一龕,增執法孫星位,别制王公以下車輅鼓吹,以備拜官婚葬。”

又按,此書《玉海》云四十卷,《宋志》作五十卷,未知孰是。

三朝寶訓三〇卷　宋吕夷簡等撰　佚

夷簡有《三朝國史》一五五卷已著録。

此書《宋史・藝文志》别史類著録。

《直齋書録解題》卷五典故類著録《三朝寶訓》三十卷,陳氏曰:"翰林學士李淑等撰。天聖五年(1027),監修國史青社王曾(孝先)奏乞用唐吴兢《貞觀政要》故事,取三朝聖語、政事及臣僚奏對不入正史者,别爲一書,與國史、實録並行,至十年(1032)書成,詔以寶訓爲名。其後進讀於邇英延義,今《館閣書目》以爲二十卷,富弼所上者,非也,乃政要爾。"

《玉海》卷四九"天聖三朝寶訓"條云:"天聖五年(1027)十月乙酉,監修王曾言:'唐史官吴兢於正史實録外録太宗與群臣問對之語爲《貞觀政要》,今欲採太祖太宗真宗《實録》《日曆》《時政記》《起居注》其間不入正史者,别爲一書,與正史並行。'從之。六年(1028)五月,曾奏委李淑修纂,宋綬、馮元看詳。九年(1031)二月,淑又奏直集賢院王舉正同修。十年(即明道元年,1032)正月,敕以三朝寶訓爲名,明道元年(1032)二月癸卯,書成,監修國史吕夷簡詣承明殿上進,賜編修官王舉正、李淑章服,參詳馮元、夏竦,監修吕夷簡,第賜器幣。寶元二年(1039)十二月二十日,詔侍讀學士李淑,就資善堂删整《三朝寶訓》,以備來春進讀。閏十二月,淑乞令丁度同修,詔可。康定元年(即寶元三年,1040)四月十八日,淑又言《寶訓》欲先讀第一卷《政體聽斷事》,外卻取第十三卷《以後將帥邊防夷狄事》進讀,庶幾戎備邊政,早得敷啓。慶曆初,命侍臣即邇英延仁義二閣,與前史更讀。"

按,兹編之成書年代,《直齋書録解題》及《玉海》並云在天聖十年(1032),王明清則謂在天聖初年,其書十卷。《揮塵録》云:"仁宗即位,方十歲,章獻明肅人太后臨朝,章獻素多知謀,分命儒臣馮章靖元、孫宣公奭、宋宣獻綬等,採摭歷代君臣事迹,爲《觀文覽古》一書,祖宗故事爲《三朝寶訓》十卷,每卷十事,又纂郊祀儀仗爲《鹵簿書》三十卷,詔翰林待詔高克明等繪畫之,極爲精妙,叙事於左,令傅母輩日夕侍上展玩之,解釋誘進,鏤版於禁中。元豐末哲宗以九歲登極,或有以其事啓於宣仁聖烈皇后者,亦命取板摹印,仿此爲帝學之權輿,分賜近臣及館殿。時大父亦預其賜,明清加因有之。紹興中爲秦伯陽所取。"

馬端臨《文獻通考》曰:"按《三朝寶訓》一書,《直齋書録解題》以爲宰相王曾奏請編修,成於天聖十年,凡三十卷。《揮麈録》以爲章獻命儒臣所修,成於天聖初年,凡十卷,殊不相吻合。然《揮麈録》所言禁中刻本,且有繪圖,則似即此《三朝訓鑑圖》十卷之書,然《直齋》以此書爲慶曆皇祐間所修纂,則又於《揮麈録》所謂仁皇初年傅母輩侍上展玩之語深不合矣!當俟考訂精者質之。"

是貴與亦不敢定何者爲是矣。

按,此書當是成于天聖十年,三十卷,明清所見,乃《三朝訓鑑圖》(鑑一作覽)也。《訓鑑圖》亦李淑等所修纂,成於皇祐元年(1049),明清誤混二書爲一耳。

又按,兹編之修撰,肇於王曾之奏定。考江少虞《皇朝事實類苑》卷四祖宗聖訓條載仁宗朝事甚詳,間及王曾之奏言及仁宗聽經之事,今節録之,云:"仁宗(天聖五年)十月乙酉,監國史王曾言:唐史官吴兢於正史實録外,録太宗與群臣對問之語,爲《貞觀政要》。今欲採太祖太宗真宗《實録》《日曆》《時政記》《起居注》,其間事迹不入正史者,别爲一書,從之。帝每遇經筵,以象廠書策外向,以便侍臣講讀。天聖末,孫奭年高視昏,或陰晦,即爲徙御坐於閣外,奭每講論至前世亂君亡國,必反復規諷,帝意或不在書,奭則拱默以俟,帝爲竦然改聽。嘗書無逸圖上之,帝施於講讀閣。明道元年二月癸卯,監修國史吕夷簡上《三朝寶訓》三十卷,即王曾所請也。十月申戌讀正説慎罰篇,述後漢光武罷梁統從重之奏,帝曰:‘深文峻法,誠非善政。’宋綬對曰:‘王者峻法則易,寬刑難。夫以人主得專生殺,一言之怒,則如雷如霆,是峻易而寬難也。’”

三朝訓覽圖十卷　宋李淑撰　佚

淑,字獻臣,若谷子,年十二,真宗幸亳,獻文行在所,真宗奇之,命賦詩,賜童子出身,試秘書省校書郎,寇準荐之,授校書郎館閣校勘。乾興初遷大理評事,修《真宗實録》爲檢討官,書成,改光禄寺丞集賢校理爲國史院編修官。博習諸書,詳練朝廷典故,凡有沿革,帝多咨訪,制作誥命,爲時所稱。初宋郊有學行,淑恐其先用,因密言曰:“宋,國姓,而郊者交,非善應也。”其性傾側險陂類此。有《國朝會要》(編)《閣門儀制》《耕籍類事》《六賢傳》《王后儀範》《邯鄲書目》《書殿集》《筆語》《語苑類格》等書。事迹具《宋史》卷二九一、《宋史新編》卷九〇、《東都事略》卷五七、《隆平集》卷七、《宋學士年表》及《北宋經撫年表》等書。

此書《宋史·藝文志》别史類著録。

《直齋書録解題》卷五典故類著録《三朝訓鑑圖》十卷,陳氏曰:“學士李淑、楊億等修纂。慶曆八年(1048),億初奉旨檢討《三朝事迹》,乞與淑共編,且乞製序。皇祐元年(1049)書成。頃在莆田有售此書者,亟求觀之,則已爲好事者所得,蓋當時御府刻本也。卷爲一册,凡十事,事爲一圖,飾以青赤,亟命工傳録,凡字大小、行廣狹、設色、規模,一切從其舊,斂袵鋪觀,如生慶曆皇祐間,目覩聖作明述之盛也。按《館閣書目》載此書云:‘繪采皆闕’,至《續書目》乃云:‘得其全’,未知果當時刻本乎?抑亦摹傳也?”

《玉海》卷五六“慶曆三朝訓鑑圖”條云:“慶曆八年(1048)八

月庚辰,知制誥楊億被旨檢討《三朝事迹》,乞與内翰李淑同編纂,凡得祖宗故事大體重者百條爲十通,命待制高克明等設色其上。十月庚辰,御製序賜名。其序略曰:'太祖以神武肇基,太宗異英文紹復,思皇真考,對越靈明;莫不兢業以臨朝機,憂勤而靖王略,總御臣之威炳,謹制世之令謨。朕明發聳慕,夕惕嚴祗,申詔信史,論次舊聞,得祖宗之故實事大體重者百條,繪綵綴語,釐爲十通,設色在上,各載綱源,執簡嗣書,兼資義解,几杖勒銘。'"

又云:"圖取正,酌古垂範,保邦守成。然而稽之先民,孰若稽之往訓?皇祐元年(1049)二月纂成進呈,十一月庚寅朔,御崇政殿,召近臣及臺諫館閣宗室觀之。一云詔觀於迎陽門,當與崇政者爲是。又鏤板印染,賜大臣宗室,其圖始於親征,下澤潞,平惟陽,終於真宗禁中觀稼,飛山觀礮,凡百條。"

又云:"書曰:'皇祖有訓,鑑于先王成憲。'命名之義,允協于此。舊目缺其圖,又誤以仁宗御製後序冠於卷首,《續書目》彩繪俱全。"

又引《書目》云:"《三朝訓鑑圖》十卷,李淑撰,仁宗御製序,今繪綵皆闕。光掩鑑古,輝映無逸。"

按,兹編書名當作《三朝訓鑑圖》,今《宋史·藝文志》鑑作覽。二字義可通。

又按,陳《録》《玉海》並謂《書目》云繪彩皆闕,《續書目》則云得其全。此當指《中興館閣書目》七十卷及《中興館閣續書目》三十卷也。《書目》成於淳熙五年(1178),《續書目》成於嘉定十三年(1210),然則,兹編原本至南宋已殘缺不完,《續書目》所著録,殆後世所摹刻者也。

咸平聖政録三卷　宋錢惟演撰　佚

惟演,字希聖,吴越王俶之次子,從俶歸宋,爲右神武將軍。

博學能文辭,召試學士院,以笏起草立就,真宗稱善。改太僕少卿,獻《咸平聖政録》,命直秘閣,預修《册府元龜》,詔與楊億分爲之序。仁宗朝拜樞密使,後出爲崇信軍節度使,卒,謚文僖。著有《奉藩書》《飛白書叙録》《金坡遺事》《錢俶供奉録》《錢氏慶系譜》《家王故事》《逢辰録》《典懿集》等。事迹具《宋史》卷三一七、《宋史新編》卷一〇一、《東都事略》卷二四及《隆平集》卷一二等書。

此書《宋史・藝文志》别史類著録。

《玉海》卷五八"咸平聖政録"條云:"六年(1003)八月戊寅,太僕少卿直秘閣錢惟演上二卷,詔付史館。"

又引《實録》云:"咸平三年(1000)五月丙申,以錢惟演爲太僕少卿,惟演獻《咸平聖政録》二十事,召試有是命。"

按,兹編《玉海》云二卷,《宋志》作三卷,以《實録》云二十事覘之,疑《宋志》誤二爲三也。

建炎時政記三卷　宋李綱撰　存

綱,字伯紀,邵武人,徽宗政和二年(1112)進士,歷官至太常少卿。欽宗時授兵部侍郎,尚書右丞,南渡,拜尚書右僕射,兼中書侍郎,爲御史所劾罷,爲觀文殿大學士,知潭州荆湖南路安撫,卒年五十八,謚忠定。著有《張文忠節誼録》《梁谿集》。事迹具《宋史》卷三五八、《宋史新編》卷一二五、《南宋書》卷九、《四朝名臣言行録》上編卷一、《宋大臣年表》及《北宋經撫年表》等書。

此書《宋史・藝文志》不著録,見《郡齋讀書志・附志》及《四庫全書總目》雜史類存目一。

按,此書分三卷,上卷起建炎元年(1127)六月一日止十二日;中卷起建炎元年六月十三日止六月終;下卷起建炎元年七月五日止八月十八日終。自序述撰此編之緣由甚悉,曰:"臣某伏被尚書省劄子，三省同奉聖旨，令臣省記編録建炎元年五月一日以後時政記，繕寫成册進御，以待制詔頒降史館。臣仰惟皇帝陛下，躬上聖之資，撫中興之運，方時多艱，入繼大統，龍飛宋都，爲天地神明萬物之主。嗣位之五日，即布大號，考慎其相，首及微臣。特達之知，非常之過，古無與比，顧如臣者所以報稱眷待之意，宜何如哉。然臣志廣材疎，學識荒淺，徒有愛君憂國之心，初無周身防患之術，備位宰相，纔兩月餘，功效無毫髪可稱，罪戾有丘山之積，奉身以退，何補國家，辜負明恩，爲罪大矣。臣自去魏闕，七更歲華，薦致人言，自取顛躓，伏蒙皇帝陛下，矜憐孤迹，始終保全天地之恩，何以論報。今者又奉詔旨，俾追記往事，編録成書，將以付之太史氏，顧臣自經憂患，衰病交攻，心志不寧，動輒廢失，屢遭盜賊，文籍散亡，極意追思，曾不能省記十之一二。至於日侍清光，親承訓勑，則銘鏤心腑，豈敢弭忘。謹以省記到昨任宰相日所得聖語，所行政事，賞刑黜陟之大略著於篇。至於日辰有不能省記，則闕之。庶幾信以傳信，疑以傳疑之意。謹繕寫成上下兩册，冒昧投進，以塵乙夜之覽，宣付史館，備採擇爲。”

《郡齋讀書志·附志》雜史類著録此書，趙希弁曰："右李忠定公(綱)所編也。自建炎元年(1127)五月一日以後至於八月十八日。"

《四庫全書總目》雜史類存目著録此書，《提要》曰："是編乃綱奉詔所編。前有奏書原序，起建炎元年(1127)六月，終八月，即其奏議附録中之一種，《永樂大典》亦别載之，則自明以前已析出單行矣。惟綱代高宗所草通問徽、欽二帝表内所稱臣某言者，乃高宗署名，故諱而不書，《永樂大典》本俱誤作'臣綱言'，蓋明人不知而妄改。今此書尚仍原文，則所據者未改之本也。"

按,《讀書·附志》謂此書起建炎元年五月一日。今檢各本,均起六月一日,趙希弁誤記也。

又按,此書單行刊本,今已罕見,多附載《梁谿集》一八〇卷中。今所藏善本,惟臺北"國家圖書館"所藏鈔本一部而已。是本係怡顏堂烏絲欄抄本,每半葉十行,行二十字,經清黄丕烈以朱黄二色手校,並有跋一則,云:"甲戌季冬,余新知陳仲遵爲余言:'遺經堂近有舊書一單,大半皆鈔本,曾見之乎?'蓋時迫歲除,無暇爲此冷淡生活,故久不至書坊,自坊友亦久不來也。大除偶過玄妙觀前,遂至是坊蹤迹之,檢及是册,苦不知其載於何書目,偶與仲遵談及,謂是書係李忠定公所著,載在《郡齋讀書志》第五卷上廿二葉,並借余鮑氏知不足齋鈔本,因手校一過。鮑本實有可正是本誤處,然每卷脱去起止一行,又每日多接連,空格多作某字,且改赤爲尺,皆非古書面目,究不如此怡顏堂钞書之爲舊也。乙亥正月十日記,復翁。"①卷首有觀款一則,云:"嘉慶乙亥夏日,惕甫借讀一過。鈐有"惕甫經眼"(朱文長方)、"宋存書室"(朱文方形)二印。收入叢刻者有:《宋三大臣彙志》本,一卷,《邵武徐氏叢書初刻》木及《吉林探源書舫叢書初編》本,並三卷。

紹興甲寅通和録一卷　宋王繪撰　未見

繪,紹興間人,嘗使金。

此書《宋史·藝文志》不著録,見《四庫全書總目》雜史類存目一。

《四庫全書總目提要》曰:"紹興四年(1134)以和議未成,遣魏良臣如金,繪副之。是時金軍壓境,朱勝非尚主和議,趙鼎頗

① 此跋亦見《蕘圃藏書題識》卷二。

不以爲然。良臣等行至天長,僅達國書而還,繪因備録其事,蓋鄙勝非等之無謀也。繪父名仲通,宣和中爲平海軍承宣使,以書抵蔡攸,力言用兵有十不可。其書附載卷末,蓋其父子皆有度時之識云。"

按,魏良臣,字道弼,宣城人,高宗嘗稱其可屬大事,累官參知政事,以資政殿學士致仕,卒年六十九。謚敏肅。事迹略具《宋大臣年表》《南宋制撫年表》《至正金陵新志》卷一三等書。

又按,此書傳本罕見,《四庫存目》據浙江范懋柱家天一閣藏本著録,今則未之見。

東都要略不著卷數　宋戴栩撰　佚

栩,字文子,一字立子,永嘉人,溪族子。學於葉適,得其旨要。嘉定元年(1208)進士,爲太學博士,遷秘書郎,後爲湖南安撫司參議,終太常博士。有詩名,松臺王綽云:"永嘉之作唐詩者,首四靈。繼四靈之後,則有劉咏道、戴文子、張直翁、潘幼明、趙幾道、劉成道、盧次夔、趙端行、陳叔方者作。"著有《五經説》《諸子辯論》《浣川集》等。事迹具《南宋文範作者考》卷下、《宋元學案》卷五五、《宋元學案補遺》卷五五及《宋詩紀事》卷六二等書。

此書《宋史·藝文志》不著録,見《温州經籍志》卷八别史類。

按,戴氏所著《浣川集》十八卷,久無傳本,四庫館臣從《永樂大典》采掇編次,釐爲十卷,予以著録,惟不見此書序跋。

靖炎兩朝見聞録二卷　舊題宋陳東撰　存

東,字少陽,鎮江丹陽人。蚤有雋聲,俶儻負氣,以貢入太學。欽宗即位,上書論蔡京、童貫、王黼、李彦、梁師成、朱勔六人爲六賊,請誅之以謝天下。李綱罷,復率諸生,伏宣德門上書,軍民從者數萬,傳旨慰諭,衆始肯去,於是亟召綱入,復領行營,除東太學録。東又請誅蔡氏,且力辭官以歸。高宗即位,相綱,召東至,未得對。會綱去,乃上書乞留綱,而罷黄潛善、汪伯彦,不報,後爲二人所搆,論死,斬於市,年四十三。越三年,高宗感悟,追贈朝奉郎祕閣修撰。著有《盡忠録》《少陽集》等,事迹具《宋史》卷四五五、《宋史新編》卷一七三、《史質》卷七一、《南宋書》卷三〇、《宋詩紀事》卷四三等書。

此書《宋史・藝文志》不著録,見《四庫全書總目》雜史類存目(一)。

《四庫全書總目提要》曰:“舊本題曰陳東撰。……是編記徽宗北遷,高宗改元時事特詳,末及紹興以後事,亦足資考據。然東以建炎元年(1127)八月見殺,何由得記紹興後事?蓋傳本闕撰人,後人不考,誤題東也。”

按,此書之作者,《提要》疑爲後人誤冠,以爲非東所撰。惟以《少陽集》多載當時資料驗之,如卷一載《登聞檢院上欽宗皇帝書》《登聞檢院再上欽宗皇帝書》《登聞檢院三上欽宗皇帝書》,卷二載《伏闕上欽宗皇帝書》《辭誥命上欽宗皇帝書》,卷三載《上高宗皇帝第一書》《上高宗皇帝第二書》《上高宗皇帝第三書》,此書或爲陳東所撰,紹興以後事,則爲後人所附益歟。

永熙政範二卷　宋李昭遘撰　佚

昭遘,字逢吉,宗諤從子也,以蔭爲將作監主簿。幼時楊億嘗過其家,出拜,億命爲賦,既成,億嘉歎,後荐授館閣校勘,復爲鹽鐵判官。初議罷天下職田及公使錢,昭遘以爲不可,遂罷判官,爲白波發運使,因入奏事,仁宗謂曰:“前所論罷職田等事,卿言是也。”遷值史館,累擢天章閣待制,知鄭州卒。事迹具《宋史》卷二六五、《宋史新編》卷七三、《東都事略》卷三二等書。

此書《宋史・藝文志》别史類著録。

按永熙即太宗也。太宗諱炅,晋天福四年(939)己亥生,至道三年(997)三月二十九日崩,葬河南府永安縣永熙陵。昭遘祖昉於太宗朝累官文明殿學士,嘗監修國史;從父宗諤於太宗朝官秘書郎集賢校理同修起居注,故於太宗朝典故,知之甚悉。又《宋史》本傳謂昭遘二度入值史館,是其深於史學者也。

神宗正典六卷　宋張商英撰　佚

商英,字天覺,蜀州新津人,用章惇薦,擢監察御史,攻擊司馬光等不遺餘力。大觀中爲尚書右僕射,勸帝節華侈,息土木,抑僥倖,帝頗嚴憚之。適承蔡京之後,故小變其政,譬饑者易爲食,遂蒙忠直之名。後爲臺臣疏擊,出知河南府,旋貶崇信軍節度副使,宣和三年(1122)卒,年七十九,謚文忠。著有《黄石公素書》(注)、《三才定位圖》《全籙齋投簡儀》(删)、《全籙齋三洞讚咏儀》(編)《宗禪辯》、文集等。事迹具《宋史》卷三五一、《宋史新編》卷一二二、《東都事略》卷一〇二、《名臣碑傳琬琰集》下集卷一六等書。

此書《宋史·藝文志》别史類著録。

《玉海》卷四九"正典"條云:"大觀四年(1110)張商英撰《神宗正典》六卷三十篇。"

按《宋史·張商英傳》云:"大觀四年,(蔡)京再逐,起知杭州,過闕賜對,奏曰'神宗修建法度,務以去大害,興大利,今誠一一舉行,則盡紹述之美,法若有弊,不可不變,但不失其意足矣!'此殆商英編撰此書之旨也。"

又檢吴曾《能改齋漫録》一〇"乞編皇宋政典"條云:"大觀四年十一月,尚書右僕射張商英乞編集熙寧元豐政事,號曰《皇宋政典》,爲萬世不刊之書,奉聖旨依。"

然則,兹編初名《皇宋政典》,迨編撰既成,以所記並神宗一朝事,故改題《神宗正典》也。

兩朝寶訓二一卷　宋林希撰　佚

希,有《神宗實録》朱墨本二〇〇卷已著録。

此書《宋史·藝文志》别史類著録。

《直齋書録解題》卷五典故類著録《兩朝寶訓》二十卷,陳氏曰:“禮部郎中長樂林希(子中)編進,用天聖故事也。元豐六年(1083)表上。”

考《宋史》本傳云:“元豐六年詔(希)修《兩朝寶訓》上之。”

按,天聖故事,蓋謂吕夷簡等編《三朝寶訓》之事也。兹編陳《録》云二十卷,《宋志》作二十一卷,疑《宋志》溢出一卷或爲目也。

考洪适《盤州文集》卷二十八有《兩朝寶訓序》,於此書之編撰始末,叙述頗詳,云:“臣嘗讀書,見三代之時,廟堂之間,君臣相與戒敕訓告,罔不以遵祖訓監先憲爲言,考諸行事,蓋實未嘗弗率前王之典則。……仁宗皇帝,天縱聖德,勵精爲政,登用真儒,屏殛奸邪……爲太平四十二年之治……繼以英宗皇帝,遵業治道,浸以光大,俗易風移,黎民醇厚,聖謨洋洋,焕焉可述,名山所載,太史所掌……迨神宗皇帝踐阼之十五年,詔儒臣林希,採《實録》《日曆》《時政記》《起居注》諸書,自乾興盡治平,法天聖故事,裒稡事迹,以類撰次,越明年四月,書成來上,凡七十有六門,成二十卷,名之曰《兩朝寶訓》。”

元豐聖訓三卷　宋舒亶撰　佚

亶,字信道,號懶堂,明州慈谿人,試禮部第一,初官臨海尉,民有使酒詈逐後母者,亶自起斬之投劾去。王安石當國,益而用之。御史張商英亦稱其材,用爲審官院主簿,累官御史中丞,舉劾多私,氣焰熏灼,朝野側目,後坐罪廢斥,遠近稱快。崇寧初知南康軍,辰溪蠻叛,蔡京使知荊南,以開邊功,由直龍圖閣進待制，明年卒，贈直學士。著有《舒嬾堂詩文存》《信道詞》等。事迹具《宋史》卷三二九、《宋史新編》卷一〇八、《東都事略》卷九八及《北宋經撫年表》等書。

此書《宋史·藝文志》別史類著録。

按《宋史·舒亶傳》云："元豐初權監察御史，未幾，同修起居注。"玆編蓋其修起居注時所撰也。

六朝寶訓不著卷數　宋不著撰人　佚

此書《宋史·藝文志》別史類著録。

《宋史·藝文志》云此書"卷亡"。

按，天聖年間，吕夷簡等將太祖、太宗、真宗《實録》《日曆》《時政記》《起居注》其間事迹不入正史者，別爲《三朝寶訓》三十卷；元豐中，林希用天聖故事，自乾興至治平，採仁宗，英宗事迹爲《兩朝寶訓》二十卷。此編云六朝，蓋起太祖迄神宗也。

宋史擬管不著卷數　宋尹謙孫撰　佚

謙孫，字希吕，一字虚心，茶陵人。事親以孝聞，與弟復孫自爲師友，肆力聖學，工詩文。武昌鐵峯張山翁稱其文類西漢，長沙王夢應言其以朱張心胸行韓柳筆法。事迹具《宋元學案補遺》卷五〇。

此書《宋史·藝文志》不著録，見《湖南通志》卷二四七藝文史部別史。

野史三〇卷　宋孟瑜撰　佚

瑜，長沙人，太平興國間官固始主簿。

此書《宋史·藝文志》不著録，見《湖南通志》卷二四七藝文史部別史。

《玉海》卷四七"治平十國志"條云："太平興國五年(980)八月甲戌，以孟瑜爲固始主簿。瑜，長沙人，嘗著《野史》三十卷，石熙載言於上，而有是命。"

崇寧聖政二五五册　聖政録三二三册　宋鄭居中撰　佚

居中,字達夫開封人,登進士第,由中書舍人連擢至翰林學士。大觀初同知樞密院,罷改資政學士。蔡京去後,徽宗頗有悔意,居中微知之,乃爲言以迎合,京再得政,援居中再入樞密,而爲宦官所沮,居中由是惡京。政和中再知樞密院,官累特進,時京總治三省,益變法度,居中每爲帝言,帝亦惡京專,尋拜居中少保太宰。居中存紀綱,守格言,抑僥倖,振淹滯,士論翕然望治。加少師,封燕國公,卒,謚文正。著有《政和五禮新儀》(編)、《政和新修學法》《學制書》等。

事迹具《宋史》卷三五一、《宋史新編》卷一二一、《東都事略》卷一〇二、《宋大臣年表》等書。

此書《宋史・藝文志》别史類著録。

按,《宋史》本傳云,崇寧中,居中爲都官禮部員外郎、起居舍人至中書舍人直學士院。是其於崇寧年間之事知之甚悉。

宣和禦寇紀事不著卷數　宋曹叔遠撰　佚

叔遠,字器遠,瑞安人,少學於陳傅良,登紹熙元年(1190)進士第,李壁薦爲國子學録,迕韓侂冑,罷,通判涪州,累官太常少卿,權禮部侍郎,終徽猷閣待制,卒謚文肅。著有《周官講義》《永嘉志》等。事迹具《宋史》卷四一六、《宋史新編》卷一四九、《南宋書》卷五五及《南宋館閣續録》等書。

此書《宋史・藝文志》不著録,見《温州經籍志》卷八雜史類。

《温州經籍志》引李象坤序云:"永嘉,甌脱海外,地望赤城,西接括蒼,南鄰閩之福寧,各界萬山,奸宄易匿,而伏莽流突,以山爲夢,揭竿一起,甌不被兵,自壬申迨今二十餘稔,予耳予目,厭苦兵鉦屢而登陴矣。宣和禦寇,郡令長且委去,劉與石一寒氊師,若弟奮螳臂與攖俾躪,浙東西無堅城之寇,獨窘於此撮土,可不云偉男子。記事出曹文肅,叙述頗詳,其所載劃城爲八界,則守禦良法,莫踰於此,故能摧數萬蟻附之兇,輪攻翟守,卒固吾圉,若予所值,則萑苻餘孽,鯨鱷餘喙,偶一窺逞耳。附城陰而辨塵色,沉陴版而析骸炊,世無常亂,亦無常治,謂書生可盡寘户外事哉。郡西北有兩公專祠,予每過其側,徘徊不能去,因録文肅原本,附以林霽《山祠祀》,著之于篇,令後人知所考鏡。若夫狃景純寇不入斗之讖,則唐之朱元之、孫之方且儼然吏之矣,寇儼然稱吏,此宣和之禦,所以獨雄也。

帝照一卷　宋薛韜玉撰　佚

韜玉,生平待考,著有《唐要録》二卷。

此書《宋史·藝文志》别史類著録。

兹編諸家書目罕見著録,覘其書名,蓋紀帝系之書。

帝王受命編年録三〇卷　宋翟驤撰　佚

驤,字士龍,廣陵人,太宗平吴之明年歸宋,爲雷夏簿,改彭城尉,後舉進士中第,遷知廣陵。事迹略具王禹偁《小畜集》卷二〇《送翟驤序》。

此書《宋史·藝文志》别史類著録。

按,兩《唐志》雜史類著録盧元福《帝王編年録》五十一卷。翟氏之書,殆續盧氏之書而作也。

續宋書不著卷數　宋鄧光薦撰　佚

光薦有《德祐日記》(不著卷數)已著録。

此書《宋史·藝文志》不著録,見《千頃堂書目》卷五别史類及《宋史藝文志補》雜史類。

靖康蒙塵録一卷　宋不著撰人　未見

此書《宋史·藝文志》不著録,見《四庫全書總目》雜史類存目一。

《四庫全書總目提要》曰:“不著撰人名氏。所載宋徽欽二帝北狩事,與世所傳《南燼紀聞》,文多相同。徐夢莘《三朝北盟會編》載所采集書目甚詳,亦無此書,蓋坊賈改易其名以欺世者。卷後附有《建炎復辟録》一卷,似爲高宗苗劉之變而作,而所紀仍北狩本末,寥寥數條,年月皆舛錯不合,作僞之尤甚者也。"

按,《四庫存目》據浙江范懋柱家天一閣藏本著録,今未之見。

皇猷録一卷　宋錢信撰　佚

信,字誠允,後改名儼,俶異母弟也。歸宋,歷官慎隋金等州觀察使。儼博涉經史,少夢人遺一大硯,自是樂爲文辭,頗敏速富贍,當時國中詞翰,多出其手。著有《光聖録》《吴越備史》《備史遺事》《忠懿王勳業志》《貴溪叟自叙傳》《前集》《後集》等。事迹具《宋史》卷四八〇、《宋史新編》卷一九〇。

此書《宋史・藝文志》别史類著録。

按,《宋史・錢信傳》云:"淳化初嘗獻《皇猷録》。"《通志・藝文略》三雜史著録《皇猷録》一卷,云:"錢信撰,記太平興國以後事。"然則,兹編所載,起太平興國元年(976)至端拱二年(989)兼之事也。

開禧德安寺守城録一卷　宋王致遠撰　存

致遠,允初子,永嘉人,以父廕知慈谿縣,累遷湖北提刑,改知台州,召爲吏部郎,不赴,居鄉十年,創永嘉書院,祠周、許、二劉、鮑五先生于中。事迹具萬曆《温州府志・宦績傳》。

此書《宋史・藝文志》不著録,見《温州經籍志》卷八雜史類。

考《宋史》卷三十八《寧宗本紀》云:"開禧二年(1206)十二月戊申,金人圍德安府,守將李師尹拒之。"時允初爲通判,登陴固守,相持百八十日,敵解圍去,此書即載斯役之始末也。

按,允初,字元甫,登淳熙辛丑(八年,1181。)第,知餘杭,通判德安府,以禦敵有功,擢知本郡,遷京西提刑、湖北運使,知鄂州,召赴行在,尋卒謚忠敏。事迹具萬曆《温州府志·宦績傳》。

此書卷首有嘉定甲申(十七年,1224)曹彦約《序》,云:"開禧兵釁既啓,虜悉力闖諸郡,時主諾多以戎帥,不然亦勇將兵屯至,小處猶不下數千,獨安陸以内地,故經理所不到,乃受敵最慘,守雖將家子,懦不解事,幸而得存,則余同年兄王元父之力也。當丁卯之春,虜戀戀無去志,得縋者來,言城中疫癘大作,老且病者,醢貓以侑食,余聞之泣曰:"人之愛貓,近於愛子,殺貓而甘其味,去相食無幾矣。"既而白之宣府,又書其事以告於朝曰:"路無安陸,是無鄂渚,自江以南,將何所恃?"責同時在位者不恤元父盡力之意。朝廷雖知元父忠,顧事又不暇恤也。時列郡無重兵,身不當其任,受圍者百有八日,遮蔽天塹,困強虜,以俟水潦,迄全其城,其用力良苦哉。圍解二十年,元父亦修文地下矣。昔既不自狀其勞,則後於今日者,益不足以考其槩矣,每切憂之。今監倉君示《守城録》一編,纖悉具備,列禦寇之法,固足以示訓,若元父之所以用心與其所以和衆,上以安其親,下以刑其妻子,講學之明,而用志之堅,有非文字之所盡者,更在於《守城録》之外也。嘗論開禧用兵之時,主事者竊取諸老先生復讐大義,謂簞食迎師者可以立致,謂六月北伐者可以圖全,然體統不明,規模不定,吴曦、趙淳、皇甫斌之徒,已受密議,重兵壓敵境,然後迫諸賢以稱王,人勢不可辭,亦不可止,及乎虜大舉三邊,數千里皆已受敵,宣司擁虚名於内,無一兵可以增益,至董世雄輩,以朝命來援,亦傲睨不邮國事,本末倒置之弊,一至於此!全安陸而不敗,必有人如元父而後可也。監倉君善繼其志,善述其事,有《守城録》如此,可謂元父賢子矣。余素善元父,不但慈恩之契,及守漢陽,倚安陸以爲固,識其受敵之事,如

《録》不謬忠肝義膽,固已隱然於録矣。以死自許,卒不得死,不幸而死,元父不媿也。顔平原、張睢陽以守城著名,一生一死,至今道守城事者指二公爲稱首,無所輕重,以其事在守城,雖生死猶末也,儒者以忠信爲甲冑,禮義爲干櫓,置生死於度外,然後可以行志,此又《録》外之意,不可不考。元父名允初,永嘉人,同年小録中字茂遠。監倉君名致遠。"又有眉山李埴《後序》云:"自魏崔浩,已有南人善守城之説,然以余觀之,亦唯其人耳。佛貍、飲江諸郡盡下,世宗南伐,鎮戍迎降,其能力排堅拒,久而始陷者,特一、二城耳。谓南人善守城之説,殆不能例言。故余謂:兵無強弱,唯所以用;城無堅脆,唯所以守。安陸自建炎紹興,以值國家陽九之戹,連遭巨寇,如王在、党忠、楊進、孔彦舟、董平、趙壽、曹成、李横等,相繼攻擾,近者三四日,久至二十日,唯横六十五日乃解,然是時海内雲擾,民人流離,此等迫於飢困,乘口嘯呼,轉徙求食,以延一日之命耳,非有專城掠地之志也。密學陳公守此,以策勳名,顧非淺智譾材者所可企望。余讀《開禧守城録》一編,然後知運判王君元父之功,亦不在陳下。況陳公之所捍者,一時掘起之剽賊,而君之所捍者,方張之勍虜也。賊之兵少,虜之兵多;陳公受圍,其最久者六十有五日,君受圍乃百有八日,由此觀之,則君視陳公所成就爲尤難。方城中危急之時,君始爲貳,觀其守禦之方,懷撫之略,皆出君紬繹規制,而爲守者,殆拱手而蒙成耳。一時對敵,隨機應變,莫不皆有法,而于中最善者,是復收棗陽潰敗之兵,與生得虜將,不殺而用其計以成功,尤深得古名將之遺意,崔浩之言,至是果信而有徵與。抑亦解難排紛有因乎其人不可常遇與。方寇至之日,君太夫人實在焉,此人情之至難,而君志在殉國,母子相守,寧共仗義俱死,不肯棄義苟生,嗚呼壯矣哉。近世之論者,往往曰:守節致命,士固當爾。然捍城阽危,曷若聽民出避而吾獨與壯士俱守弗去可也。殊不知守城一遭閉圍,當上下一心,大小齊力,左右奔救,厲志堅守,庶能死中得生。苟一聽民出,不唯留者寡助,不能獨存,而人心一摇,淪胥以敗,不可復去,則留者固不可免,而去者亦未必全,彼此均一死耳。而一去一留,孰得孰失,智者於此,亦當知所擇矣。孟子曰:"鑿斯池也,築斯城也,與民守之,効死而民弗去。"聖賢立言垂教立意,豈不甚明?君之成功,得非由其母子之閒,知義所在,相誓死守弗去,故能以固一城之人,而卻暴至之虜勢歟。歲在丁卯,余將漕夔門,以蜀亂出,請兵于荆湖宣閫,甫至江陵,被旨赴行在,過鄂渚,友人項平甫邀余飲酒,得安陸捷書于坐閒,是時已知捐軀捍患,忠力不匱爲可敬。尋典武陵,繼改畀帥閫,是時君方拔擢爲守,蓋朝廷始知君之行能絶人天下,亦必知君可倚任于緩急者也。暨余歸蜀,官簿推移,復自東蜀詳刑,將輸湖右,又與君爲代,維未得一接君之色辭,然尋常書疏往來,情分相與,固已不淺矣。後十有三年,制置上游,而君之子致遠出示此編,余讀之嘆曰:'昔趙充國征西羌,既還,謂其所善浩星錫曰:"兵事當爲後法,吾老矣,豈嫌伐一時事,不爲陛下明言利害,卒死,誰當復言之者?"①蓋古之賢將,拳拳憂國之心,慮後之遠如此。'今致遠之爲此録也,豈獨以盡論撰顯揚之義,且將留傳于世,俾後之守邊者,視以爲式,其于國家,豈曰小補,然則致遠可謂知忠孝之方矣。余故喜爲之書。"②

① 此段文字,出自《漢書》卷六十九《趙充國辛慶忌傳》,然字句與《漢書》頗有出入。《漢書》作:"充國曰:'吾年老矣,爵位已極,豈嫌伐一時事以欺明主哉!兵勢,國之大事,當爲後法。老臣不以餘命壹爲陛下明言兵之利害,卒死,誰當復言之者?'"

② 此《後序》《温州經籍志》亦録載,然頗有錯字。此據清同治十二年(1873)瑞安孫氏刊本。

按,此書諸家書目罕見著録,傳本亦不多。今惟臺灣大學文學院圖書館有清同治十二年(1873)瑞安孫氏刊本一部。清同治光緒間孫衣言輯刊《永嘉叢書》,收録此書。

帝王授受圖一卷　宋崔偶撰　佚

偶,生平待考。

此書《宋史・藝文志》别史類著録。

按,此書《宋志》始見著録,疑爲宋時人。所載殆亦帝系圖之屬。

帝王事迹相承圖三卷　宋牛檢撰　佚

檢,生平待考。

此書《宋史・藝文志》别史類著録。

按《通志・藝文略》三編年類著録《帝王事迹相承圖》三卷,云:"牛檢撰。"兩《唐志》不著録,殆爲宋時人。兹編蓋繪記歷代帝系者也。

歷代君臣圖二卷　宋不著撰人　佚

此書《宋史・藝文志》别史類著録。

按,《通志・藝文略》三編年類著録此書作三卷,不著撰人。視《宋志》多一卷。

丁卯實編一卷　宋毛方平撰　輯

方平,慶元中官四川茶馬司幹辦公事。

此書《宋史・藝文志》不著録,見《直齋書録解題》卷七傳記類、《四庫全書總目》雜史類存目一、《四川通志》卷一八四雜史。

宋周南《山房集》卷五題《四川耆定録》云:"衢州士人毛方平,仕於蜀,遭吴曦亂後毁印紙,久之叙雪得伸,過吴見訪,出此相惠。此編于蜀亂最詳,其所著從亂逆黨,蜀師怯懦,與事變初聞廟堂無策,恐不爲不當。其痛楊巨源之死,由彭輅,皆别録所不能及,方平頗負氣云。”

《直齋書録解題》卷七傳記類著録此書一卷,題李珙撰,陳氏曰:“成忠郎李珙撰,誅曦之功,楊巨源爲多,安丙忌而殺之,珙爲作傳,上之於朝,以昭其功,而伸其冤。”

《四庫全書總目提要》曰:“宋毛方平撰。方平,不知何許人。安丙害楊巨源,時方平爲四川茶馬司幹辦公事,因作此書,大旨與張革之同。自序云:“一夫不獲,則六月飛霜,匹婦抱恨,則三年致旱。”其詞至爲痛切。考郭士寧《平叛録》,與巨源陰謀誅曦者九人,方平爲首,所記當爲實録。曰丁卯者,曦之叛在開禧二年丙寅(1206),而誅於三年丁卯(1207)也。陳振孫《書録解題》作李珙撰。今檢《永樂大典》標題及序中署名,均作方平,則振孫所載誤矣。”

按,兹編之作者,陳録題李珙,余嘉錫《四庫提要辨證》卷五辨之甚詳。其言曰:“李心傳《建炎以來朝野雜記》乙集卷九曰:‘武興之亂,時人記録者,有新舊《安西樓記》、安觀文自撰。《靖蜀編》、宣撫司準備差遣胡西仲编。《耆定録》、長沙板行,不得姓名。《海濱漁父記聞》、沔州板行。《楊巨源自叙書》、上劉閣學者。《楊巨源事迹》、益昌士人撰。《楊巨源傳》、武臣李珙傳。《李好義誅曦本末》、李好古自記。《復四川本末》、李好古自記。《實入僞官人數》、李好古自記。《李好義行狀》、白子中撰。《平蜀實録》、楊君玉撰。《新沔見聞録》、不得姓字。《切齒録》、士人任光旦編。《固陵録》、李直院季允編。《毛氏寓録》、茶馬司幹辦公事毛方平撰。《公議榜》、成都府學士人撰。《佚罰録》、朝奉郎趙公宅撰。而士大夫之在新沔者,又或有《日録》《辨誣》等書。最後《西陲泰定録》,乃盡采而輯之,取舍是非,一從公論,其本末亦粗備矣。’《西陲泰定録》即心傳所撰。此所載諸野史,蓋其所搜集以資著書之用者,故臚列劇詳。……雖有毛方平之作,而其書名《毛氏寓録》,不名《丁卯實編》,與《永樂》所收本不同。惟《直齋書録》卷七傳記類,有《丁卯實編》一卷,《解題》云,'成忠郎李珙撰。誅曦之功,楊巨源爲多,安丙忌而殺之,珙爲作傳,上之於朝,以昭其功而伸其冤。'據《朝野雜記》,則李珙所作,乃《楊巨源傳》,非此書也。《宋史》卷四〇二《楊巨源傳》亦云:'巨源死,忠義之士爲之扼腕,成忠郎李珙投匭獻所作《巨源傳》爲之訟冤。'是李珙之獻書,乃仿唐李翰撰《張巡傳》之故事,其書自當是《楊巨源傳》。若泛然名之爲《丁卯實編》,則非爲巨源訟冤之意矣。至於毛方平此書,雖係隨筆之雜記,而其文亦必具叙巨源生平,頗與列傳相似。陳振孫所得之本,蓋未署姓名,又亡其自序,振孫第習聞李珙嘗爲巨源作傳鳴冤,以爲即是此書,故遂因以致誤耳。"余氏所論甚確。

又按,此書傳本罕見,四庫館臣輯自《永樂大典》之本,今亦不得見。

五運元紀一卷　宋張洽撰　佚

洽,字元德,清江人。少穎異,從朱熹學,自六經傳注而下,皆究其指歸,至於諸史百家山經地志老子浮屠之説,無所不讀。歷袁州司理參軍,尋知永新縣,通判池州,皆有善政。端平初除直秘閣,主管建康崇禧觀,嘉熙元年(1237)以疾乞致仕,十月卒,年七十七。著有《春秋集注》《集傳》《左氏蒙求》《續通鑑長編事略》《歷代郡縣地理沿革表》及文集。事迹具《宋史》卷四三〇本傳。

此書《宋史・藝文志》別史類著録。

按,兹編殆記五運甲子者也。

帝王真僞記七卷　宋衛牧撰　佚

牧,生平待考。兹編《宋志》始見著録,蓋爲宋時人也。

此書《宋史・藝文志》別史類著録。

紀年志一卷　宋不著撰人　佚

此書《宋史·藝文志》别史類著録。

按,《通志》載不著撰人之《紀年録》一卷,起黄帝,至宋朝至道。未審是否即此編。

三朝野史一卷　宋不著撰人　存

此書《宋史·藝文志》不著録,《四庫全書總目》雜史類存目一及小説家類存目一分别著録。

《四庫全書總目》雜史類之提要云:"不著撰人名氏。記理、度、恭三朝軼事瑣言,僅十有九條,疑非完本。書中附記丙子三宫赴北事,蓋亦宋遺民所作也。詞旨猥瑣,殊不足觀。"

《小説家類三朝野史》一書之提要云:"舊本題宋無名氏撰,記理、度、端三朝之事,然書中稱大兵渡江,賈似道出檄書;又稱周有太后在上,禪位於太祖。宋亦有太后在上,歸附於大元,則元人作矣。書僅十九條,率他説部所有,似雜摭成編之僞本,然賈似道《甲戌寒食》一詩,厲鶚《宋詩紀事》既據此採入,所不可解,豈亦如鄭景望詩之誤採《蒙齋筆談》乎。"

按,此書《四庫全書總目》重複著録,一在雜史類存目,一在小説家類存目,其提要一云宋遺民所作,一云元人所作,同爲一書,而所論不同,余嘉錫《四庫提要辨證》於此論之極審,其言曰:"總目卷五十二,雜史類存目一,有《三朝野史》一卷,提要云:'不著撰人名氏,記理、度、恭三朝軼事瑣言,僅十有九條,疑非完木,書中附記丙子三宫赴北事,蓋亦宋遺民所作也。詞旨猥瑣,殊不足觀。'今考此書十九條之中,大兵渡江,賈似道出檄書,爲第十一條;周有太后云云,爲第十三條;而丙子三宫赴北,則其第十七條也。《總目》雜史、小説兩類所著録者,實即一書,前後重出,提要一則謂爲宋遺民所作,一則謂似雜摭成編之僞本,亦復兩不相謀。此由雜成衆手,未及剔除復重也。"按,雜史類存目所收者,據兩淮鹽政採進本著録,而小説家類存目所收者,則是據編修程晋芳家藏本著録,是知當時四庫館所採進之《三朝野史》有多本,提要復出衆手,是以所見有出入也。

又按,此書之作者,多題宋無名氏,惟張宗祥重校之百卷本《説郛》,題元吴萊撰,不知何所據。余嘉錫云:"考萊所著有《桑海遺録》,《淵穎集》卷十二載其《自序》,不聞又有此書也。"[①]今仍題宋不著撰人。

又按,今此書傳本,多係叢刻,單行者罕見。重要之叢書本有:《説郛》本、《古今説海》本、《學海類編》本、《廣百川學海》本及《遜敏堂叢書》本等五種,俱十九條。其中前十三條,悉出《説郛》,末六條則自《浩然齋視聽鈔》等書的僞入[②]。

帝王年代録三〇卷　宋武密撰　佚

密有《帝王興衰年代録》已著録。

此書《宋史・藝文志》别史類著録。

按,《宋志》編年類有武密《帝王興衰年代録》二卷,疑爲一書,此編乃就二卷本增益者也。

古今帝王年號録一卷　宋汪奇撰　佚

奇,生平待考。

此書《宋史・藝文志》别史類著録。

按,紀歷代帝王年號之書甚多,如唐封演《古今年號録》一卷,韋光美《嘉號録》一卷等並是也。玆編殆亦此類。又此書諸家書目罕見。

---

① 見《四庫提要辨證》卷十九子部十。

② 説見昌瑞卿(彼得)先生《説郛考》。

歷代年號一卷　宋李昉撰　佚

昉,字明遠,深州饒陽人,漢乾祐中舉進士,爲秘書郎。宰相馮到引之,與吕端同直弘文館,改右拾遺集賢殿修撰。周顯德間加史館修撰。太宗朝拜平章事。端拱初邊警急,詔群臣各進策,昉引漢唐故事,深以屈己修好,弭兵息民爲言,時論稱之。卒謚文正。奉敕撰《太平御覽》《文苑英華》《太平廣記》等書。有文集五十卷。事迹具《宋史》卷二六五、《宋史新編》卷七三、《東都事略》卷三二、《隆平集》卷四、《名臣碑傳琬琰集》下集卷三、《五朝名臣言行録》卷一等書。

此書《宋史·藝文志》别史類著録。

《通志·藝文略》三著録《歷代年號》一卷,云:"宋朝李昉等奉詔撰。"

歷朝史稗四〇卷　宋裘萬頃撰　佚

萬頃,字元量,號竹齋,新建縣人。有孝行節操,其學專以存心爲主,粹然一出乎正。淳熙十四年(1187)進士,累官江西撫幹。其詩爲洪邁所推賞。著有《竹齋詩集》三卷。事迹具《南宋文範作者考》卷下、林庭棉嘉靖《江西通志·人物志》、盧廷選萬曆《南昌府志·儒林傳》。《鐵菴集》卷三四有《祭裘司直文》,《竹齋詩集》附録載楊簡撰《宋大理司直裘竹齋墓誌銘》。

此書《宋史·藝文志》不著録,見《千頃堂書目》卷五别史類、《宋史藝文志補》雜史類。

《千頃堂書目》卷五著録此書,注云:"字元量,新建人,淳熙進士,官大理寺丞,差江西撫幹,楊簡志其墓,以默識稱之。"

按,今本《竹齋詩集》附録載霅川倪祖義跋《竹齋遺稿》,但云"其文章典雅,字畫妍秀,足以自成一家。"不云有此書。胡泳跋《竹齋漫存遺稿》亦但云"檢手澤得詩文數百篇。"亦不云有此書。蓋此編流傳未廣歟。

重編史雋三〇卷　宋蓋君平撰　佚

君平,生平待考。

此書《宋史·藝文志》别史類著録。

按,《史雋》十卷,唐鄭暐撰,《新唐志》雜史類、《通志·藝文略》《宋志》史鈔類並著録,多紀南北朝事。

《玉海》引《書目》云:"《重編史雋》三十卷,蓋君平撰。初,唐鄭暐著《史雋》十卷,君平惜其漏略,廣爲三十卷。"

十二國史一二卷　宋孫昱撰　佚

昱,生平待考。兹編《宋志》始著録,疑爲宋時人。

此書《宋史·藝文志》别史類著録。

按,《通志·藝文略》三古雜史類著録《十二國史》四卷,不著撰人。未審是否一書。果爲一書,則其所記爲漢以前之古史,《通志》所載非完本。

西京史略二卷　宋不著撰人　佚

此書《宋史·藝文志》别史類著録。

《宋志》注云:"不知作者。"按,晋葛洪嘗言其家有劉歆《漢書》百卷,以之校班《書》,殆是全取劉《書》,少有異同,固所遺不過二萬餘言,遂鈔出爲二卷,以裨《漢書》之闕,號曰《西京雜記》。[①] 兹編蓋亦補《漢書》之所略也。

史記掇英五卷　宋不著撰人　佚

此書《宋史·藝文志》别史類著録。

《宋志》注云:"不知作者。"按,唐衛颯嘗約《史記》要言,爲《史要》十卷,[②]兹編殆亦此類也。

---

① 説見《直齋書録解題》卷七"西京雜記六卷"條。

② 説見《通志·藝文略》。

通志二〇〇卷　宋鄭樵撰　存

樵,字漁仲,莆田人。好著書,不爲文章,自負不下劉向、揚雄。居夾漈山,謝絶人事,學者皆稱夾漈先生。紹興三十一年(1161),高宗幸建康,命以《通志》進呈,次年病卒,年五十九。著有《詩傳》《詩辨妄》《鄉飲禮》《鄉飲禮圖》《系聲樂譜》《春秋地名譜》《石鼓文考》等數十種。事迹具《宋史》卷四三六、《宋史新編》卷一六六、《南宋書》卷三七等書。

此書《宋史·藝文志》别史類著録。

按,《通志》之内容及得失,歷來書目及專論甚多,其中以《四庫全書總目提要》所論,最爲精核平允。《四庫總目》别史類著録此書,《提要》云:"《通史》之例,肇於司馬遷,故劉知幾《史通》述二體,則以《史記》《漢書》共爲一體;述六家,則以《史記》《漢書》别爲兩家。以一述一代之事,一總歷代之事也。其例綜括千古,歸一家言,非學問足以該通,文章足以鎔鑄,則難以成書。梁武帝作《通史》六百二十卷,不久即已散佚,故後有作者,率莫敢措意於斯。樵負其淹博,乃網羅舊籍,參以新意,撰爲是編,凡帝紀十八卷,皇后列傳二卷,年譜四卷,略五十一卷,列傳一百二十五卷。其紀、傳删録諸史,稍有移掇,大抵因仍舊目,爲例不純。其年譜仿《史記》諸表之例,惟間以大封拜大政事錯書其中,或繁或漏,亦復多歧,均非其注意所在。其平生之精力,全帙之菁華,惟在二十略而已:一曰氏族,二曰六書,三曰七音,四曰天文,五曰地理,六曰都邑,七曰禮,八曰謚,九曰器服,十曰樂,十一曰職官,十二曰選舉,十三曰刑法,十四曰食貨,十五曰藝文,十六曰校讎,十七曰圖譜,十八曰金石,十九曰災祥,二十曰草木昆蟲。其《氏族》《六書》《七音》《都邑》《草木昆蟲》五略爲舊史之所無。案《史通·書志》篇曰:'可以爲志者,其道有三,一曰都邑志,二曰氏族志,三曰方物志。'樵增《氏族》《都邑》《草木昆蟲》三略,蓋竊據是文。至於《六書》《七音》,乃小學之支流,非史家之本義,矜奇炫博,泛濫及之,此於例爲無所取矣。餘十五略,雖皆舊史所有,然《謚》與《器服》,乃禮之子目;《校讐》《圖譜》《金石》乃藝文之子目,析爲别類,不亦冗且碎乎。且《氏族略》多挂漏;《六書略》多穿鑿;《天文略》祇載《丹元子步天歌》;《地理略》則全鈔杜佑《通典》州郡總序一篇,前雖先列水道數行,僅雜取《漢書·地理志》及《水經注》數十則,即《禹貢》山川亦未能一一詳載;《謚略》則别立數門,而沈約、扈琛諸家之謚法,悉删不録,即《唐會要》所載杲字諸謚,亦竝漏之;《器服略》,器則所載尊、彝、爵、觶之制,制即不詳,又與《金石略》複出;服則全鈔杜佑《通典》之嘉禮;其《禮樂》《職官》《食貨》《選舉》《刑法》六略,亦但删録《通典》,無所辨證;至《職官略》中,以《通典》注所引之典故,悉改爲案語大書,更爲草率矣。《藝文略》則分門太繁;又韓愈《論語解》,論語類前後兩出;張弧《素履子》,儒家、道家兩出;劉安《淮南子》,道家、雜家兩出;荆浩《筆法記》,乃論畫之語而列於法書類;《吴興人物志》《河西人物志》,乃傳記之流,而列於名家類;段成式之《玉格》,乃《酉陽雜俎》之一篇,而列於實器類,尤爲荒謬;《金石略》則鐘鼎碑碣,核以《博古》《考古》二圖、《集古》《金石》二録,脱略至十之七八;《災祥略》則悉鈔諸史五行志,《草木昆蟲略》,則並《詩經》《爾雅》之註疏,亦未能詳核。蓋宋人以義理相高,於考證之學,罕能留意,樵恃其該洽,睥睨一世,諒無人起而難之,故高視闊步,不復詳檢,遂不能一一精密,致後人多所譏彈也。特其採摭既已浩博,議論亦多警闢,雖純駁互見,而瑕不掩瑜,究非游談無根者可及,至今資爲考鏡,與杜佑、馬端臨書,竝稱《三通》,亦有以焉。"

又按，此書之傳本，《四庫簡明目録標注續録》著録宋十行本．今未之見。今所存之最早刊本，爲元至治二年(1322)福州路三山郡庠刊本。此元本《天禄琳琅書目》及《續編》《振綺堂書目》《藝芸書舍宋元板書目》《愛日精廬藏書志》《鐵琴銅劍樓藏書目録》《儀顧堂題跋》《皕宋樓藏書志》《善本書室藏書志》《經籍訪古志》《適園藏書志》《群碧樓善本書目》《嘉業堂善本書影》《雙鑑樓善本書目》《故宫善本書目》《五十萬卷樓藏書目録初編》《四庫簡明目録標注》及《續録》等均著録。《儀顧堂題跋》卷七載“元板通志跋”，於此書之刊板經過，叙述甚詳，曰：“《通志》二百卷，題右廸功郎鄭樵漁仲。前有樵自序及至治二年(1322)吴繹手書序，摹刊印文二：一曰可堂，一曰吴繹之印。後有至治二年(1322)九月印造一行，又有至治元年(1321)吴繹募疏，或以爲進書疏者，非也。每葉十八行(按，即半葉九行)，每行二十一字，版心有字數及刻工姓名，每卷有目，與正文不連，尚仍宋人舊式而微變之。是書雖于淳熙中經進，宋時並未版行，故《郡齋讀書志》《直齋書録解題》皆不得見，至宋季而二十略始有刊本，亦不分卷，見馬端臨《文獻通考》。元有南服，始牒行省刊板福州郡庠，而流傳未廣。至治二年(1322)，知福州吴繹，捐俸摹印五十部，散之江北諸郡，明初板歸南京國子監，而後書乃通行，修至萬曆中止。此本爲萬曆十七年(1589)所摹印，修版不過十分之一，餘皆元刊，實是書祖本也。明惟二十略有刊本，全書無重刊者。乾隆中始與《通典》《通考》同刻，雖祖元本，而吴繹序、疏均不存矣。繹，字思可，號可堂，信都人，泰定二年(1325)自杭州移守吉州，政有三善，累官福州總官，兩拜行省参政，以廉明稱。嘗自著《可堂説》，虞道園跋其後，稱爲孝子。”張金吾《愛日精廬藏書志》卷十一著録元至治刊本《通志》二百卷，載録吴繹所序、疏。繹序云："夾漈先生《通志》,包括天地陰陽禮樂制度,古今事實,大無不備,小無或遺,是集繡梓於三山郡庠,亦既獻之天府,藏之秘閣,然北方學者猶未之見。予叨守福唐,洪惟文軌,會同斯文,豈宜專美一方。迺寡僚屬,仍捐己俸,稟之省府,摹褙五十部,散之江北諸郡,嘉惠後學,熟而復之,若伐薪於林,探丸於穴,信手而得,用以輔佐清朝,參贊化育,豈云小補。倘博雅君子同予志者,益廣其傳,是所願望。至治二禩壬戌夏五,郡守可堂吴繹書于三山郡齋。"其疏云："《通志》書,宋先儒夾漈鄭先生樵所述也。天啓文運,皇元肇興,爰命臣工勒諸三山郡學。雖經呈進,而北方學者槩不多見。予叨承宣命,來守是邦,謹捐己俸,暨諸同寅,徵工印造此書。關發中原諸郡庠,庶遠近學者,見聞均一,凡我同志,幸相與成之。右伏以聖世開太平,合四海,同文同軌。先儒作《通志》,亘千載,異人異書,事無大小之遺,義貫精粗之一,探衆誌之幽賾,爲群史之會歸。皇王帝霸,道可得聞;天地人物,名無不備;理亂安危之異轍,正邪媺惡之殊方,凡幾年大集厥成,示歷代如指諸掌。慨載籍猶斷繩之不續,此一書若貫珠之相聯,雖南閩久已刊行,而北方尚未多見,欲全編之徧及,豈獨力之能爲。洞貫古今,可束諸子百家於高閣;式彰聲教,庶儷《四書》六籍於清朝,謹疏。"

又按,今所存善本:臺北"國家圖書館"藏完整之元刊本一部。首載至治二年(1322)吴繹序,次至治元年(1321)吴繹疏,疏後有"至治二年九月印造"一行,及當塗縣主簿袁氏等銜名七行,次鄭樵《通志》總序。每半葉九行,行二十一字,版心白口,上記字數,下記刻工,板匡高二九點五公分,寬二十點六公分。刻工計有:江士堅、應子通、徐明、陳和孫、嚴子敏、盧福(或作芦福、炉福),君玉、阮付才、劉子周、劉記、黄必大、陳君仲、王君粹、王英玉、蔡君甫，陳仲山、童世禄、賴元甫、德昌、曾崇甫、王智夫、吴友山、范和甫、張叔彝、徐德潤、江復亨、熊巳、連君禮、魏德夫、張奉、陳祐甫、葉元起、陳照、詹復亨、黄德、陳十方、蔡牧、官椿、許三、丁鎮道、吴正乙、丁容、姚鸞、劉元叟、朱乙、馮昌、吴方午，吕公慈、葉辛六、吴欽、江六甫、高德明、陳必遇、史經、陳士安、王仁甫、江住、陳五乙、范子琇、胡生子、施午、俞丙十、陳丁六、葉岊仲、危梓、謝友直、連子青、崔一觀、游二、余陳、黄善、施明甫、陳祥卿、江太(或作江泰)、陳實夫、施公賜、陳介夫、伯先、伯如、黄善樂、范升高、徐子明、李妳奴、余介二、朱銓孫、克莊、全忠、克仁、太初、子美、黄午、魏平叔，忠甫、江意、劉子全，劉正甫、子忠、虞君惠、陳恵宫、范雪刊、付員甫、吕佛、黄崇、潘矮、吴德中、余復亨、魏子敬、吕慈、丁君美、施文意、姚達、劉仁仲、黄明、葉崇甫、陳順甫、余壽、蔡勝、江衍、蔡公許、江崇、劉伯達、王福、何鳴皋、王合，葉世禄、余子真、陳子和(或作陳子禾)、范明、劉季夫、吕文振、吕文政、張陳甫、黄壽、黄福、鮑陳、劉詔、王素老、詹仲輝、江福、江意、江伯壽、章進寶、王智夫、葉辛一、傅安定等，鈐有“汪士鐘字春霆號朖園書畫印”“徠陵王氏寶宋閣收藏之印”“王定安字仲簑號毅齋”“張印鈞衡”“石銘收藏”“石銘秘笈”“吴興張氏適圎收藏圖書”“擇是居”“莚圃收藏”等印記。[1] 該館又有元刊残本一部，缺卷五、六、十六、廿五至三十、九四、一一二、一四一、一七七、一七八、一九一至一九三卷，凡存一八三卷。又有明嘉靖二十九年(1550)福建監察御史陳宗虁刊《通志二十略》五十一卷三部。臺北“故宫博物院”有元刊本一部，又前國立北平圖書館有元刊殘本兩部，今

① 見《“國立中央圖書館”金元本圖録》。

並寄存該院。該院又有明嘉靖陳宗夔刊本,清文淵閣《四庫全書》本及《四庫薈要》本各一部。"中央研究院"歷史語言研究所有元刊本一部。臺灣大學亦有元本一部,惟僅殘存卷六、七兩卷。收入叢刻者,《三通》《九通》《十通》諸本爲二百卷本,《四部備要》本則僅收二十略五十二卷。

宋編年政要四〇卷　宋蔡幼學撰　佚

幼學,字行之,温州瑞安人,十八歲試禮部第一,從陳傅良游,乾道進士,孝宗時除敕令所刪定官,光宗時遷太學,擢秘書省正字,兼實録院檢討官,寧宗朝仕至權兵部尚書,兼太子詹事,卒年六十六,謚文懿。著有《宋實録列傳舉要》《續百官公卿表》《續百官表質疑》《育德堂集》等。事迹具《宋史》卷四三四、《宋史新編》卷一六五、《南宋書》卷四五《慶元黨禁》《宋中興學士院題名録》南宋館閣續録《南宋制撫年表》等書。

此書《宋史・藝文志》别史類著録。

《郡齋讀書志・附志》卷上編年類著録《國朝編年政要》四十卷,趙希弁云:"右兵部尚書太子詹事蔡文懿公幼學所編也。自太祖建隆之元,迄於欽宗靖康之末,祖春秋之法,而參以司馬公《舉要歷》《吕氏大事記》之例,《宰輔拜罷表》諸年首。其子朝請大夫直秘閣提舉福建路常平義倉茶事籥叙而刻之。"

《玉海》卷四七"國朝編年政要"條云:"蔡幼學。四十卷。起建隆,止靖康,紀政事大略,其體皆編年法,惟每歲先列宰執拜罷爲異。"

《文獻通考》卷一九七引《中興藝文志》云:"幼學採《國史》《實録》等書爲《國朝編年政要》以擬紀,起建隆,訖靖康。"

宋實録列傳舉要一二卷　宋蔡幼學撰　佚

幼學有《宋編年政要》四〇卷已著録。

此書《宋史・藝文志》别史類著録。

《玉海》卷四七云:"《國朝編年政要》,蔡幼學。四十卷。……又《國朝實録列傳舉要》十二卷,起國初,止神宗。"

《文獻通考》卷一九七引《中興藝文志》云:"幼學……又爲《國朝列傳》以擬傳,起國初,止神宗朝。"

按,《宋史·蔡幼學傳》云:"光宗立,以太學録召改武學博士,踰年,遷太學擢秘書省正字兼實録院檢討官。"《編年政要》及兹編,蓋其任實録院檢討官時所撰也。

改修三國志六七卷　宋李杞撰　佚

杞,字良仲,號木川,平江人。慶元初韓侂胄欲逐趙汝愚,因以盡除天下之不附己者,名以僞學。朱熹去國,寓西湖靈芝寺,送者漸少,惟杞獨從叩請,得窮理之學。事迹具《宋元學案》卷六九、《宋元學案補遺》卷六九。

此書《宋史·藝文志》别史類著録。

按,《玉海》卷四七云:"開禧(1205—1207)中,李杞《改修三國志》六七卷,尊昭烈後主爲漢紀,魏、吴次之,後有《義例》《年譜》各一卷。"

又按,宋有二李杞,另一人字子才,或作子材,號謙齋,著有《周易詳解》二十卷。

事迹具《宋元學案補遺》卷四四。《湖南通志》卷二四七藝文史部正史著録平江李杞《改修三國志》六七卷,云:"按宋有二李杞,一字子材,北宋西川人,官大理寺丞,見《東坡詩集》,有《謙齋書解》及《周易詳説》。一南宋人,字良仲,從學朱子,籍隸岳州之平江。史載此書名次鄭樵《通志》、蕭常《續後漢書》,其下乃陳傅良、蔡幼學等,則是南宋之良仲,而非北宋之謙齋明矣。"

五朝史述論八卷　宋洪偃撰　佚

此書《宋史·藝文志》别史類著録。

《宋史·藝文志》注曰:"洪邁孫"。偃,事迹待考。

中興遺史二〇卷 宋趙甡之撰 佚

甡之,慶元中人,官從義郎。

此書《宋史·藝文志》别史類著録。

《直齋書録解題》卷四編年類著録《中興遺史》六十卷,陳氏曰:"從義郎趙甡之撰,慶元中上進。其書大抵記軍中事爲詳,而朝政甚略,意必當時游士往來邊陲,出入幕府者之所爲。及觀其記張浚攻濠州一段,自稱姓名曰開府張鑑,然則此書鑑爲之,而甡之竊以爲己有也。或曰鑑即甡之婦翁,未知信否。"

按,此書雖佚,然《三朝北盟會編》頗引之,陳樂素《三朝北盟會編考》一文,詳計《會編》引用此書凡一百四十餘段。至於其作者,《宋志》作趙甡,陳《録》作趙甡之,今從陳《録》。陳樂素《三朝北盟會編考》云:"甡之,《宋史》無傳。余所知有二:其一爲趙哲之子,其一爲宗室子。《繫年要録》卷三八有注云:'日曆:紹興四年(1134)八月二十一日承節郎趙甡之進狀,父哲,建炎三年(1129),應作四年,1130。落階官,除同州觀察,於當年十月一日宣撫張浚挾私,輒從軍法身死。'此趙哲之子也。至宗室子則見《宋史》二四〇《宗室世系表》,作成忠郎,父武翼郎叔邕,祖崇國公克巇,爲太宗弟魏王廷美之後。二者必非一人。惟《會編》卷一四二'建炎四年(1130)九月二十三日,張浚軍於富平,爲婁宿所敗'一條之下有引用文一段,記此役經過頗詳,於張浚所作貶詞。此尚未足爲異。特文中諸人俱逕稱其名,而末乃云'諸軍皆潰,惟環慶路經略趙都承先走到汾州,乃稍定'。趙都承者,趙哲也,何以於哲獨稱其官而不名?故余疑此段採自《中興遺史》,同時疑《中興遺史》之撰者乃趙哲之子也。"

建隆編一卷　宋陳傅良撰　佚

傅良,字君舉,號止齋,温州瑞安人。孝宗乾道八年(1172)進士,官至中書舍人,寶謨閣待制,謚文節。傅良師鄭伯熊、薛季宣,而友吕祖謙、張栻,講求經制之學,不事空談,文章能自成一家。著有《周禮説》《春秋後傳》《左氏章指》《西漢史鈔》《漢兵制》《備邊十策》《歷代兵制》《永嘉八面鋒》《止齋奥論》《止齋文集》等。事迹具《宋史》卷四三四、《宋史新編》卷一六五、《南宋書》卷三九、《慶元黨禁》《宋詩鈔》《宋中興學士院題名録》等書。此書《宋史·藝文志》别史類著録。

按,此書一名《開基事要》。《郡齋讀書志·附志》編年類著録《開基事要》十卷,趙希弁曰:"右朝奉郎秘書少監皇子嘉王府贊讀陳傅良所進也。自建隆之初,迄開寶之末。亦曰《建隆編》,曹叔遠序而刻之。"

《直齋書録解題》卷四編年類著録《建隆編》一卷,陳氏曰:"陳傅良撰,蓋《長編》太祖一朝節略也。隨事考訂併及累朝始末。慶元初在經筵所上。"[①]

考陳傅良《止齋先生文集》卷四〇有嘉邸進《讀藝通鑑節略序》,云:"本朝國書有《日曆》,有《實録》,有《正史》,有《會要》,有敕令,有御集,又有百司專行指揮典故之類,[②]三朝以上,又有寶訓,而百家小説私史與士大夫行狀誌銘之類,不可勝紀。自李燾作《續通鑑》,起建隆元年(960),盡靖康元年(1126),而一代之書,萃見於此,可謂備矣。然篇帙浩繁,文字重併,未爲成書,難以觀覽,今略依漢司馬遷《年表大事記》、温公司馬光《稽古録》與燾《舉要》,撮取其要,繫以年月其上。譜將相大臣除罷,而記其政事因革於下方。夫學之爲

① 《文獻通考·經籍考》二〇所引無"所"字。

② 《文獻通考·經籍考》二〇引此序無"百"字。

王者事,[①]非若書生務多而求博,雖章句言語皆不忍捨也。誠能考大臣之除罷,而識君子小人進退消長之際,考政事之因革,而識取士養民治軍理財之方,其後治亂成敗,効出於此,斯足以成孝敬、廣聰明矣。故今所節略《通鑑》,如群臣奏疏與其他言行,與一時詔令出於代言之臣,苟非關於當年治道之大端,即不抄録。或見於他書,實係治體,不可不聞,而《通鑑》偶遺,即據某書添入。至於《通鑑》登載,萬一有小小違誤,亦略附着其説於下。若夫列聖深仁厚澤,垂裕後人,傳之萬世,尤當循守者必違之論,但存本指,不加文采,深有冀於省察也。"

然則,其撰斯編之旨,在於"能考大臣之除罷,而識君子小人進退消長之際;考政事之因革,而識取士養民治軍理財之方"者也。按,兹編或題《開基事要》,而其初稿則題《藝祖通鑑節略》。其卷數,或作一卷,或作十卷。又其成書進呈之年歲,《讀書附志》稱在爲秘書少監時,則是在紹熙三年(1192);而陳《録》則以爲在慶元初,兩説不同。清孫詒讓於此考之甚詳,曰:"止齋《建隆編》,蓋就李氏《續通鑑長編》藝祖一朝事迹,削繁補闕,係以論説,其體例具詳自叙。進讀初稿,名《藝祖通鑑節略》,曹叔遠《止齋集序》則作《進讀藝祖皇帝實録》,疑家藏本標題也。至《建隆編》及《開基事要》,蓋皆止齋卒後,門人刊行所改題,故陳、趙兩家著録互異。其卷數,諸目所載,或作一卷,或作十卷,原書今既不存,無可校覈。蔡氏《行狀》、曹氏《止齋集叙》及陳《録》《宋志》並云一卷,今姑從之。然考李氏《長編·太祖紀》,自建隆迄開寶,凡十有七卷。止齋此書,雖云《節略》,然大臣除罷政事因革,一一詳載,當非一卷所能盡。趙氏《讀書附志》所載十卷本,亦即曹叔遠所叙刻,

---

① 《文獻通考·經籍考》二〇引此序無"者"字。

疑不能明,未敢肊定。此書明以來傳本久絶,惟《文獻通考》各門所載宋太祖時事下附止齋陳氏語,無慮百數十條,與趙希弁所云隨事考訂並及累朝始末者悉合,當即從此書採入。其援證平議,至爲詳悉。如有好事者從《通考》鈔出,而依李氏《長編》紀事先後重爲排比,尚可見其大較也。又按,止齋此書,《讀書附志》稱爲秘書少監嘉王府贊讀時所進,則當在紹興三年(1192)《中興館閣續録》七秘書少監陳傅良紹熙三年六月除,十二月爲起居舍人。其兼嘉王府贊讀,當在此。《書録解題》則以爲慶元初在經筵所上,兩説不同。考《止齋文集》載原序,首繫'嘉邸進讀'四字,則必非寧宗即位以後所進。蔡氏《行狀》載止齋纂此書,亦在爲秘書少監時,陳説殆偶誤憶也。"[①]

蔡幼學撰《寶謨閣待制致仕贈通議大夫陳公行狀》曰:[②]"……遷秘書少監,兼實録院檢討官,選兼皇子嘉王府贊讀。公以爲王者之學,經世爲重,祖宗成憲,尤當先知,乃纂次建隆以來行事之要,爲王講誦大指,每至立國規摹,必歷敘累朝因革利害,附見其下,本末粲然,如示諸掌。"於此編多所推崇。惟李心傳乃謂:"建隆編世號精密,余嘗考之,不免差誤。"[③]亦足見修史之難矣。

中興小傳一〇〇篇　宋樓昉撰　佚

昉,字暘叔,號迂齋,鄞人。少從吕祖謙學,與弟昞俱以文名。紹熙進士,授從事郎,遷宗正簿,有直諒聲。後以朝奉郎守興化軍卒。著有《東漢詔令》《崇古文訣》《過庭録》等書。

此書《宋史·藝文志》别史類著録。

考《文獻通考》卷一九七著録《紹興正論小傳》二十卷,云:"宗

① 見《温州經籍志》卷八。

② 載《止齋文集》。

③ 説見《建炎以來朝野雜記乙集》卷一三。

正寺主簿鄞樓昉(暘叔)撰。以《正論》中姓名,仿《元祐黨傳》爲之。”書名與《宋志》所著録者雖有小異,疑爲一書。

按《元祐黨傳》蓋謂龔頤正《元祐黨籍列傳譜述》一〇〇卷一書也。頤正一諸臣本傳及誌狀家傳遺事之類彙爲一篇,其事迹微晦史不可見者,則采拾諸書爲之補傳。凡三百九人。[①]《正論》一書,及瀟湘樵夫所序《紹興正論》一卷也。乃編録秦檜當國,羅織諸賢或死於市朝,或死於囹圄,或死於貶所,或流落於魑魅之區,累赦不移,或棲遲於林泉之下,屏迹不出者一百一十八人姓名與其獲罪之因。《正論》一書今猶存,《四庫全書總目》史部傳記類存目三據江蘇巡撫採進本著録。

續後漢書四〇卷　宋蕭常撰　存

常,字季韶,世稱晦齋先生,吉州人。鄉貢進士。父壽朋,病陳壽《三國志》帝魏黜蜀,欲爲更定,未及成書而卒。常因述父志作《續後漢書》,以正陳壽之失,義例精審,爲後人所稱。《周文忠公集》卷五三續後漢書序、《巽齋文集》卷二上蕭晦齋《續後漢書》卷二一跋續後漢書等文,可藉考其事迹。

此書《宋史·藝文志》别史類著録。

《直齋書録解題》卷四正史類著録此書四十二卷,陳氏曰:“廬陵貢士蕭常撰(案原本脱此句,今據《文獻通考》校補)。[②]周益公序云:‘曹氏代漢,名禪實篡,特新莽之流亞。丕方登禪壇,自形舜禹之言,固不敢欺其心矣。今隔千載,好惡豈復相沿,而蘇軾記王彭之説,以爲途人談三國時事,兒童聽者,聞劉敗則顰蹙,聞曹敗則稱快,遂謂君子小人之澤,百世不斬,玆豈人力强致也歟(案《通考》此上序語節去)。’

陳壽身爲蜀人,徒以仕屨見黜,父又爲諸葛亮所髡,於劉氏君

① 説見《文獻通考》卷一九七。

② 本條括弧中案語,均爲清四庫館臣注。

臣,不能無憾,著《三國志》,以魏爲帝,而指漢爲蜀,與孫氏俱謂之主,設心已偏,故凡當時祫祭高帝以下昭穆制度,皆略而弗書。方且乞米於人,欲爲佳傳,私意如此,史筆可知矣。其死未幾,習鑿齒作《漢晋春秋》,起漢光武,終晋愍帝,以蜀爲正,魏爲篡,謂漢亡僅一二年,則已爲晋,炎興之名,天實命之,是蓋公論也。然五十四卷,徒見於《唐藝文志》及本朝《太平御覽》之目,逮仁宗時,修《崇文總目》,其書已逸,或謂世亦有之,而未之見也。幸晋史載所著論(案原本,此下不載,繫以隨齋批注,蓋有脱誤,今據《文獻通考》所存周平園序校補)千三百餘言,大指昭然。劉知幾《史通》云:“備王道,則曹逆而劉順。”本朝歐陽修,論正統,而不黜魏,其賓客章望之著《明統論》非之,見於國史。近世張栻《經世紀年》,直以先主上繼獻帝爲漢,而附魏、吴於下,皆是物也。今廬陵貢士蕭常,潛心史學,謂古以班史爲《漢書》,范史爲《後漢書》,乃起昭烈章武元年辛丑,盡後主(案《通考》作少帝,今校改)炎興元年癸未,爲《續後漢書》,既正其名,復擇注文之善者並書之。積勤二十年,成帝紀、年表各二卷,列傳十八卷,吴載紀十一卷,魏載紀九卷,别爲音義四卷。惜乎壽疏略於前,使常不得追記英賢憲章於後,[①]以釋裴松之之遺恨也。[②] 昔周東遷,浸以微弱,至春秋時,僅存王城,而吴楚強大,綿地數千里,皆僭稱王,聖人斷然以夷狄予之。昭烈土地甲兵,甚非周比,興於漢中,適與沛公始封國號同,天時人事,決非偶然,孔子復生,必有以處此。乃爲首探魏文當日之心,次舉蘇氏百世之説,以合習氏之論,而證舊志之非,作《續後漢書》序。慶元六年(1200)庚申二月望。”

① 《直齋書録解題》脱“常”字,今據原序校補。

② 以下陳《録》未引,兹據原序校補。

按,此書本四十二卷,《宋志》作四十卷者,蓋帝紀、年表各一卷也。《四庫全書》收録此書四十七卷,合義例一卷,音義四卷也。《四庫全書總目提要》曰:"宋蕭常撰。常,廬陵人,鄉貢進士。初,常父壽朋病陳壽《三國志》帝魏黜蜀,欲爲更定,未及成書而卒,常因述父志爲此書。以昭烈帝爲正統,作帝紀二卷,年表二卷,列傳十八卷,以吴、魏爲載記凡二十卷,又别爲音義四卷,義例一卷。於蜀志增傳四十二廢傳四;移魏志傳八,漢十;吴志廢傳二十,魏志廢傳八十九。多援裴注以入傳,其增傳亦皆取材於註。間有註所未及者,建安以前事,則據范書;建安以後,則不能復有所益,蓋其大旨在書法,不在事實也。然其義例精審,實頗得史法,如魏、吴諸臣,本附見二國載記之後,而中有一節可名,如孟宗、陳表等則别入《孝友傳》,杜德、張悌等則别入《忠義傳》,管寧、吴範等則别入《隱逸》《方伎傳》,其體實本之《晋書》。又曹操封魏公加九錫等事,陳《志》皆稱天子命公,而此乃書操自爲云云,則本之范蔚宗《後漢書》本紀。其他筆削亦類多謹嚴。惟陳《志》先主傳稱封涿縣陸城亭侯,而常於《昭烈紀》但云封陸城侯;陳《志》建安十四年,魏延爲都督,而常則云拔魏延爲鎮遠將軍。裴註槩無此語,不知常何所本?然常之所長,不在考證,殆偶然筆誤,非别有典據也。常成此書時,嘗以表自進於朝,所列但有本紀、表、傳、載記,而無音義,至周必大序,始并音義言之,或成書之後,又續輯補入歟。"

按,蕭氏此書疏漏雖是不免,然《提要》所稱"陳《志》先主傳,稱封涿縣陸城亭侯,而常於《昭烈紀》但云封陸城侯,不知常何所本"一事,近人余嘉錫嘗引李慈銘之説爲之辨證。余氏曰:"李慈銘《桃華聖解盦日記丙集》云:'《四庫提要》舉其《昭烈紀》封陸城侯,與陳《志》云封陸城亭侯異,不知其有所本,則蕭氏於音義首一條已據《漢書》王子侯表,言之甚明。案班表,中山靖王子貞封陸城侯,固無亭字,而《地理志》中山國下有陸城縣,則貞之爲亭侯縣侯,固未可定(自注:顧亭林、錢竹汀皆據西京無亭侯之説),蕭氏去之是也。封陸城侯者爲昭烈之先世,《提要》不分析言之,幾似爲昭烈之封矣。'"①

又按,蕭書之得失,以李慈銘氏論之最詳允。《越縵堂讀書記》"續後漢書"條②云:"蕭氏學識未精,不能知陳氏作書之意,其所采亦不出原書及注,而于吴、魏人事,務從刊落,曹氏尤爲簡略。其以陳登、袁涣、邴原、陸績四人爲未嘗忘漢,拔冠列傳,在諸葛忠武之前。然陳、袁猶爲有説。邴、陸既未與昭烈交,而邴仕曹氏,累居右職,陸仕孫吴,官至將軍,強爲漢臣,殊非史體。其末附音義四卷,頗兼訂陳氏之誤,亦有可采,而音詁多疏,間附議論,且自明其書法,尤近迂腐。惟其大恉自正,文筆亦潔,其法班氏,以論爲贊,亦頗能自抒所見,如昭烈吴后贊,譏昭烈事勢與晋文公在秦時異,不得援懷嬴爲口實,以法正爲逢君之惡,而以趙雲不肯娶趙範之嫂相形。諸葛贊全載廣漢張栻之論,以不能諫立吴后,且爲之持節册詔,又不能輔後主行三年之喪,且未踰年而改元,爲誠有餘而學不足。崔林贊譏其議駁魯相秩祀孔子之請,以爲蔑師侮聖,與唐歸崇敬之請東面祀孔子,其妄正同。而舉宋藝祖不拜相國寺浮屠像,獨至國學北面再拜,爲足垂法百王。王肅贊譏其請號漢獻爲皇而不帝,以爲妄貶舊君,曲學阿世,爲無忌憚之小人。皆義正詞嚴,有裨名教。它若以趙雲通達治體,於關、張諸將中爲最優。以魏延之請由褒中出子午谷攻關中爲奇策,必可得志,而武鄉不用爲失事會。以華歆之牽

① 所引李慈銘語,亦見《越縵堂讀書記》"續後漢書"條。

② 此條撰於清同治辛未(十年,1871)四月十五日。

后壞壁，郗慮之奏收孔融，爲死黨于操，皆名德自居，而梟獍其行。以鍾繇、陳群之議復肉刑，爲助操殺人，以辛毗之爲袁譚使曹操，而陳説二袁之必亡，爲賣主以圖己進身之基。以東京爲亡于賈詡，以司馬温公稱荀彧爲仁，其謬同于范史。皆識斷獨優，多前人所未及。”

又按，此書之宋刊本，今已罕見。臺北“國家圖書館”藏有影鈔宋本一部，惟僅存一卷。板匡長二十一點一公分，寬十五點二公分，左右雙欄，每半葉十行，行十七字，有半恕道人題記一則，云：“蕭常《續後漢書》，世罕傳本。此本當出影宋鈔，惜止上下卷，僅全《昭烈皇帝本紀》之一，其所逸多矣。是書爲柱國坊王氏物，故有震澤印，書賈收此以爲未見之書，索余重直，余亦遂置之，既而售者無人，仍與余易家刻書。其直合番餅一枚。壬申歲初二日，半恕道人補記。”按，半恕道人者，黄丕烈也，此題記亦見《蕘圃藏書題識續》卷一。臺北“故宫博物院”則有清文淵閣《四庫全書》本一部。收入叢刻者：清嘉慶中，海虞張海鵬輯刊《墨海金壺叢書》，收録此書四十二卷、義例一卷、音義四卷，其後，商務印書館輯編《叢書集成初編》，即據《墨海金壺》本收録。清道光中，上海郁松年以《墨海金壺》本頗有錯誤衍脱，乃以郝經《續後漢書》《資治通鑑》及《三國志》等書，正其錯誤，撰成《重刻續後漢書札記》一卷，合全書收在其所輯刊之《宜稼堂叢書》中。札記前有小序云：“庚子冬，余方校刊郝氏經《續後漢書》，取是書相參考。昭文張氏《墨海金壺》刻本，錯誤衍脱，幾不可讀，因思罪陳壽之稱蜀，正漢氏之大統，厥指不異，而郝書繁富，是書謹嚴，軌轍雖同，經途迥别，其於史家體例，亦互有得失，輒勘定付梓，俾讀者兼綜博約，合觀取舍，以明兩先生之用心，而亦識夫古今作述之林，殊途同歸，有如是也。是書一本陳《志》及裴氏《注》，偶參范氏《後漢書音義》,有旁引他書者,悉檢核原文,因張氏舊本,正其謬誤而易之,復證以《通鑑》、郝書及《三國志辨誤》《考異》諸書。其非傳寫之譌,而文義歧舛者,仍舊本得所據正,則辨其是非;疑者及義可兩通者,竝存異説,而群書間有違失,亦列是編音義,與本文輾轉相證。本文所無,或先後乖次,壹皆標明,神識闇鄙,多疏漏淆惑,往往而覺,所不克盡,惟世之君子察焉。是書頗簡,然與郝書參校,將及期年,乃先蕆事。道光二十有一年(1841)辛丑十月朔日,上海郁松年泰峯氏,書於宜稼堂。"

續後漢書不著卷數　宋鄭雄飛撰　佚

雄飛,字景温,號慥堂,仙居人。登端平二年(1235)進士,累官秘書少監、户部左侍郎。冰檗自守,剛方不撓。景定中,太學生金渭諝請與縣尉吴諒同祠,稱六賢堂。事迹具《南宋館閣續録》《南宋制撫年表》《台州府志》《宋元學案補遺》卷六九、寶慶《會稽續志》卷二等書。

此書《宋史·藝文志》不著録,見《台州經籍志》卷九别史類。

按,考宋周密《癸辛雜識後集》"正閏"條云:"正閏之説尚矣。歐公作《正統論》,則章望之著《明統論》以非之;温公作《通鑑》,則朱晦菴作《綱目》以糾之,張敬夫亦著《經世紀年》,直以蜀先主上繼漢獻帝,其後廬陵蕭常著《後漢書》,起昭烈章武元年辛丑,盡後主炎興元年癸未。又爲吴,魏載記。近世如鄭雄飛亦著爲《續後漢書》,不過踵常之故步。最後翁再又作《蜀漢書》,此又不過拾蕭、鄭棄之竹馬耳,蓋欲沽特見之名,而自附於朱張也。"然則,此書之旨,約略可知矣。

契丹國志二七卷　舊題宋葉隆禮撰　存

隆禮,字士則,號漁林,嘉興人。淳祐七年(1247)進士,歷官建康府西廳通判改國子監簿、臨安少尹,終知紹興府。事迹具《全宋詞》卷四、《宋詩紀事》卷六六、寶慶《會稽續志》卷二、咸淳《臨安志》卷四九、《四庫提要辨證》卷五等書。

此書《宋史・藝文志》不著録,見《四庫全書總目》別史類。

按,此書乃葉氏奉詔撰次遼事者。卷首有淳熙七年三月《進契丹國志表》,於撰書旨趣,言之甚詳。曰:"臣隆禮上言,伏惟契丹立國,強盛逾二百年,秘苑修書,鑑誡垂億千代,不量愚瞽,冒瀆淵聰,臣誠惶誠懼,頓首頓首。恭惟皇帝陛下,天挺英奇,神資容聖,縱觀前史,紆覽宏圖,印五帝三王之心,有意建極,陋三國六朝之事,奚取亂華,然道判污隆,載存孅恶,中朝不競,漢北方勇於爭衡,五閏紛拏,氈廬遂安於徙宅。載觀大遼之紀號,其誰小朝以自居,八際洪流,頓起興亡之慨。九州重霧,忍無夷夏之嗟。其契丹國自阿保機初興,迄于天祚之亡,立統承家,凡二百餘載。臣奉敕命,謹採摭遺聞刪繁剔冗,緝爲《契丹國志》以進。淺短自慙,筆削莫措。尊王而黜霸,庶幾有補於將來。外陰而内陽,益宜永鑑於既往。所有《契丹國志》,隨表繕進以聞。巨誠惶献懼,頓首頓首,百拜昧死謹言。淳熙七年三月□日,秘書丞臣葉隆禮上表。"

此書凡帝紀十二卷,列傳七卷,《晋降表》《澶淵誓書》《關南誓書》《議割地界書》一卷,《南北朝饋獻禮物》《外國進貢禮物》《諸小國貢進禮物》一卷,《州縣載記》《控制諸國》《四至地理》《四京本末》一卷,雜記族姓原始、國土風俗及典章制度一卷,宋王曾《行程録》,宋富弼《行程録》一卷,晋胡嶠《陷北記》、宋張舜民《使北記》一卷,《諸蕃國雜記》一卷,《歲時雜記》一卷。此外,卷首載《契丹國初興本末》《契丹九帝年譜》。卷末附録《譯改國語解》。[1]

---

[1] 清文淵閣《四庫全書》本作二十八卷,以《譯改國語解》爲一卷。

按,元蘇天爵撰《三史質疑》論及此書云:“葉隆禮、宇文懋昭爲遼、金國志,皆不及見國史,其説多得于傳聞,蓋遼末金初,稗官小説中間失實甚多。至如建元改號、傳次征伐及將相名字,往往杜撰,絶不可信,如張師顔《南遷録》,尤爲紕繆。”[①]然清錢曾則稱譽有加,其言云:“隆禮書法謹嚴,筆力詳贍,洵有良史之風。具載兩國誓書及南北通使禮物,蓋深有慨於海上之盟,使讀者尋其意於言外耳。棄祖宗之宿好,結虎狼之新歡,自撤籬樊,孰當捍蔽青城之禍,詳其流毒,實有隱痛焉。存遼以障金,此則隆禮之志也。至降契丹爲國,不史而志之,其尊本朝也至矣,予特表而出之。”蘇、錢所見,相去甚遠。至於書中得失,以《四庫全書總目提要》所説最審,曰:“今觀其書,大抵取前人紀載原文,分條採摘,排比成編。穆宗以前紀傳,則本之《資治通鑑》;穆宗以後紀傳及諸雜紀,則本之李燾《長編》等書;其胡嶠《陷北記》,則本之歐史,四夷附録諸番記及達錫伊都等傳,則本之洪皓《松漠記聞》,雜記則本之武圭《燕北雜記》(案圭書今不傳,其言略見曾慥《類説》),皆全襲其詞,無所更改,間有節録,亦多失當。如《通鑑》載太祖始立爲王事,上云恃強不受代,故下云七部求如約。今此書删去不受代之文,則所謂如約者,果何事乎?又《長編》載聖宗南侵事,云:‘天雄軍聞契丹至,闔城惶遽,契丹潛師城南,設伏狄相廟,遂南攻德清,王欽若遣將追擊,伏起,天雄兵不能進退,其情事甚明。今此書於闔城惶遽下,即接伏起云云,而盡删其潛師設伏之文,則所伏者果誰之兵乎?又《松漠記聞》載黄頭女真,金人每當出戰,皆令前驅,蓋洪皓所親見,其爲金人事甚明,今此書乃逕改金人爲契丹,採入遼志,則益爲顛倒

---

① 見蘇天爵《滋溪文稿》卷二十五。

事實矣。又帝紀中凡日食星變諸事,皆取《長編》所記,案年臚載,然遼宋曆法不齊,朔閏往往互異,如聖宗開泰九年,遼二月置閏,宋十二月置閏,宋之七月在遼當爲八月,而此書仍依宋法書七月朔日食,此類亦俱失考。蓋隆禮生南渡後,距遼亡已久,北土載籍,江左亦罕流傳,僅據宋人所修史傳及諸説部鈔撮而成,故本末不能悉具,蘇天爵所論,深中其失,錢曾蓋未之詳核也。特諸家目録所載,若《遼庭須知》《使遼圖鈔》《北遼遺事》《契丹疆宇圖》《契丹事迹》諸書,隆禮時尚未盡佚,故所録亦頗有可據。如《道宗壽隆紀年》,此書實作壽昌,與遼世所遺碑刻之文竝合,可以證《遼史》之誤。又《天祚紀》所載與金攻戰及兵馬漁獵諸事,較《遼史》紀志爲詳,存之亦可備參考。惟其體例參差,書法顛舛,忽而内宋,則或稱'遼帝',或稱'國主',忽而内遼,則以宋帝年號分注遼帝年號之下,既自相矛盾。至楊承勳劫父叛君,蔑倫傷教,而取胡安國之謬説以爲變不失正,尤無所別裁。又書爲奉宋孝宗敕所撰,而所引胡安國説,乃稱安國之謚,於君前臣名之義,亦復有乖。今竝仰遵聖訓,改正其譌,用以昭千古之大公,垂史册之定論焉。"

又按,蘇天爵及《四庫全書總目提要》雖並譏此書失實甚多,然於作者之真僞,未之置疑。近人余嘉錫以隆禮爲淳祐七年(1247)進士,而《進書表》末署淳熙七年(1180),時代相去甚遠;又此書陳振孫《直齋書録解題》《宋史・藝文志》並未著録,元袁桷《清容集》卷四十一有《修遼金宋史搜訪遺書條列事狀》一篇,所列遺書,凡一百四十餘種,亦無此書,遂疑是後人所僞撰[1]。今據以署題葉隆禮撰,俟來日再詳考。

又按,此書之傳本,除元刊本外,未見他刻,今日所見,率皆鈔

① 説見《四庫提要辨證》卷五。

本及叢刻本。《四庫簡明目録標注續録》云："元刊本，佳，黄蕘圃曾見之，是吴門汪氏所藏。"又云"昭支張氏有元本。"今檢張金吾《愛日精廬藏書志》卷一〇著録元刊本《契丹國志》二十七卷，闕卷十六至末抄補。《蕘圃藏書題識》卷二著録元刊本《契丹國志》十七卷，有黄氏題識二則，其一云："《契丹國志》，余向藏鈔本，其上方有小字，標明書中眼目，衆皆以爲此必有所據。及觀書華陽顧氏，見元刻本，方信鈔本所自出果元本也。昨歲春閒，鮑渌飲以元刻見蹄，末尾卷多缺，急向顧氏借録，孰知顧本自十五卷以下皆缺矣。遂就其見存三卷校補缺字而還之。至於鈔本與元刻，又多不同，未必影寫，擬補缺字，未敢深信也。丁卯正月十九日，復翁。"其二云："歲在辛未仲夏，書友有以《契丹國志》鈔本見售者，余見其裝潢，識是述古堂物，且與元刻款式同，因留閲。其所携本適爲下册，遂請西賓陸東蘿鈔補余書之缺，亦一快事也。小暑後一日，雨窗，復翁識。"又有舊鈔本《契丹國志》十七卷，亦載題記二則。其一云："余向藏《契丹國志》，有曹彬侯手鈔本，繼又得鮑渌飲所歸元刻本，末亦多缺失，賴曹本補之。歲乙亥，有人指名相索，遂轉歸之，深惜從前未校其異於曹本也。近有書友携舊鈔來，行款與曹本異，疑出元本，因憶試飲堂顧氏有殘元本在，遂借歸取勘，行款與書賈本同，特鈔時未必影寫耳。余抱殘守缺，喜爲古書補亡，乃丐諸顧氏，以家刻書易得，復借諸書賈，倩友傳録，照鈔本行款補於元刻本後，雖未必盡如元刻，然差勝於不知妄作者矣。惟是原鈔不能無誤，傳録亦復多訛，十六至十九録誤者寫手自改，二十卷後余手校，即校正補脱，不復剜改，恐時久脱落也。丁丑十一月二十有二日，蕘翁記。"其二云："《契丹國志》，近時掃葉山房始有刻本。前此如元刻外，無他刻，故自來藏書家皆儲鈔本，余何幸而兩收元刻,雖俱未完善,然屢得舊鈔補之,差勝不知妄作矣。年來力不從心,典籍大半散逸,然積習未除,抱殘守缺,時一留心,殊自笑書魔之猶在也。嘉慶己卯孟秋白露前一日,識於縣橋小隱,黄丕烈。"按,今本《蕘圃藏書題識》所著録此書之元刊本及舊鈔本,並作十七卷,當是二十七卷,蓋刻工誤書也。今所藏善本:臺北"國家圖書館"有清嘉慶丁巳(二年,1797)席氏掃葉山房刊本一部,經清葛雲威手校。又有舊鈔本兩部,其中一部經清盧文弨手校,王禮培手書題記一則,云:"席氏刻本謬訛不可勝紀,此本朱筆,稿爲抱經老人手筆。墨筆在抱經之前,未詳何人,其依據係善本。湘鄉王氏掃塵齋檢記。"又有穴硯齋鈔本一部,係《穴硯齋鈔雜史》二十一種之一。臺北"故宫博物院"有清文淵閣《四庫全書》本一部及舊鈔本兩部,其中一部係前國立北平圖書館所寄存者。

大金國志四〇卷　舊題宋宇文懋昭撰　存

懋昭,里籍待考。兹編前有端平元年(1234)《進書表》一通自署"淮西歸正人改授承事郎工部架閣"。表中有"偷生淮浦,竊禄金朝,少讀父書,因獲清流之選,日親文苑,粗知載記之詳"等語。此書《宋史·藝文志》不著録,見《四庫全書總目》别史類。

按,此書紀二十六卷,開國功臣傳一卷,文學翰苑傳二卷,楚國張邦昌録、齊國劉豫録各一卷,雜載制度五卷,兩國往來誓書一卷,京府州軍一卷,風土、冠服、婚姻、飲食一卷,行程録一卷。前有《大金初興本末》《金九帝年普》卷末有《譯改國語解》。[1]

又按,此書之作者,清以來學者多疑爲僞。錢大昕云:"《大金國志》四十卷,卷首有表,題云'宋端平元年正月十五日淮西歸正人改授承事郎工部架閣宇文懋昭上',新城王尚書貽上

① 清文淵閣《四库全書》本作四十一卷,以《譯改國語解》爲一卷。

謂是宋人僞造。予讀其詞，稱蒙古爲大朝，曰大軍，曰天使，而于宋事無所隱諱，蓋元初人所撰，其表文則後之好事者爲之，而嫁名于懋昭者也。錢遵王舉其直書差康王出質，詳列北遷宗族，以爲無禮於其君，而譏端平君臣漫置不省。今考志所載，指斥之詞，尚有甚于此者，即其以大金爲稱，亦可知非當時經畫之本矣。"[①]《四庫全書總目提要》云："似是雜採諸書排比而成。所稱義宗即哀宗，《金史》謂息州行省所上謚，而此則云金遺臣所上，與史頗不合。又懋昭既降宋，即當以宋爲内詞，乃書中分注宋年，又直書康王出質，及列北遷宗族於獻俘，殊爲失體，故錢曾《讀書敏求記》，嘗稱爲無禮於君之甚者。然其可疑之處，尚不止此。詳悉檢勘，紕漏甚多，如《進書表》題端平元年(1234)正月十五日，而金亡即在是月十日，相距僅五日，豈遽能成書進獻。又紀録蔡州破事，如是之詳，於情理頗不可信。又端平正當理宗時，而此書大書宋寧宗太子不得立，立其姪爲理宗，於濟邸廢立，略無忌諱。又生而稱謚，舛誤顯然。又懋昭以金人歸宋，乃於兩國俱直斥其號，而獨稱元兵爲大軍，又稱元爲大朝，轉似出自元人之辭，尤不可解。又《開國功臣傳》僅寥寥數語，而《文學翰院傳》多至三十二人，驗其文，皆全録元好問《中州集》中小傳，而略加删削。考好問撰此書時，在金亡之後，原序甚明，更不應豫襲其文，凡此皆疑竇之極大者。其他如愛王作亂等事，亦多輕信僞書，冗雜失次，恐已經後人竄亂，非復懋昭原本，故牴牾若此。然其首尾完具，閒有與《金史》異同之處，皆足資訂證。所列制度服色，亦能與《金史》各志相參考。故舊本流傳不废，今亦著其僞，而仍録其書焉"光緒中，李慈銘讀此書，云：

---

① 見《潛研堂文集》卷二十八跋《大金國志》。

"此書前人多疑之,余謂實僞作也。宇文懋昭之名亦是景譔,蓋是宋元間人鈔撮諸紀載間,間以野聞里説,故多荒謬無稽,複沓冗俗,而亦時有遺聞佚事,爲史所未及。其載世宗之荒淫,章宗之衰亂,世宗有元悼太子悼允升,因謀害晋王允事發叛亡,章宗誅鄭王允蹈,後其子愛王大辨以大通節度使據五國城以叛,屢敗國兵,及章宗母爲宋徽宗子鄆王楷之女,又有鄭宸妃爲宋華原郡王鄭居中之曾孫女,皆委巷傳聞,絶無其事。又載明昌二年三月拜經童爲相,經童者,僧童也,是不知胥持國由五經童子科出身,但聞當時有經童作相、監女爲妃之説,妄以經童爲僧童,成作僞之顯證。至調元爲韃靼,其先與女真同類,皆靺鞨之後,别有朦骨國亦曰蒙兀,在女真東北,人不火食,夜中能視,金末漸強,自稱祖元皇帝,其後韃靼乃自號大蒙古國。然二國居東西兩方,相望凡數千里,不知何以合爲一名?其語尤爲荒謬。蓋是南人全不知東北邊事者譌傳妄説,所云朦骨似即俄羅斯也。其言愛王搆兵與北朝通,定約以國家初起之地及故遼封疆自溝内以北歸之於北,溝南則爲己有,累歲結謀用兵,愛王無分毫得也。章宗太和四年六月,愛王發疾卒,其子雄三大王立,北朝約以進兵,雄畏懼而從。疑當日西北有假鄭王子孫之名,嘯聚擾邊,蒙古陰與之通,覘釁而發,故一聞衛王之立,遂致興兵入犯。此書與張師顔《南遷録》所以異説滋紛耳。"[①]錢大昕雖疑爲元人所撰,然不能定,今仍收録,以資稽考。

又按,此書明以前刊本罕見,諸家書目所著録者,率皆鈔本。清乾隆嘉慶間南沙席世臣掃葉山房輯刊《宋遼金元别史》(一名《四朝别史》),收録此書,爲今所見惟一之完整刊本。今所藏善本:臺北"國家圖書館"有舊鈔本三部,其中一部缺卷

① 見《越縵堂讀書記》"大金國志"條。

二十六至卷二十八、卷三十六至卷四十,残存三十二卷。“中央研究院”歷史語言研究所有舊鈔本二部,臺北“故宫博物院”有清文淵閣《四庫全書本》一部,又有舊鈔本一部,係前國立北平圖書館所寄存者。

北狩見聞録一卷　宋曹勛撰　存

勛,字公顯,一字功顯,號松隱,陽翟人。父祖爲閤門宣贊舍人,以父恩補承信郎,宣和五年(1123)登進士甲科。靖康初除武義大夫,從徽宗北遷,過河十餘日,出御衣,書領中,命勛間行詣康王。勛自燕山遁歸,建炎初至南京,以御衣所書進,高宗泣以示輔臣,勛建議募死士,航海入金,奉徽宗由海道歸,執政難之,出勛於外,凡九年不遷。後拜昭信軍節度使,加太尉。淳熙元年(1174)卒,年七十七,贈少保,謚忠靖。著有《松隱集》。事迹具《宋史》卷三七九、《宋史新編》卷一三八、《史質》卷四九、《南宋書》卷二九、《宋詩紀事》卷四〇等書。

此書《宋史·藝文志》不著録,見《直齋書録解題》卷五雜史類及《四庫全書總目》卷五一雜史類。

陳振孫曰:“幹當龍德宫曹勛(功顯)撰。按曹勛時扈從北狩,以徽廟御札閒道走行在所,以建炎二年(1128)七月至南京。”[①]

《四庫全書總目提要》曰:“是編首題‘保信軍承宣使知閤門事兼客省四方館事臣曹勛編次’,蓋建炎二年(1128)七月初至南京時所上,其始於靖康二年(建炎元年,1127)二月初七日,則以徽宗之入金營,惟勛及姜堯臣、徐中立、丁孚四人,得在左右也。所記北行之事,皆與諸書相出入,惟述密齋衣領御書及雙飛蛺蝶金環事,則勛身自奉使,較他書得自傳聞者,節次最詳。末附徽宗軼事四條,亦當時所竝上者。紀事大都近

---

① 今《文獻通考·經籍考》引此條,不云“陳氏曰”,當係疏漏。

實,足以證《北狩日記》諸書之妄,且與高宗繼統之事,尤爲有關,雖寥寥數頁,實可資史家之考證也。”

按,此書以俱採入《三朝北盟會編》,是以刊本罕見,今傳諸本,多爲鈔本及近世所刊叢書本。國内所藏善本:臺北“國家圖書館”有舊鈔本一部,一卷一册;又有清嘉慶二十年(1815)駱光啓手抄本,係附《南燼紀聞録》一書之末。臺北“故宫博物院”有舊鈔本一部,與《靖康紀聞録》一卷、《拾遺》一卷合爲一册,係前國立北平圖書館所寄存者;又有清文淵閣《四庫全書》本一部。“中央研究院”歷史語言研究所有清藕香簃别鈔本一部,不分卷,一册。收入叢刻者,有:《穴硯齋鈔雜史》《學津討源》《學海類編》及《叢書集成初編》等本。

東都事略一三〇卷　宋王稱撰　存

稱,或僞作偁,[1]字季平,四川眉州人,累官承議郎。刻意史

① 王氏之名,歷来均作“稱”,今臺北“國家圖書館”所藏宋紹熙間眉山程舍人宅刊本《東都事略》,卷首即題。“承議郎新權知龍州軍州管内勸農事管界沿邊都巡檢使借紫臣王稱上進。”自清《四庫全書》改題王偁,《四庫全書總目》卷六四傳記類存目六“張邦昌事略一卷”之《提要》後云:“舊本題宋王稱撰。核其文即《東都事略》僭爲僞傳也。摘其一卷,别立名目,又改王偁爲王稱,可謂愈僞愈拙。曹溶收之《學海類編》,蓋偶未考也。”自此,諸之涉及王稱者,皆誤改爲王偁矣。清道光年間,錢綺(字映江)以影抄宋本校明五松閣翻刻本,作校勘記一卷,云:“《劄子》一頁九行,王稱姓名,掃葉山房重刊本‘稱’作‘偁’,以下及卷首題銜、傳贊並同。按《説文》禾部之稱,解作銓;人部之偁,解作揚。今王稱字季平,取銓衡之義,自當從禾。況偁乃孝宗父秀王名,魯中遇从人之偁皆缺筆,豈有當時所諱,而反以命名之理。明永樂中别有王偁,預修《永樂大典》,或明人因此王偁而誤改耳。”近人余嘉錫《四庫提要辨證》卷五亦曰:“余友陳援菴(垣)謂余曰:‘王季平之名當爲王稱,吾於錢氏所舉之外,又得二證焉:《學海類編》之《西夏事略》《張邦昌事略》原即《東都事略》之一篇,均題曰王稱撰,可見曹溶所據之本原作稱字,一也;海源閣藏宋蜀刻《二百家名賢文粹》,其序題王稱撰,又爲眉州人,則與撰《東都事略》者同爲一人無疑,偁之當作稱,是亦一證,二也。’嘉錫更考之《讀書附志》(卷上)云:‘《東都事略》一百三十卷,承議郎知龍州王稱所進也。’《玉海》卷四十六云:‘淳熙十三年(1186)八月二十六日,知龍州王稱上《東都事略》百三十卷。’(原注:據元刻明修本,三十,原本誤作十三。)其字皆作‘稱’。可見宋人所見之本,無作‘偁’者。《提要》翻以作‘稱’者爲僞改,失之不詳考也。”

學,旁搜九朝事實,輯爲本書。洪邁修四朝國史,奏進其書,加直秘閣,慶元中,終吏部郎中。事迹具《宋史翼》卷二九、《宋詩紀事補遺》卷四九。近人陳述撰有《〈東都事略〉撰人王賞稱父子》。①

此書《宋史·藝文志》不著録,見《直齋書録解題》卷四别史類及《四庫全書總目》卷五〇别史類。

《直齋書録解題》卷四著録此書作一百五十卷,陳氏曰:"承議郎知龍州眉山王稱(季平)撰。其書紀、傳、附録略具體,但無志耳。附録,用《五代史》例也。淳熙中上其書,得直秘閣。其所記太簡略,未得爲全善。"

按,此書今本本紀十二,世家五,列傳一百五,附録八,都一百三十卷。陳《録》作一百五十卷者,蓋析併不同也。

又按,陳振孫論此書太簡略,未得爲全善,然《四庫全書總目提要》則以之與李燾、李心傳之書相等,宜爲考《宋史》者所寶。其言曰:"……叙事約而該,議論亦皆持平,如康保裔不列於忠義,張方平、王拱辰,不諱其瑕疵,皆具史識。熙寧之啓釁,元符之紹述,尤三致意焉。《朱勔傳》後附《僧祖秀艮岳記》,蓋仿《三國志·諸葛亮傳》後附載文集目録及陳壽進表之例,雖非史法,亦足資考證。而南宋諸人,乃多不滿其書,蓋稱閉門著述,不入講學之宗派,黨同伐異,勢所必然,未可據爲定論也。近時汪琬復謂元修《宋史》,實據此書爲稿本。以今考之,惟文藝傳爲《宋史》所資取,故所載北宋爲多,南宋文人,寥寥無幾。其餘事迹異同,如符彦卿二女爲周室后,而《宋史》闕其一;劉美本姓龔,冒附於外戚,《事略》直書其事,《宋史》採其家傳,轉爲之諱;趙普先閲章奏,田錫極論其非,

① 見《"中央研究院"歷史語言研究所集刊》第八本,民國二十八年(1939)十月出版。

而《宋史》誤以爲群臣章奏,必先白錫;楊守一以涓人補右班殿直遷翰林副使,而《宋史》誤作翰林學士,新法初行坐倉糴米,吴申等言其不便,《宋史》誤以爲司馬光之言。至地名謚法,《宋史》尤多舛謬。元人修史,蓋未嘗考證此書。琬之言,未得其實也。其中如張齊賢以雍熙三年(986),忤旨出外,而誤作自請行邊;以副使王履《楚辭》誤屬之李若水,又不載王履於《忠義傳》。雖不免閒有牴牾,然宋人私史,卓然可傳者,唯稱與李燾、李心傳之書而已,固宜爲考《宋史》者所寶貴矣。"①

按,《提要》所稱汪琬之言,見於汪氏《鈍翁全集》卷二十六。蓋汪氏曾得一鈔本於吴山吴氏,魯魚豕亥,脱譌甚多,於是爲之校正,先後三校,撰序跋多篇。汪氏《鈍翁全集》,傳本甚少。今惟臺灣大學文學院圖書館有一部,且汪氏序跋於此書之價值得失與夫鈔本之缺失,多所論述,今特迻録於后,以資稽考。

《校正〈東都事略〉前序》:"《東都事略》一百三十卷,宋承議郎知龍州王稱撰。② 稱字季平,眉州眉山人。淳熙中,翰林洪文敏公表上其書,且薦稱刻意史學,詔除直秘閣。《宋史》不列稱《儒林文苑傳》中,故不詳其始末。考陳氏《書録解題》,謂此書紀傳附録,略皆具體,但太簡略,未爲全善。岳氏《桯史》,亦嘗指摘其誤,而朱徽公示學者,以爲止説得一影子。南宋諸儒,皆非深肯其書者也。及予取而讀之,其詞質而不俚,繁而不蕪,至於蔡京、王黼諸傳,則又約略《史記·封禪》《平準》諸體,雜議論於敘事之中,尤能推原禍亂所自始,流連反覆三致意焉。此其文章殆亦未可盡没也。

① 《提要》中"稱"字並誤改爲"偁",今正。

② 汪文"稱"字亦皆譌作"偁",今正。

元脱脱修史,大率采取於此,而中間用佗書增補者,又不啻十之三四,蓋南渡甫經兵燹之餘,祖宗殿閣所藏,既悉熸於劫火,而凡士大夫家乘别集,與夫行狀志銘,則又以流離播遷,不免散落。稱之裒輯網羅,良云艱矣。故雖自成一家,而猶閒有所遺漏,如諸儒云云者,此非稱之過也。

自近歲以來,其書流傳江南者絶少。常熟錢尚書受之,遂謂《宋史》鹵莽,如欲重修,必當參之以此,則予亦未敢以爲信也。今年秋始購此本於吴山吴氏,其人邨夫子,不達文義,遇所不解,輒以私臆奮筆改竄,又仍襲既久,敗紙故墨,脱譌甚多,烏焉亥豕,開卷叢雜,於是掇拾其有可據依者,粗加是正,其餘則姑付諸闕如,以俟後之博識君子。先是,予承乞郎舍,聞真定梁尚書家有宋版《事略》一部,完好可愛,惜不及見。今老矣,無復能再至京師,携此本以就正於尚書,盖耿耿有遺憾云。"

《校正〈東都事略〉後序》:"予凡三校此書矣,自此以後,粗聯屬可讀。竊謂鈔本之譌有四:有音近而誤者,有點畫相似而誤者;有因錯筒脱葉、沿襲而誤者;有因後生浅學不達文義,妄加竄易而誤者。大率鬻書之輩,急於射利,往往雇倩學究及倣書邨童傳寫之所致也。陸務觀曰:"印本一誤,遂無别本可證。"抑知數百年以後,鈔本之爲害,更甚於印本。於是東南藏書家,必購宋鈔爲上。蓋宋時士大夫,類皆手自繕録,筆墨精好,而又勤於校讎,非近今可及故也。至於此書原本,或以義作文,以曙作曉,以桓作宊,又以完作全之類,皆避祖宗廟諱嫌名,故與脱脱所修不同,讀者不可妄改云。"

又有《〈東都事略〉跋序》兩篇,其一曰:"予欲修《宋史》,舊矣。會浮沈仕宦者十有五年,不暇具稿,訖今則髮白齒摇,行將五十矣。老景侵尋,學植蕪廢,此志不就,可爲浩歎也。自秋以來,既校此書,且記憶平生所得,略疏於紀傳之後,凡若干條。先儒有曰:‘史家多取諸誌狀,全是子孫門人揜惡溢美之詞。’又曰:‘因官文書紀事,往往是非失實。’由是言之,予非敢妄肆褒譏也。亦□裒小説,述異聞,稍吐其胸中之一二,以與此書粗相發明,庶於後之君子,有志史學者,不無小補云爾。”其二曰:“予爲此書於王同老之諍也,不敢專主文富;洛蜀之相攻擊也,不敢專主伊川;道君之禪位及姚平仲之劫寨也,不敢專主吴敏與李忠定。又謂神宗時,陳世儒夫婦之獄,則欲借以誣吕申公,徽宗時,趙諗之獄,則欲借以排曾子宣;王寀之狱,則欲借以傾劉昞。此皆當國者,深文羅織,不足爲據。至如李重進之死事,歐陽文忠之闢佛,皆有異論,蓋往往取諸小説,顯然與正史相反。夫舜囚堯,太甲誅伊尹,此皆《書》之所不載,聖人之所不道,而後世猶述而志之,凡所謂信傳信,疑傳疑也,予蓋略倣此意。不然,古人之骨已朽,其墓木已夻矣,於吾何怨何德,而爲此無忌憚之言哉。覽者詳之。”

又按,此書今猶有宋版。清陸心源有宋槧一部,《儀顧堂題跋》卷七載宋槧《東都事略》跋,云:“《東都事略》一百三十卷,卷一、卷十三、卷十八次行題‘承議郎新權知龍州軍州兼管内勸農事管界沿邊都巡檢使借紫臣王稱上進’。前載洪邁奏進札子及稱告詞、稱進表,次目録,後有木記,曰:‘眉山程宅刊行,已申上司,不許覆版’兩行。每葉二十四行,每行二十三、四、五字不等。語涉宋帝,皆空格。板心或題‘東’幾或僅有數目字,而無‘東’字,或留有墨釘。間有字數及刻工姓名。宋諱避至惇字止,蓋光宗時刊本也。是本爲蘇州汪士鐘零星湊配而成,有初印者,有後印者,有以明覆本配者。内有十卷,爲黄蕘圃舊藏,蕘圃有二跋,叙得書之由甚詳。八十七卷末有‘□□圖書’官印,又有‘瑞卿’二字朱文方印,亦似元人印記。明覆本亦刊甚精,幾與宋刻莫辨,惟版心則一律皆作'東'幾,與宋本之參差者較異耳。元修《宋史》,北宋事不盡藍本此書,《提要》已詳言之。《事略》有計用章,而《宋史》無之摹一證也。稱之名,《提要》作偁,此本及明覆本皆作稱,俟考。"《四庫簡明目録標注》及邵章《續録》,亦並著録宋本。[①] 今所藏善本:臺北"國家圖書館"有宋紹熙間眉山程舍人刊本,亦即《儀顧堂題跋》《四庫簡明目録標注》及《續録》等所著録者。有近人張乃熊手書題記一則,云:"絳雲樓牙籤萬軸,獨缺此書,述古主人所引以自豪者也。此怡邸舊藏,初印精絶,爲宋槧中無上上品。董授經得自東瀛,以千金歸余家。會囑趙硯香重裝,因識如右。戊午冬日,吴興張乃熊呵凍書。"乃熊,字芹伯,一字莛圃,清末藏書家張鈞衡長子。襲其父適園之餘澤,勤於網羅,藏有黄丕烈批校題跋之書百餘種,著有《莛圃善本書目》六卷。此本鈐有"怡府世寶"(朱文方印)、"明善堂覽書畫印記"(白文長方印)、"安樂堂藏書記"(朱文長方印)、"張印鈞衡"(白文方印)、"石銘收藏"(朱文方印)、"吴興張氏適園收藏圖書"(朱文長方印)、"擇是居"(朱文橢圓印。)、"莛圃收藏"(朱文長方印。)、"莛伯"(朱文方印。),"望徵"(朱文橢圓印。)等印記,《臺北"國家圖書館"宋本圖録》著録。該館又有覆刊宋眉山程舍人宅本及舊鈔本各一部。臺北"故宫博物院"有蘇州寶華堂仿宋紹熙刊本二部,清文淵閣《四庫全書》本一部。"中央研究院"歷史語言研究所有影鈔宋本一部。收入叢刻者,有清乾隆嘉慶年間,南沙

---

① 《四庫簡明目録標注》云:"宋板十二行,行二十四字。"邵章《續録》云:"豐城丁禹生收郁氏宜稼堂藏陳仲魚舊藏本。目録後有楷書二行木記云:'眉山程舍人刊行。已申上司,不許覆板'。初印極精好,薄棉紙,三邊甚寛。有薛紹彭、劉涇二印及'仲魚圖象'印。"

席世臣所輯刊之《宋遼金元别史》(一名《四朝别史》)本。

歷代帝王纂要譜括二卷　宋孫應符撰　輯

應符,字仲潛,餘姚人,介次子。年三十二,讀韓愈《齪齪詩》,考其歲月,乃三十二所作,因借其韻爲咄咄篇以自警。著有《幼學須知》。事迹具《宋元學案補遺》卷三五、《宋詩紀事補遺》卷五二。

此書《宋史・藝文志》不著録,見《直齋書録解題》卷四)編年類及《四庫全書總目》别史類存目。

陳振孫曰:"餘姚孫應符(仲潛)撰,蓋《紹運圖》之詳者也。"

《四庫全書總目提要》曰:"不著撰人名氏。其書敘歷代帝王世系、年號、歲數,亦略及賢否。各以數語括之,簡陋殊甚,蓋村塾俗書也。《永樂大典》載之,亦可云漫無採擇矣。以其爲宋人舊帙,姑附存其目焉。"

按,《提要》於此書作者,云不著撰人,又謂蓋村俗書,未詳考也。又此書本二卷,四庫館臣自《大典》輯得者止一卷,或係不完,惟今已不得見。

四、史鈔類

諸史精義一〇〇卷　宋唐仲友撰　佚

仲友，字與政，金華人，紹興中登進士第，復中宏詞科，出守台州，有政績。後與朱子忤，爲朱子論罷。著有《帝王經世圖譜》《地理詳辨》《説齋文集》等。事迹具《南宋書》卷六三、《宋史翼》卷一三、《南宋館閣録》《宋人軼事彙編》等書。

此書《宋史・藝文志》不著録，見《金華經籍志》史鈔類。

檢明蘇伯衡《平仲文集》卷五載《説齋先生文粹》序，曰："所著書《六經解》百五十卷，《九經發題》《經史難答》《孝經解愚書》各一卷，《諸史精義》百卷，《帝王經世圖譜》十卷，《乾道秘府群書新録》八十三卷，《天文》《地理詳辨》各三卷，《故事備要》《詞科雜録》各四卷，《陸宣公奏議詳解》十卷，《説齋文集》四十卷。今去公垂二百年，薦更兵燹，行乎世者，惟《經世圖譜》《諸史精義》耳，其他傳者蓋亦無幾矣。"今則此書亦亡佚不傳。

按，《宋史・藝文志》史鈔類著録《唐史義》一五卷、《續唐史精義》一〇卷，《金華府志》載《西漢精義》（不著卷數），蓋即此書之别出單行者，今並佚而不見。

舊聞證誤一五卷　宋李心傳撰　輯

心傳，字微之，井研人。慶元初下第，絶意不復應舉，閉户著書。晚年因崔與之、許奕、魏了翁等合前後二十二人之薦，爲史館校勘，賜進士出身，修《中興四朝帝紀》，又踵修《十三朝會要》，端平間成書，擢工部侍郎，以言罷。淳祐三年（1243）致仕，卒年七十八。

著有《丁丑三禮辨》《春秋考義》《丙子學易編》《道命録》(輯)、《寧宗實録》(與高定子等撰)、《建炎以來繫年要録》《建炎以來朝野雜記甲集乙集》等。事迹具《宋史》卷四三八、《宋史新編》卷一六六、《南宋書》卷四六、《戊辰修史傳》《南宋館閣續録》等書。

此書《宋史・藝文志》史鈔類著録。

按,心傳嘗撰《建炎以來繫年要録》二〇〇卷,述高宗朝三十六年(1127—1162)事迹,此編則多論北宋時事,或及於南宋之事,則《要録》之所未及者,此補其遺也。凡所見私史小説,上自朝廷制度沿革,下及歲月之參差,名姓之錯互,皆一一詳徵博引,以折衷其是非,大致如司馬光之《通鑑考異》,而先列舊文,次爲駁正,條分縷析,於史學深爲有裨。[①]

又按,兹編明代已罕見完本。張金吾《愛日精廬藏書志》卷二一著録宋刊殘本二卷,原係毛晋汲古閣所藏,張氏曰:"原十五卷。《四庫全書》從《永樂大典》録出,編爲四卷,此則原本一二兩卷也。"此本後歸丁丙善本書室。《善本書室藏書志》卷一四著録,書中有"子晋汲古主人""聖雨齋""愛日精廬藏書""張月霄"諸印記,[②]則又經周拱辰收藏也。今則不知流落何所。清四庫館臣從《永樂大典》中蒐輯得一百四十餘條,編

---

① 説見《四庫全書總目提要》。

② 《善本書室藏書志》卷一四著録《舊聞證誤》二卷,宋刊本,丁氏曰:"井研官工部侍郎,博通典故,諳習舊章,爲南渡史學之冠。此書於所見私史小説有踳駁之處,皆摘取爾辨論其誤。《宋史・藝文志》載書凡十五卷,自明以來佚失已久。館臣從《永樂大典》蒐輯百四十餘條,析爲四卷,南昌彭元瑞《知聖道齋讀書跋》尾云:'宋人雜記傳説最多,而《宋史》極繁冗,以此證之,則年月事詞牴牾者夥。原書先舉舊聞,後申證誤,今逐條校注,信爲言宋事者萬不可少之書。朱竹垞嘗有志重修《宋史》,曾舉宋人著述足資史事者數十家,亦列心傳名,蓋指《朝野雜記》,若《繫年要録》及此書,則竹垞所未見也。'此則原刻卷一卷二兩帙耳,尚五十餘條。全書果出,必不止百四十餘條也。有'子晋汲古主人''聖雨齋''愛日精廬藏書''張月霄印'諸印。"

爲四卷,《丁丙善本書室藏書志》所著録舊鈔本,即係傳鈔四庫本者。① 今所藏善本：臺北"國家圖書館"有清嘉慶間南昌彭氏知《聖道齋鈔》本一部,係彭氏據《大典》輯本鈔録,而有所訂正。内載《彭元瑞手書題記》云："宋人雜記傳説最多,而《宋史》極繁冗,以此書證之,則年月事詞牴牾者夥矣。揚善之言,不嫌從長,已非信史；若惡直醜正,如王孝先之求復,張尚賢之干謁,宋子京之反覆,趙元直之很侈,烏可以不辨。此書從《永樂大典》輯出,原書先舉舊聞,後申證誤,惜鈔胥不知體例,間有脱處,今逐條校注,信爲言宋事者萬不可少之書。朱竹垞嘗有志重修《宋史》,曾舉宋人著述足資史事者數十家,亦列李心傳名,蓋指《朝野雜記》,若《繫年要録》及此書,則竹垞所未見也。嘉慶丁巳(二年,1797)八月朔日,身雲居士識。"又云："(嘉慶)庚申(五年,1800)重陽重閲一過,内舊聞缺四條,證誤闕十一條,其闕所出書者,尚可查補。再識。"該館又有影鈔宋刊本一部,存卷一、卷二,二册,内載過録魏錫曾、丁秉衡二人題識。臺北"故宫博物院"藏有清文淵閣《四庫全書》本一部。彙入叢刻者,有《函海》本、《反約篇》本、《榕園叢書》本、《叢書集成初編》本,並據《四庫輯本》著録。清繆荃孫從錢塘丁氏(丙)影寫宋本,止存首二卷,各二十七事,以與《四庫輯本》相核,《四庫輯本》第一卷闕十四事,第二卷闕十五事,因輯《四庫輯本》所遺者爲一卷,而於館臣所輯《大典》本之誤,復多所是正,光緒、宣統間繆氏輯刊《藕香零拾》收之。

① 《善本書室藏書志》卷一四著録袁壽階、陳仲魚舊藏鈔本《舊聞證誤》四卷,丁丙曰："是書流傳久絶,館臣從《大典》中採輯一百四十餘條,釐爲四卷,猶得三之一,可與宋殘本並證其異同耳。有'五硯樓''袁廷檮'印,壽階、海寧陳鱣(仲魚)圖象,'得此書費辛苦後之人其鑑我'諸印。"

小學史斷二卷　宋南宫靖一撰　存

靖一,字仲靖,自號坡山主人,南昌人,端平進士。

此書《宋史・藝文志》不著録,見《宋史藝文志補》史學類及《四庫全書總目》史評類存目一)

《四庫全書總目提要》曰:"是書上起周平王,下迄五代,叙述史事,而裒集宋儒論斷,聯絡成文。所採《讀史管見》《説齋講義》爲多;《通鑑》及程、朱《語録》吕祖謙集次之。至邵子之詩,亦摘句綴入;其他蘇洵父子之屬,則寥寥數則而已,知爲講學家也。前有端平丙申(三年,1236)自序。其中持論最悖者,如謂始皇當别爲後秦,晋元帝當復姓牛氏,皆祖胡寅之説,不能糾正。蓋其書全取舊文,有如集句,遇先儒之論則收之,不敢有所異故也。"

按,是編初刊於南宋末年,[①]明嘉靖二十六年(1547),嘉興府知府趙瀛文又授諸梓,而以明陽節潘榮所撰《資治通鑑總要通論》一卷附焉。明隆慶二年(1568),金陵龔碧川以明廬陵晏彦文所撰續集合爲四卷刊行,並附潘榮《資治通鑑總要通論》一卷。今所藏善本:臺北"國家圖書館"有南宋末年建刊本一部,二卷兩册,板匡高十八點一公分,寬十一點四公分,首載端平丙申(三年,1236)南宫靖一自序。每半葉九行,小字雙行,行二十字。黑口,版心上記大小字數,下間記刻工:王、已、公、忠甫、斗等。每卷於版心標上下。開卷但題書名,不著卷數。卷末有嘉慶十年(1805)黄丕烈手跋一則,曰:"此《小學史斷》,錢塘何夢華藏書也。夢華居杭,每至吴,必向坊間捆載而去。謂有友人托購者,曾欲購余宋、元諸名家詞並元人曲本,議價未果而去。既而携宋刊魏鶴山《儀禮要義》,

① 《四庫全書總目提要》曰:"是書舊無刊本,明嘉靖中嘉興府知府趙瀛文始爲授梓。"今臺北"國家圖書館"有南宋末年建刊本一部,足證《四庫全書總目提要》之説誤。

欲與余易殘宋本《太平御覽》,又以婉言謝之,心甚快快。最後携此册來,欲易余宋刻大字《通鑑》無注本九十餘卷。余因其欲之屢不遂也,竟以易之。非不知《通鑑》之有用勝於此書者多,而夢華之惓惓於此者,或有可補益之處,安見非托購之友人所使耶?《通鑑》叢殘已甚,余初得,價不過四千餘錢,若加裝潢,不知又費幾倍。此册雖亦重裝,然卷帙少,所費尚省,故爲此相易之舉,恐旁人聞之,誚余輕所重而重所輕也,因著其顛末如此。嘉慶十年(1805)九月立冬前二日,是日余舉中吴詩課第十四集,酒闌客散,燒燭尚未見跋,偶檢書及此。蕘翁黄丕烈書于百宋一廛。"[①]又有道光丙戌(六年,1826)張蓉鏡手跋一則及道光辛卯(十一年,1831)黄廷鑑、道光乙未(十五年,1835)陶廷杰、道光丙申(十六年,1836)蔣因培、道光壬寅(二十二年,1842)汪森等四人觀款。張蓉鏡手跋曰:"此書議論名通,讀史者得之,洵是枕中秘。宋刻傳本絶少,是册士禮居散逸,黄蕘翁手跋校正者。其模糊處復假善本屬秋山先生用淡墨雙鉤。原是朱竹垞先生曝書亭所藏,識者當能知寶貴也。道光丙戌秋中琴川張蓉鏡芙川氏誌,時早桂初花,明窗展玩,快讀一過,亦人生一樂也。"[②]書中鈐有"竹垞"(白文方印)、"彝尊"(白文長方印)"錫鬯"(朱文方印)、"宋刊奇書"(朱文方印)、"文瑩"(白文方印)、"宋本"(朱文橢圓印)"陳率祖"(白文方印)"廷敬"(朱文方印)"黄印丕烈"(朱文方印)、"蕘圃"(朱文橢圓印)、"張蓉鏡印"(白文長方印)、"芙川居士"(朱文方印)、"張蓉鏡讀書記"(朱文方印)、"蓉鏡珍藏"(朱文方印)、"張蓉鏡"(朱白文方印)、"芙川

① 此跋亦載《黄蕘圃藏書題識》卷三"宋刊魏鶴山《儀禮要義》"中"刊"字,題識作"刻",餘同。

② 此跋亦載張鈞衡《適園藏書志》卷五。

鑑定"(朱文方印)、"蓉""鏡"(朱文連珠印)、"雙清逸士"(白文方印)"小琅嬛清閟藏書"(朱文方印)、"長壽富貴"(朱文方印)、"在處有神物護持"(朱文方印)、"守孝好古"(朱文圓印)、"張印均衡"(白文方印)、"石銘秘笈"(朱文方印)、"吴興張氏適園收藏圖書"(朱文長方印)、"擇是居"(朱文橢圓印)、"莚圃收藏"(朱文長方印)等印記。[①] 知此書後亦經張鈞衡收藏,張氏《適園藏書志》(卷五)著録。[②] 該館又有明嘉靖二十六年(1547)嘉興知府趙瀛文刊本二部,並二卷二册,其中一部係前國立北平圖書館所寄存者;又有明隆慶戊辰(二年,1568)金陵龔碧川刊本一部,四卷二册,附載明潘榮撰《資治通鑑總要通論》一卷。

又按,清瞿鏞《鐵琴銅劍樓藏書目録》著録四明張木刊本,今則未之見。[③]

遷史删改古書異辭一二卷　宋倪思撰　佚

思,字正父,歸安人,孝宗乾道二年(1166)進士,淳熙五年(1178)中宏詞科,爲著作郎,官至禮部尚書,以忤史彌遠罷,卒謚文簡。著有《易訓》《中庸集議》《論語義證》《北征録》《合宫嚴父書》《曆官表奏》《翰林前稿》《翰林後稿》等。事迹具

① 參閲《"國立中央圖書館"宋本圖録》頁一六一至頁一六二。1958年7月,"國立中央圖書館"編輯,中華叢書委員會印行。

② 《適園藏書志》卷五著録宋刊本一部,即臺北"國家圖書館"所藏者。張鈞衡曰:"此書宋刊本,每半葉九行,行二十字,高五寸八分,廣三寸八分,黑線口,單邊,口上分史上、史下,下卷六十五葉忽書'六十五終'四字加匡,上卷又無之,坊本粗率可笑。收藏有'彝尊'(白文)、'錫鬯'(朱文)兩大方印,'廷敬'(朱文方印)、'陳率祖'(白文方印)、'蕘圃'(朱文小腰圓印)、'黄氏丕烈'(朱文扁方印)、'雙清逸士'(白文方印)、'蓉鏡珍藏'(朱文方印)、'小琅嬛清閟藏書'(白文方印)。"

③ 《鐵琴銅劍樓藏書目録》卷一二著録明刊本一部,瞿氏曰:"是書上起周平王,下迄五代,叙述史事,兼採宋儒論斷,以供童蒙拾誦。《宋史·藝文志》不載,明嘉靖中始有刻本。此四明張木刻於蘇州者。有刻板序。"

《宋史》卷三九八、《宋史新編》卷一四九、《南宋書》卷四二、《慶元黨禁》《宋中興學士院題名録》及《南宋館閣續録》等書。

此書《宋史・藝文志》不著録，見《直齋書録解題》卷一四類書類及《文獻通考・經籍考》卷二七史評史鈔類。

陳振孫曰："以遷史多《易經》語更簡嚴爲平易，體當然也。然易辭而失其義，書事而與經異者多，不可以無考，故爲是編。經之外，與他書異者，亦並載焉。"①

馬史經略五六卷　宋不著撰人　佚

此書《宋史・藝文志》史鈔類著録。

按，此編蓋就司馬遷之書，擷其精要，彙爲一編者也。

史記考一〇卷　宋徐邦憲撰　未見

邦憲，字文子，義烏人。紹熙四年（1193）試禮部第一，登進士第三，遷爲秘書郎。開禧初，韓侂胄謀舉兵伐金，邦憲首議其罪。丐外，知處州，踰年召還，因請建儲息兵，仍疏忤侂胄罷職。侂胄誅，再起官至寶謨閣待制，卒於官，年五十七，謚文肅。事迹具《宋史》卷四〇四、《宋史新編》卷一四八、《史質》卷三四、《南宋書》卷四二《金華賢達傳》卷四、《金華先民傳》卷六等書。

此書《宋史・藝文志》不著録，見《武義縣志》及《金華經籍志》史評類。

胡宗楙曰："邦憲從陳傅良究明義理，通史傳百家之書。"

附索隱史記一三〇卷　宋張材撰　佚

材，字介仲，廣漢人，淳熙中知桐川。

此書《宋史・藝文志》不著録，見《直齋書録解題》卷四正史類及《文獻通考・經籍考》（卷二七）詩評史鈔類。陳振孫曰：

① 原本"更"字以下俱闕，注云："元本闕。"今據《文獻通考》補入。

"淳熙中,廣漢張材(介仲),刊於桐川郡齋,削去褚少孫所續,而附以司馬貞《索隱》。其後江陰耿秉(直之),復取所削者别刊之。"

按,耿秉,字直之,江陰人。紹興三十年(1160)進士,累官兵部郎中,兼給事中,直徽猷閣,知平江軍府事,終焕章閣待制。秉律己清儉,兩爲浙漕,所至以利民爲事。著有《春秋傳》《五代會史》等書。事迹具《宋詩紀事補遺》卷四五、嘉定《鎮江志》卷一五等書。《宋詩紀事補遺》卷四五録其詩《挽崔舍人》一首。

西漢精華一四卷　宋吕祖謙撰　存

祖謙,字伯恭,好問之孫,金華人。孝宗隆興元年(1163)進士,復中博學宏詞科,官至秘閣著作,國史院編修,卒謚成。祖謙爲學,以關洛爲主,而無門户之見,浸淫經史,言必有宗。朱子同時諸儒,品學足與相匹者,惟祖謙與張栻耳。著作宏富,有《古周易》《周易音訓》《周易繫辭精義》《書説》《家塾讀詩記》《春秋集解》《左傳類編》《左氏博議》《左氏説》《少儀外傳》《大事記》《東萊先生西漢財論》《宋通鑑節》《吕氏家塾通鑑節要》《歐公本末》《閫範》《紫微語録》《觀史類編》《讀書記》《宋文鑑》《十七史詳節》《東萊集》等。事迹具《宋史》卷四三四、《宋史新編》卷一六五、《南宋書》卷一〇、《皇朝道學名臣言行外録》卷一三、《南宋館閣録》《南宋館閣續録》等書。

此書《宋史·藝文志》不著録,見《金華經籍志》史鈔類。

明李旻撰《撰新刊兩漢精華序》曰:"是書東萊吕先生祖謙之所作也。自司馬遷爲《史記》,用紀、傳、書、表載歷代之事,班、范二書,相繼而作,後世儒者評論其是非而爲勸戒,衆矣。然才有偏全,學有深淺,識有衷辟,故於義理未必皆合,而語意純駁,或不能免焉。先生以聖賢之學識,法春秋之褒貶,而玩索兩漢之書。凡班、范所載君臣行事制度,禮樂刑政之沿革,辭命議論之施行,功業巨細,心術隱微,論贊所未明,先儒所未發,皆校覈而評斷之。一言數字之間,必有以闖其闔奥,得其肯綮,使讀之者昭然而明釋。然而,悟真儒别妍媸,衡分銖兩,斗量而度,度無得而欺隱者矣。書凡若干卷,總名曰《兩漢精華》。夫菁華者,草木茂盛之所發也。著述之美,何啻同之,且亦以班、范之書爲實,而是則發其菁華云耳。其書學者多秘之,以寫本相傳,故文多譌誤。監察御史澤州張君伯純,嘗閲而愛之,以爲有益後學,且裨於治道也。爲政之餘,詳加校正,畀崇德令李瑋刻之梓,使博傳焉。蓋學於古,而必求是非之正,務合聖人之道,不爲異説所惑,則見諸設施,夫必鮮矣。東萊之在當時,諸儒稱其深於史學,於此足以見之。然使不本諸經而惟史是學,則議論之正,曷能如是也哉? 此又讀是書者之所當知也。東萊爲書,而張君傳之,其心則同,其嘉惠所及,不亦遠且衆乎! 君以視余曰:必子宜序。辭而不獲,輒爲記新刊之歲月,俾後之人知是書之所以傳也。正德元年(1506)歲次丙寅春二月望,賜進士及第中憲大夫南京太常少卿前翰林國史修撰太子左諭德杭郡東匡李旻序。”

按,吕氏之書,總名曰《兩漢精華》,惟明以後多分别單行,故分别著録。此書今所見善本,臺北“國家圖書館”有明正德元年(1506)澤州張伯純刊本一部。

東漢精華一四卷　宋吕祖謙撰　存

祖謙有《西漢精華》一四卷已著録。

此書《宋史·藝文志》不著録。見《四庫全書總目》史鈔類存目及《金華經籍志》史鈔類。

《四庫全書總目提要》曰:“是編乃其《兩漢精華》之一,即范氏之書,摘其要語而論之,或比類以明之,於光武、明、章、和四帝紀尤爲詳悉,所略者惟表、志耳。然不具事之本末,所論每條僅一二語,略抒大意,亦不申其所以然。蓋是書乃閱史之時,摘録於册,以備文章議論之用。後人重祖謙之名,因而刊之,與洪邁《經史法語》,均非有意著書者也。”

按,《四庫全書總目》但著《東漢精華》,蓋未見《西漢精華》也。此書今所藏善本,臺北“國家圖書館”有明正德元年(1506)澤州張伯純刊本一部。

西漢鑑論不著卷數　宋王益之撰　佚

益之,字行甫,金華人,官大理司直。著有《職源》《西漢年紀》及《漢官總録》等,蓋能熟於漢代掌故者也。事迹具《金華賢達傳》卷八、《敬鄉録》卷一二等書。

此書《宋史·藝文志》不著録,見《文淵閣書目》及《金華經籍志》史評類。

按,益之所撰《西漢年紀》三〇卷,《永樂大典》載之,清四庫館臣據益之自序及目次,釐爲三十卷著録,《提要》云:“司馬光《通鑑》所載漢事,皆本班、馬二《書》及荀《紀》爲據,其餘鮮所採掇。益之獨旁取《楚漢春秋》《説苑》諸書,廣徵博引,排比成書,視《通鑑》較爲詳密。”又云:“考益之自序稱:‘《年紀》三十卷,《考異》十卷,《鑑論》若干卷,各自爲書。’今此本不載《鑑論》,而《考異》則散附《年紀》各條之下,與序不合,殆後人離析其文,如胡三省之於《通鑑考異》歟!”

又按,《文淵閣書目》卷六《宙字號第二廚書目》著録此書一部八册,云闕。然則,明正統年間此書已罕見矣。

兩漢類要二〇卷　宋趙世逢撰　佚

世逢,事迹待考。著有《英萃集》《幽居録》等書。

此書《宋史·藝文志》史鈔類著録。

按,此書殆就兩《漢書》中相類之事,編次成書者也。

漢評不著卷數 宋徐雄撰 佚

雄,字子厚,婺州東陽人。幼而能文,治詩賦,登開禧元年(1205)進士。歷官國子博士,遷秘書少監。嘉熙四年(1240)與宫觀。雄居朝清峻,議論不阿,奉臺命決疑獄,皆雪其沉冤。著有《易解》《南圃詩稿》等。事迹具《金華賢達傳》卷六、《金華先民傳》卷六、《南宋館閣續録》等書。

此書《宋史・藝文志》不著録,見《金華賢達傳》。

兩漢筆記一二卷 宋錢時撰 存

時,字子是,號融堂,淳安人。讀書不爲世儒之習,以易冠漕司,既而絶意科舉,究明理學。江東提刑袁甫作象山書院,招主講席。其學大抵發明人心,議論宏偉,指摘痛快,聞者皆有得焉。丞相喬行簡薦授秘閣校勘,太史李心傳奏召史館校閲,旋求去,授江東帥屬歸。著有《周易釋傳》《尚書演義》《學詩管見》《春秋大旨》《融堂四書管見》《蜀阜集》《冠昏記》《百行冠冕集》等。事迹具《宋史》卷四〇七、《宋史新編》卷一五五、《南宋館閣續録》卷九、《宋元學案》卷七四、《宋元學案補遺》卷七四、《宋詩紀事》卷六五等書。

此書《宋史・藝文志》不著録,見《宋史・藝文志補》雜史類及《四庫全書總目》史評類。

《四庫全書總目提要》曰:"此書皆評論漢史,嘉熙二年(1238)嘗經奏進。前有《尚書省札》,稱十二卷,與此本合。葉盛《水東日記》以爲不完之本,非也。其例以兩《漢書》舊文爲綱,而各附論斷於其下。前一、二卷頗染胡寅《讀史管見》之習,如蕭何收秦圖籍,則責其不收六經;又何勸高帝勿攻項羽歸漢中,則責其出於詐術;以曹參、文帝爲陷溺於邪説,而歸其過於張良;於陸賈《新語》,則責其不知仁義;皆故爲苛論,以自矜高識。三卷以後,乃漸近情理,持論多得是非之平。其中如於張良諫封六國後,論封建必不可復,郡縣不能不置;於董仲舒請限民名田,論井田必不可行;於文帝除肉刑,亦不甚以爲過;尤能滌講學家胸無一物,高談三代之窠臼。至其論董仲舒《對策》,以道之大,原不在天,而在心,則金谿學派之宗旨。論元帝以客禮待呼韓邪,論光武帝閉關西域,皆極稱其能善讓,則南渡和議之飾詞,所謂有爲言之者,置而不論可矣。"

按,此書之傳本不多見,《四庫全書》據浙江范懋柱家天一閣藏本著録。《四庫簡明目録標注》云路(慎莊)有鈔本。今所藏善本,惟臺北"故宫博物院"所藏清文淵閣《四庫全書》本。民國二十三年(1934),上海商務印書館印行《四庫全書珍本初集》,即據文淵閣本影印。

三國雜事二卷　宋唐庚撰　存

庚,字子西,眉州丹稜人,瞻弟。元祐六年(1091)進士,爲宗子博士。張商英薦其才,擢提舉京畿常平。商英罷相,庚亦坐貶。後復承議郎,提舉上清太平宫,歸蜀,道卒,年五十一。著有《眉山文集》。事迹具《宋史》卷四四三、《宋史新編》卷一七〇、《史質》卷四〇、《東都事略》卷一一六等書。

此書《宋史・藝文志》不著録,見《四庫全書總目》史評類。

按,此編爲雜論三國之事,共三十六條。考《郡齋讀書志》及《直齋書録解題》别集類並著録《唐子西集》一〇卷,[①]陳振孫曰:"其文長於議論,所著名治、存舊、正友、議賞諸論皆精確。"然《四庫全書總目提要》則曰:"今觀其論諸葛亮寬待法正及不踰年改元事,論荀彧爭曹操九錫事,皆故與前人相反。至亮之和吴,本爲權計,而以爲王道之正;亮拔西縣千餘家,

① 《文獻通考・經籍考》作十五卷。

本以招安，而以爲擾累無辜，皆不中理。又謂商無建丑之説；謂張掖石圖即河洛之文，而惜無伏羲、神農以識之，尤爲紕繆。然其他議論可採者頗多，醇駁竝存，瑕瑜不掩，固亦尚論者之所節取爾。”

又按，此書原本單行，宋時或有編入其文集者。《四庫全書總目提要》曰：“……併自序一篇，後人皆編入庚文集。考《宋志》載《庚集》二十二卷，與今本同，似此書原在集内。然晁氏、陳氏書目，皆載《庚集》十卷，知今本析其一卷爲兩卷，又益以此書二卷爲二十二卷，實非原本，故《永樂大典》所載此書亦别爲一編，不著文集之目。今仍别爲二卷，以還其舊。”今所藏此書單刻之善本，臺北“故宫博物院”有清文淵閣《四庫全書》本一部二卷。臺北“國家圖書館”有傳鈔《四庫全書》本一部。彙爲叢刻者有：《函海》本、《兩湖書院重校史論叢編》本、《叢書集成初編》本，並二卷；《學海類編》本則作一卷。

三史菁英三〇卷　宋周護撰　佚

護，生平待考。

此書《宋史·藝文志》史鈔類著録。

按《通志·藝文略》三著録《三史菁英》三十卷，不著撰人，疑爲一書，《通志》偶疏也。兹編蓋掇《史記》《漢書》《後漢書》之英萃成書者。

三國紀年一卷　宋陳亮撰　存

亮，字同甫，婺州永康人，光宗紹熙四年(1193)進士第一，官建康軍節度判官，端平初追謚文毅。亮與朱子善，有志事功，其文章才辨縱横，直是開拓萬古之心胸，推倒一世之智勇也。著有《通鑑綱目》《龍川集》《陳徵君詩集》等。又輯有《歐陽文粹》《蘇門六君子文粹》。事迹具《宋史》卷四三六、《宋史新編》卷一六六、《南宋書》卷三九、《皇朝道學名臣言行外録》卷一六等書。

此書《宋史·藝文志》不著録。見《四庫全書總目》史評類存目及《金華經籍志》史評類。

《四庫全書總目提要》曰:"是書大旨主於右蜀而貶魏吴,名爲紀年,實世家論斷之體。"

按,此書原載《龍川文集》三〇卷中第十二卷,《四庫全書總目》存目所著録者,其單行之本也。此一卷之單行本,傳本罕見。存目據浙江范懋柱家天一閣藏本著録,今則未見。載入叢刻者則有《函海》本及《叢書集成初編》本。

三國人物論三卷　宋楊天惠撰　佚

天惠,字佑父,號回光,郫縣人。幼警敏,嘗取韓愈、歐陽修文集縱觀,作歌行數十篇,一時驚歎。中元豐進士,攝邛州學官。徽宗時上書言事,後入黨籍。有《彰明附子記》、文集。事迹具《宋蜀文輯作者考》《宋元學案補遺》卷四、《宋詩紀事》卷二八等書。

此書《宋史·藝文志》史鈔類著録。

按:《郡齋讀書志》史評類著録此書,晁氏曰:"右皇朝楊祐甫撰。蜀人。"晁氏誤以字爲名,又誤佑爲祐,今正。

晋評不著卷數　宋周敬甫撰　佚

敬甫,生平待考。

此書《宋史·藝文志》不著録,見劉壎《雲莊集》。

《雲莊集》卷五周敬甫《晋評序》曰:"儒者之學有二:曰性命道德之學,曰古今世變之學,其至一也,近世顧析而二焉。常評世變者,指經術爲迂;喜談性命者,詆史學爲陋。于是分朋立黨之患興,而小人乘之,藉以爲陰中賢者之術,甚可畏也。嗚呼!盍亦觀諸聖門乎!有《五經》以明其理,有《春秋》以著其用,而《論語》所紀,微而性與天道,顯而忠信篤敬。至于泰伯、文王之爲德，三仁之爲仁，子產之惠，卞莊子之勇，莫不具論。其所以然者，下逮子思、孟子之學，亦莫不然。故其言天命之性者，理也；言王季、文王之述作以及于武王、周公之達孝者，用也。其言仁義者理，而言井田學校之政與夫三王五霸之功罪者，用也。然則，言理而不及于用，言用而弗及於理，其得爲道之大全乎？故善學者本之以經，參之以史，所以明理而達諸用也。近世體道不明，人各其好尚爲學。談於下，則以好惡相毀譽；議于朝，則以出入爲黨讐；非所以爲斯世用也。自夫好尚之分，而議論之不一，適足以禍斯世，其又何賴乎？理不達諸事，其弊爲無用；事不根諸理，其失爲無本，吾未見其可相離也。友人周敬甫，喜觀諸老先生之書，間以餘力研精晋氏之史，著爲評論，往往與聖人褒貶之意合。夫讀史而訂其事之是非，窮理之要也。故予閲而嘉之，雖然，天下之理無窮，而古人心術有未易以迹断。敬甫其於六经、语、孟之微指，蓋熟復而深思焉，使是是非非瞭然于胸中，推之以考前代得失，與當世利疚，將有如權度概量之審者，然後知用之不離乎理，理之未始不宜乎用道之全體，蓋在是矣。敬甫勉乎哉！它日吾將于子乎有考也。"

十七史贊三〇卷　宋不著撰人　佚

此書《宋史・藝文志》史鈔類著録。

按，十七史者，即《史記》《前》《後漢》《三國志》《晋》《宋》《齊》《梁》《陳》《後魏》《北齊》《後周》《隋》《南史》《北史》《唐》《五代史》十七家史也。考《郡齋讀書志》著録未詳撰人之歷代史贊論五十四卷，纂《史記》迄五代史臣贊論，未知兹編是否即其中之一部分。

三代説辭一〇卷　宋不著撰人　佚

此書《宋史・藝文志》史鈔類著録。

按,此殆説夏商周三代之事,以補司馬遷之缺者也。

讀史備忘捷覽六卷　宋岳珂撰　佚

珂,字肅之,號亦齋,又號倦翁,東儿,湯陰人,居彰德,飛孫。寧宗朝權發遣嘉興軍府,兼管内勸農事,有惠政,官至户部侍郎淮東總領。嘗居郡治西北金佗坊,痛其祖飛爲秦檜所害,作《金佗粹編》。嘉定間又爲《籲天辯誣集》五卷、《天定録》二卷上之。又有《寶真齋書法贊》《槐郯録》《桯史》《玉楮集》《棠湖詩稿》等。事迹具《宋史》卷三六五、《宋詩紀事》卷六四、《南宋文範作者考》等書。

此書《宋史·藝文志》不著録,見《宋史藝文志補》。

史略三卷　宋不著撰人　佚

此書《宋史·藝文志》史鈔類著録。

按,兹編殆删史書之繁,存其大略者也。

兩漢博聞一二卷　宋楊侃撰　存

侃,字子正,錢塘人。素好學,日誦數萬言,雖飲食不釋卷。端拱中舉進士。咸平中,自薦獻所爲文,召試直集賢院,遷集賢殿修撰,晚爲知制誥。以避真宗舊諱,更名大雅。著有《職林》《大隱集》《西垣集》等。事迹具《宋史》卷三〇〇、《北宋經撫年表》等書。

此書《宋史·藝文志》史鈔類著録。

《四庫全書總目》史鈔類著録此書,提要曰:"是編摘録《前》《後漢書》,不依篇第,不分門類,惟簡擇其字句故事,列爲標目,而節取顔師古及章懷太子注列於其下,凡《前漢書》七卷,《後漢書》五卷。雖於史學無關,然較他類書採摭雜説者,究爲雅馴。《後漢書》中,間有引及《前漢書》者,必標顔師古字,而所引梁劉昭《續漢志》注,乃與章懷注無别,體例未免少疏。至所列紀傳篇目,亦往往多有譌舛。然如'四皓'條下引顔師古注曰:'四皓稱號,本起於此,更無姓名可稱,蓋隱居之人,匿迹遠害,不自標顯,秘其氏族,故史傳無得而詳。至於皇甫謐,圈稱之徒,及諸地理書説,竟爲四人安姓字,自相錯互,語又不經,班氏不載於書,諸家皆臆説,今竝棄略,一無取焉。'云云,明監本《漢書》注竟亦此條,惟賴此書幸存,則亦非無資考證者矣。"

按,此書之傳本,《四庫簡明目録標注續録》云聊城楊氏有宋本,半葉十行,行十九字。《藏園群書題記》(卷二)有明鈔本《兩漢博聞跋》今所藏此書之善本:臺北"國家圖書館"有明嘉靖戊午(三十七年,1558)黄魯曾、黄省曾兄弟刊本七部,並不著撰人名氏。其中一部存十卷,缺卷十一、十二;一部係前國立北平圖書館所寄存者;一部有清同治四年(1865)寶珣手書題記,云:"宋晁公武《郡齋讀書志·後志》史評類《兩漢博聞》十二卷,楊侃纂。景德中侃讀兩《漢書》,取其中名數前儒爲此書,以資涉獵者。侃嘗編《職林》矣,此亦其類也。侃,錢塘人,端拱中進士,官至集賢殿學士,晚知制誥,避真宗諱,易名大雅。是本明黄魯曾嘉靖三十七年(1558)刊本,有魯曾序,而書中未標撰人名氏,何疏漏之甚也。同治乙丑(四年,1865)三月十六日東山誌于奉天軍府。"下鈐"寶珣之印"(朱文方印)。《四庫全書》本即據黄氏刊本著録。臺灣省圖書館又有影宋鈔本一部,每半葉十行,行二十字,與聊城楊氏所有者不同,係前國立東北大學所寄存者。臺北"故宫博物院"有明嘉靖黄氏刊本及清文淵閣《四庫全書》本各一部。收入叢刻者,有《粤雅堂叢書》本、《申報館叢書》本及《叢書集成初編》本。

經史指要不著卷數　宋葉夢鼎撰　佚

夢鼎,建安人。應聘赴臨安,少帝北行,遂隱於西甌,以講學爲事。著有文集。事迹具《萬姓統譜》卷一二四、《宋元學案補遺别附》卷二等書。

此書《宋史·藝文志》不著録,見《福建通志》卷六八著述建寧府。

漢雋一〇卷　宋林鉞撰　存

鉞,紹興間括蒼人,事迹待考。按,《宋史·藝文志》史鈔類及類事類分别著録此書,一作林鉞,一作林越,此從史鈔類。

此書《宋史·藝文志》史鈔類及類事類著録。

《直齋書録解題》卷一四類事類著録此書,陳振孫曰:"括蒼林越撰。以《西漢書》分類爲十五篇,[①]皆句字之古雅者。雋者,取雋永之義也。"

《四庫全書總目》史鈔類存目著録此書,提要曰:"其書取《漢書》中古雅之字,分類排纂爲五十篇、每篇即以篇首二字爲名,亦間附原注。前有紹興壬午(三十二年,1162)越自序,稱大可以詳其事,次可以玩其詞。然割裂字句,漫無端緒,而曰可詳其事,其説殊誇,後有(元)延祐庚申(七年,1320)袁桷重刻跋,稱《漢雋》之作,蓋爲習宏博便利,斯爲定論矣。"

按,此書之傳本,今所藏善本:臺北"國家圖書館"有明嘉靖丙寅(四十五年,1566)成都何全刊本一部;又有明萬曆甲申(十二年,1584)會稽吕元校刊本五部,其中一部爲國立北平圖書館所寄存;又有明萬曆戊戌(二十六年,1598)新安孫平仲刊本,係前國立北平圖書館所寄存;又有明萬曆庚子(二十八年,1600)新安吴繼安校刊本一部,明萬曆間金陵周曰校刊本一部。臺北"故宫博物院"有明覆宋刊本一部,日本明和丁亥(四年,清乾隆三十二年,1767)平安書肆翻刻明萬曆本一

① 《文獻通考·經籍考》作五十篇。

部；又有明萬曆丙子（四年，1576）吴興凌氏刊《兩漢雋言》存八卷，則係合凌廸知所輯《後漢雋言》爲一編者。臺灣大學有明隆慶庚午（四年，1570）新安汪大節刊本一部。彙入叢刻者，有《續古逸叢書》本。《文林綺繡》《融經館叢書》等叢書所收者，則均於凌廸知所輯《後集》六卷合刊，都十六卷。

晋書金空鈔一〇卷　宋薛儆撰　佚

儆，生平待考。

此書《宋史·藝文志》史鈔類著録。

按，《通志》載張氏《晋書鴻烈》六卷，張緬《晋書鈔》三十卷。兹編則《宋志》始見著録。

晋書指掌一二卷　宋劉夔撰　佚

夔，字道元，建州崇安人，大中祥符間進士，累遷尚書屯田員外郎，權侍御史，以户部侍郎致仕。英宗即位，遷吏部卒，年八十三。著有《武夷山記》《應制集》《奏議集》等。事迹具《宋史》卷二九八、《宋史新編》卷九二、《史質》卷四七、《宋詩紀事補遺》卷六等書。

此書《宋史·藝文志》不著録，見《秘書省續編到四庫闕書目》類書類。

《郡齋讀書志·後志》卷一史評類著録此書，晁公武曰："皇朝劉蘷編。以《晋書》事實，以類分六十五門。"

按，此書作者，《秘書省續編到四庫闕書目》與《郡齋讀書志·後志》所載不同，《後志》爲誤，今正。

又按，《秘書省續編到四庫闕書目》著録此書，注云："闕。"然則，宋紹興間已罕見兹編傳本矣。

晋略二〇卷　宋張陟撰　佚

陟，史無傳，著有《唐年經略志》《里訓》等書。

此書《宋史·藝文志》史鈔類著録。

晋史獵精一三〇卷　宋不著撰人　佚

此書《宋史·藝文志》史鈔類著録。

按,此蓋採掇《晋書》之英萃者也。

讀史管見三〇卷　宋胡寅撰　存

寅,字明仲,號致堂,崇安人,安國弟之子,安國養爲己子。中徽宗宣和進士甲科,除校書郎,官司門員外郎。高宗建炎三年(1129)擢起居郎,官至禮部侍郎,坐與李光通書落職,責新州安置。檜死,復其官,卒謚文忠。寅守二程之學,安國與檜契交,及檜當國,寅絶不與通,至遭流竄,氣節文章並著。著有《三國六朝攻守要論》《崇正辨》《斐然集》等。事迹具《宋史》卷四三五《宋史新編》卷一六六、《南宋書》卷二四、《四朝名臣言行録》下集卷八、《宋中興學士院題名録》等書。

此書《宋史·藝文志》史鈔類著録。

按,此編乃其謫居時,讀司馬光《資治通鑑》而作。《直齋書録解題》别史類著録此書,陳振孫曰:"禮部侍郎胡寅(明仲)撰。以《通鑑》事備而義少,故爲此書。議論宏偉嚴正,間有感於時事,其於熙、豐以來,接於紹興,權奸之禍,尤拳拳寓意焉。《晦翁綱目》,亦多取之。"

《朱子語録》曰:"胡致堂議論英發,人物偉然。《讀史管見》乃嶺表所作,當時並無一册文字隨行,只是記憶,所以其間有牴牾處。"

《文獻通考·經籍考》引張栻曰:"《管見》專爲秦檜設。豈有言天下之事而專於一人者。先生曰:儘有好處,但好惡不相掩耳。又曰:致堂《管見》,方是議論,《唐鑑》議論弱,又有不相應處。前面説一項事,末又説别處去。"

《四庫全書總目提要》曰:"是編乃其謫居之時,讀司馬光《資治通鑑》而作。前有嘉定丙子(九年,1216)其猶子大壯序,[①]稱書成於紹興乙亥(二十五年,1155),又稱其父安國受知高宗,奉詔修《春秋傳》,宏綱大義,日月著明,二百四十二年之後,至於五代,司馬光所述《資治通鑑》,事雖備而立議少實,因用《春秋》經旨,尚論詳評云云。案,胡安國之傳《春秋》,於筆削大旨,雖有發明,而亦頗傷於深刻,是以《欽定春秋傳説彙纂》於其已甚之詞,多加駁正,以持褒貶之平。寅作是書,因其父説,彌用嚴苛,大抵其論人也,人人責以孔、顔、思、孟、其論事也,事事繩以虞、夏、商、周,名爲存天理,遏人欲,崇王道,賤霸功,而不近人情,不揆事勢,卒至於窒礙而難行。王應麟《通鑑問答》謂但就一事詆斥,不究其事之始終,誠篤論也。又多假借論端,自申己説,凡所論是非,往往枝蔓於本事之外。趙與旹《賓退録》曰:胡致堂著《讀史管見》,主於譏議秦會之,開卷可見也。如桑維翰雖因契丹而相,其意特欲與晋而已,固無挾敵以自重,劫國以盜權之意,猶足爲賢,尤爲深切。致堂本文定從子,其生也,父母欲不舉,文定夫人舉而子之,及貴,遭本生之喪,士論有非之者。案寅以不持本生之服遭劾,見《宋史》本傳。其自辨之書,則見所撰《斐然集》中。考漢宣帝立皇考廟、晋出帝封宋王敬儒兩章,專以自解,而於漢哀帝立定陶後一節,直爲人後者,不顧私情,安而行之,猶天性也。吁!甚矣!卷首論豫讓報仇,曰無所爲而爲善,雖大學之道不是過。若致堂者,其亦有所爲而著書者歟?則在當時,論者亦有異同者矣。至國朝朱直作《史論初集》,專駁是書,其間詆訶之詞,雖不免於過當,然亦寅之好爲高論,有以激之,至於出爾反爾也。"

---

① 《提要》原作丙寅。按嘉定無丙寅,當是丙子,今正。

按，此書之善本，《鐵琴銅劍樓藏書目録》卷一二著録宋嘉定刊本一部，瞿鏞曰："是書作於紹興二十五年(1155)，逮嘉定十一年(1218)衡陽郡守孫某刻於學署，有猶子大壯序，即此本也。每半葉十二行，行二十三字，宋諱'慎''惇'字有減筆。案姚《牧庵集》序此書，謂宋時江南宣郡有刻版，入元，歸興文署，宣之學官劉安重刻之。牧庵嘗得致堂手稿數紙，令摹諸卷首。是宋元時絶重其書也。"此嘉定本今不之見。今所藏善本：臺北"國家圖書館"有宋寶祐二年(1254)江南宛陵郡齋刊本三部，其中一部第十九、二十兩卷於明初修補鈔配；一部殘存卷二、卷四、卷九至卷十六、卷十八、卷二十七等十二卷，係前國立北平圖書館寄存者；一部存卷一至三、卷二十五至二十八七卷，亦爲前國立北平圖書館舊藏。寶祐本板匡高二十點二公分寬一四點五公分，《"國立中央圖書館"宋本圖録》著録。該館又有元覆刊宋寶祐本一部，存卷三、卷四、卷十一、卷十二、卷十九、卷二十等六卷，爲前國立北平圖書館舊藏。又有明崇禎乙亥(八年，1635)太倉張氏刊本一部。臺北"故宮博物院"有宋寶祐間刊本及清文淵閣《四庫全書》本各一部。收在叢刻者有《宛委别藏》本。

習史管見不著卷數　宋胡子實撰　佚

子實，生平待考。

此書《宋史・藝文志》不著録，見萬曆《温州府志》卷一七及《温州經籍志》卷一三史評類。

三國六朝攻守要論一〇卷　宋胡寅撰　佚

寅有《讀史管見》三〇卷已著録。

此書《宋史・藝文志》史鈔類著録。

《玉海》卷二七著録《三國六朝攻守要論》十卷，胡寅撰。

按，乾道間，趙善譽嘗以三國六朝攻守之變，鑑古事依靠今地,每事爲之圖,撰《南北攻守類考》六十三卷。[①] 疑趙氏之書,或廣胡書者也。

六朝通鑑博議一〇卷 宋李燾撰 存

燾,字仁父,一字子真,號巽巖,丹稜人。高宗紹興八年(1138)進士,官至敷文閣學士,贈光禄大夫,謚文簡。著有《易學》《大傳雜説》《尚書百篇圖》《五經傳授》《説文解字五韻譜》《續資治通鑑長編》《宋四朝國史》(與洪邁同撰)等書。事迹具《宋史》卷三八八、《宋史新編》卷一四三、《南宋書》卷三四等書。

此書《宋史·藝文志》不著録,見《四庫全書總目》史評類。《四庫全書總目提要》曰:"此書詳載三國、六朝勝負攻守之迹,而繫以論斷。案,燾本傳載所著述,無此之名,而有《南北攻守録》三十卷,其同異無可考見。核其義例,蓋亦《江東十鑑》之類,專爲南宋立言者。然《十鑑》徒侈地形,飾虚詞,以厲戰氣,可謂夸張無實。此則得失兼陳,法戒具備,主於修人事以自強,視李舜臣所論,較爲切實。史稱燾嘗奏孝宗以即位二十餘年,志在富強,而兵弱財匱,與教民七年可以即戎者異;又孝宗有功業不足之歎;燾復言功業見於變通,人事既修,天應乃至,蓋其納規進誨,惟拳拳以立國根本爲先,而不侈陳恢復之計,是書之作,用意頗同。後其子壁,不能守其家學,附合韓侂胄之意,遂生開禧之兵端,然後知燾之所見,固非主和者所及,亦非主戰者所及也。"彭元瑞《知聖道讀書跋》卷一亦云:"仁父此書,爲南宋而發,非爲六朝也。與李舜臣《江東十鑑》、錢文子《蜀鑑》同意。欲用襄、蜀以規復中原,故借古事以指今勢,宋當是時,襄、蜀皆無恙,襄爲兵衝,蜀爲財

① 見《直齋書録解題》卷八。

府,東南之所託命。其後元既陷蜀降襄,而臨安隨之,是誠謀國之蓍蔡。而慷慨激烈,望其君相之奮發有爲,則忠臣義士之用心也。洎開禧用兵,厥子季章迎合韓侂胄以取參政,觀序論所云將勇而賢,乃欲以郭倬輩當之,亦不善讀父書矣。"

按,此書之傳本,瞿鏞《鐵琴銅劍樓藏書目録》卷一二著録宋刊本,云:"卷首有《三國晋南北朝譜系圖》《六朝建都六朝攻守圖》四葉,前有紹熙三載(1192)秀國陳之賢序,乞尚學劄子。每半葉十二行,行廿二字。書中無闕筆字,惟殷浩作商浩,桓温作元温。劄子後有正書墨圖記曰:'畢萬裔宅刻梓於富學堂,舊藏邑中陳氏。'每卷有稽瑞樓朱記。"《四庫簡明目録標注》謂振綺堂有影宋鈔本,今竝不之見。今所藏善本:臺北"故宫博物院"有清文淵閣《四庫全書》本一部。"中央研究院"歷史語言研究所有鈔本一部,十卷四册。"

六朝採要一〇卷　宋趙□撰　佚

此書《宋史·藝文志》史鈔類著録,但著撰人姓氏,而闕其名。考《通志·藝文略》三著録《六朝採要》十卷,不著撰人,疑即此書。

金陵六朝帝王統紀一卷　宋杭暕撰　佚

暕,生平待考。

此書《宋史·藝文志》史鈔類著録。

按,《通志》有王豹《金陵樞要》及不著撰人之《齊梁相繼事迹》一卷等,並記六朝事,兹編殆亦此類。

讀晋史鈔評不著卷數　宋吕殊撰　佚

殊,字愚叔,號敏齋,永康人,浩子。嘉定元年(1208)進士,爲江陵府及温州教授。著有《敏齋稿》一卷。事迹具《敬鄉録》卷一〇。

此書《宋史·藝文志》不著録,見《金華經籍志》史評類。

唐要録二卷　宋薛韜玉撰　佚

韜玉,生平待考。著有《帝照》一卷。

此書《宋史·藝文志》史鈔類著録。

按,兹編殆載唐事之綱要也。

通鑑問疑一卷　宋劉羲仲撰　存

羲仲,字壯輿,號漫浪翁,南康人,恕子。長於史學。平居厲節操,以蔡京薦,召爲宣教郎編修官。至京師,時宰以下,並不造謁,忤京,不復仕。宣和初,卒於廬山。著有《太初曆》。事迹具《宋史》卷四四四《劉恕傳》、《宋元學案》卷八、《宋元學案補遺》卷八等書。

此書《宋史·藝文志》不著録,見《四庫全書總目》史評類。

按,《宋史》卷四四四《劉恕傳》云:"(恕)篤好史學,自太史公所記,下至周顯德末,紀、傳之外,至私記雜説,無所不覽,上下數千載間,鉅微之事,如指諸掌。司馬光編次《資治通鑑》,英宗命自擇館閣英才共修之,光對曰:'館閣文學之士誠多,至於專精史學,臣得而知者,唯劉恕耳。'即召爲局僚。遇史事紛錯難治者,輒以委恕。恕於魏晋以後事,考證差謬,最爲精詳。"此編即在羲仲裒集父恕與光往還論難之詞,並附修書帖於後者也。又考邵伯温《聞見録》稱《通鑑》以《史記》《前》《後漢》屬劉攽,以唐逮五代屬范祖禹,以三國歷九朝至隋屬恕,是此編所論,皆三國至南北朝事也。

《四庫全書總目提要》謂此編所辨論,皆極精核。又云:"《通鑑》帝魏,朱子修《綱目》改帝蜀,講學家以爲申明大義,上繼春秋。今觀是書,則恕嘗以蜀比東晋,擬紹正統,與光力爭而不從,是不但習鑿齒、劉知幾先有此説,即修《通鑑》時亦未嘗無人議及矣。末附羲仲與范祖禹書一篇,稱其父在書局,止類事迹,勒成《長編》其是非予奪之際,一出君實筆削,而羲仲不及見君實,不備知凡例中是非予奪所以然之故,范淳父亦嘗預修《通鑑》,乃書所疑問焉。所舉凡八事。復載得祖禹答書,具爲剖析,乃深誨其詰難之誤,且自言恐復有小言破言小道害道如己之所云者,故載之使後世有考焉。其能顯先人之善而又不自諱其所失,尤足見涑水之徒,猶有先儒質直之遺也。"

按,此書單刻之善本罕見,多收諸叢刻。《四庫簡明目録標注》著録明南監本,今未之見。今所藏善本,臺北"故宫博物院"有清文淵閣《四庫全書》本一部。彙諸叢刻者有《津逮秘書》本、《學津討原》本、《豫章叢書》本。附諸《通鑑》以行者則有《資治通鑑大全》本、《校刊資治通鑑全書》本。《四庫簡明目録標注續録》又有陳刻《通鑑》附本。

通鑑論篤四卷　宋張栻撰　佚

栻,字敬夫,廣漢人,丞相浚之子,以蔭補官。孝宗時,歷左司員外郎,除秘閣修撰,仕至湖北路安撫使。著有《南軒易説》《南軒先生論語解》《南軒先生孟子説》《諸葛武侯傳》《南軒文集》等。事迹具《宋史》卷四二九。

此書《宋史·藝文志》史鈔類著録。

《直齋書録解題》卷四編年類著録《通鑑論篤》三卷,陳氏曰:"侍講廣漢張栻(敬夫)撰。取《通鑑》中言論之精確者,表而出之,多或全篇,少至一二語,去取甚嚴,可以見前輩讀書眼力之高。"按,此書《宋志》作四卷,陳《録》但云三卷,疑非完本。

通鑑筆議不著卷數　宋戴溪撰　佚

溪,字肖望,一作少望,永嘉人。少有文名,淳熙五年(1178)爲别頭省試第一,監潭州南嶽廟。紹熙初,主管吏部架閣文字,除太學録兼實録院檢討官。嘉定八年(1215),以宣奉大夫龍圖閣學士致仕，卒，贈特進端明殿學士。紹定間，賜謚文端，學者稱岷隱先生。著有《易總説》《續讀詩記》《曲禮口義》《學記口義》《春秋講義》《石皷答問》《石皷孟子答問》《歷代將鑑博議》等。事迹具《宋史》卷四三四、《宋史新編》卷一六五、《南宋書》卷四二等書。

此書《宋史·藝文志》不著録，見《永嘉縣志》卷二一及《温州經籍志》史評類。

按，《宋史》本傳云："……召爲資善堂説書。由禮部郎中，凡六轉爲太子詹事，兼秘書監。景獻太子命溪講《中庸》《大學》，溪辭以講讀非詹事職，懼侵官。太子曰：'講退便服説書，非公禮，毋嫌也。'復命類《易》《詩》《書》《春秋》《論語》《孟子》《資治通鑑》，各爲説以進。"兹編蓋當時所進也。

又按，清崔錫修、施廷燦纂乾隆《永嘉縣志》卷二三經籍上著録此書，作《通鑑博議》，書名略異。

此書久佚，宋廬陵王霆震輯《古文集成前集》七八卷，所引諸儒評點，有《戴溪筆議》者，蓋即此書也。

續通鑑節編不著卷數　宋吕殊撰　佚

殊有《讀晋史鈔評》(不著卷數)已著録。

此書《宋史·藝文志》不著録，見《金華經籍志》史評類。

續通鑑論不著卷數　宋薛仲庚撰　佚

仲庚，字子長，永嘉人，居瑞安。事迹具《温州府志·選舉志》。

此書《宋史·藝文志》不著録，見《温州經籍志》卷一三史評類。

孫詒讓曰："案薛子長，《東甌詩集》云：'永嘉人，居瑞安。'乾隆《府志》選舉門宋薦舉有薛仲庚，樂清人。萬曆《温州府志》未注籍貫。。乾隆《平陽縣志》經籍門亦載《續通鑑論》，並誤。又《詩集》云博學宏辭。考王應麟《詞學指南》備載詞科題名,無仲庚《詩集》蓋不足據。子長與陳文節、葉忠定同時。《止齋集》卷三六有《答薛子長書》,云:‘某衰惰,何足與語今古,而左右獨見推遜,以所著南北之際義例爲惠,且下問其然否。老矣!交游彫落,願依文義當爲“顧”,各本並誤。方得三益,豈非天閔其窮,以此厚幸之耶?感激過望。所論晋非南遷,元魏無凌逼中原之暴,而其亡以六鎮,齊、梁陳之暴興,北齊之後斃,向者亦嘗見此意,往往不能發。今幸筆力先明之,胸中了然甚盛。至於君臣譜系,尤足考其細故,不謂晚年得此奇特,宜前輩所嘆也。方令兒輩傳寫一本,旦夕即納上。左右議論,誠淵源於正則,要其所到,又有過人者。近宗簡遞示吴門書稿,讀之益爽然自失。徐復自念鄉間學問將趨於弊,非時流之過,必得温厚爾雅之言,以殿其末,則吾輩皆賴以免,足下其人也。願言勉之,扶此墜緒。’[①]所謂南北之際義例,蓋即在《續通鑑論》之内。又謂子長議論,淵源正則。考《水心集》卷六《送薛子長詩》,有‘薛生静而敏,器宇絶幼愿;能文乃天資,[②]脱穎酬始願’之語。則子長爲水心門人無疑。其議論奇特,蓋得水心先生之傳者,故止齋推之如此。惜其書竟無傳也。”

按,葉適《水心先生文集》卷六《送薛子長詩》云:“藏冰得炎威,織裘禦冬霰;彼此互有適,用舍空屢變。蘭菊倚户出,松柏參天見;美質不必同,偉幹非世便。薛生静而敏,器宇絶幼愿;能文乃天資,脱穎酬始願。衆枝逐高卑,雜學徒貫穿;趨聖由一途,任重工自勸。古人文已立,後世皎難衒。媿余莫負荷,期子幸無倦。”[③]以可補《温州府志》仲庚事迹之不足,特

① 按《止齋先生文集》卷三六《答薛子長書》有三,此其第一書也。

② “資”字,《四部叢刊》據烏程劉氏藏明正統本影印作“姿”。

③ 此據《四部叢刊》影烏程劉氏藏明正統本。

迻録於此，以資參考。

通鑑手鈔不著卷數　宋何淡撰　佚

淡，字履常，東陽人，逵弟。嘉泰三年（1203）車駕臨辟雍，上舍釋褐，分教武岡。歷浙江漕司幹官，累遷國子丞，秘書郎，致仕卒。著有《賢關漫録》《武攸録》《武林録》等。事迹具《南宋館閣續録》卷八、《金華賢達傳》卷九《宋元學案補遺》卷八等書。

此書《宋史·藝文志》不著録。見《金華經籍志》史鈔類。

通鑑集議不著卷數　宋林之奇撰　佚

之奇，字偉卿，紹興中登進士，授靜江教授，著史評千餘篇，有聲文學。事迹具乾隆《温州府志》卷二〇《人物·文苑傳》。

此書《宋史·藝文志》不著録，見《温州經籍志》卷一三史評類。

按，此林之奇爲温州平陽縣人，與侯官林之奇字少穎號拙齋者同年復同姓名，俱有文名。

資治通鑑約説不著卷數　宋薛季宣撰　佚

季宣，字士龍，永嘉人，徽言子，號艮齋。年十七，從荊南帥辟書寫機宜文字，獲事袁溉。溉嘗從程頤學，盡以學授之，召爲大理事主簿，除大理正。出知湖州，改常州，未上卒。學者稱艮齋先生。著有《古書古文訓》《詩性情説》《春秋經解指要》《大學説》《論語小學約説》《地理叢考》《浪語集》等。事迹具《宋史》卷四三四本傳。

此書《宋史·藝文志》不著録，見《温州經籍志》卷一三史評類。

考陳傅良《止齋先生文集》卷五一載《右奉議郎新權發遣常州薛公行狀》，曰："……有《浪語集》若干卷，《書古文訓》若干卷，《詩情性説》若干卷，《春秋經解》若干卷，《旨要》一卷，《中庸》《大學説》各一卷,《論語小學》若干卷,《資治通鑑約説》若干卷……其文精確趣質,可以濟世;其經説不並依先儒,其校異書,必解剝其不正者。"

資治通鑑集義八〇卷　宋王師古撰　佚

師古,字唐卿,金華人。紹興二十四年(1154)進士,歷南劍州教授,守九江,知崇正學,皆有治績,終廣東提刑。著有文集。事迹具《宋元學案補遺》卷二五、《敬鄉録》卷一二、《金華賢達傳》卷八等書。

此書《宋史・藝文志》不著録,見《金華經籍志》史鈔類。

通鑑新議不著卷數　宋梅時舉撰　佚

時舉,字舜臣,永嘉人。弱冠舉於鄉,精於史學。事迹具萬曆《温州府志》卷一二《文學傳》、乾隆《永嘉縣志》卷二一《人物上・文苑傳》。

此書《宋史・藝文志》不著録,見《温州經籍志》卷一三史評類。

按,萬曆《温州府志》卷一二《文學傳》云:"時舉精於史學,著《通鑑新議》,剖析精微,多前賢所未發。"乾隆《永嘉縣志》卷二三作《通鑑新義》,書名少異。

節通鑑不著卷數　宋陳長方撰　佚

長方,字齊之,號唯室,侯官人。高宗紹興八年(1138)進士,官江陰縣學教授。少孤,奉母依其外祖林旦于吴,家于步里。學宗程氏,爲朱子所推重,人稱唯室先生。著述甚富,有《唯室先生兩漢論》《步里客談》《唯室集》等事迹具《宋史翼》卷二三。

此書《宋史・藝文志》不著録,見《唯室集》卷二。

檢《唯室集》卷二載《節通鑑序》,云:"國之有史,其來尚矣,所以善善惡惡,爲萬世法戒,其不足爲法戒者,未嘗書也。故魯僖公修泮宫，仲尼作《春秋》不載，而見之於詩，筆削謹嚴，蓋可見矣！至左氏、太史公、范蔚宗之流，雖刻畫文字，光采溢人耳目，而書事之法，駸駸流蕩，已乖於前人焉。狐突登僕，彭生敢見，與夫石言于魏榆，左氏之書也；滑稽立傳，而漆城乳媪之論著，太史公之書也；方伎立傳，而鼈爲府君之説傳，范蔚宗之書也。諸如此類，今不暇毛縷。披剝其言，直論大槩，以爲書之傳後，果何爲乎？將有補於世教耶？將開廸於來代耶？是亦徒費荊潭之竹，而漫禿南山之兔也。下及晋宋，以至陳隋，恢詭十倍於三書，而一草一木之異畢載，穢詞褻語，殆不可使父子兄弟同業共習之，爲史至於是，與古人書事之意，一何異哉？故相司馬公受命與於朝，聚歷代史爲《資治通鑑》，删繁去長，一洗千餘年之弊詞，將以備乙夜之覽也。事之存而無所加者，不可盡削，故亦不得不詳。余家世業儒，貧不能致此書，念之久矣，方將縮衣節食以求之，不幸亂離，官本存否，莫能知也。因假於交游，手自抄録，凡事之繫興衰、干教化、大得大失，皆不敢遺。其間資聞見、助談柄者，或不能盡録，非敢有所銓擇也，直以筆力不逮爾。然自三十年來，士於史籍中記一字之隱僻，摭一語之新奇，藏胸中以爲事業，言於衆以爲伎能者多矣。至於上客資治道，下可修一身者，彼直如視秦人肥瘠然，雖唱之於名世之士，余不暇學也。嗚呼！天有四時，發生肅殺不能並行於春夏；地有四岳，東西南北不能俱見於一方；天地尚爾，況人力乎？則余之取其大而遺其細也，來者亦未易加誚焉。"

按，長方長於史論，所著尚有《兩漢論》一〇卷，[①]惜今亦亡佚。又按，《唯室集》附録載胡百能撰《陳唯室先生行狀》，不云有

① 《兩漢論》十卷，《宋史・藝文志》史鈔類作一卷，非完本也。

此書,殆兹編當時未梓行也。

唐事類編二卷　宋李大同撰　佚

通鑑隨録六卷　宋李大同撰　佚

大同,字從仲東陽人,大有弟。嘉定十六年(1223)進士。學於朱熹,首陳謹獨之戒。歷官爲秘書丞,兼崇政殿説書,拜右正言兼侍講,遷工部尚書,以寶謨閣直學士知平江府,卒年八十二。著有《群書就正》《群經講義》等。事迹具《宋史》卷四二三、《宋史新編》卷一五八、《史質》卷三六、《金華先民傳》卷三、《金華賢達傳》卷五等書。

此二書《宋史·藝文志》不著録,並見《金華經籍志》史鈔類。

按,《宋史》本傳云:"遷太常少卿,兼國史編修、實録檢討兼侍講。"此二書或係當時所撰也。

唐史論斷二卷　宋孫甫撰　存

甫,字之翰,許州陽翟人。少好學,日誦數千言,舉進士,知翼城縣,杜衍辟爲永興司録。與宴語,必引經以對,衍稱爲益友。薦授秘閣校理。進十二事,按祖宗故實,校當世之治有所不逮者,以爲諷諫,名三聖政範。累官河北都轉運使。留爲侍讀,卒,特贈右諫議大夫。甫性勁果,善持論,著有《唐史記》、文集等。事迹具《宋史》卷二九五、《宋史新編》卷九一、《東都事略》卷六四、《隆平集》卷一四、《名臣碑傳琬琰集》中集卷七、《五朝名臣言行録》卷九及《北宋經撫年表》等書。

此書《宋史·藝文志》史鈔類著録。

按,孫氏嘗以《唐書》繁冗,遺略多,失體法,乃修爲《唐史記》,[①]成書七十五卷,爲論九十二首。[②] 甫没後,朝廷取其書

---

① 司馬光《温國文正司馬公集》卷一九有《書孫之翰〈唐史記〉後》。《玉海》卷四七云:"天章閣侍講孫甫,兼採諸家著録,參驗不差足傳信者,修爲《唐史記》。"

② 説見《直齋書録解題》卷四編年類"唐史論斷三卷"條。

留禁中，其從子察，録以遺温公，而世亦罕見。今則獨存論九十二篇，餘則已佚。

九十二篇所論，均爲唐代君臣行事之善惡分明可資龜鑑者。《朱子語録》曰："伯恭晚年謂人曰：'孫之翰《唐論》勝《唐鑑》。'要之，也是切於事情，只是大綱却不正了。"《宋史》本傳云："每言唐君臣行事，以推見當時治亂，若身履其間。而聽者曉然如目見之。時人言終日讀史，不如一日聽孫論也。"可見頗受推重。

此書《宋史·藝文志》作二卷，《文獻通考·經籍考》題《唐史要論》，云："一作《論斷》，二卷。"《四庫全書總目》則作三卷，是書名、卷數略有不同。《四庫全書總目提要》曰："蓋本從《唐(史)紀鈔》出别行，非其舊帙，故卷數多寡，隨意分合，實誤二本也。"

又按，紹興二十七年(1157)，此書嘗梓行於劍州，後蜀版不存。端平二年(1235)，黄準復刻於東陽，[①]今宋本已不傳。《蕘圃藏書題識》卷三著録舊鈔本一部，三卷，黄氏跋云："《唐史論斷》，余向藏影宋鈔精本，每篇論斷前有正文，當即其所撰《唐史》也。恨無别本，未及校勘，頃已歸於逸芸書屋汪氏矣。適書去之後，書友以徐虹亭藏書鈔本示余，遂收之，並無《唐史》，但存《論斷》，留於案頭，猶勝無書。末附曾、歐、蘇三公所撰諸文字節文，似宋本所無。其餘書跋牒文，亦似有異同，惜影宋已轉歸他所，不能一一勘定也。丙子歲三月廿止醒人記。"今所藏善本：臺北"國家圖書館"有清乾隆三十八年(1773)浙江巡撫進呈鈔本一部，三卷一册；又有舊鈔本三部，其中一部三卷三册，經清梁上國手校，許乃普手書題記；一部

① 説見《四庫全書總目提要》。《四庫簡明目録標注續録》亦曰："宋有紹興、端平兩刻。"

三卷四册,有朱校;一部三卷一册,係前國立北平圖書館所寄存。臺北"故宫博物院"有清文淵閣《四庫全書》本一部;又有烏絲欄舊鈔本一部。三卷三册;日本鈔本一部,三卷,附録一卷,一册。彙入叢刻者,有《函海》本、《藝海珠塵》本、《粤雅堂叢書》本、《兩湖書院重校史論叢編》本,並三卷;《學津討原》本、《學海類編》本、《叢書集成初編》本,並三卷,附録一卷。

唐鑑五卷　宋石介撰　佚

介,字守道,兖州奉符人。天聖進士,歷鄆州南京推官。篤學有志向,樂善疾惡,遇事奮然敢爲。丁父母憂,躬耕徂徠山下,以易教授,魯人號徂徠先生。慶曆中杜衍、韓琦擢太子中允,時范仲淹、富弼、韓琦同時執政,歐陽修、余靖等並爲諫官,介遂作《慶曆聖德詩》,人多指目,不自安,求出濮州,未赴,卒。著有《周易口義》《趙延嗣傳》《徂徠集》《徂徠詩鈔》等。事迹具《宋史》卷四三二、《宋史新編》卷一六四、《東都事略》卷一一三、《隆平集》卷一五、《名臣碑傳琬琰集》中集卷三五、《五朝名臣言行録》卷一〇等書。

此書《宋史·藝文志》史鈔類著録。

考《玉海》卷四九云:"石介《唐鑑》五卷,摭奸邪宦女事迹。"《宋史·石介傳》云:"著《唐鑑》以戒奸臣宦官宫女,指切當時,無所諱忌。"

檢《新雕徂徠石先生文集》卷一八載《唐鑑序》,曰:"夫還車覆,後車戒,前事之失,後事之鑑。湯以桀爲鑑,故不敢爲桀之行,而湯德克明,隆祀六百。周以紂爲鑑,故不敢爲紂之惡,而周道至盛,傳世三十。漢以秦爲鑑,故不敢爲秦之無道,而漢業甚茂,延洪四百年。唐以隋爲鑑,故不敢爲隋之暴亂,而唐室攸乂,永光十八葉。國家雖承五代之後,實接唐之緒,則國家亦當以唐爲鑑。臣遜覽往古,靡不以女后預事惡喪國家者,臣觀唐最甚矣：武氏變唐爲周,韋庶人安樂公主酖殺中宗,太平公主潛謀逆亂,楊貴妃召天寶之禍。臣歷觀前世,鮮不以閹觀用權而傾社稷者,臣視唐尤傷矣：代宗遭輔國之侮蔑,憲宗被陳慶之弑逆,昭宗爲季述之囚辱。臣眇尋歷代,無不以奸臣專政而亂天下者,臣視唐至極矣：禄山之禍,則林甫國忠爲之也；朱泚之亂,則盧杞爲之也；陳慶之弑,則皇甫鎛爲之也。嗚呼！奸臣不可使掌政,女后不可使預事,宦官不可使任權。明皇始用姚崇、宋璟則治,終用林甫、國忠則亂；德宗始用崔祐甫、陸贄則治,終用皇甫鎛則亂。自武后奪國,迄于中睿,暨天寶末年,政由女后,而李氏幾喪。自肅宗踐位,歷于代宗、德宗、順宗、憲、穆、文、武、宣、懿、僖、昭,權在中官,而唐祚終亡。詩曰：'赫赫宗周,褒姒滅之。'然則巍巍鉅唐,女后亂之,奸臣壞之,宦官覆之。臣固採摭《唐史》中女后宦官奸臣事迹,各類集作三卷,謂之《唐鑑》。噫！唐十八帝惟武德、貞觀、開元、元和百數十年,禮樂征伐,自天子出。女后亂之於前,奸臣壞之於中,宦官賊之於後,顛側崎危,綿綿延延,乍傾乍安,若續若絶,僅能至於三百年,何足言之？後之爲國者,鑑李氏之覆車,勿專政於女后,勿假權於中官,勿委任於奸臣,則國祚延洪,歷世長遠,當傳於子,傳於孫,可至千萬世,豈止齷齪十八帝,偈促三百年者哉？伏維明主戒之。"

按,范祖禹從司馬光修《資治通鑑》分職唐史,采得失之迹,善惡之效,上起高祖,下終昭、宣,凡十二卷,亦名曰《唐鑑》,於元祐初奏進。今范書猶存,徂徠之書則不幸亡矣。

唐鑑一二卷　宋范祖禹撰　存

祖禹,字淳甫,一作醇夫,一字夢得,嘉祐八年(1063)第進士,從司馬光編修《資治通鑑》,在洛十五年,不事進取。書成,薦除秘書正字。哲宗立,遷給事中。宣仁太后崩,祖禹慮小人乘間害政,諫章累上,不報。時紹述之論已興,有相章惇意,祖禹力沮之,不從,遂請外,又爲論者所誣,連貶昭州别駕而卒,年五十八。著有《詩解》《古文孝經説》《論語説》《仁皇訓典》《帝學》《祭儀》、文集等。事迹附見《宋史》卷三三七《范鎮傳》。

此書《宋史·藝文志》史鈔類著録。

按,祖禹從温公修《通鑑》,分掌唐史,以其所自得,著爲此編,凡三百六篇,元祐初上之。蔡絛《鐵圍山叢談》曰:“祖禹子温游大相國寺,諸貴璫見之,皆指目曰:‘此唐鑑之子。’”足見此書爲當世所重。晁公武《郡齋讀書志》亦曰:“取武后臨朝二十一年繫之中宗,其言曰:‘此春秋公在乾侯之義也。雖得罪於君子,有所不辭。’觀此,則知醇夫之從公,決非苟同者。”然朱子則頗鄙其論。《朱子語録》曰:“范太史《唐鑑》第一段論守臣節處不圓,要做一書補之,不曾做得。范氏此文字,草草之甚。其中資質渾厚,説得都如此平正,只是疏多不入理。終守臣節處,於此亦須有些處置,豈可使如此休了。如此議論,豈不爲英雄所笑?”又曰:“《唐鑑》有疏處,孫之翰《唐論》精細,説得利害,如身親歷之,但理不及《唐鑑》耳。”又曰:“《唐鑑》多説得散開,無收殺,如姚崇論擇十道使,患未得人,他自説得意,不知范氏何故卻貶其説。”又曰:“《唐鑑》有緩而不精處,如言租庸調及楊炎二税之法,説得都無收殺。只云在於得人,不在乎法,有這般苟且處。他是見熙寧間詳於制度,故有激而言。只那有激,便不平直。”《四庫全書總目提要》所論,較爲持平,其言曰:“(清)王懋竑《白田雜著》亦曰:‘范淳夫《唐鑑》言有治人,無治法,朱子嘗鄙其論,以爲苟簡。而晚年作《社倉記》,則亟稱之,以爲不易之論。而自述前言之誤，蓋其經歷既多，故前後所言有不同者，讀者宜詳考焉，未可執一説以爲定也。'然則，《朱子語録》之所載，未可據以斷此書也。"

又按，此書本十二卷，後吕祖謙爲之作註，乃析爲二十四卷，今所傳世者，並爲東萊音註本。《四庫簡明目録標注》著録元刊本，《續録》則著録宋刊小字本，今並未之見。今所藏善本：臺北"國家圖書館"有南宋末年建刊本，題"東萊先生音註唐鑑"，二十四卷，存首六卷。板匡高一八點七公分，寬一二點七公分，蝴蝶裝，每半葉十一行，行十九字，音註雙行，行約廿三字。版心白口，上記字數。首載祖禹自序，次元祐元年(1086)范氏《進唐鑑表》，次又上《太皇太后表》，次附唐歷代傳世之圖及歷代紀元圖。書中鈐有"晋府書畫之印"(朱文方印)、"敬德堂藏書印"(朱文方印)等印記，《"國立中央圖書館"宋本圖録》(乙部)著録。該館又有明弘治十年(1497)白昻刊本一部，二十四卷八册，即《鐵琴銅劍樓藏書目録》卷一二所載之楊伯川刻本。瞿鏞曰："東萊先生音註《唐鑑》二十四卷，題承議郎行秘書省著作佐郎騎都尉賜緋魚袋臣范祖禹撰，朝奉郎行秘書省著作佐郎兼國史院編修官兼權禮部郎官臣吕祖謙註。有范氏自序及元祐元年(1086)進書表，明弘治間常州楊伯川刻，有邑人白昻、鼓城吕鏜二序。"又有明刊黑口本一部，二十四卷二册。臺北"故宫博物院"有清文淵閣《四庫全書》本及《四庫薈要》本各一部。收入叢刻者有《金華叢書》本及《叢書集成初編》本，末附清胡鳳丹所撰《音注考異》一卷。

唐書純粹一〇〇卷　宋林瑀撰　佚

瑀，福建興化人，著有《太玄經注》《太乙釋文》《周易天人會元紀》(於徐復同撰)等書。事迹具《福建通志》卷六八。

此書《宋史·藝文志》不著録,見《福建通志》卷六八著述興化府。

按,《秘書省續編到四庫闕書目》史部雜史類著録丁禹撰《唐書純粹》八〇卷,云:“闕。”疑爲一書,惟作者誤題。是此書紹興中已罕見矣。

唐論四卷　宋諭良倚撰　佚

良倚,字伯壽,義烏人。與弟良能同入太學,同登紹興二十七年(1157)進士,官臨海丞。又季弟良弼亦太學生,兄弟皆有文名。事迹具《金華賢達傳》《宋元學案補遺》卷五六等書。

此書《宋史·藝文志》不著録,見《金華經籍志》史評類。

帝學八卷　宋范祖禹撰　存

祖禹有《唐鑑》一二卷已著録。

此書《宋史·藝文志》史鈔類著録。

按,兹編乃祖禹於元祐初在經筵時所進。編纂自古賢君,下逮宋神宗,所有聖學事實爲一編。自上古至漢唐二卷,自宋太祖至神宗六卷,每條後間附論斷。《四庫全書總目提要》曰:“祖禹初侍哲宗經幄,因夏署罷講,即上書論今日之學與不學,係他日治亂,而力陳宜以進學爲急。又歷舉人主正心修身之要,言甚切至。史稱其在邇英時,守經據正,獻納尤多。又稱其長於勸講,平生論諫數十萬言,其開陳治道,區别邪正,辨釋事宜,平易明白,洞見底蘊,雖賈誼、陸贄不是過。今觀此書,言簡義明,敷陳剴切,實不愧史臣所言。雖哲宗惑於黨論,不能盡用祖禹之説,終致更張初政,國是混淆,而祖禹忠愛之忱,惓惓以防微杜漸爲念。觀於是書,千載猶將見之矣。”

又按,此書晁公武《郡齋讀書志》著録十卷,《文獻通考·經籍考》從之。陳振孫《直齋書録解題》《宋史·藝文志》《四庫全書總目》等所著録及今傳諸本,並爲八卷,蓋析併不同故也。

此書之傳本,《欽定天禄琳瑯書目》卷二著録宋嘉定刊本三部,云:"《宋史》祖禹字淳甫,神宗時進士甲科,從司馬光編修《資治通鑑》,書成,光薦爲秘書省正字。哲宗元祐初,擢右正言,尋改著作郎,兼侍講,在講筵八年,蘇軾稱爲講官第一。嘗進《唐鑑》十二卷,深明唐三百年治亂,學者尊之,目爲'唐鑑公'是書亦同時所進,書後有嘉定辛巳(十四年,1221)青社奇礪跋,載:祖禹五世孫擇能宰高安,刊置縣齋,未幾散逸,户曹玉牒汝洋一日訪得元本,俾鋟木以永其傳云云。考《宋史·宗室世系表》,汝洋爲太宗長子,漢王元佐八世孫;奇礪,無考。按《赤城志》有齊碩者,青社人,以宣教郎知台州,則礪當屬其雁行也。詳閲是書,楮墨精好,洵屬嘉定時所刊者。"《四庫簡明目録標注》有元大德刊本,又有明刊本,云:"魚尾下有'省園藏板'四小字,似仿宋版,十行十九字。"《續録》云:"繆藝風有宋湖州活字本,十行十九字。"又有影宋鈔本,今並不之見。今所藏善本:臺北"國家圖書館"有清乾隆間永瑆精寫袖珍本一部,八卷四册。臺北"故宫博物院"有清文淵閣《四庫全書》本一部。收入叢刻者有摛藻堂《四庫全書薈要》本。

兩漢博議一四卷　宋陳季雅撰　存

季雅,字彦群,温州永嘉人。幼質靈氣邁,隋聞而思,登淳熙五年(1178)進士,又中選教官,爲隆興府教授,未幾,丁父母憂去。後差潭州教授未上,遂閉門讀書,盡抽古今文字,不復出仕。紹熙二年(1191)卒,年四十五。事迹具葉適《水心先生文集》卷一四《陳彦群墓誌銘》。

此書《宋史·藝文志》史鈔類著録。

《文獻通考·經籍考》著録《西漢史鈔》一七卷《兩漢博議》一

四卷,曰:"《中興藝文志》:陳傅良撰。指摘精要,裨正闕誤,如制度始末因革,則條其大意,遺其煩碎,而一代之興衰、治體、人才、紀綱、風俗,亦略矣,《博議》,陳季雅撰,關涉尤大。"

按,此書之卷數,趙希弁《讀書志附志》作二十卷,《文獻通考》及《宋史·藝文志》作十四卷,蓋析併不同。

又按,《温州經籍志》卷一三史評類著録此書,而云已佚,一時失考。惟此書傳本不多,民國二十四年(1935)永嘉黄群輯刊《敬鄉樓叢書》第四輯,收録此書二十卷。

西漢史鈔一七卷　宋陳傅良撰　佚

傅良,字君舉,號止齋,温州瑞安人。孝宗乾道八年(1172)進士,官至中書舍人,寶謨閣待制,謚文節。傅良師鄭伯熊、薛季宣,而友吕祖謙、張栻,講求經制之學,不事空談,文章能自成一家。著有《周禮説》《春秋後傳》《左氏章指》《建隆編》《漢兵制》《備邊十策》《歷代兵制》《永嘉八面鋒》《止齋奥論》《止齋文集》等。事迹具《宋史》卷四三四、《宋史新編》卷一六五、《南宋書》卷三九、《慶元黨禁》《宋詩鈔》《宋中興學士院題名録》等書。

此書《宋史·藝文志》史鈔類著録。

《文獻通考》卷二〇〇《經籍考》著録此書,引《中興藝文志》云:"指摘精要,裨正闕誤。如制度始末因革,則條其大意,遺其煩碎,而一代之興衰、治體、人才、紀綱、風俗,亦略矣。"

東萊先生西漢財論一〇卷　宋吕祖謙論　門人編　佚

祖謙有《西漢精華》一四卷已著録。

此書《宋史·藝文志》史鈔類著録。

按,此書著論西漢食貨之事。

漢唐論斷不著卷數　宋陳季雅撰　佚

季雅有《兩漢博議》一四卷已著録。

此書《宋史·藝文志》不著録,見《温州經籍志》卷一三史評類。

歷代紀要五〇卷　宋劉希古撰　佚

希古,生平待考,著有《切韻十玉》五卷,見《宋史·藝文志》小學類。

此書《宋史·藝文志》史鈔類著録。

通紀八〇卷　宋賈昌朝撰　佚

昌朝,字子明,真定獲鹿人。天禧初賜同進士,爲崇政殿説書。慶曆中拜中書門下平章事,英宗時判尚書都省,封魏國公。治平元年(1064),以侍中守許州,明年以疾留京師,迺以左僕射觀文殿大學士判尚書都省卒,年六十八。著有《群經音辨》《太常新禮》《慶曆祀儀》《慶曆編敕及總例》《慶曆編敕律學武堂敕式》《宋時令集解》、奏議及文集等。事迹具《宋史》卷二八五、《宋史新編》卷八七、《東都事略》卷六五、《隆平集》卷五、《名臣碑傳琬琰集》上集卷六及《宋大臣年表》等書。

此書《宋史·藝文志》史鈔類著録。

《玉海·國史志》史鈔類著録:"賈昌朝《通紀》八十卷。"按,《宋史·賈昌朝傳》云:"慶曆三年(1043)拜参政知事,居二月,拜昭文館學士監修國史。"知昌朝亦深於史事者也。

涉史隨筆一卷　宋葛洪撰　存

洪,字容甫,號盤室,自號蟠室老人,婺州東陽人。從吕祖謙學,登淳熙十一年(1184)進士。嘉定間爲樞密院編修官兼國史院編修官,實録院檢討官,累官至参政知事,觀文殿學士,卒,謚端簡,著有奏議、雜著文都二四卷。事迹具《宋史》卷四一五、《宋史新編》卷一五三、《史質》卷二七、《南宋書》卷五四等書。

此書《宋史·藝文志》不著録,見《金華經籍志》史評類。

《四庫全書總目》史評類著録此書,《提要》曰:"是書前有自序,大略謂:'微官洎布衣求進謁於廟堂者,自匄進乞憐外,往往訖無他説,是直相與爲欺而已。洪不敢爲欺,比以憂居,取歷代史温繹,閒有所見,隨而筆之,因擇其　可裨廟論者二十六篇以獻。'則是編乃洪官未達時獻於時相之作,故所論皆古大臣之事。其中論田歆一條,謂歆果介然自立,人自不敢干之以私,貴戚敢於請託,仍歆之罪;論韋奧一條,謂是非雖當順乎人情,亦當斷以己見。所言殊鑿然有理。其他多因時勢之論,亦胡寅《讀史管見》之流,而持論和平,不似寅之苛刻偏駁。惟論申屠嘉一條,反覆明相權之宜重,然宋之宰執,實無奄豎擅權以掣其肘,與漢唐事勢,截然不同,如王安石,如蔡京、章惇,如秦檜、韓侂胄、史彌遠、賈似道,皆患其事權太重,故至於盡鋤善類,斵喪國家,洪所云云,是徒知防宦官之弊,而不知防奸臣之弊,未免失之一偏矣。"

按,此書之傳本,《鐵琴銅劍樓藏書目録》著録明正德刊本一部,瞿氏曰:"明弘治間南昌道王朝有刊本。是本爲正德時鄺璠重校刻。末有王純後序及鄺璠跋。"今所藏善本:臺北"國家圖書館"有明弘治間刊本一部,一卷一册。臺北"故宫博物院"有清文淵閣《四庫全書》本一部。收入叢刻者有《知不足齋叢書》本、《得月簃叢書》本,《筆記小説大觀》本、《叢書集成初編》本,有附録一卷;《金華叢書》本,則析爲二卷。

讀史輿地考六三卷　宋趙善譽撰　佚

善譽,字静之,太宗裔,幼敏慧力學,乾道五年(1169)試禮部第一。歷潼川路提刑轉運判官。居官威惠並著,引年乞祠,歸處一室,以圖書自娱,無疾而卒,年四十七。生平多著述,有《易説》《宋朝開基要覽》等。事迹具《宋史》卷二四七、《宋史新編》卷六三、《南宋書》卷一八等書。

此書《宋史·藝文志》史鈔類著録。

此書《宋志》注云："一名《輿地通鑑》。"考《直齋書録解題》卷八地理類著録《南北攻守類考》六十三卷，陳氏曰："監進奏院趙善譽撰進。以三國六朝攻守之變，堅古事以考今地，每事爲之圖。"卷數與此書同，所載亦輿地之事，疑爲一書，蓋後人鋟梓，所題不同也。

按，宣和中，胡寅嘗著《三國六朝攻守要論》十卷，《玉海》《宋志》並著録。趙氏之書，未審是否爲廣胡書而作也。

紀年備遺一〇〇卷　宋朱黼撰　佚

黼，字文昭，永嘉人，學於陳傅良，不事舉業，躬耕南蕩山以老。事迹具《宋史翼》卷二五。

此書《宋史·藝文志》不著録，見《文獻通考·經籍考》卷二〇及《國史經籍志》三。

考葉適《水心先生文集》卷一二載《紀年備遺序》，曰："孔子没，統紀之學廢，漢以來經史文詞，裂而爲三，小道雜出，不可勝數。殫聰明於微淺，自謂巧智，不足以成德，而人材壞矣。王通、二司馬緝遺緒，綜世變，使君臣德合以起治道，其粗細廣略不同，而問學統紀之變，不可雜也。平陽朱黼，因《通鑑》《稽古録》，章別論著，始堯舜，迄五代，三千餘篇，述吕武、王莽、曹丕、朱温，皆削其紀年，以從正統。曰：吾爲書之志也，書法無大於此矣。報讎明恥，貴夏賤夷，其次也。凡民人家國之用，制度等滅之異，皆爲説以處之；衆言之淆亂，則析而一之，訛謬之相承，則釐而正之；南北華戎之離合，爭奪之碎，人所厭簡，亦備論之。該括既多，而條目衆矣，所以存世次，觀興壞，本經訓，原事實，芟理無蔓，顯發精隱，扶樹正義，蒐舉墜逸，不以華爲辨，不以意爲覺，無偏駁之説，無新特之論，反而約之，知其能費而隱也，時而措之，知其能曲而當也。嗚呼！此豈非學者之所當盡其心歟。何後世用力者之難,而成功者之寡也。”

按,陳振孫《直齋書録解題》卷四編年類著録《紀年統紀論》一卷,而不載此書。陳《録》一卷之書,即兹編論正統部分之單行者,然則,端平中此書已罕見矣[①]。

又按,此書雖佚,然摘刊此書三國、六朝、五代部分而加竄亂之《三國六朝五代紀年總辨》二八卷一書,則猶有傳本,是則,猶可據以略窺此書之内容也。

紀年備遺正統論一卷　宋朱黼撰　佚

黼有《紀年備遺》一〇〇卷已著録。

此書《宋史・藝文志》史鈔類著録。

《直齋書録解題》卷四編年類著録《紀年正統論》一卷,陳氏曰:“永嘉朱黼(文昭)撰。黼從陳止齋學。嘗著《紀年備遺》,起陶唐,終顯德爲百卷,蓋亦本《通鑑》《稽古録》。而擷其中論正統者爲《統紀論》。是編葉水心序之。”是知兹編乃《紀年備遺》一〇〇卷中論正統部分之單行者也。

按,陳《録》所著録之本,書名與《宋志》所載者小異。《温州經籍志》卷一三史評類著録此書,則作《紀元統紀論》,而《乾隆温州府志》卷二七所著録則作《紀元統論》,是知此書當時有多本流傳,今則並已亡佚矣。

三國六朝五代紀年總辨二八卷　題宋朱黼撰　存

黼有《紀年備遺》一〇〇卷已著録。

此書《宋史・藝文志》不著録,見《四庫全書總目》史評類存

---

① 陳振孫,端平中人,其事迹具《宋史翼》卷二九、《宋元學案補遺》卷二二等書。清陳壽祺撰有《宋目録學家晁公武陳振孫傳》,宣統二年(1910)載《國粹學報》六卷六期。近人陳樂素撰有《〈直齋書録解題〉作者陳振孫》,民國三十五年(1946)十一月二十日載《大公報》文史副刊。

目一。

考朱彝尊《曝書亭集》卷三五載《三國六朝五代紀年總辨序》，曰："永嘉先生者，宋平陽布衣朱黼（文昭）也。陳君舉講學東甌，文昭年相差次，首著録門下。又與葉正則定交。二公出仕，文昭奉母楊，躬耕南雁蕩山。君舉謂其屢舉不第而業益修，謝客深居而士益附，續史家之緒，論撰不休；正則美其有賢母，教以篇章，書成百卷。又言其獨釣孤耘蜑浦蠻村，蓋遯世之士也。所著《紀年備遺》百卷，正則作序，謂其本《通鑑》《稽古録》，而以吕雉、王莽、曹丕、武曌、朱温，皆削去其紀年，義理所會，無偏駁之説，斯長于識者已。今之存者，特三國、六朝、五代偏安本末二十八卷，目録四卷，開禧丁卯（三年，1207）錦溪吴奂然（景仲）序之，非足本也。當日文昭母楊，年八十有六而終，實教之筆削，見正則挽詩，此彤管所當書者，而府縣志不書，于是乎書。"

按，葉水心謂此本爲《紀年備遺》一〇〇卷之孑遺固不誤，然此本實經後人竄改淆亂，已非原本之舊。《四庫全書總目提要》辨之甚詳，其言曰："前有開禧丁卯（三年，1207）吴奂然序，稱魏仲舉比求到永嘉先生《三國六朝五代紀年總辨》，循《通鑑》案前史而爲之辨論，詞語警拔，侍郎葉公正則亦稱此書事理融會，今昔貫通云云。案《文獻通考》載《紀年統論》一卷、《紀年備遺》一百卷，永嘉朱黼撰，引陳振孫《書録解題》謂其起陶唐，終顯德，與此本不符。又載葉適《序》，稱其書三千餘篇，述吕武、王莽、曹丕、朱温，皆削其紀年。今此本三國始於漢昭烈帝章武元年，不列曹丕；五代始於唐天祐四年迄十九年，下接後唐同光元年，不列朱温，其例又復相合。考魏仲舉乃建陽書賈，今所傳五百家注韓柳文集，即出其家，蓋以刊書射利者。又吴奂然序，首以用兵立言，中復有靈旗北指諸君封侯之秋語,蓋開禧丁卯(三年,1207),正韓侂胄肇釁敗盟之時,時方競講北征,故仲舉於《紀年備遺》之中,摘刊割據戰伐之二十八卷,以備程試答策之用。官序末有上可發前人未盡之藴,下可以爲學者進取之階語,則書肆之曲投時局,以求速售,其大旨了然者矣。卷端冠以三國兩晋南北朝五代世系與地理攻守之圖,又《甲子紀元總要》一卷,於曹丕、朱温皆紀其年號,與本書乖刺,知亦仲舉所加,非黼之舊也。"

又按,此書傳本不多。《四庫全書總目》存目據江蘇蔣曾瑩家藏本著録。今所藏善本,僅臺北"國家圖書館"有清乾隆三十九年(1774)江蘇巡撫薩載進呈影宋鈔本,有朱筆校改,題"永嘉先生三國六朝五代紀年總辨",二十八卷四册。

唯室先生兩漢論一卷　宋陳長方撰　佚

長方有《節通鑑》(不著卷數)已著録。

此書《宋史・藝文志》史鈔類著録。

《直齋書録解題》别集類著録《唯室兩漢論》一卷,陳氏曰:"吴郡陳長方(齊之)撰。紹興八年(1138)進士。"

按,長方號唯室,人稱唯室先生。《唯室集》附録載胡百能撰《陳唯室先生行狀》云:"有文集十四卷,《春秋私記》三十二篇,《尚書講義》五卷,《兩漢論》十卷,《步里談録》二卷,《辯道論》一卷。"然則,陳《録》及《宋志》所著録者俱非完本也。

歷代史贊論五四卷　宋不著撰人　佚

此書《宋史・藝文志》不著録。見《郡齋讀書志・後志》史評類及《文獻通考・經籍考》史評史鈔類。

晁氏曰:"未詳撰人。纂《史記》迄五代史臣贊論。"

唐史發潛六卷　宋張唐英撰　佚

唐英,字次功,新津人,自號黄松子。少攻苦讀書,至經歲不知肉味。及進士第，薦試賢良方正，不就，調穀城令。神宗即位，知其人，擢殿中侍御史，未幾卒。著有《仁宗政要》《宋名臣傳》《九國志補》《蜀檮杌》等。事迹具《宋史》卷三五一、《宋史新編》卷一二一《東都事略》卷一〇二、《名臣碑傳琬琰集》中集卷一四及《皇宋書録》等書。

此書《宋史·藝文志》史鈔類著録。

檢《困學紀聞》卷一四"考史"條曰："《唐史發潛》謂武氏之起，袁天綱言其貴不可言，李淳風云當有女主王天下，已在宫中。此必武氏僭竊之後，奸佞之徒神其事，言天之所啓，非由人事也。"知此書蓋在唐事之逸聞也。

新唐書略三五卷　宋吕祖謙撰　存

祖謙有《西漢精華》一四卷已著録。

此書《宋史·藝文志》不著録，見《直齋書録解題》卷四別史類及《金華經籍志》史鈔類。

陳振孫曰："吕祖謙授徒，患新史難閲，摘要抹出，而門人鈔之，蓋節本之有倫理者也。"

今檢臺北"國家圖書館"所藏明藍格鈔本，卷末有祖謙子延年後識，云："右《新唐書》三十五卷，蓋先太史公抹筆，而門人抄出成是編也。始先君授學麗澤，時患新唐史文多，，且閲者難，因抹出體要，盡此書，雖然，先君之意，不止爲學者摘要計也，其寓意於筆削史法實在焉。今觀元所抹本，一挾板之間，或備取而不遺，或盡置而不録，或前後不加點，而獨抹出兩三字、四五字，或點出一日一月，若前後斷續不屬，及聯比而録出之，則首尾如貫珠，蓋唐三百年間，國家之體統，制度之因革，君子小人消長，中國夷狄之盛衰，一一可考而無遺矣。則先君之志，豈止爲摘要計哉。當嘉祐年間，一時名公删修舊唐史而爲新史，及進書表云：'其事則增於前，其文則省於舊。'可謂盡矣。及是槩之以先君之筆,則知新史之文尚繁,信乎史筆之不易言也。郡太守度支趙公,時從容語麗澤書院,且求索先君手澤,即覩是編,反覆之良久,言曰:'今成公遺書,家有之矣,而此編乃未出,不可。'因命鋟木,置之麗澤書院,蓋趙公有見於是編矣。延年何足以知之。端平丙申(三年,1236)季春朔,延年敬書。"

按,《宋史》本傳云:"晚年會友之地曰麗澤書院,在金華城中。既歿,郡人即而祠之。子延年。"然則是編乃祖謙晚年之作也。

又按,此書傳本不多,今所見善本,僅臺北"國家圖書館"有明藍格鈔本一部,三十五卷十册。每半葉十行,行二十二字,鈐有"雲輪圖"(朱文長方印)、"荃孫"(朱文長方印)等印記,知經繆藝風收藏。

漢論一三卷　宋倪遇撰　佚

遇,生平待考。

此書《宋史·藝文志》史鈔類著録。

考《宋志》子部類事類又著録其《漢書家範》十卷,知其熟於漢史者也。

唐史斷二〇卷　宋陳惇修撰　佚

惇修,生平待考。

此書《宋史·藝文志》史鈔類著録。

按此編殆評唐史者也。

唐史名賢論斷二〇卷　宋王諫撰　佚

諫,生平待考。

此書《宋史·藝文志》史鈔類著録。

按,此書又見《宋史·藝文志》文史類。殆輯當時人之評唐史者爲一編。

唐史屬辭四卷 宋程鵬撰 佚

鵬,字彦升,元祐間人,嘗爲錢塘椽,里籍未詳。

此書《宋史·藝文志》史鈔類著録。

《郡齋讀書志》小學類著録《唐史屬辭》五卷,《南北史蒙求》十卷,晁氏曰:“未詳撰人,皆效李瀚也。”

《玉海》卷四九云:“程鵬《唐史屬辭》四卷,四言成文,兩兩相比。元祐元年(1086)楊傑序。”

按,晁志云:“效李瀚”者,蓋指瀚所著《蒙求》三卷一書也。瀚纂經傳善惡事實類者,兩兩相比爲韻語,取蒙卦“童蒙求我”之義名其書,以教學童云。[①] 考宋楊傑《無爲集》(卷九)載《唐史屬辭序》,云:“仁宗皇帝嘗謂商周已來,爲國長久,惟唐不幸,接乎五代衰世之士,氣力卑弱,言淺意陋,不足以起其文,而使明君賢臣,雋功偉烈,與夫奸虐,皆不包暴其善惡以動人耳目,誠不可以垂勸戒,示久遠,乃詔備舊史以成新書。是時内出四庫所藏,外訪求遺事于天下,若文集誌刻野語逸史,搜索殆徧,而其册定討論,皆一時儒學之士,凡十有七年而後成,于是與漢晋諸史,方軌並駕,以垂無窮。吁!可謂盛矣。嘉祐中其書新出,而天下之士傳録誦讀,惟恐其後。時程鵬(彦升)篤愛是書,乃採一代事迹,四言成文,两两相比,題曰《唐史屬辭》,總成四卷,其于善惡邪正,雖皆因其傳文,而于輕重諧偶,若權衡然,可謂勤且至也。觀者用力少,而收功多,將求鏤版,以廣其傳,丐予以爲序。彦升有道學行,予科場友也。初命錢塘椽,上官稱其材,將見其所施,故設此以爲彦升道。元祐元年(1086)閏二月一日泗州青陽述。”

又按,此書楊傑《序》,《玉海》《宋志》並云四卷,晁《志》作五卷,

① 説見《郡齋讀書志》及《直齋書録解題》小學類。

又曰撰人未詳,疑公武所見者,或爲後人所增益,已非原本。

唐帝王號宰臣録一〇卷　宋不著撰人　佚

此書《宋史·藝文志》史鈔類著録。

按,此書殆鈔録《唐書》帝王年號及宰臣姓名也。

十七史詳節二七三卷　宋吕祖謙撰　存

祖謙有《西漢精華》一四卷已著録。

此書《宋史·藝文志》不著録,見《四庫全書總目》史鈔類存目。

按,此書爲祖謙讀史時删節備檢之本,凡《史記詳節》二十卷、《西漢書詳節》三十卷、《東漢書詳節》二十五卷、《三國志詳節》二十卷、《晋書詳節》三十卷、《南史詳節》二十五卷、《北史詳節》二十八卷、《隋書詳節》二十卷、《唐書詳節》六十卷、《五代史詳節》十卷。前冠以疆地之圖、世系之圖、紀年之圖。《四庫全書總目提要》曰:"所録大抵隨時節鈔,不必盡出精要,如東漢、晋二史内,四言贊語於本書已屬贅拇駢枝,乃一概摘存,殊爲冗雜。又如《北史》紀傳爲隋代而作者,業已併入《隋書》,乃獨四夷一傳,仍及隋事,而《隋書》内遂删去之,爲例亦間有不純。然南宋諸儒,大抵研究性命而輕視史學,故朱子作《貢舉私儀》,欲分年試士,以《史記》、兩《漢》爲一科,《三國》《晋書》《南北史》爲一科,《新》《舊唐書》《五代史》爲一科,蓋虚談無實之弊,朱子亦深慮之矣。祖謙雖亦從事於講學,而淹通典籍,不肯借程子玩物喪志之説以文飾空疏,故朱子稱其史學分外仔細。附存其目,俾儒者知前人讀書必貫徹首尾,即所删節之本,而用功之深,至可以概見,則此二百七十三卷者,雖不能盡諸史之全,而足以爲宋儒不廢史學之明證也。"

又按,此書歷代屢經傳刻,或十七史合刻,或單刻其中一史,且每多經書賈僞竄舛亂。瞿鏞《鐵琴銅劍樓藏書目録》著録元刊本《十七史詳節》二百七十三卷，曰："此書仿南宋巾箱本，凡《史記》二十卷、《西漢書》三十卷、《東漢書》三十卷、《三國志》二十卷、原闕，以明刻本補。《晋書》三十卷、《南史》二十五卷、《北史》二十八卷、《隋書》二十卷、《新唐書》六十卷、原闕，以明刻本補。《五代史》十卷，世傳爲吕成公輯録本，而公弟監倉子約所撰年譜不載。又樓宣獻《祠堂記》詳言公所著，亦不及此書，其説實誤歟明建陽慎獨齋劉弘毅刻本，概題爲'東萊先生某史詳節'。此本於《史記》則曰'東萊先生增入正義音註史記詳節'；於《漢書則曰'參附漢書三劉互注西漢詳節'，又曰'諸儒校正西漢詳節'；於《後漢書》則曰'諸儒校正東漢詳節'餘皆曰'東萊校正某書詳節'，其爲書賈假名以增重可知。且《漢書》中雜附致堂胡氏之論，即《讀史管見》中語。考致堂猶子大壯跋《管見》，謂書成，刻於嘉定十一年(1218)，成公安得預見其書而採之耶？又書中有互注及每種前有世系、紀年、地里之圖，乃宋末時書肆所行纂圖互注之本，其非公所作明矣。"按，兹編既爲祖謙讀史時删節以備檢之書，初無意刊刻傳世，則年譜等未必著録，不足以據此遽定爲非祖謙所著也。至於書中雜附胡寅《讀史管見》三〇卷之論，及世系、紀年、地里之圖，則爲後人所增益竄亂者也。

又按，此書今所傳善本頗多，所藏善本，合刻部分：臺北"故宫博物院"有宋建陽書坊刊本一部，殘存二百七十卷，九十八册，中《史記詳節》缺三卷。該院又有明建陽劉氏慎獨齋刊本三部，其中一部《東漢書》缺卷五至卷七，《北史》缺卷七至卷二十，《隋書》缺卷一至卷五，《新唐書》缺卷四十四至卷四十六及卷五十二至卷五十五，計缺二十九卷，殘存二百四十四卷。臺北"國家圖書館"有明正德丙子(十一年，1516)建陽劉氏慎獨齋刊本三部；明隆慶己巳(三年,1569)陝西布政司刊本二部；朝鮮舊鈔本一部。單刻部分：臺北"國家圖書館"、臺北"故宫博物院"各有一部宋紹興間建安刊十四行本《三國志詳節》,題"東萊先生校注三國志詳節",板匡高一五點六公分,寬十一公分,首載裴松之上《三國志注表》,次附三國世系之圖、紀年之圖、疆理之圖。每半葉十四行,注雙行,行二十四字。版心黑口,左欄外有耳題,記篇名及卷數。宋諱玄、朗、弘、殷、匡、胤、恒、禎、貞、徵、讓、署、樹、桓、構、搆、溝、慎、惇、敦、燉字均缺末筆,寧宗以下廟諱不避。臺北"國家圖書館"所藏者,每卷標題原有"詳節"二字,均爲書賈剜去,蓋欲以冒充完本。臺北"國家圖書館"又有明嘉靖刊《東漢書詳節》一部,三十卷六册；明正德十一年(1516)建陽劉氏慎獨齋刊《三國志詳節》一部,二十卷六册；明嘉靖間刊《三國志詳節》一部,二十卷八册。臺灣大學有明正德間建陽劉氏慎獨齋刊《東漢書詳節》一部,三十卷八册。

名賢十七史確論一〇四卷　宋不著撰人　佚

此書《宋史・藝文志》史鈔類著録。

按,兹編蓋纂集當時人于《史記》迄五代史之評論。

五代史略似二卷　宋胡旦撰　佚

旦,字周父,濱州渤海人。少有雋才,博學能文辭,太宗時舉進士第一,爲將作監丞,通判昇州,累遷右拾遺,直史館,數上書言時政利弊,歷官秘書,監喪明,以秘書省少監致仕,居襄州卒。旦喜讀書,既喪明,獨令人誦經史,隱几聽之,不少輟。著有《漢春秋》《將帥要略》《演聖通論》《唐乘》《家傳》等三百餘卷。事迹具《宋史》卷四三二、《宋史新編》卷九一、《東都事略》卷三八及《玉壺清話》等書。

此書《宋史・藝文志》史鈔類著録。

按,《玉海》云:"天聖五年(1027)十二月二十一日辛卯,秘書監致仕胡旦上《唐乘》七十卷,《五代史略》四十三卷……"視《宋史·藝文志》所著録者多一卷。

續帝學一卷　宋李埴撰　佚

埴,字季允,燾子,壁弟也。紹興進士,知常州府,以安靜爲治。改知夔州,召爲禮部侍郎,以持論侃直,出知鄂州,復與諸司爭曲直,不相能,罷去,後累遷資政殿學士。嘉熙二年(1238)卒於官,年七十八。著有《通禮》《皇宋十朝綱要》《趙鼎行狀》《固陵録》《續補漢官儀》《悦齋文集》等。事迹具《宋史翼》卷二五、《慶元黨禁》《《南宋館閣續録》《宋中興東宫官僚題名》《南宋制撫年表》等書。

此書《宋史·藝文志》史鈔類著録。

按,范祖禹在元祐間在講筵達八年,編集自三皇五帝迄於宋神宗之聖學事實爲一編,以備勸講,號曰《帝學》一〇卷。考《宋會要輯稿·崇儒》稱嘉定七年(1214)八月,埴以起居郎兼侍講;《宋中興東宫官僚題名》則稱埴遷朝議大夫起居郎兼國史院編修官、實録院檢討官兼侍講。此書蓋其在講官時倣祖禹《帝學》著成也。王德毅先生《李燾父子年譜》以此書之進呈,繫之嘉定十一年(1218),時埴五十八歲也。

歷代史辯志五卷　宋不著撰人　佚

此書《宋史·藝文志》不著録,見《郡齋讀書志》卷七史評類集《文獻通考·經籍考》史評史鈔類。

晁公武曰:"未詳撰人。亦有可觀者,凡百許篇。序謂人之志有甚微者,不可不辨,故以名書。"①

① 此據清光緒十年(1884)長沙王先謙校刻本。王氏校刊本以衢本爲底本,以袁本爲輔本。袁本無"亦有可觀者"以下二十六字。《文献通考》所引係據衢本。又《文獻通考》"辨"字作"辯"。

諸史臣謨八卷　宋姚虞賓撰　佚

虞賓,生平待考。

此書《宋史・藝文志》史鈔類著録。

按,兹編殆編集史書中諸臣理政之言也。

諸史發揮一二卷　宋鄭少微撰　佚

少微,字明舉,成都人也。元祐進士,時蘇軾知貢舉,得少微與古郫楊天惠、三嵎李新,時人號爲三儁。宣和間尚書論時政,坐廢,貧無田宅,而志學益力,爲文益工,與劉涇俱以文知名。徙居臨邛,自號木雁居士,官至朝請郎。著有《鄭少微策》六卷。事迹具《宋史》卷四四三、《宋史新編》卷一七〇、《東都事略》卷一一六等書。

此書《宋史・藝文志》史鈔類著録。

按,此書殆亦劉涇《西漢發揮》之類也。

諸史偶論一〇卷　宋不著撰人　佚

此書《宋史・藝文志》不著録,見《宋史藝文志補》史學類。

前漢六帖一二卷　宋陳天麟撰　佚

天麟,字季陵,宣城人,紹興十八年(1148)進士,累官集賢殿修撰,歷撰知饒州、襄陽。贛州,並有惠績,未幾罷,起集英殿修撰,卒。著有《易三傳》《游仙唱和》等。事迹略具《宋中興東宫官僚題名》《紹興十八年同年小録》等書。

此書《宋史・藝文志》史鈔類著録。

按,唐白居易嘗撰《六帖》三十卷,[①]雜採成語故實,備詞藻之用。考程大昌《演繁露》謂:"唐制開元舉行課試之法。帖經者,以所習經掩其兩端,中間惟開一行,裁紙爲帖,凡帖三字,視時增損,可否不一,或得四得五,得六者爲通,六帖之名所

① 《唐志》作《白氏經史事類六帖》,蓋其别名。

由起，取中帖之多者以名其書，期必中選也。”然則，此書殆取《漢書》中精語可備詞賦制文采勇者類萃成編也。

又按，天麟又嘗取《漢書》所用古字，以今韻編入，爲《前漢古字韻編》五卷，[①]知陳氏深於《漢書》也。

兩漢提要一〇卷　宋蘇欽撰　佚

欽，字伯臣，一字伯成，福建仙游人。登宣和六年(1124)進士，歷惠州録參，調知閩清縣，張浚嘉其廉，易知閩縣，改知新建縣，擢守巴州，改知閬州，官至利路轉運使，尋以疾卒。欽居官清廉，饋贈一無所受，天性孝友，時人稱之。《宋詩紀事補遺》卷三六録其詩《瑞泉庵》《聽雨軒》二首。事迹具《莆陽文獻傳》卷一八《宋詩紀事補遺》卷三六等書。

此書《宋史·藝文志》不著録，見《福建通志》卷六八著述永春州。

讀史明辨二四卷續集五卷　宋陳應行撰　佚

應行，字季陵，建安人。嘗類編杜詩爲《六帖》十八卷。[②]

此書《宋史·藝文志》史鈔類著録。

史説一〇卷　宋吕祖謙撰　佚

祖謙有《西漢精語》一四卷已著録。

此書《宋史·藝文志》不著録，見《郡齋讀書志·附志》上卷史評類。

趙希弁曰：“《史説》十卷。右東萊先生吕成公之説也。”

史學提要一卷　宋黄繼善撰　存

繼善，字成性，盱江人，[③]事迹待考。

---

① 《直齋書録解題》卷三小學類著録《前漢古字韻編》五卷，陳振孫曰：“侍郎宣城陳天麟(季陵)撰。取《漢書》所用古字，以今韻編入。”

② 《直齋書録解題》卷一四類書類著録《杜詩六帖》一八卷，陳振孫曰：“建安陳應行(季陵)撰，用白氏門類，編類杜詩語。”

③ 此據《宋詩紀事小傳補正》卷四。

此書《宋史·藝文志》不著録,見《四庫全書總目》史評類存目一。

《四庫全書總目提要》曰:"其書以四言勻語編貫諸史,始自上古,迄於宋末,以便初學記誦。然舊本繼善宋人,而述宋亡,且稱德祐幼主降於大元,何耶?寧都《魏禧集》有是書序,併云重訂其譌闕,又屬盱江凃大訒(允恒)補撰二篇,復爲之注。考宋人所述,宜止於五代,此本既止於宋,則僅補一篇,且又無注,未必即禧之所序。觀大元之稱,當爲元人所增也。"

按,此書傳本不多,《四庫全書總目》存目據江西巡撫採進本著録。明朱升輯、清陸隴其校訂之《小四書》,收録此書,然今無藏本,未得經眼。

通鑑綱目二三卷　宋陳亮撰　佚

亮有《三國紀年》一卷已著録。

此書《宋史·藝文志》史鈔類著録。

按,玆編殆鈔録光書之大要,以備閲覽者也。

葉學士唐史鈔一〇卷　宋葉適撰　佚

適,字正則,永嘉人,爲文藻思英發,登淳熙五年(1178)進士,召爲太學正,遷博士,曾薦陳傅良等二十四人於丞相,皆召用,時稱得人。寧宗時累官寶文閣待制,兼江淮制置使。初,韓侂胄欲開兵端,以適每有大讎未復之言,重之。侂胄誅,中丞雷孝友劾適附侂胄用兵,遂奪職。杜門著述,自成一家,學者稱水心先生。著有《周易述釋》《習學記言》《名臣事纂》、文集等。事迹具《宋史》卷四三四本傳。

此書《宋史·藝文志》史鈔類著録。

按,《宋史·藝文志》著録此書,注曰:"不知名。"考適官終寶文閣學士,故當時人多以葉學士稱之。其所著書,亦多以此標題,如章俊卿《群書考索續集》卷一三引《水心賢良進卷》,

則稱《葉學士進卷》。明黎諒跋《水心集》,稱其所得舊本有題《葉學士文集》者,皆其證也。

又按,此書歷來公私書目罕見著録。考宋魏仲舉《五百家注音辨昌黎文集》卷首,列所收評論詁訓音釋諸儒名字云:"永嘉葉氏名適,字正則,議論見《唐鈔》。"魏書之例,凡云某人議論見某書者,皆其人自著之書,如引王得臣之書,則云議論見《麈史》;沈括之書,則云議論見《筆談》,如此之類。魏書所云《唐鈔》,當即此書也。

世系手記一卷　宋李石撰　佚

石,字知幾,資陽人,本名知幾,後感夢兆,改今名,而以知幾爲字。舉進士高第,高宗紹興末,以趙逵薦,任太學博士,終成都轉運判官。石爲成都學官,就學者如雲,古今蜀學推最盛。居官尚品節,文章淵源蘇氏。著有《方舟易學》《續博物志》《方舟集》等。事迹具《宋史翼》卷二八、《南宋文範》等書。

此書《宋史・藝文志》史鈔類著録。

按,玆編殆録歷代帝系也。

兩漢著明論二〇卷　宋不著撰人　佚

此書《宋史・藝文志》史鈔類著録。

《宋志》注云:"不知作者。"《直齋書録解題》卷一四類書類有無名氏《兩漢博聞》二十卷,未知是否一書。

議史摘要四卷　題宋吕祖謙撰　未見

祖謙有《西漢精華》一四卷已著録。

此書《宋史・藝文志》不著録。見《四庫全書總目》史評類存目一。

《四庫全書總目提要》曰:"舊本題曰'新刊祖謙吕先生《議史摘要》'又題曰'議史摘粹',一書之中,其名已自相矛盾。今檢其文,即吕祖謙《左氏博議》但增以注釋耳。然注釋亦極淺陋,惟板式頗舊,蓋元明間麻沙書坊僞刻也。”

按,祖謙於乾道三年(1167)遭母喪,居明招山,學子有來講習者,於是取左氏書理亂得失之迹,疏其説於下,成《左氏博議》二十五卷。[①]《左氏博議》歷代書目均置經部春秋類,今猶多傳本。此編則傳本罕見,《四庫全書總目·存目》據浙江吴玉墀家藏本著録,今則未之見。

十二國史略三卷　宋不著撰人　佚

此書《宋史·藝文志》史鈔類著録。

按,《宋志》注云:“不知作者。”考《通志·藝文略》雜史古雜史有《十二國史》四卷,亦無撰人,書名、卷數小異,疑爲一書。

章萃集三卷　宋不著撰人　佚

此書《宋史·藝文志》史鈔類著録。

按,《宋志》注云:“不知作者。”此書諸家書目罕見。

南北籌邊一八卷　宋曾三英撰　佚

三英,字無愧,臨江人,三異弟,著有《蒙史》。

此書《宋史·藝文志》不著録,見《文獻通考·經籍考》史評史鈔類。

檢周必大《周文忠公集》卷五四載曾無愧《三英南北籌邊序》,曰:“高宗南渡之初,金人方強,未暇弔伐,士大夫日夜爲防守江淮計。是時右正言吕祉獻言最切,後以直龍圖閣帥金陵,遂與僚屬吴若、陳克著《東南防守利便》三卷上之,事既詳實,文亦條暢,蓋若、克皆文士,而祉則以功名自許者也。紹興辛巳(三十一年,1161)完顔亮叛盟。明年,孝宗即位,鋭意恢復,不但守淮防江,時則有尚書郎臨川吴曾,著《南北征伐編年》二十三卷,起三國,終五代,凡古今形勢,師旅勝負,該貫

① 説見《左氏博議》自序。

無遺,仍集當時君臣議論爲《分門事類》一十二卷,其相謀相應,攻守通好,可指諸掌,視祉之書,益加詳焉。今臨江曾均三英,復爲《邊籌》十八篇,南之攻北,其事有九:諸葛亮、紀瞻、褚裒、元温、劉裕、宋文帝、陳顯達、沈慶之、吴明徹是也。北之圖南,其事亦九:曹操、魏明帝、羊祐、苻堅、拓跋太武、孝文、元英、邢巒、北齊是也。人爲一論,論指一事,皆援昔以證今,因迹以求心,即成而究敗,考古可謂勤,而用志可謂切矣。他日上之樞庭,必有運良平之籌者;傳之良將,必有合孫吴之法者。苟非其人道不虚行,豈特刻舟記劍,按圖索馬已哉。嘉泰元年(1201)三月旦。"①

縱横集二〇卷　宋李緯撰　佚

緯,字仲文,楚丘人,紘弟。累遷河北緣邊安撫副使,韓琦薦知保州,以左騏驥使、榮州刺史知雄州,遷西上閤門使留再任卒。事迹具《宋史》卷二八七、《東都事略》卷九一及《隆平集》卷一九等書。

此書《宋史·藝文志》史鈔類著録。

按,《宋志》注云:"不知作者"考《通志·藝文略》子部縱横家著録《縱横集》二十卷注云:"李緯撰。採六國至東漢辨説之詞。"又《宋志》總集類復著録:"李緯《縱横集》二十卷。"既云不知作者,又以之誤入總集類,並《宋志》之疏誤也。

十三代史選五〇卷　宋不著撰人　佚

此書《宋史·藝文志》史鈔類著録。

《宋志》注云:"不知作者。"按,《通志·藝文略》(三)正史通史著録《十三代史選》五十卷,注云:"叙《史記》《前》《後漢》《三國志》《晋》《宋》《齊》《梁》《陳》《後魏》《北齊》《後周》《隋》十三

---

① 《文獻通考·經籍考》嘗引周必大此序,然多所删節。

家史。"

古今紀要一九卷　宋黄震撰　存

震,字東發,號於越,慈谿人。年四十四登寶祐四年(1256)進士,爲史館檢閲,以直言出判廣德軍,知撫州,改提點刑獄,皆有惠政,爲人清介自守,獨宗朱氏學。元世祖至元十七年(1280)卒,年六十八門人私謚文潔先生。著有《黄氏日抄》。事迹具《宋史》卷四三八、《宋史新編》卷一六七、《史質》卷三九、《南宋書》卷五八等書。

此書《宋史·藝文志》不著録,見《宋史藝文志補》史鈔類。

《四庫全書總目》别史類著録此書,《提要》曰:"是書撮舉諸史,括其綱要,上自三皇,下迄哲宗元符(1098—1100)。每載一帝之事,則以一帝之臣附之。其僭竊割據,亦隨時附見。詞約事該,頗有條貫,非曾先之《十八史略》之類,粗具梗槩,傷於疏漏者比。所叙前代諸臣,各分品目,惟北宋諸臣事迹,較歷代稍詳,而無忠佞標題,蓋不敢論定之意也。朱子作《通鑑綱目》,始遵習鑿齒《漢晋春秋》之例,黜魏帝蜀,同時張栻作《經世紀年》,蕭常作《續後漢書》,持論並同。震傳朱子之學,故是書亦用《綱目》之例。其謂論昭烈者,每以族屬疏遠爲疑,使昭烈果非漢子孫,曹操蓋世奸豪,豈不能聲爲罪而誅其僞?今反去之千百載下,而創疑其譜牒耶?其所發明,可謂簡而盡矣。"

按,此書之傳本,《欽定天禄琳瑯續目》卷四有宋刊本二函十二册,曰:"宋黄震撰。震字東發,慈谿人,寶祐中進士,官史館檢閲,出判廣德軍,《宋史》有傳。書十九卷,起自三皇,訖於宋哲宗,摘紀事事迹人物,間附論斷,略仿《稽古録》《大事記》《會要》之例。雖首標'黄氏日鈔',而今本《日鈔》全部九十七卷,不入此書。"《四庫簡明目録標注邵章續録》著録元至元三年(1266)孫禮之刊本,又有元刊本,云半葉十二行,行二十二字;明刊附《黄氏日鈔》仿元刊本及清乾隆丁亥(三十二年,1767)新安汪氏覆元本。今所藏善本:臺北"國家圖書館"有元刊本兩部,一部十九卷十六册,板匡高一九點一公分,寬一三點八公分,每半葉十行,小字雙行,行二十字。版心白口,左欄外間有耳題,記朝代集帝王。書中間有黑口補版,約明初所補刊者。目録、卷一首二十六葉及卷十八、卷十九係影抄配補[①]。另一部殘存十一卷六册,所存者爲卷五至卷十、卷十五至卷十九,版式與前本同,係前國立北平圖書館寄存者。臺北"故宫博物院"有元刊本一部,存七卷四册,版式與臺北"國家圖書館"所藏者相同,殘存者爲卷一至卷四、卷十七至卷十九。該院又有清文淵閣《四庫全書》本一部。《知不足齋叢書》《筆記小説大觀》《四明叢書》及《叢書集成初編》等,則收録《古今紀要逸編》一卷。

南史摭實韻句三卷　宋不著撰人　佚

此書《宋史·藝文志》史鈔類著録。

按,此書殆採摭《南史》之事以韻編次也。

議古八卷　宋不著撰人　佚

此書《宋史·藝文志》史鈔類著録。

按,此書蓋評古事也。

史譜七卷　宋不著撰人　佚

此書《宋史·藝文志》史鈔類著録。

按,此書殆著歷代年譜。

國朝撮要一卷　宋不著撰人　佚

此書《宋史·藝文志》史鈔類著録。

---

① 參見《"國立中央圖書館"金元本圖録》頁一五一至一五二。

按,此書《宋志》始見著録,蓋載宋代事。

史評不著卷數　宋林之奇撰　佚

之奇有《通鑑集議》(不著卷數)已著録。

此書《宋史·藝文志》不著録,見《温州經籍志》卷一三史評類。

五代纂要賦一卷　宋不著撰人　佚

此書《宋史·藝文志》史鈔類著録。

按,此書蓋摭取五代事實,各爲之賦也。

歷代史議一五卷　宋黄祖舜撰　佚

祖舜,字繼道,福州福清人。宣和六年(1124)進士。紹興中權刑部侍郎,進《論語講義》,上命金安節校勘,安節言其述書詞義明粹,乃令國子監板行。仕至同知樞密院事,卒謚莊定。著有《易説》《國風小雅説》《禮記説》《論語講義》等。事迹具《宋史》卷三八六、《宋史新編》卷一四二、《史質》卷二六、《南宋書》卷三四、《閩中理學淵源考》卷一四等書。

此書《宋史·藝文志》不著録,見《福建通志》卷六八著述福州府。

約論一〇卷　宋不著撰人　佚

此書《宋史·藝文志》史鈔類著録。

按,此書殆取史書中雋永之論編次之。

記紹興以來所見二卷　宋洪邁撰　佚

邁,字景盧,鄱陽人,晧季子。[①] 高宗紹興十五年(1145),中博學宏詞科。官至端明殿學士,卒謚文敏。邁,博極載籍,與适、遵先後試宏詞科,拜中書舍人,時論榮之。著有《宋四朝

---

① 晧,各本《宋史》作皓,從白從告,而《四部叢刊》影宋刊本《盤州文集》附録《洪适行狀》及《神道碑銘》,皆書父晧,從日從告,考邁之諸父,名皆從日,清洪汝奎編《洪忠宣公年譜》及今人王德毅先生撰《洪容齋先生年譜》並謂作晧爲是,今從之。

國史》(與李燾同著)、《會稽和買事宜録》《容齋五筆》《夷堅志》《經子法語》《南史精語》《野處類稿》《容齋題跋》等。事迹具《宋史》卷三七三、《宋史新編》卷一三五等書。

此書《宋史·藝文志》史鈔類著録。

符祐本末一〇卷　宋龔敦頤撰　佚

敦頤,字養正,因避諱改名頤正。光宗時爲國史檢討官,歷宗正丞。著有《宋特命録》《清江三孔先生列傳譜述》《續稽古録》《芥隱筆記》等。事迹具《南宋館閣續録》集《宋中興東宫官僚題名》等書。

此書《宋史·藝文志》史鈔類著録。

歷代宰相年表三三卷　宋李燾撰　佚

燾有《六朝通鑑博議》一〇卷已著録。

此書《宋史·藝文志》史鈔類著録。

按,《宋志》此書作三十三卷,《神道碑》作二十三卷,《文獻通考》則作三十四卷。《通考》引燾自序云:"古之所謂相者,一而已,初未嘗使他人參貳乎其間。堯相舜,舜相禹,禹相皋陶,皋陶既没,乃相益。湯相伊尹,傳所謂仲虺爲湯左相者,不足信也。周家並建三公,而一公實兼冢宰……秦以降,名實浸以兩失,間有瓌偉絶特負賢相之稱,功烈赫赫然著見於一時者,亦必得君之專,歷年之久,而莫或參貳之故也。權出於一,而莫或參貳之,雖奸雄或得以肆其惡,攘竊天下,傾國敗家,不可禁遏,然而一相之任,終不可分者,唐虞夏商之成法也。彼徒見趙高、王莽、曹操、司馬懿其禍如此之酷也,而不察夫帝王之所以隆盛,其爲利蓋亦溥哉。不能還治其本,而反疑其末,並列兼制,使相牽引,而相遂失其職矣。夫任相不獲其利,而蒙其禍,是君之不明,非相之權,果不可使出於一也。既奪其職,分其權,則所謂相者,特一大有司耳。其何以總百官,治萬事,而亮天工邪? 本想取其德耳,故曰惟尹躬暨湯,咸有一德……彼誠知所本者歟? 凡之不知,則其選用益雜而多端矣。選用雜而多端,故其稱號亦顛倒錯亂,無有定制,或居其位,而不得聞啓政,或當軸秉鈞,而身乃爲他官,名實糾紛,賢不肖溷淆,其多或至十三四人,而其少猶不下四五輩,古所謂相,寧若此乎? 然而治亂安危所係,今猶古也。其所以得相及所以失相者,要不可不知。按諸舊史,惟前漢及唐,頗有譜牒,其他率皆不具,脱略牴牾,迷失本真。乃旁搜遠取,推究其後,悉用司馬遷經緯之法,追爲年表,起漢元,訖周顯德,昔之參機務、執樞要者,莫不咸在。事有本末,附見於下,否則略之,使其人與其官相傳而不絶,官宰相之出處進退如何,而天下安危治亂在目中矣。其足以補前代之缺文,揭當今之遠鑑乎? 合一千五百三十四年,離爲三十四卷。"然則,知此編本三十四卷,《宋志》作三十三卷者,蓋非完本。

唐宰相譜一卷　宋李燾撰　佚

王謝世表一卷　宋李燾撰　佚

五代三衛將帥年表一卷　宋李燾撰　佚

右三書《宋史・藝文志》史鈔類著録。

按,以上三書,《神道碑》並載之。

皇朝名臣言行事對一二卷　宋竇濟撰　佚

濟,生平待考。

此書《宋史・藝文志》史鈔類著録。

江東十鑑一卷　宋李舜臣撰　存

舜臣,字子思,號隆山,井研人。四歲知讀書,八歲能屬文,少長,通古今,推迹興廢,尤邃於易學。中乾道三年(1167)進士,歷知饒州德興縣,專尚風化,間詣學講説,邑士皆稱蜀先生。遷宗正寺主簿卒,贈太師。著有《群經義》《易本傳》《尚書小傳》《鏤玉餘功録》、文集等。事迹具《宋史》卷四〇四、《宋史新編》卷一四〇、《史質》卷四六、《南宋書》卷四六等書。

此書《宋史·藝文志》史鈔類著録。

《四庫全書總目》兵家類存目著録此書,《提要》曰:"是編蒐輯江東戰勝之迹,上起三國,下至六朝,共得十事:一曰周瑜赤壁之戰;二曰祖逖譙城之戰;三曰褚裒彭城之戰;四曰桓温灞水之戰;五曰謝玄淝水之戰;六曰劉裕關中之戰;七曰劉彦之河南之戰;八曰蕭衍義陽之戰;九曰陳慶之洛陽之戰;十曰吴明徹淮南之戰。皆先叙其事,次加論斷。蓋宋自高宗南渡,偏據一隅,地處下游,外臨勍敵,岌岌乎不能自保,故舜臣特作此編,以勵戰氣。然自古以來,無以偏安江左而能北取中原者,舜臣徒爲大言,未核事勢也。明姚廣孝等編輯《永樂大典》,特録其書,殆以廣孝吴人,故借以誇鄉邦之行勝。又成祖詔修是書之時,猶在南部,故廣孝等遷就其説,不知明太祖之得天下,實緣起於江北,與漢高祖略同。又以崛起方新之氣,乘元綱縱弛,盜取蠭起之後,故席捲長驅,混一海内,非地形可據之故也。成祖篡立之後,終於北遷,則金陵之不爲勝地審矣。恭讀皇上御題'综括南北之大勢,洞燭往古之得失。'用以闢舜臣之虚談,揭廣孝之私意,經緯天地,睿見高深,爲萬古定評,非尋常管蠡之見所能窺測萬一也。考《永樂大典》所載,尚有地圖,此本無之,蓋傳寫佚脱。然舜臣持論既謬,則其圖之有無,固亦不足計也。"

按,此書傳本不多。《四庫全書總目》兵家類存目據兩淮鹽政採進本著録。清杜均輯《杜藕山房叢書》,收録此書。

歷代名賢確論一〇〇卷　宋不著撰人　存

此書《宋史·藝文志》不著録,見《四庫全書總目》史評類。

《四庫全書總目提要》曰:"前有吴寬序,稱皆唐宋人所著,其説散見文集中或病其不歸於一,輯成此編,以便觀覽。錫山錢孟濬因其書不能家有,刊以傳世云云。亦不詳作者爲誰。近世所行刊本,或有題爲華亭錢福所輯者,然福以弘治三年庚戌(1490)登第,寬序作弘治十七年甲子(1504),二人同時,不應不知爲福作,殆後來書賈重刻,以福廷對第一,託名以行歟?所採諸家論者,皆至被搜而止。其書萇宏作萇洪,猶避宋宣祖廟諱,則理宗以前人所作也。考《宋史·藝文志》有《名賢十七史確論》一百四卷,蓋即此書,惟此本較少四卷,稍爲不合,或史衍四字,或刊本併爲百卷,以取成數,均未可知。觀其評騭人物,自三皇以迄五季,按代分系,各標主名,其總論一代者,則稱通論以别之,雖不標十七史之名,而核其始末,恰應十七史之數,其爲即《宋志》之所載,益足證矣。所引唐人之文,如羅隱論子高、梅子真,盧藏用論紀信,張謂論劉宋代晋諸篇,皆《唐文粹》諸書所未録,蓋宋時經義、詩賦兩科皆試策論,故書坊多刻此種,以備揣摩之用。然去取較有剪裁,視陳繼儒《古論大觀》之龐雜叢脞者,固不可同年語矣。"

按,《提要》以爲此編即《宋史·藝文志》史鈔類所著録不著撰人之《名賢十七史確論》一〇四卷,然終疑不能定,故本文仍二書分别著録,以待詳考。

又按,此書之傳本,《四庫簡明目録標注》謂有明代活字本,今未之見。今所藏善本:臺北"故宫博物院"有清文淵閣《四庫全書》本一部。臺北"國家圖書館"有明弘治間錫山錢孟濬刊本一部,一百卷二十四册,題"唐宋名賢歷代確論",卷首並有清心照題記,云:"嘉慶二年(1797)正月上元後,予偕友人赴杭,路經浦口,于市中見此書,實生平所未見也。未及問價,而友人強拉予登舟,心惘惘如有所失。後經蘇及杭,遍覓此書,而坊間皆云古板已不存矣。後歸至浦口,而此書猶在,予忻喜過望,遂攜之以歸。道光卒丑(二十一年,1841)中秋,炳齋志。"鈐有"心照"(白文方印)、(炳齋)(朱文方印)、"炳齋手校"(白文方印)、"子孫永寶"(白文方印)、"張芹伯"(朱文方印)等印記。丁氏《善本書室藏書志》(卷一四)亦著録弘治刊本。

何博士備論四卷　宋何去非撰　殘

去非,字正通,福建浦城人。累舉進士不第,好談古兵法,爲人廉勁踔踔。元豐五年(1082)對策,論用兵之要,擢優等,除武學教授,使校兵法七書,尋擢博士。通判滄州,有政聲。紹興乙丑(一五年,1145)卒年六十九。著有《三北論講義》《司馬法講論》、文集等。事迹具《宋史翼》卷二六、《宋詩紀事》卷三〇等書。宋王洋《東牟集》卷一四載《隱士何君墓誌》。

此書《宋史·藝文志》史鈔類集兵書類分别著録。

《四庫全書總目》兵家類著録《何博士備論》一卷,《提要》曰:"……元祐四年(1089)以蘇軾薦,换奉承郎。五年(1090)出爲徐州教授。軾又奏進所撰《備論》,薦爲館職,不果行。是編即軾奏進之本。軾《狀》稱二十八篇,此本僅二十六篇,蓋佚其二也。去非本以對策論兵得官,故是編皆評論古人用兵之作。其文雄快踔厲,風發泉湧,去蘇氏父子爲近。蘇洵作《六國論》,咎六國之賂秦;蘇轍作《六國論》,咎四國之不救,去非所論,乃兼二意,其旨尤相近,故軾屢稱之。卷首惟載《薦狀》二篇,所以誌是書之緣起也。卷末有明歸有光跋,深譏是論之謬,且以元符(1098—1100)政和(1111—1117)之敗,歸禍本於去非。夫北宋之釁,由於用兵,而致釁之由,則起於狃習晏安,廢弛武備,驅不可用之兵而戰之,故一試而敗,再試而亡。南渡以後,卒積弱以至不振,有光不咎宋之潰亂,由士大夫不知兵,而轉咎去非之談兵,明代通儒所見如是,明所由亦弱亡歟!”

清邵懿辰曰:“此書殊不佳,收入此類殊無謂。”[①]

按,此書《宋史·藝文志》史鈔類所著録者作四卷,兵家類所著録爲十四卷,疑析併不同也。今本已亡兩篇,且併爲一卷而行。

又按,此書之傳本,《蕘圃藏書題識》卷四著録清代嘉慶十六年刻本集鈔本各一,有題記兩則,其一曰:“丁丑仲秋,湖賈以閩中所刻書數種求售,此《何博士備論》,其一也。書爲浦城祝氏留香室開雕,首《四庫提要》,末有祖之望跋,謂鈔自翰林院藏四庫副本,取對比,大段相同,字句間有異耳。餘書亦皆閩中人著述。開雕於嘉慶辛未(十六年,1811),以道遠不通交易,賈人偶得,詫爲奇貨,未之收也。後書賈願以他書相易,率歸之。聊記于此。復翁。”其二曰:“《何博士備論》四卷,載《直齋書録解題》别集類。此本偶得諸郡故家,通二十六篇,不分卷,未知全否。因其爲穴研齋繕寫,珍之。先是收得穴研齋繕寫諸書,初不知爲誰何,並所鈔時代先後,惟陸游《南唐書》爲虞山錢遵王藏書,則在遵王先矣。他爲宋人説部,各種總得於松江故宦家,有賈人知其由來,謂出於康熙朝明相國家,是亦古物。此册又在郡中故家三次搜羅,共十餘册。惜紙張大小未能一律,裝潢各仍其舊可耳。乙亥夏仲,復翁。”《四庫簡明目録標注邵章續録》有述古堂鈔本,今未之見。今所藏善本,惟臺北“故宫博物院”所藏清文淵閣《四庫全書》本一部而已。彙諸叢刻者,有《指海》本、《埔城遺書》本、《長恩書室叢書》本、《半畝園叢書》本、《叢書集成初編》本。

---

① 説見《四庫簡明目録標注》。